Des mêmes auteurs

Gérard Cholvy

Géographie religieuse de l'Hérault contemporain, *Paris, P.U.F. 1968, 516 p.*
Religion et société au XIXe siècle : le diocèse de Montpellier, *thèse, Paris I, Lille, 1973.*
* Montpellier (Histoire des diocèses de France), *Paris, Beauchesne, 1976, 336 p.*
* Histoire du Languedoc de 1900 à nos jours, *Toulouse, Privat 1979, 415 p.*
* Le Languedoc et le Roussillon. Civilisations populaires régionales, *Horvath, 1982, 531 p.*
L'Eglise de France et la Révolution. Histoire régionale, 2 : Le Midi, *Paris, Beauchesne, 1984, 156 p.*
* Mouvements de jeunesse. Chrétiens et juifs : socialibilité juvénile dans un cadre européen 1799-1968, *Paris, Cerf, 1985, 432 p.*
* Histoire de Montpellier, *Toulouse, Privat, Col. « Univers de la France »*, 1984, 438 p.

Danielle Delmaire

L'antisémitisme de la *Croix du Nord* à l'époque de l'Affaire Dreyfus, *thèse de 3e cycle, Lille III, 1980.*
Les mouvements de jeunesse juifs en France dans les années trente, *colloque du GRECO 2, mars 1986, à paraître.*

Rémi Fabre

La Fédération française des étudiants chrétiens, 1898-1914, *thèse de 3e cycle, Paris I, 1985.*
Un groupe d'étudiants protestants en 1914-1918, *Le Mouvement social, n° 122, janvier-mars 1983.*

Yves-Marie Hilaire

Une chrétienté au XIXe siècle ? La vie religieuse des populations du diocèse d'Arras de 1840 à 1941, *thèse, Lille, P.U.L. 1977, 1017 p.*
1936-1939, Le Nord et le Pas-de-Calais de Blum à Daladier, *en collaboration avec M. Gillet et alii, Lille, P.U.L. 1979.*
* Le Nord-Pas-de-Calais de 1900 à nos jours, *Toulouse, Privat, 1982, 540 p.*
* Histoire des Pays-Bas français, *Toulouse, Privat 1972, 582 p. réédition 1984.*
* La religion populaire, *Lille, P.U.L., 1981.*
* Benoît Labre, errance et sainteté. Histoire d'un culte 1783-1983, *Paris, Le Cerf, 1984, 238 p.*

Jacques Prévotat

Les sources intellectuelles françaises de Paul VI, *colloque Paul VI, Ecole française de Rome, Paris, de Boccard, 1984.*
Les réactions de l'épiscopat français devant la condamnation de l'Action française, *Etudes maurrassiennes, V, 1986.*

Les auteurs et l'éditeur n'ignorent pas qu'un ouvrage intitulé *Histoire religieuse de la France contemporaine* dont l'auteur était M. Adrien Dansette a paru en 1957 aux éditions Fayard.

* Ouvrages écrits en collaboration et/ou dirigés par l'auteur.

HISTOIRE RELIGIEUSE DE LA FRANCE CONTEMPORAINE

* *

1880/1930

Bibliothèque historique Privat

Toutes les époques, tous les champs de la recherche historique
accueillis dans une grande série de référence.
Conçue pour s'adapter aux diverses formules de présentation
que peuvent appeler le sujet et son traitement
(ouvrages illustrés ou non, signés par un seul ou par plusieurs auteurs)
la « BhP » s'impose d'ores et déjà comme un outil de travail de premier ordre
pour le chercheur, l'enseignant, l'étudiant ; comme pour le lecteur éclairé,
que les nouvelles approches, les méthodes et
le dynamisme des disciplines de l'Histoire ont rendu exigeant.

I.S.B.N. 2-7089-5330-3

© 1986, Editions Privat, 14, rue des Arts
31068 Toulouse cedex

Gérard Cholvy

Yves-Marie Hilaire

HISTOIRE RELIGIEUSE DE LA FRANCE CONTEMPORAINE

* *

1880 / 1930

BhP

Bibliothèque historique Privat

Avant-propos

Le cadre chronologique retenu pour ce deuxième volume présente une réelle unité et privilégie des faits d'ordre religieux. De 1880 à 1930, les relations entre la République française et l'Eglise catholique sont à plusieurs reprises fort tendues, et le statut des cultes connaît alors de profonds changements. L'idéologie officielle entend bâtir un Etat laïque dégagé de toute influence religieuse, la religion devenant une question d'opinion strictement personnelle. La Tour Eiffel, élevée en 1889 pour commémorer le centenaire de la Révolution, représente, à l'âge de la science et du progrès, la réplique des tours de Notre-Dame dressées à l'ère de l'obscurantisme. Après la séparation des Eglises et de l'école en 1882-1886, l'Etat est radicalement séparé des Eglises en 1905.

Cette nouvelle étape dans le processus de laïcisation de la vie publique amorcé depuis 1790 (laïcisation de l'état-civil) semble un aboutissement logique. Elle favoriserait selon certains une religiosité individuelle dont les protestants, en particulier, se satisferaient : « Laïciser c'est briser tous les monopoles, c'est proclamer la liberté absolue de toutes les consciences » écrit le pasteur Louis Lafon dans *La Vie Nouvelle* (1903). Mais il est remarquable de constater combien d'autres protestants sont loin de partager ces sentiments. Pour le pasteur Couve, « la laïcisation à outrance, l'omission volontaire du nom sacré dans toutes les manifestations de la vie publique... sont une prédication d'indifférentisme et une leçon d'irréligion. La Séparation... achèvera de déchristianiser la vie publique de notre pays » (*Le Christianisme au XXe siècle*, 24 avril 1903). On demande de plus en plus à l'Etat d'intervenir dans tout ce qui paraît être d'intérêt général, et en même temps, on envisage de cesser de « subventionner la religion » : « N'est-ce pas déclarer de la façon la plus catégorique que la religion en tant que facteur de progrès social et moral est chose absolument négligeable et nuisible ? » (*Le Huguenot des Cévennes*, 1er janvier 1903). Ainsi la laïcisation ne favorisait plus désormais le protestantisme comme beaucoup l'avaient espéré au moment des lois scolaires. Jusqu'alors pourtant, les minorités protestantes ou juives avaient exercé une influence notable sur la vie publique, non sans susciter des ressentiments, tandis que les catholiques, dominés par des chefs monarchistes ou conservateurs vaincus aux élections, étaient devenus des exilés de l'intérieur, construisant une contre-société avec ses paroisses, ses écoles, ses œuvres, sa presse.

L'affermissement de la République pouvait-il entraîner le ralliement des catholiques au régime ? Pendant les années 1890, une première tentative n'obtint pas les résultats escomptés. Le Ralliement impliquait en effet l'adhésion à la constitution de la République, mais les catholiques pouvaient-ils adhérer sans se renier à l'idéologie laïque et scientiste qui a longtemps prévalu ? Pouvaient-ils accepter l'héritage de la Révolution française sans en faire l'inventaire ? Or, les héritiers de la Révolution, qui présentent celle-ci comme un bloc, dépouillent l'Eglise de ses biens une deuxième fois à l'aube du XXe siècle. Bien des catholiques, voire même certains protestants, réagissent et sont attirés par les partisans déterminés de la Contre-Révolution, de la restauration monarchique que réveillent l'extrême-droite, promettant de rendre à l'Eglise romaine son prestige.

Si le bouleversement du régime des cultes trouble une fraction importante des milieux populaires, comme en témoignent les incidents qui accompagnent les Inventaires, il dévoile également les faiblesses des Eglises : la crise intellectuelle qui couvait dans les élites chrétiennes éclate brutalement chez les catholiques. Pourtant, tandis que modernistes et intégristes s'affrontent, une profonde renaissance spirituelle et intellectuelle commence à se manifester : elle affecte toutes les confessions avec des modalités diverses.

En effet, la Séparation libère des forces contenues ou occultées jusqu'ici : les jeunes, les femmes et bientôt les hommes militent plus nombreux dans des mouvements religieux impulsés de Rome, de Genève, de Paris, de Lille, de Lyon ou d'ailleurs. Commme l'ont montré plusieurs colloques internationaux, les mouvements religieux de laïcs représentent l'un des traits originaux de l'histoire spirituelle et sociale du XXᵉ siècle.

Cependant, à peine libérées, ces forces neuves sont frappées par le conflit mondial. La Grande Guerre déchire les Eglises d'Europe et des millions de jeunes, croyants ou non, s'entretuent. Le massacre marque profondément les survivants : lourde épreuve pour tous, scandale spirituel pour beaucoup de consciences, mais aussi occasion de ressourcement religieux pour des minorités exigeantes.

La guerre de 1914-1918, affrontement sanglant des nations européennes à l'apogée de leur puissance, révèle les déchirements des Eglises et des organisations qui dépassent le cadre national et obligent à prendre en compte la dimension internationale des religions et des idéologies. Tandis que, malgré de multiples tensions, l'ultramontanisme triomphe dans les contrées catholiques, l'œcuménisme balbutie dans le monde protestant, le sionisme invite les juifs persécutés ou menacés de l'être à reconstituer un foyer en Israël, la fraternité maçonnique parvient, non sans mal, à nouer des liens au-dessus des frontières, et, à partir de 1917, l'idéologie athée au pouvoir à Pétrograd prépare les voies à une Troisième internationale qui entreprend la conquête du monde.

En effet, la sécularisation a lancé un immense défi aux Eglises. Celles-ci découvrent bientôt qu'elles ne peuvent le relever qu'en faisant droit à certaines requêtes de la modernité et en utilisant les techniques que le monde moderne met à leur disposition. Entre 1880 et 1931, le catholicisme social et le christianisme social prennent leur essor avec leurs doctrines, leurs organes, leurs militants. Les moyens modernes de communication de masse, de la presse très fortement diffusée sous la Troisième République à la radio naissante, permettent de véhiculer le message chrétien ou juif sous des formes variées. Les modèles occidentaux semblent alors s'imposer au monde entier : de Jules Ferry à l'Exposition coloniale de 1931, l'expansion de l'Europe outre-mer connaît son apogée, mais ici le missionnaire a souvent précédé le colonisateur. Le christianisme, religion à vocation universaliste, se répand sur tous les continents au début du XXᵉ siècle, tandis que Paul Claudel et Pierre Teilhard de Chardin se font respectivement le chantre et le théologien de cette foi œcuménique, de cette espérance cosmique. L'art enfin exprime fortement la modernité retrouvée, au temps des basiliques, symboles somptueux de la fidélité des pèlerins, puis avec les premières utilisations du béton armé dans l'architecture sacrée : le rêve romantique d'un art chrétien exemplaire, fixé une fois pour toutes, est alors abandonné.

De son côté, la République française, victorieuse dans la plus terrible des guerres, cherche l'apaisement avec les catholiques qui ont fortement contribué à l'Union sacrée, et reconnaît le rôle international du Saint-Siège en renouant des relations diplomatiques avec le Vatican ; elle maintient néanmoins le statut scolaire de Jules Ferry et conserve l'un des régimes de séparation les plus radicaux du monde.

Le lecteur retrouvera dans ce deuxième volume les traits caractéristiques du premier : comparaison des diverses confessions et croyances, prise en compte de la religion vécue du peuple, mise en relief des contrastes régionaux. La vie religieuse sous la Troisième République ne se limite pas aux conflits politico-religieux qui constituaient l'essentiel de la trame historique du manuel longtemps classique d'Adrien Dansette. Les nombreuses études effectuées depuis trente ans sur les croyances et les comportements religieux n'ont pu être véritablement intégrées dans des synthèses souvent trop succintes. Or, ces recherches renouvellent largement une histoire politico-religieuse dont les traits essentiels sont mieux précisés ici qu'ils ne l'étaient dans le volume précédent, car ils concernent les statuts religieux et scolaire de notre siècle.

Au niveau de l'interprétation des faits, notre dette est grande envers les travaux des historiens italiens et belges sur le mouvement catholique en Italie et en Europe du Nord, car ils apportent un éclairage neuf qui permet de jalonner l'évolution religieuse française entre 1880 et 1930 et de signaler les différentes étapes du passage d'un type humain à l'autre, de l'homme et de la femme d'œuvres au militant et à la militante d'action catholique. Les études pénétrantes de Jean-Marie Mayeur et les recherches érudites du père Paul Droulers ont récemment revalorisé un catholicisme social trop longtemps méconnu, mais pourtant développé avec fermeté sous l'impulsion romaine de Léon XIII à Pie XI, de *Rerum Novarum* (1891) à *Quadragesimo Anno* (1931). Enfin, à l'arrière-plan, le vaste conflit qui a opposé l'Eglise du Syllabus (1864) et le monde moderne issu de la Révolution française a inspiré la grande œuvre d'Emile Poulat révélant la fécondité du courant intransigeant tandis que celle de René Rémond faisait émerger les hommes et les milieux qui ont su promouvoir les adaptations nécessaires à la modernité.

Pour mieux balayer le champ d'une histoire aujourd'hui foisonnante, les deux rédacteurs du premier volume, qui restent les auteurs principaux et les coordinateurs d'une œuvre qui en comprendra trois, ont sollicité pour les deuxième et troisième volumes la collaboration de trois spécialistes dont les premiers travaux ont été largement appréciés : Danielle Delmaire pour le judaïsme, Rémi Fabre pour le protestantisme et Jacques Prévotat pour l'Action française. Comme le fait apparaître la table des matières, dans la perspective comparatiste qui est la nôtre, leur contribution a été intégrée à l'ensemble de l'ouvrage et se trouve signalée dans tous les chapitres où protestants, juifs ou membres de l'Action française interviennent de façon notable.

Première partie

Le discordat

De la défense religieuse
aux prémices d'un renouveau
(1880-1914)

Alors que l'expansion coloniale reprend à l'initiative d'hommes politiques — tel Jules Ferry, Tunisie 1881 — ou de militaires, mais sans susciter cet engouement qu'expliquerait la nécessité d'établir ses enfants au dehors, la France traverse, entre 1880 et 1914 deux périodes contrastées.

La première est marquée par la crise mondiale des années 1880. La France a anticipé avec la crise séricicole et le phylloxera qui, à partir de 1875, revêt « les allures d'une catastrophe nationale » (F. Caron). L'effondrement des prix atteint la rente foncière et précipite la « fin des notables » (D. Halévy) dans plusieurs régions. Après la crise boursière qui provoque en 1882 le krach de la banque catholique *L'Union Générale*, l'industrie est durement frappée. En 1886, un métallurgiste sur cinq, un ouvrier du bâtiment sur huit, sont au chômage. Celui-ci provoque les premières réactions xénophobes importantes depuis 1848 : les Italiens en font les frais à Marseille (1881), Arles, Aigues-Mortes ou Lyon en 1894, après l'assassinat du Président Carnot par l'anarchiste Caserio.

Les pouvoirs publics, bien qu'attachés à l'économie libérale, interviennent dans deux domaines. Le plan Freycinet relance l'investissement dans les chemins de fer (1878). Par les lignes d'intérêt local il faut aider les régions déshéritées « pour lesquelles le moment est venu de faire un acte de justice distributive ». En 1888 est achevé le viaduc de Garabit sur la ligne Béziers-Clermont. Sans doute, quelques intérêts sont-ils lésés, ainsi qu'en témoigne le *Lamentu di u trenu*, mélopée populaire qui date de l'inauguration de la ligne Bastia-Ajaccio en 1890 :

O lu treno di Bastia	Oh ! le train de Bastia
E fattu per li signori,	Est fait pour les beaux Messieurs,
Pienghienu li carriteri,	Les pleurs pour les charretiers,
Suspiranu li pastori !	Les soupirs pour les bergers !

Mais, comme l'écrit Zola dans *La Bête Humaine* (1890), ces accidents particuliers ne sauraient arrêter la marche en avant de l'humanité, les « trains passaient inexorables, avec leur toute-puissance mécanique, indifférents, ignorants de ces drames... Qu'importaient les inconnus de la foule, tombés en route... On avait emporté les morts, lavé le sang, et l'on repartait là-bas, à l'avenir » : ce symbole de la modernité, conjugué avec la loi de 1889 qui généralise le service militaire, fait reculer la « France des terroirs » (E. Weber) et progresser la prise de conscience que l'homme acquiert de maîtriser le monde, l'un des éléments de l'optimisme rationaliste que l'école laïque va faire descendre dans les profondeurs du pays.

Le retour au protectionnisme avec les lois Méline (1885-1892) correspond à un véritable choix de société, le maintien de cette République des paysans enracinée dans le lointain passé de l'histoire nationale. Ainsi, malgré les atteintes portées à l'artisanat, la société rurale évolue-t-elle peu, le premières caisses de crédit commencent à naître, l'alcoolisme fait des ravages, l'épargne gagne au détriment de la natalité, le dépeuplement étant précisément l'une des causes secondes du marasme de l'économie.

L'expansion urbaine est freinée par la faiblesse du développement industriel. Minoritaire, le mouvement ouvrier qui renaît après l'amnistie des Communards rallie le collectivisme au congrès de Marseille en 1879. L'idée que la révolution peut sortir de la grève générale chemine. Le 1er mai 1891, il y a neuf morts à Fourmies, la C.G.T. naît à Limoges en 1895, mais les mouvements sociaux restent d'ampleur limitée. Le seul syndicalisme de masse, de tendance réformiste, est celui des mineurs dont la Fédération nationale est constituée en 1892. Si la loi municipale de 1884 est bien acceptée et permet une avancée de la démocratie, par contre la loi sur les associations professionnelles, votée la même année, suscite l'hostilité la plus résolue des collectivistes. La législation sociale accuse un retard considérable sur l'Allemagne, les réalisations patronales, municipales et paroissiales en tiennent lieu : en 1889 le maire du Havre,

Jules Siegfried, créé, selon l'exemple mulhousien, les premières *Habitations à bon marché*.

De 1896 à 1914, la hausse des prix provoque un retournement de la conjoncture et achemine vers une « Belle Epoque » qui se situe dans l'immédiate avant-guerre. La France rurale (56 % de la population en 1911) connaît une réelle déprolétarisation, le prix du quintal de blé passe de 15 à 25 F. En 1903 les ouvriers viticoles du Languedoc se sentent assez forts pour déclencher un mouvement revendicatif dont l'échec ultérieur ne s'explique que par la crise momentanée de surproduction de 1907, qui favorise une large union des classes contre « les betteraviers du Nord ». Le vin se vend bien à partir de 1910. Mais si l'agriculture assure 35 % du revenu national, elle emploie 42 % des hommes actifs. C'est souligner la faible productivité des régions où la petite exploitation domine. L'enseignement agricole est pratiquement inexistant.

Grâce à l'innovation technologique, l'industrie progresse nettement : électro-métallurgie, cycle, automobile (en 1913 100 000 ouvriers fabriquent 45 000 voitures), aviation, cinéma. Ceci ne doit pas faire oublier que 95 % des « établissements industriels » occupent moins de cinq personnes et la moitié des effectifs « industriels ». Quatre mille cinq cents d'entre eux emploient plus de cent personnes, encore, sur ce nombre, ne manquent pas les entreprises familiales où le patron connaît tout son personnel, dans le textile en particulier. La conscience d'avoir des intérêts communs reste fragmentaire. Mais, d'évidence, l'essor économique rend plus facile une contestation que favorise le plein emploi. Il y a en 1911, 1 160 000 étrangers et 253 000 naturalisés. Les grèves, durement réprimées, suscitent des poussées de conscience de classe : mineurs en 1906, postiers en 1909, cheminots en 1910. Pourtant le taux de syndicalisation, 9 %, reste faible, inférieur même à celui de l'Italie, 11 %, contre 28 % en Allemagne. L'anarcho-syndicalisme, très méfiant vis-à-vis de l'Etat et de la politique, impose ses vues dans la charte d'Amiens (1906) face au guesdisme mieux implanté dans la grande industrie du Nord. Mais, en 1914, et plus que la paysannerie, les ouvriers participent à l'élan général de patriotisme.

La France de 1914 est une puissance rentière. Si la balance commerciale est déficitaire depuis 1880, la balance des comptes est excédentaire. Les 45 milliards de francs placés à l'extérieur (13 en Russie, 4 à peine dans les colonies) rapportent quelques 4 milliards par an, à 4,5 % contre

3 % en France, les banques d'affaires travaillent avec l'étranger, le franc est monnaie forte, la dette publique est faible.

Depuis 1886 les Français ne se remplacent plus. L'influence néo-malthusienne des anarchistes (Sébastien Faure) ou de la *Ligue pour la régénération humaine* de Paul Robin ne doit pas être majorée, car les ouvriers de la grande industrie restent prolifiques. Mais dans les petites villes, parmi les fonctionnaires, les employés, les paysans de la Bourgogne, du Centre, de l'Aquitaine, du Languedoc ou de la Provence... les petites familles prédominent. L'esprit d'entreprise s'affaiblit, les raisons d'investir sur place s'estompent, en sorte qu'il ne faut nullement s'étonner de voir l'épargne régionale attirée au dehors. En 1896 le Dr Bertillon crée *l'Alliance nationale contre la dépopulation*. Le courant nataliste est patriote, Zola y participe avec *Fécondité* (1899). La composante catholique y occupe une place grandissante. La première *Société de prévoyance des pères de famille de cinq enfants* a été fondée à Montpellier en 1894 ; la première Alliance départementale est celle du Gard en 1907. En 1903 l'abbé Viollet crée la première Association familiale, en 1911 Jean Guiraud préside l'*Union des associations catholiques de chefs de famille*, en 1914 Paul Bureau crée la *Ligue pour la vie*. Les familles nombreuses et très nombreuses sont encore relativement fréquentes en Bretagne, dans le Nord-Est et dans le Sud-Est du Massif Central : la Lozère occupe le premier rang pour les familles de sept enfants et plus, l'Hérault viticole l'un des derniers.

Trop indifférente à la question ouvrière, la République militante l'est plus encore à la question familiale. Libéralisme et individualisme sont les clefs d'une politique que ne parvient pas à infléchir le solidarisme d'un Léon Bourgeois. La promotion sociale passe par le fils unique, l'école qui sélectionne « les meilleurs » et la petite entreprise. C'est pourquoi une partie de la paysannerie et du monde ouvrier se sentent les exclus d'une société sûre de ses valeurs et dont la visée pédagogique consiste à hisser les masses au niveau de la Civilisation, en Bretagne comme à Madagascar.

1

Hors du catholicisme à l'âge du positivisme

Le renouvellement des sources de l'incroyance

« La science voilà la lumière, l'autorité, la religion du XIX° siècle » écrit en 1856 le philosophe Vacherot pour qui « l'idée de Dieu n'est qu'une représentation de la perfection [et] n'a d'existence que dans l'esprit humain », *La religion*, 1868. En 1862 Clémence Royer traduit *L'origine des espèces* de Darwin, avec une préface anticléricale, alors que les Eglises maintiennent le sens littéral de la Genèse et combattent l'évolutionnisme. Ce n'est plus seulement la philosophie qui met en cause la religion mais le progrès même des sciences. En 1859 Pouchet, professeur à l'Ecole de médecine de Rouen, publie un *Traité de la génération spontanée* : celle-ci apparaît comme une objection décisive contre le Dieu créateur.

A partir des années 1860, en nombre croissant, des intellectuels se rallient à une conception rationaliste de l'univers d'où tout surnaturel est exclu. Le positivisme d'Auguste Comte débouche sur le scientisme que Taine, Littré, Renan, vulgarisent dans le grand public. Une « morale indépendante » (de toute base religieuse) se constitue autour de Charles Renouvier, le « Kant républicain ». Le positivisme assume pour beaucoup une fonction d'explication analogue à ce que sera le marxisme un siècle plus tard. Pour un Gambetta, la loi des trois états relègue le théologique dans le fictif, et le métaphysique dans l'abstrait. Vient ensuite l'état scientifique ou positif. La religion est rejetée comme dépassée. Jules Ferry garde « pour le christianisme une admiration historique très grande et très sincère », mais il parle en 1875 des « illusions théologiques qui ne tiennent plus debout ». Dix ans plus tard, dans une conversation avec Jaurès, à la question « Quelle est votre but ? » il répond « d'organiser l'humanité sans dieu et sans roi ».

Une partie de la jeunesse étudiante accueille l'athéisme militant. Soigné à Necker en 1861, Auguste Blanqui doit son évasion à la complicité des internes. Les médecins sont nombreux dans son état-major sous la Commune. La faculté de médecine de Paris est devenue un « centre de matérialisme militant » (G. Duveau). L'enseignement des Robin, Charcot, Sée, Broca, Axenfeld, va dans ce sens. A Montpellier « les doctrines positivistes font des progrès sensibles au sein de notre école médicale » (1865) bien qu'ici les professeurs spiritualistes soient en nombre dominant. Pour les années 1880, Abel Hermant rapporte que « l'irréligion est presque unanime rue d'Ulm » où « les deux ou trois pratiquants sont traités de tartuffes », *Confession d'un enfant d'hier.*

Vulgarisateur de talent, le pharmacien Louis Figuier publie une *Histoire du merveilleux* suivie des *Merveilles de la science* et des *Merveilles de l'industrie* ... Il combat la croyance aux miracles et à l'irrationnel. Le merveilleux scientifique remplace le merveilleux religieux.

Une réaction s'esquisse sans doute : Pasteur met en pièces les expériences de Pouchet, mais il passe pour un obscurantiste. Le spiritualiste Béchamp accepte en 1877 de devenir le doyen de la nouvelle Faculté libre de médecine de Lille : « Il n'y a pas un chimiste qui soutienne la doctrine de la génération spontanée ... Tout ce qui existe a été créé ». Il déplore l'influence du matérialisme sur les jeunes médecins. Pour les professions médicales on peut ajouter les pharmaciens et les vétérinaires. C'est Naquet qui mène campagne pour la laïcisation des hôpitaux. C'est le physiologiste Paul Bert qui compare le clergé au phylloxera : il sera ministre de l'instruction publique. C'est Emile Combes qui fera de l'anticléricalisme un programme unique et suffisant. C'est Georges Clemenceau qui, dès 1865 dans sa thèse *La génération des éléments anatomiques*, critique la notion de création *ex nihilo*. Il accusera le christianisme d'étouffer des valeurs « primitives », l'énergie, la vie de l'esprit ; les catholiques de mépriser la science, de diviniser la souffrance, *Le Grand Pan*, 1896. Vulgarisateur de Marx en France, Vacher de Lapouge concilie à la fois le caractère fatal de l'évolution sociale et l'inégalité entre les races, fruit d'une sélection poussée : « Je l'ai même aidé, en 1891, à mesurer 600 crânes extraits d'un vieux cimetière » (Paul Valéry). Dans la littérature, le docteur Pascal de Zola illustre un courant dominant : il n'a qu'un credo « le progrès de la raison par la science ».

La « superstition des sciences positives » (A. Hermant) gagne par degré. Vers la fin du siècle à Mazières-en-Gâtine « une religion naissait ». Les paysans commencent à y rêver de progrès infinis. Le facteur Pascal Chaignon lisait les journaux, réfléchissait, rêvait d'avenir pour son fils unique, « cette idée de progrès s'était implantée dans les esprits... elle avait tous les caractères d'une religion » (R. Thabault). Le second trait était le sentiment républicain et, dans certaines régions nul doute que le culte rendu à Marianne — comme aussi l'hostilité qu'elle suscitait — revêtait une étrange résonance : allégorie féminine opposée à la Vierge Marie que priaient les catholiques (M. Agulhon). Le troisième élément de la religion nouvelle répandue dans le peuple était le sentiment patriotique, un sentiment que le culte voué à Jeanne d'Arc contribuera cependant à étendre bien au-delà des seuls républicains. L'enseignement de l'instruction civique à l'école allait dans le sens de cette évolution, seulement contrariée là où le socialisme en venait à remettre en cause l'un de ses fondements.

Etapes et vecteurs de l'anticléricalisme

La victoire des républicains accentua les attaques contre le cléricalisme, c'est-à-dire la lutte contre tout ce qui ne relèverait pas du libre examen : « Ils [les protestants] étaient habitués à voir dénigrer les cléricaux catholiques, ils applaudissaient... Pour peu, ils auraient cru que la guerre que l'on faisait aux uns devait profiter aux autres... Or nous ne voulons d'aucune orthodoxie, ni romaine ni protestante », *Petit Méridional*, 27 novembre 1882. Combattre le cléricalisme, ce n'est pas attaquer la religion, disent nombre de républicains, mais défendre la liberté de conscience. Ainsi pensait le vieux spiritualiste Emile Combes, comme le révèle un incident significatif survenu à la Chambre le 26 janvier 1903.

Alors qu'au nom de l'extrême-gauche Maurice Allard s'inscrivait en faux contre toute distinction entre le cléricalisme et la religion, le président du Conseil répondit qu'il ne croyait pas « que la majorité, que dis-je ? que la presque unanimité des Français puisse se contenter ... des simples idées morales, telles qu'on les donne actuellement dans l'enseignement superficiel et borné de nos écoles primaires » (Journal Officiel 229.230). Il déniait ainsi à la morale indépendante le soin d'assurer seule l'éducation morale de la nation.

Mais si les hommes de gouvernement, d'autres encore, limitaient ainsi leurs objectifs politiques, que ce soit conviction personnelle ou tactique, un autre courant manifestait la volonté d'extirper toute idée religieuse. Au nom d'une fraction de la gauche stupéfaite, Marcel Sembat donne la réplique à Combes : « Nous croyions que c'était la doctrine du gouvernement républicain que les vérités scientifiques suffisent à elles seules à la vie intellectuelle et morale de la nation toute entière ».

Les programmes républicains de 1869 et de 1876 entendent enlever aux cultes, singulièrement au catholicisme, leurs puissants moyens d'action sans se priver pour autant du contrôle que permettent Concordat et articles organiques. Un ensemble de dispositions y contribue :

— 1880   loi supprimant l'obligation du repos dominical.
— 1881   abolition du caractère confessionnel des cimetières.
— 1882   laïcité de l'enseignement primaire public.
— 1884   divorce ; suppression des prières publiques ; loi municipale (le maire peut réglementer les sonneries de cloches).
— 1886   laïcisation du personnel des écoles publiques.
— 1887   respect des intentions du défunt concernant ses funérailles.

Après l'apaisement de « l'esprit nouveau » la lutte pour la sécularisation reprend à la fin du siècle :

— 1901-1904   mesures visant les congrégations religieuses : dissolution, fermeture des écoles, confiscation des biens.
— 1905   municipalisation des pompes funèbres — loi de séparation des Eglises et de l'Etat (9 décembre).
— 1906   Inventaires.

Bien que les catholiques aient commencé à utiliser les libertés constitutionnelles (réunion, association) et malgré les efforts de l'Action libérale populaire (1901), la pression en leur sein des éléments intransigeants d'une part, la méfiance de leurs adversaires d'autre part, continuent de pousser l'Etat républicain à rechercher le soutien des minorités confessionnelles (dans le ministère qui a consacré la victoire républicaine en 1879 cinq ministres sur neuf sont protestants), des francs-maçons et des libres-penseurs. Les protestants libéraux constituent un vivier où se recrutent parlementaires, fonctionnaires, en particulier dans l'instruction publique (Jules Steeg, Félix Pécaut, Ferdinand Buisson, madame Jules Favre). A un moindre degré les israélites. C'est en 1877, lors d'une réunion du convent du Grand Orient de France, que le pasteur Frédéric Desmons (lui-même spiritualiste) fit voter à une large majorité la suppression de l'article 1 de la constitution de l'Ordre sur le Grand Architecte de l'univers et l'immortalité de l'âme. De longtemps noyauté par les vagues libérales, républicaines puis radicales, le Grand Orient de France s'engageait plus encore dans la « Voie substituée » (J. Baylot) d'une activité politico-antireligieuse s'éloignant des buts traditionnels, « ce fut une des plus grandes déviations de l'histoire » (A. Mellor). La Grande Loge d'Angleterre ne put que constater qu'il avait dès lors cessé d'être un corps maçonnique et rompit toute relation avec lui. Les francs-maçons passèrent ainsi « de la tolérance inter-confessionnelle à la tolérance absolue qu'ils finiront cependant par refuser d'étendre aux croyants ou même aux simples spiritualistes », en 1904, sur l'intervention de Louis Lafferre à une époque où le Grand Orient devient « l'Eglise de la République » (P. Chevallier).

Le libéralisme des loges avait précipité la rupture avec l'Eglise à l'époque de la question romaine. Il s'était alors produit un réveil maçonnique lié à la montée de l'opposition républicaine. Dès 1870 plusieurs municipalités, tout comme de grands organes de presse ont à leur tête des francs-maçons. Face aux « fourneaux économiques » de la Société de Saint Vincent de Paul, les loges gèrent des « fourneaux démocratiques ». Elles sont souvent à l'origine des comités du sou pour les écoles laïques et des patronages laïques, étendant ainsi leur ascendant sur les classes populaires urbaines cependant que, par le relais des mandats politiques et des bons rapports entretenus avec la haute administration, cette influence a gagné le monde rural dans plusieurs régions. En 1906 les 400 loges du Grand Orient de France comptent 27 000 membres. Celles du rite écossais — Grande Loge de France — au nombre de 81, 5 000 membres, *Journal de la Société de statistique de Paris*, 1907. En 1913 est fondée la *Grande Loge nationale indépendante et régulière* s'écartant de la Voie substituée pour revenir à la régularité maçonnique. Londres la reconnut aussitôt pour seule obédience régulière en France, mais son recrutement contribua simplement à amorcer le déclin de la Voie substituée.

L'anticléricalisme militant déborde les cercles de notables et, par le relais des sociétés de Libre-Pensée, par les dirigeants du mouvement ouvrier, plonge ses racines dans les masses. Le mécanicien Henry, proudhonien, déclarait au congrès de Bruxelles en 1868 que « grâce à l'ignorance, on entretient dans les campagnes [sic] des superstitions qui assurent l'influence du parti réactionnaire et clérical ; en disant clérical, je n'entends pas attaquer la religion ». Ces schémas opposant la ville à la campagne entretiennent dans des convictions d'autant plus absolues qu'ils ne passent pas l'épreuve des faits. Il est facile de montrer en effet que des campagnes « très superstitieuses » (Berry, Limousin ...) ne sont pas cléricales, alors que des campagnes « éclairées » (Franche-Comté, Artois ...) le sont, elles.

Le manifeste blanquiste « Aux Communeux » (Londres 1874) affirme que « toute manifestation, toute organisation religieuse doit être proscrite ». Edouard Vaillant va proclamer « Ni Dieu, ni maître ». L'influence des anarchistes joue dans le même sens. La plupart des socialistes dénoncent un Dieu considéré comme vengeur, « le travail comme une expiation », l'aumône qui humilie. Mais vers la fin du siècle Jules Guesde tient la lutte anticléricale comme une opération de diversion : « Assez longtemps, pour tromper la faim prolétarienne, on vous a fait manger du prêtre ... C'est à l'assaut de l'ordre capitaliste que nous concentrons désormais tous nos efforts », *Le Socialiste*, 19 déc. 1891. « Le seul anticléricalisme sérieux en régime bourgeois est l'anticapitalisme. Les religions, ainsi que toutes les conceptions surnaturelles, ne disparaîtront que dans une société où, toute classe exploitante disparue, l'humanité, maîtresse de ses moyens de production, sera devenue sa propre providence », *Parti Ouvrier Français*, Congrès d'Issoudun, 24 septembre 1902. Les marxistes affirment bientôt qu'il faut combattre « non seulement les écoles religieuses, mais encore l'école laïque ... qui a conservé l'esprit dogmatique des écoles d'antan et qui a remplacé le culte chrétien par celui de l'Etat avec ce qui en résulte : patrie, propriété, drapeau, etc ... », *La Vie Ouvrière*, 20 nov. 1909.

L'école, les instituteurs ... il est vrai que, dans le feu de la polémique, de constantes accusations furent portées contre eux : dans la presse comme dans les litanies qui suivent l'*ite missa est* de la messe « Des écoles sans Dieu, délivrez-nous Seigneur ». Pourtant l'examen des rapports des curés à leur évêque invite à nuancer ces allégations même dans les départements rouges. Jean Bruhat note que lorsque l'école laïque fut créée, l'anticléricalisme était déjà implanté dans le *mouvement ouvrier*. L'abbé Frémont, prêtre libéral, relate ainsi son départ de l'Ecole normale d'Auteuil, en 1881 : « Je ne connais pas un seul de ces jeunes instituteurs de la Seine ... qui soit antipathique aux doctrines chrétiennes, et je suis certain qu'il y en a plusieurs qui les aiment ». A la rentrée suivante, la plupart viennent suivre la messe à Notre-Dame d'Auteuil. Mais l'administration « fit savoir aux élèves qu'en fréquentant l'église ils compromettaient leur avenir », *Mémoires* I, 134. Ce qui était vrai dans la Seine l'était a fortiori dans presque tous les départements. Les instituteurs spiritualistes peuplent l'école de Jules Ferry : ce sont eux qui ont formé les combattants de 14-18. L'évolution fut moins brutale qu'on ne le croit. Bien après 1882 il y eut des crucifix dans les classes, voire des maîtres présents avec leurs élèves à la messe dominicale. Leurs sentiments personnels, leur comportement extérieur varient en général selon l'opinion dominante de la région où ils exercent. Les comités cantonaux, les municipalités républicaines cherchèrent à les attirer dans leur sillage, sans préjudice du prestige de la Science qui a pu faire le reste, ni, bien entendu, du dualisme scolaire. On constate cependant que peu de normaliens et d'instituteurs collaborent à l'organisation tardive des patronages laïques.

L'anticléricalisme possède ses instruments. La presse figure au premier rang dès la fin de l'Empire : *le Siècle*, *La Presse* — avec Guéroult et les deux protestants Peyrat et Nefftzer — les *Débats*, l'*Opinion nationale*. Plusieurs grands quotidiens de province, au développement plus tardif, en font l'un de leurs atouts essentiels : ainsi de la *Dépêche de Toulouse* (1870), devenue, sous la direction d'A. Huc, le « chien de garde du combisme » (H. Lerner) : c'est dans les articles signés *Pierre et Paul* qu'André Delmas, futur dirigeant du S.N.I. fait ses dictées de vacances à Montauban en 1909. Dans *le Journal*, vers 1895, alors que l'apaisement prévaut, la petite bourgeoisie qui constitue à Paris et en province, le gros des lecteurs, reçoit chaque jour un message virulent sous la plume des Alphonse Allais, Octave Mirbeau, Paul Arène. Une presse spécialisée, flanquée parfois d'almanachs, se sert avec succès de la caricature : à *la*

Lanterne (quotidienne en 1877, Briand, Millerand, Viviani l'ont dirigée) s'ajoutent l'*Assiette au beurre* (1901) et *La Calotte* (1906).

Il faut parler des publications éphémères, aux titres évocateurs, *Le cléricalisme au pilori, l'Anticlérical*. Un jeune marseillais Gabriel Jogand-Pagès, issu d'une famille bourgeoise et catholique, s'en fit le spécialiste sous le nom de Léo Taxil. Il lance bibliothèque, romans, propagande ... anticléricaux. Le *Midi Républicain* de Montpellier publie en 1881 en feuilleton « Les amours secrètes de Pie IX », dont l'auteur serait un ancien camérier du Pape, Volpi. Les murs se couvrent d'affichent annonçant la publication, « le scandale est immense dans mon diocèse » écrit l'évêque au nonce. Léo Taxil fut condamné à 60 000 F de dommages par le Tribunal civil en décembre. On sait qu'il feignit de se convertir avant de récidiver. En 1898 il publie *Les livres secrets des confesseurs dévoilés aux pères de famille*. Dans ce domaine il avait été précédé à Bruxelles par l'ancien communard Lachâtre en 1874. Le roman — mais non le roman feuilleton qui devient populaire — atteint surtout les classes moyennes : or J. Renard, L. Cladel, O. Mirbeau, E. Zola, G. Flaubert, E. About, les Goncourt ... présentent au mieux des prêtres sans rayonnement ou niais. En revanche la chanson touche un milieu populaire. Léo Taxil a composé *La Marseillaise Anticléricale*

LA MARSEILLAISE ANTICLÉRICALE

(Chant des électeurs)

I

Allons ! fils de la République,
Le jour du vote est arrivé !
Contre nous de la noire clique
L'oriflamme ignoble est levé (bis).
Entendez-vous tous ces infâmes
Croasser leurs stupides chants ?
Ils voudraient encore, les brigands,
Salir nos enfants et nos femmes !

REFRAIN

Aux urnes, citoyens, contre les cléricaux !
Votons (bis) *et que nos voix dispersent les corbeaux !*

Montéhus, *La Marche Anticléricale*

> C'est la chute finale
> De tous les calotins
> L'anticléricale
> Voilà notre refrain ...
> L'anticléricale
> Fera le mond' païen (bis)

Quant à la *Carmagnole anarchiste*, des enquêtes orales récentes montrent qu'elle tenait sa bonne place au répertoire des débuts du XXᵉ siècle (et au-delà) :

> Que désire un républicain (bis)
> Vivre et mourir sans calotin (bis)
> La Vierge à l'écurie
> Le Christ à la voirie
> et le Saint Père au diable

Les manifestations anticléricales

L'anticléricalisme s'est manifesté par des actes individuels, des cérémonies civiles, l'action des municipalités. Bien des premiers relèvent de la traditionnelle critique des clercs dont l'autoritarisme, l'intolérance, les incursions dans la politique, les mœurs sont mis en cause : mais les dénonciations dans ce domaine relèvent dans plus de 99 % des cas de « rumeurs invérifiées ou calomnieuses », Ph. Boutry, *Prêtres et paroisses au pays du curé d'Ars*, p. 227. S'y ajoutent des attentats contre les croix et les églises : tabernacles brisés, hosties dispersées. Vers 1885 il est probable qu'une forme collective a été donnée à ces manifestations, mais nul n'en revendique la responsabilité.

Il en va tout autrement pour les obsèques civiles. D'où est partie l'impulsion, quelle importance a-t-elle revêtu ? Il faudrait mieux connaître les pressions exercées pour que s'inverse le conformisme, dater et situer l'habitude prise par les hommes de s'abstenir d'entrer dans l'église (ou le temple) en accompagnant les enterrements. C'est le franc-maçon Alexandre Massol qui lance à Paris en 1865 la campagne pour les enterrements civils. Le 1er juin, aux obsèques du Grand Maître le maréchal Magnan, Mgr Darboy avait donné l'absoute malgré la présence des insignes maçonniques sur le catafalque. Vive fut la réaction de Pie IX : dans une allocution le 25 septembre il renouvela les condamnations pontificales. On sait le rôle joué par les loges italiennes dans la lutte contre le pouvoir temporel. Garibaldi était maçon et frénétiquement anticlérical. Le clergé français, note J. Maurain, appliqua mollement ces condamnations. Toutefois, de nombreux prêtres ultramontains, refusèrent de laisser pénétrer dans les églises draps d'honneur et insignes. Le Grand Orient reconnut que le clergé « était en droit ... de refuser de participer à l'inhumation ».

Des groupes de *Solidaires* vont se former dont les membres s'engagent par écrit à avoir des obsèques civiles. Les cotisations permettent de les rendre gratuites. Le jeune Clemenceau y adhéra. Les premiers convois civils concernent des déportés de juin 1848 (à Paris Louis Derouin en 1865), des proscrits de décembre 1851 (et leur famille), des francs-maçons. Le mouvement a gagné les grandes villes avant 1870. Il suscite une forte effervescence, dont témoigne *Lis enterro-chin* (les enterre-chiens) du provençal Joseph Roumanille (1874). C'est que le cortège, qui parfois sort de la mairie, drapeaux tricolores puis rouges ou noirs en tête, est suivi par les autorités. Des jeunes filles en blanc portant le cercueil vide se sont rendues au domicile du défunt. Au cimetière que valorise le refus de passer par l'église, des allocutions sont prononcées. Elles laissent transparaître une espérance. Ainsi celle du citoyen Amblard de Saintes : « L'exemple que vous avez donné ici ne sera pas perdu, car le monde dans sa grande évolution sociale, marche vers la science, vers le progrès, vers la fraternité ... Bientôt nos successeurs verront se lever la suprême aurore de la fraternité internationale et alors apparaîtra l'apothéose des citoyens unis de tout l'univers », *Le Libre Penseur du Centre*, 1911-6. Mais le meilleur éloge du défunt c'est toujours d'avoir su « s'affranchir des préjugés religieux » (L. Pérouas). Le nouveau rituel semble avoir reçu une consécration solennelle avec les obsèques nationales de Victor Hugo le 1er juin 1885 : « Je crois en Dieu, je demande une prière à toutes les âmes mais je refuse l'oraison de toutes les Eglises » (testament).

38

LA MORT DE DESIRE BANCEL, 23 janvier 1871.
====================

CHRONIQUE LOCALE

LES DERNIÈRES VOLONTÉS DE BANCEL.

« Je soussigné, Désiré Bancel, voulant affirmer
« par ma mort les principes de ma vie, déclare de
« manière la plus formelle et la plus absolue, refu-
« ser le concours de tout prêtre durant ma maladie
« et après moi pour procéder à mes funérailles;
« Je veux un enterrement purement civil.
    « Lamastre, le 21 janvier 1871.

                                    « D. BANCEL. »

C'est en ces termes que deux jours avant sa mort,
Bancel exprimait sa volonté, précise, persistante,
connue depuis longtemps par tous ses amis! Cette
volonté devait être sacrée pour tous; cependant,
nous le constatons avec un profond regret, elle n'a
pas été respectée par sa famille qui s'est préoccupée
exclusivement de ses sentiments personnels et a trouvé à Lamastre un curé assez complaisant pour assister à l'enterrement d'un franc-maçon qu'il *savait*
avoir refusé son ministère.

L'INDEPENDANT DE LA DRÔME ET DE L'ARDÈCHE,
JANVIER 1871.

Au témoignage des anticléricaux eux-mêmes dénonçant « les républicains (qui ne sont) pas décidés à se passer du secours de ces tristes
corbeaux » *Petit Méridional*, 8 août 1882, les obsèques civiles, à l'exception
de quelques villes n'obtinrent pas cependant l'adhésion escomptée. Même
à Limoges le succès est réduit. A Paris G. Jacquemet se demande si les
enterrements civils sont un véritable critère de déchristianisation. Utilisant
les travaux de l'abbé Raffin, il souligne leur importance dans certains
arrondissements : 25 à 40 % pour le XX° où la montée rapide correspond
cependant à l'ouverture de l'hôpital Tenon. A Lyon, entre 1892 et 1907,
la proportion des convois sans cérémonie religieuse passe de 14 à un
maximum de 26 % (G. Laperrière). C'est la frange supérieure des milieux
ouvriers qui est la plus touchée.

Plus rares furent les mariages et surtout les parrainages ou « baptêmes
civils », le premier célébré à Ivry en 1904. Mais pour juger du détachement
par rapport aux Eglises il faut apprécier la proportion des enfants non

baptisés. Elle évolue ainsi à Paris : 1875 12 % ; 1885 28 % ; 1908 38 % (F. Boulard) avec la marge d'erreur croissante que représentent les baptêmes en province, « au pays » ? A Limoges, entre 1899 et 1907 la proportion s'élève de 2,5 à 25 %. A Béziers, elle culminerait entre 1872 et 1882 (25 %) pour retomber à 16 % en 1912 (J.C. Chazal). Par contre à Marseille, les non-baptisés des différents cultes sont fort peu nombreux, 5 % en 1881, 4 % seulement en 1901 (F. Charpin). Dans l'Yonne, bon exemple de région rurale détachée, on a pu calculer la proportion de refus des sacrements en 1912 : non-baptisés 9 % ; mariages civils 22,5 % ; enterrements civils 17 %.

La lutte contre le cléricalisme c'est aussi l'affaire des municipalités. Combat inégal jusqu'en 1877, les préfets cassent les délibérations. Au cœur des premières escarmouches, les ressources des fabriques, accusées de présenter des budgets suspects : « Que l'Etat prenne à sa charge le second vicaire » ou « Votre Conseil de fabrique n'y va pas de main morte quand il fait appel aux deniers communaux ». Il peut s'agir de l'emplacement de la nouvelle église, de la construction d'une tribune, de l'attitude du desservant. A partir de 1878, la guérilla occupe souvent beaucoup de place dans les registres de délibérations des Conseils municipaux : discours désobligeants lors des distributions de prix, « offense à la religion de la majorité des Français » ; colonnes ou croix déplacées « dans l'intérêt de la circulation ». Le maire peut agir d'office sans saisir les tribunaux, car « l'issue pourrait être douteuse » indique le ministre des Cultes (mars 1882) ; bâtiments du culte désaffectés ; rues débaptisées : Voltaire à la place de la sacristie ... Etienne Dolet remplace les moines, Diderot sainte Blandine (Lyon) ; enlèvement des emblèmes religieux. Bien des conflits viennent de ce que les conseils considèrent que l'église appartient à la commune. En 1882 le Conseil d'Etat doit rappeler « qu'une église n'est pas du tout un édifice affecté à un service public communal. Le Concordat et les lois postérieures ne l'entendent pas ainsi ... La commune n'a pas la manutention de l'église. Elle ne peut pas plus en disposer que du bien d'un particulier. »

De plus d'importance est la lutte pour laïciser les écoles, hôpitaux et hospices, mais elle est freinée par les intentions des donateurs ou les problèmes de personnel.

En ce qui concerne les processions, les communes ont le champ libre. En milieu rural les rogations, les processions votives sont rarement menacées, celles de la Fête Dieu davantage. Les autorités commencent par s'abstenir de les suivre. Des incidents surgissent qui précipitent les arrêtés d'interdiction, nombreux autour de 1880. Des procès-verbaux sont dressés quand le curé, de la porte de l'église, bénit chevaux et mulets pour la saint Roch ; quand défilent des premiers communiants derrière une bannière. Des conseils veulent interdire au prêtre d'accompagner les corps au cimetière. Autant de vexations faites pour réjouir les uns et indigner les autres. Dans cette lutte on devine le rôle d'amplification que joue la presse. De part et d'autre les incidents sont dramatisés. La polémique doctrinale cède le plus souvent la place à la satire, dont l'impact est d'ailleurs mieux assuré : un prêtre aurait été arrêté en état d'ivresse « le saint homme était saoul comme une grive... la police l'a pris au collet et fourré dans le tabernacle municipal ».

De grandes commémorations occupent un niveau intermédiaire entre l'anticléricalisme ordinaire, négatif, et le souci d'enseigner, d'attester une espérance face à celle du christianisme. Plus proche du premier est le centenaire de la mort de Voltaire en 1878 avec ses deux comités d'organisations à Paris : la Société des gens de Lettres d'une part ; les radicaux bénéficiant de l'aide financière de Menier qui en fait aussi une publicité pour son chocolat. Mais « Voltaire c'est la bourgeoisie », tous les rapports de police soulignent l'échec des manifestations populaires du 30 mai, situation parfois différente en province où les milieux du commerce et de l'artisanat répondaient mieux à l'influence des loges.

Les anticléricaux s'efforcèrent donc de reprendre à l'Eglise le terrain qu'elle occupait — seule — dans le domaine des fêtes. Ils eurent de même recours à certains procédés d'exposition, tel le catéchisme ou les commandements.

La Science est l'ensemble des connaissances humaines certaines

Un catéchisme anticlérical

CHAPITRE PRÉLIMINAIRE

D. Êtes-vous chrétien ?
R. *Non ; je suis libre penseur.*
D. Qu'est-ce qu'un libre penseur ?

RÉPUBLIQUE

FRANÇAISE

MAIRIE

DE

MONTPELLIER

POLICE

PROCESSIONS INTERDITES

sur les voies publiques

LE MAIRE DE LA VILLE DE MONTPELLIER

Vu l'article 50 de la loi du 14-22 décembre 1789, portant que les fonctions propres au pouvoir municipal sont de faire jouir les Habitants des avantages d'une bonne police;

Vu la loi du 16-24 août 1790, titre XI, art. 3 et 4, qui détermine les objets confiés à la vigilance et à l'autorité des corps municipaux;

Vu l'article 46, titre 1er de la loi du 19-22 juillet 1791, qui autorise les Maires à faire des arrêtés sur lesdits objets;

Vu l'article 11 de la loi du 18 juillet 1837, sur l'Administration Municipale;

Vu le livre IV du Code pénal et spécialement l'article 471, N° 15;

Considérant que dans les circonstances actuelles les processions pourraient donner lieu, vu l'état des esprits, à des conflits sérieux;

Qu'il est du devoir de l'Administration d'assurer la tranquillité publique et surtout de prévenir toute cause qui pourrait la troubler;

ARRÊTONS:

Les processions sont interdites sur les voies publiques de la commune de Montpellier.

M. le Commissaire central de police est chargé de l'exécution du présent arrêté.

Montpellier, le 20 mai 1880.

A. LAISSAC.

Vu :
Montpellier, le 20 mai 1880.
Pour le Préfet de l'Hérault, empêché,
Le Conseiller de Préfecture délégué
signé VILLEBRUN.

Montpellier, imprimerie L. CRISTIN et C

R. *Le libre penseur est celui qui ne croit pas et n'admet que l'autorité de la Science.*

D. Qu'est-ce que la Science ?

R. *La Science est l'ensemble des connaissances humaines certaines.*

D. Qu'appelez-vous connaissances certaines ?

R. *Celles qui ont été et peuvent toujours être contrôlées par le calcul.*

D. Comment acquiert-on des connaissances certaines ?

R. *On acquiert des connaissances certaines en s'instruisant, c'est-à-dire en fréquentant l'école neutre et en puisant de toute son intelligence dans les livres de physique, de chimie et d'histoire naturelle.*

L'anticléricalisme militant, s'il n'aboutit que rarement à la rupture complète avec les Eglises — toutes furent touchées — est parvenu par contre à créer un nouveau conformisme qui, le plus souvent, accentua les contrastes entre hommes et femmes. Le père d'André Delmas était un anticlérical tolérant pour qui les pratiques religieuses « semblaient convenir surtout aux vieilles femmes ... Ma mère, nullement pratiquante, tenait davantage à ce qu'on ne la crût pas dépourvue de tous sentiments religieux », de crainte d'être accusée « de manquer de morale », *Mémoires d'un instituteur syndicaliste*. C'est par la volonté de la mère que l'enfant est baptisé, fait sa première communion ; par la femme que les unions sont bénites à l'église. Dans l'inversion des conformismes, le pouvoir de la presse paraît avoir été considérable. Des articles nominatifs du genre « Les républicains s'étonnent de ce que M. le maire de [ici le nom de la commune], républicain convaincu, n'ait pas encore pris un arrêté contre les processions », ... ou « envoie ses filles chez les chères Sœurs » n'ont pu manquer de jouer un rôle d'intimidation : en ce domaine les accusations sont réciproques et dépendent des rapports de force. Ainsi fut accentué le clivage entre les deux France. Les communautés religieuses qui s'appuyaient sur une orthodoxie ou confession de foi, se trouvèrent sur la défensive, luttant pied à pied pour maintenir une influence contestée. On s'expliquerait mal l'âpreté de la lutte si l'on mésestimait leurs capacités de résistance. Comme l'a noté R. Rémond « La régression de l'anticléricalisme va [alors] de pair avec le progrès de la déchristianisation ».

La Libre-Pensée

Dans un discours au Sénat, le 19 mai 1868, Sainte Beuve, sensible au milieu intellectuel qui l'environne, atteste l'existence « d'un diocèse immense ... qui compte des milliers de déistes, des positivistes ... des sceptiques ... des adeptes du sens commun et des sectateurs de la science pure », une nébuleuse qui constitue pour ses adversaires le monde de l'incroyance et de l'impiété. De l'impiété, car, dès l'origine, la propagande anti-religieuse a été le principal souci des groupes organisés de la Libre-Pensée : étudiants en médecine, journalistes, actifs à Paris à la fin de l'Empire. Dès lors que le recrutement vise les milieux populaires, des groupes se constituent pour offrir à leurs membres la certitude d'obsèques civiles et gratuites. La victoire républicaine coïncide avec une forte poussée de la Libre-Pensée organisée : à Paris, autour des journalistes Victor Meunier et Edmond Lepelletier (1878) ; dans de nombreuses villes de province. En 1880 paraît le journal *La Libre-Pensée* ; se tient à Bruxelles le premier congrès international et, à Paris le 5 décembre, un congrès national. La seconde poussée se situe au début du XXe siècle avec l'hebdomadaire *La Raison* (de l'ancien prêtre Victor Charbonnel) et, l'année suivante en 1902, l'*Association nationale de la Libre-Pensée de France* dans les instances dirigeantes de laquelle figurent des professeurs de la Sorbonne comme Séailles et Aulard, des radicaux, Augagneur, Beauquier, Dumont, Sarraut, F. Buisson, F. Desmons ; des socialistes, Allemane, Briand, Sembat, Zévaès, l'anarchiste Sébastien Faure. Il est fort difficile d'évaluer l'importance, au demeurant fluctuante, du recrutement. En période de décrue, en 1894, la Fédération nationale recense 472 groupes, répartition qu'il faudrait compléter par les Charentes, le Limousin, la Côte d'Or, le Jura, Lyon.

R. Vandenbussche, qui en a fait l'étude pour le Nord, distingue au début du XXe siècle, une Libre-Pensée bourgeoise, dans la mouvance du radicalisme, et une Libre-Pensée socialiste qui compte 1 200 adhérents en 1911, le parti socialiste en ayant dix fois plus, et les syndicats et

Nord	11	Oise	12	S. et Oise	35	Seine	30
S. Inférieure	12	Eure	27	S. et Marne	13	Yonne	26
Nièvre	16	Indre et L.	12	Marne	11	Ain	16
Isère	13	Hérault	16	B. du Rhône	18	Var	11

coopératives beaucoup plus que le parti : « au total le militantisme de la Libre Pensée suscitait assez peu de vocations effectives ». Il va de soi que dans les départements moins ouvriers ce clivage était moins prononcé.

Ces militants peu nombreux peuvent être très actifs : « Nous organiserons des cérémonies ... nous avons besoin de frapper les esprits de nos adversaires » (1878). Dans quelle mesure les banquets gras du « Vendredi-dit-saint » se sont-ils greffés sur une tradition de parodie du sacré par la jeunesse masculine et, par là même se sont perpétués jusqu'au milieu du XXe siècle ? A Dijon, pour le premier, le 15 avril 1881, Clovis Hugues télégraphie « Citoyens, je m'associe à votre fête. Les dieux sont morts. » A La Ciotat, à la fin du siècle, c'est le F.˙. Lumière, l'inventeur du cinéma, qui préside le banquet annuel. Pour autant l'attrait des « sacrements laïques » semble limité, à l'exception des obsèques. L'insistance mise sur la promesse d'assurer une éducation anti-religieuse à ses enfants est une preuve, *a contrario*, de la résistance du catéchisme, malgré l'organisation des fêtes de l'adolescence avec remise de diplômes, serments et médailles. Goûters, spectacles, bals visent à créer des cadres de sociabilité. Mais les grands-messes ont surtout été les conférences qui bénéficient du climat tendu qui entoure la Séparation et du talent de certains orateurs, nouveaux missionnaires retournés, au sens propre souvent : « Le citoyen Noël ... a terminé par un cours d'histoire sainte qu'il paraît connaître parfaitement » (rapport de police, Saint-Junien, Haute-Vienne 12 mars 1905). Un Sébastien Faure (qui avait commencé son noviciat chez les Jésuites) organise des tournées de vulgarisation dans toute la France. Ses « douze preuves de l'inexistence de Dieu » obtiennent un franc succès, 3 000 personnes à Lille en 1912. Elles marquent un degré dans l'escalade, Paule Minck faisant porter ses attaques quelques années plus tôt sur « Les Jésuites et le cléricalisme ».

Au congrès international de Paris en 1905 les Libres Penseurs sont reçus à l'Hôtel-de-Ville par Paul Brousse. Les fédérations départementales se sont multipliées. En 1912 la Fédération nationale et l'Association nationale fusionnent. Mais le recrutement a toujours été difficile. Les divisions politiques et sociales jouent : d'un côté les influences maçonniques et radicales, de l'autre le fort courant socialiste s'efforçant d'ériger une véritable contre-société, stratégie de rupture appuyée sur un athéisme militant qui participe de la prise de conscience de classe. Bien des libres-penseurs se sentent alors agressés par un matérialisme sectaire, que certains, après 1905 considèrent comme un péril plus redoutable que le cléricalisme vaincu. Quand se constitue, en 1907, une Union de libres-penseurs et de libres croyants, Gabriel Séailles déplore que la Libre-Pensée soit devenue « une sorte de religion négative, de fanatisme retourné, de croyances interdites ».

De son côté le journaliste Jacques Valdour, enquêtant sur les mineurs de Lens en 1912, découvre « dans un estaminet [que] le patron est l'adepte de l'une de ses petites sectes superstitieuses [antoinistes, psycho-sistes communiquant avec les esprits] qui prolifèrent dans le Nord parmi les libres-penseurs de la classe populaire, ... exploitant l'ignorance de ces populations déchristianisées ».

Au demeurant l'idéal moral que véhicule les discours funéraires de la Libre-Pensée fait ressortir essentiellement l'honnêteté, le courage, le sens du devoir, le travail bien fait, les vertus familiales, des valeurs très proches spécialement au plan de la sexualité, du moralisme hérité des deux Réformes.

Etait-ce suffisant pour créer cette sorte de religion laïque dont rêvaient quelques libres-penseurs aux ambitions plus vastes, comme Albert Bayet ? (J. Lalouette).

Les protestants

Numériquement, la communauté protestante est amputée d'un quart de ses membres par la perte de l'Alsace-Lorraine. Il y a désormais environ 650 000 protestants en France, soit moins de 2 % de la population totale. L'équilibre entre les deux principales confessions s'est profondément modifié. Des 280 000 luthériens, il n'en reste guère plus de 80 000 répartis pour l'essentiel entre le pays de Montbéliard et Paris. Quelques Alsaciens-Lorrains ont opté pour la France après 1871. Il ne s'agit pas d'un apport massif, et les luthériens de Basse-Alsace, de souche populaire, ont plutôt moins souvent quitté leur terre natale que les réformés de Haute-Alsace, souvent de familles bourgeoises ou que certains catholiques inquiets des orientations religieuses de Bismarck. Les protestants alsaciens élevés dans l'Eglise de la confession d'Augsbourg ont d'ailleurs fréquemment renforcé, comme à Nancy, les paroisses réformées. L'installation à Paris d'une faculté de théologie luthéro-calviniste et l'adoption par les luthériens en 1872 du régime presbytérien synodal tendaient à estomper les différences au profit du « modèle » réformé dominant. Des noms comme Tommy Fallot ou Marc Boegner indiquent ce qu'a pu être l'apport luthérien aux Eglises réformées.

Les dissidents souvent issus du Réveil, comme les méthodistes, les baptistes (Nord), les darbystes (Drôme, Ardèche), les hinschistes (Sète et Nîmes)..., comptent pour l'ensemble de la France quelques milliers de membres, en y rattachant les salutistes apparus vers 1860.

Cette population protestante, malgré tout très majoritairement réformée, reste concentrée au début de la IIIe République dans ses terroirs traditionnels, ces « réserves » où les « Hurons huguenots » ont subsisté depuis le XVIIe siècle contre dragons et galères ; les cinq sixièmes des protestants se regroupent ainsi sur un quart du territoire et le département du Gard contient à lui seul 125 000 fidèles, le quart de la population réformée française. Géographiquement, le protestantisme français est d'abord un phénomène méridional. Montauban reste jusqu'en 1914 le fief de la très orthodoxe faculté de théologie réformée. En contrepoids, deux groupes notables seulement, en France septentrionale : le pays de Montbéliard et la Seine avec un peu plus de 70 000 protestants vers 1870. A Bolbec et Lillebonne, au pays de Caux, le foyer normand est limité, de même au Havre.

On peut distinguer trois types de régions : celles où le protestantisme est un phénomène essentiel dans la société, qu'il soit majoritaire comme dans certains cantons du Gard, des Deux-Sèvres, dans le pays de Montbéliard, ou qu'il constitue une forte minorité ; ce sont ces régions qu'on désigne couramment sous l'appellation un peu trompeuse de

« régions protestantes ». Le second ensemble dont l'archétype pourrait être la région parisienne fait référence à un protestantisme très minoritaire, dans une proportion conforme à la moyenne nationale, mais dont la présence est réelle et dont le poids social excède cette proportion. Le dernier type serait le « désert protestant », celui de l'Ouest, du Centre, du Nord et Nord-Est de la France ; la « présence » protestante n'y existe qu'à une dose homéopathique.

Cette répartition est l'héritage du passé. Le fait frappant depuis les années 1860 est le déclin des foyers traditionnels, en particulier méridionaux. La Lozère perd 25 % de ses protestants entre 1862 et 1895, le Gard 11 %. L'érosion des foyers ruraux est même plus importante que ne le laissent percevoir les statistiques départementales, le dépeuplement de la montagne étant parfois compensé par le développement du « pays bas » : c'est le cas par exemple dans le département du Tarn où la région de Brassac-Lacaune se dépeuple, mais où celle de Mazamet connaît une augmentation compensatoire. La Seine, la Seine-Maritime, le Nord, le Rhône et les Bouches-du-Rhône bénéficient de la croissance de leur métropole. Fonctionnaires et enseignants contribuent à accroître des communautés qui seraient implantées dans les chefs lieux de département : les 150 protestants de l'Indre sont à Châteauroux, les 300 de la Sarthe au Mans ... Il faut enfin compter avec les efforts d'évangélisation comme à Lesconil-Guilvinec dans le Finistère au sein de pêcheurs traditionnellement en rupture avec le milieu rural catholique (temple dédicacé en 1912).

Jusqu'aux premières années du XXe siècle en tout cas, l'encadrement pastoral des « réserves » ne diminue pas ; il aurait même plutôt tendance à augmenter : le Gard a 121 pasteurs en 1895 contre 111 en 1862, le Tarn 29 contre 28, et la Lozère 27 contre 26.

L'analyse de l'évolution numérique du peuple protestant sous la IIIe République doit s'accompagner de nuances dans la mesure où se développe dès la fin du XXe siècle un « protestantisme sociologique » que ne prennent pas en compte les dénombrements pastoraux. Mais elle montre que la phase ascendante est désormais close.

Entre 1880 et 1914, les protestants français restent majoritairement des ruraux, villageois ou habitants de petits bourgs. Ainsi, selon Emile Léonard, sur les 125 000 protestants du Gard en 1888, un cinquième seulement habite à Nîmes ou dans les trois sous-préfectures ; la proportion est égale ou plus forte dans toutes les réserves protestantes : 90 % de ruraux dans le Tarn, 95 % dans l'Ardèche, 97 % dans les Deux-Sèvres.

On trouvera parmi les fidèles du temple aussi bien un grand propriétaire qu'un ouvrier agricole, un petit exploitant qu'un commerçant ou un artisan. On sait du reste que dans nombre de villages mixtes, catholiques et protestants avaient chacun leurs commerçants, leurs artisans, leurs médecins, leurs cafés attitrés : un véritable apartheid de fait ! On a souvent, à la suite d'André Siegfried ou d'Emile Léonard, décrit le paysan protestant selon un modèle, presque un type idéal : propriétaire indépendant, actif, cultivé, il occuperait dans le village l'étage supérieur par opposition à une couche « inférieure » plus mouvante, celle du prolétariat agricole d'origine catholique. Si ce modèle peut contenir une part de vérité pour la région cévenole, il ne peut être généralisé aux autres régions. Même dans la Cévenne protestante qu'évoquent les souvenirs d'Augustine Rouvière, la Bible peut être le seul livre de la maison familiale ; et l'esprit « activiste » frappe moins que la résignation confiante devant la volonté du Tout-Puissant.

Parmi les citadins, les études sociologiques rétrospectives qui ont pu être tentées confirment par contre en gros l'idée reçue d'un milieu protestant embourgeoisé où les éléments populaires, notamment ouvriers, sont sous-représentés. A Nîmes, la proportion d'ouvriers chez les protestants est inférieure à la moyenne de la ville (J.D. Roque). A Mazamet, les patrons lainiers protestants emploient des ouvriers catholiques, même s'il existe aussi quelques ouvriers protestants qui sont souvent des paysans-ouvriers continuant à cultiver le lopin de leur père. A Montauban, le protestantisme urbain offre au début de la IIIᵉ République, selon Robert Garrisson, « l'image d'une pyramide renversée, d'un état-major sans troupe : presque pas de petit peuple ouvrier ou artisan, ni de petite bourgeoisie commerçante, mais 80 % de grands et moyens bourgeois, chefs d'entreprise, rentiers, membres des professions libérales ... »

A Paris même où, en 1882, l'Eglise réformée se scinde en sept paroisses, la majorité d'entre elles a une « clientèle bourgeoise » ; ainsi les temples de Pentemont, de l'Etoile, de Passy, l'Oratoire du Louvre sont-ils des « nids » pour la H.S.P. (Haute Société Protestante) ; exemple extrême, la paroisse de l'Oratoire ne compte en 1912, selon E.O. Léonard, qu'une trentaine de personnes exerçant un métier manuel sur 247 paroissiens ; les autres sont ministres, hauts fonctionnaires, banquiers, industriels, universitaires ... Même les églises de banlieue, beaucoup moins « huppées », sont plus nombreuses dans les communes résidentielles à l'ouest et au sud de Paris. Il en est de même à Marseille où une seule des sept paroisses est établie en-dehors des quartiers bourgeois.

Même dans le cas d'une Eglise multitudiniste comme celle du pays de Montbéliard, analysée par Jean-Marc Debard, l'implantation ouvrière laisse à désirer. L'église luthérienne représente ici, au moment où démarre vraiment la révolution industrielle, la très grande majorité des habitants du « pays » : sur 49 000 recensés en 1850, il y a 38 000 luthériens. Par la suite, l'Eglise connaît bien une expansion et atteint son apogée aux alentours de 1894 avec 45 000 fidèles ; mais cette expansion numérique est bien inférieure à la croissance globale de la population ; elle retombe assez rapidement après 1894 : en 1906, il n'y a plus qu'un peu moins de 40 000 luthériens sur 72 000 habitants. Dans la période de l'entre-deux-guerres, les protestants deviendront minoritaires dans ce pays qu'ils avaient toujours dominé.

Cette évolution peut sembler logique puisque l'industrialisation attire une population ouvrière extérieure qui n'est pas d'origine protestante. On est pourtant frappé par la faible capacité d'évangélisation d'une Eglise qui dispose dans le pays d'un réseau d'œuvres d'une très grande densité : dispensaires, hôpitaux, orphelinats, ouvroirs et autres établissements d'assistance. Jusqu'en 1881, l'Eglise possède de surcroît le quasi-monopole de l'enseignement avec 97 écoles primaires ; une « école modèle » pour les garçons et un « cours normal » pour les filles assurent la formation des maîtres. Ces institutions se couleront ensuite assez facilement vu leur orientation libérale et républicaine dans le moule laïque ; mais pour de longues années encore, les maîtres seront marqués par l'école protestante.

L'Eglise dispose enfin d'une presse dont le principal titre, *l'Ami chrétien des Familles*, connaît une large diffusion. Pourtant, si l'Eglise conserve son quasi-monopole en milieu paysan autochtone, son impact sur le milieu ouvrier reste assez faible. Une des raisons de cette médiocre audience vient de ce que l'Eglise prend mal en compte la spécificité du milieu : très peu d'œuvres sont destinées aux ouvriers, sauf dans une paroisse, celle de Valentigney où un pasteur pionnier, P. Dieterlen, encourage la création pour lutter contre l'alcoolisme de la première section française de la Croix Bleue et facilite l'action de l'Armée du Salut.

L'Ami Chrétien des Familles ne s'intéresse pas au monde ouvrier et à ses problèmes ; il se contente de recommander l'obéissance, l'ordre et la discipline. Cette orientation socialement conservatrice d'une Eglise qui se veut théologiquement et intellectuellement libérale, et dont les membres et les dirigeants votent pour la République, est bien marquée dans les conseils de l'inspecteur ecclésiastique Fallot qui estime en 1881 que « le refroidissement du zèle religieux dans quelques églises est lié à la politique et à l'invasion de mauvais journaux » ; le même homme appelle en 1883 « les anciens à lutter contre les doctrines pernicieuses qui se propagent d'autant plus facilement qu'elles favorisent davantage les appétits mondains et les plus honteuses passions ».

Le corps pastoral montbéliardais avec ses dynasties lévitiques comme les Goguel, les Fallot, les Perdrizet, les Mettetal, les Viénot, est pour l'essentiel issu de la partie supérieure de la bourgeoisie urbaine. L'Eglise est sous l'influence des notables, ces dynasties patronales qui contrôlent également la vie politique du pays et possèdent entre elles de puissants liens endogamiques. Dans l'administration des œuvres de l'Eglise comme parmi les délégués synodaux des villes et des bourgades industrielles, les mêmes noms reviennent toujours, ceux des Noblot, Peugeot, Bornèque, Japy. Il est compréhensible qu'en 1899, l'Eglise ne comprenne pas les mouvements revendicatifs ouvriers et se coupe d'un monde sollicité par l'idéologie socialiste. L'exemple montbéliardais ne doit pourtant pas être généralisé parce qu'on ne retrouve guère ailleurs une telle imbrication entre l'Eglise et les institutions qui dominent la société.

Dans la région industrielle d'Alès — la Grand' Combe —, on pourrait même trouver un contre-exemple, il est vrai d'une ampleur beaucoup plus limitée ; les Cévenols descendus de leur montagne pour travailler comme mineurs ou métallurgistes peuvent garder des liens avec leur tradition religieuse tout en incorporant la culture et les réflexes ouvriers ; cela donnera au XXe siècle cette variété de protestantisme rouge que décrit J.P. Chabrol.

La grande bourgeoisie protestante joue un rôle important, non seulement par l'image sociale qu'elle peut donner à l'extérieur du protestantisme, mais par la direction, ou du moins l'encadrement qu'elle exerce au sein des Eglises. L'analyse des conseils presbytéraux nous révèle l'importance de l'élite protestante dans les grandes villes de province telles que Nîmes, Montpellier, Bordeaux, Marseille et Lyon. Quant aux grandes familles « sacerdotales » du protestantisme, les Leenhardt, les Couve, les Bois, les Westphal, ou la plus célèbre, celle des Monod, elles sont en même temps de grandes familles bourgeoises et intellectuelles. On sait aussi que certaines d'entre elles ont des ascendances étrangères, surtout anglo-saxonnes ou suisses ; ou plutôt qu'elles sont parfois d'anciennes familles du Refuge, réinstallées en France après l'Edit de tolérance et la Révolution française.

Un portrait psychologique du bourgeois protestant de l'époque mériterait une analyse nuancée. Certes, l'image d'Epinal du huguenot travailleur, actif, austère, d'une honnêteté sans faille et d'un moralisme un peu rigide, qui semble parfois avoir avalé son parapluie, comporte une part de vérité, surtout en cette période « victorienne ». Mais J.P. Chaline et Ph. Maneville, étudiant la mentalité beaucoup plus industrielle et plus dynastique des manufacturiers protestants dans la région de Rouen et le pays de Caux, en contraste avec celle de la plupart des patrons normands catholiques, invitent à poser une question : parmi ces familles protestantes, la quasi-totalité des indienneurs, les Keittinger, Dolfuss, Risler, Koechlin, et quelques uns des filateurs, comme les Waddington, sont d'origine anglaise, allemande, ou le plus souvent suisse ou alsacienne. Faut-il attribuer leur comportement économique uniquement à leur religion ou à leur situation « d'immigré » ? « S'il y a un Keittinger protestant, il y a un Stackler catholique et alsacien, et à Elbeuf, il y a les Fraenkel, juifs et alsaciens ».

Enfin, les Montalbanais décrits par Robert Garrisson semblent présenter l'antithèse de leurs coreligionnaires « normando-alsaciens » et du « type idéal » protestant. Riches grâce au travail de leurs pères, ils ont abdiqué sur le plan industriel et économique, ils vivent de leurs rentes et des revenus de leurs terres, sont gens de loisirs studieux et de réelle culture ; n'était leur passion pour la politique et la chose publique, ils évoqueraient plutôt Horace ou Tchekhov que Max Weber !

Si elle est plus diverse sur le plan social que ne le donnerait à croire son image d'Epinal, la communauté protestante est aussi — c'est plus conforme à sa réputation — extrêmement divisée sur le plan religieux. Le conflit théologique entre « orthodoxes » et « libéraux » a pris depuis le synode tumultueux de 1872 l'allure d'une guerre civile larvée ; il aboutit à la fin de la décennie 1870-80 à un véritable schisme de fait au sein de l'Eglise réformée. Majoritaires au synode, les « orthodoxes » n'avaient pas réussi sur le problème crucial de la déclaration de foi à détacher les libéraux modérés — le « centre gauche » — de « l'extrême gauche » du libéralisme. Même s'ils se déclaraient à titre personnel en accord avec la formulation adoptée par le synode, qui insistait en particulier sur la divinité du Christ, la résurrection et la rédemption, les libéraux modérés refusaient, au nom du libre examen, d'imposer une dogmatique au sein de l'Eglise et de sanctionner les pasteurs qui n'y adhèreraient pas.

Après 1872, les initiatives prises par le gouvernement de l'Ordre Moral où quelques notables orthodoxes, tels Guizot, son gendre de Witt et le général de Chabaud-Latour, étaient influents, enveniment encore la querelle : 190 élections pastorales, toutes celles qui ont eu lieu dans les consistoires à majorité libérale, sont invalidées ; ce qui crée dans les paroisses libérales un vide juridique et pose aux ministres de sérieux problèmes financiers.

Par la suite, c'est presque le divorce ; les orthodoxes prennent l'habitude à partir de novembre 1879 d'organiser régulièrement des « synodes officieux » ; plus prudents parce que minoritaires, les libéraux se contentent d'assemblées plus informelles. Toutefois la volonté des deux camps de conserver le régime concordataire et le refus du gouvernement d'entériner légalement ces querelles d'initiés entraînent après 1877 quand la « République républicaine » plus favorable aux libéraux permet la reconstitution des consistoires invalidés, une sorte de *statu quo*, une séparation de fait qui permet aux passions de s'apaiser peu à peu. Le conflit est à situer dans l'histoire des idées et dans l'histoire de l'Eglise.

Sur le plan intellectuel, les principaux points de discussion portent sur les problèmes du miracle, du surnaturel, de la confrontation entre la science et la foi, questions posées par la montée des idées positivistes et scientistes. Dans le domaine ecclésiastique, deux conceptions de l'Eglise et de l'individualisme protestant s'affrontent. Cependant, l'image donnée par l'adversaire est parfois trompeuse. En effet, tous les libéraux n'adhèrent pas forcément à une religion rationalisée à la Renan ou à une « foi naturelle » dans la lignée du vicaire savoyard, mais ils demeurent attachés au libre examen, à l'étude scientifique des questions religieuses, et leur attitude exprime surtout le refus d'une autorité ecclésiastique.

Quant aux orthodoxes, tous n'enseignent pas le fondamentalisme biblique et ne datent pas l'âge de la terre de 6 000 ans ; certains d'entre

UNIONS CHRÉTIENNES DE JEUNES GENS
DE FRANCE

Groupe Languedoc

Ce que signifie pour nous la base de 1875

(Base de St-Jean du Gard)

Nous estimons que la vie spirituelle de nos Unions et la cohésion de notre Groupe sont liées à notre communauté de foi ; aussi voulons-nous proclamer très clairement notre foi exprimée par la base de 1875 que nous acceptons dans son sens évangélique et traditionnel.

I. — **Nous regardons Jésus-Christ comme notre unique Sauveur et Notre Dieu.**

a) Notre unique Sauveur parce qu'Il a porté tous nos péchés et les a expiés en mourant à notre place sur la croix (Esaïe 53).

b) Notre Dieu parce qu'Il est venu du ciel et qu'Il est né miraculeusement par la puissance du St-Esprit ; Jésus Fils éternel de Dieu a été dès lors vrai homme et vrai Dieu. En lui habite corporellement toute la plénitude de la divinité (Coloss 2/9).

c) Nous ne séparons pas le Sauveur du Fils de Dieu.

Au contraire pour nous :

D'une part la divinité de J.-C. explique sa mort rédemptrice car un simple homme n'aurait pu accepter ce sacrifice.

Dautre part la mort rédemptrice de Jésus-Christ prouve sa divinité, car si Dieu n'était pas un Christ souffrant et mourant pour nous, où seraient la justice et l'amour de Dieu, dans cette mort de l'Innocent à la place des coupables ?

II. — **Nous croyons que les Saintes Ecritures sont divinement inspirées.** La Bible est pour nous la Parole de Dieu, inspirée par le St-Esprit et autorité souveraine en matière de foi.

Nous en acceptons toutes les exigences, toutes les promesses, comme tous les mystères.

Elle est la révélation divine devant laquelle nous abaissons notre raison et que nous acceptons intégralement par la foi et l'obéissance ; nous ne pouvons la mutiler ou l'interpréter par notre propre jugement ; nous la croyons, et nous demandons au St-Esprit de nous la faire comprendre.

III. — **Nous voulons travailler avec le secours du St-Esprit ;** nous croyons que le St-Esprit est seul capable d'agir puissamment dans le monde. L'idéal chrétien, c'est la conversion des âmes, la régénération de tout notre être et notre sanctification.

Cette œuvre est accomplie par le St-Esprit nous révélant le Père et le Fils et habitant en nous.

Telle est pour nous, en raccourci, la signification essentielle de la base de 1875. C'était dans ce sens que les promoteurs de cette base la comprenaient et c'est pas fidélité à la tradition unioniste française et surtout à la Parole de Dieu que nous proclamons ainsi notre foi et que nous demandons que les membres actifs acceptent cette même base dans sa lettre et dans son esprit, comme nous l'acceptons nous-mêmes.

Que Dieu nous aide à professer la vérité dans la charité. Qu'Il nous permette de garder l'unité de la foi pour l'avancement de son règne parmi les jeunes que nous aimons.

eux se veulent ouverts aux idées de leur temps ; un Edmond de Pressensé par exemple, qui dirige la *Revue Théologique*, s'intéresse autant que les libéraux à la pensée scientifique et à la théologie de Schleiermacher. Mais les orthodoxes réclament un minimum commun qui trace une frontière nette entre christianisme et agnosticisme, minimum que résument la déclaration de foi et l'inspiration des Ecritures. Beaucoup sont convaincus que le libéralisme mène droit à l'athéisme, l'évolution intellectuelle d'Edmond Schérer, passé de l'orthodoxie au libéralisme, puis à l'agnosticisme et à l'abandon de toute référence chrétienne continue à les hanter, alors même que cette évolution achevée en 1860 devient beaucoup moins caractéristique du paysage intellectuel français après 1870.

C'est pourtant au moment même où l'Eglise réformée connaît les plus graves divisions internes, que les protestants français semblent connaître leur apogée sur le plan de l'influence politique et sociale. En réalité, les positions du peuple, ruraux et petite bourgeoisie, méritent d'être distinguées de celle des grands notables comme le fait A. Encrevé. Même parmi le peuple, on trouve assez peu de républicains de la veille, un peu plus dans le Midi cévenol que dans l'Ouest poitevin où le bonapartisme était presque à gauche par rapport au légitimisme. S'ils avaient assez largement accepté l'Empire, les protestants ont ensuite vivement ressenti les événements de 1870-71. Ils ont été affectés par les accusations d'antipatriotisme voire de trahison reprises dans des journaux de tendance légitimiste ou ultramontaine tels l'*Univers, le Monde, Paris-Journal, le Figaro*. Ces accusations, démenties par la conduite patriotique de protestants tels que le colonel Denfert-Rochereau ont laissé des traces et contribué à renforcer un patriotisme sourcilleux.

Après la défaite, la guerre civile : essentiellement rurale ou bourgeoise, la grande masse du protestantisme se montre hostile à la Commune. D'après les statistiques des procès, on trouve moins de 2 % de protestants parmi les communards, proportion conforme à leur poids national. La figure de Rossel, d'origine nîmoise, qui avait rejoint la Commune pour des motifs patriotiques, mais que le protestantisme établi n'osera guère défendre, reste un cas isolé. La dénonciation, parfois très dure, des communards a pu s'accompagner dans certains milieux protestants d'une désapprobation de fait de la « chasse aux sorcières » : ainsi les pasteurs de l'Eglise libre Edmond de Pressensé et Bersier ont-ils caché en mai et juin 1871 Benoît Malon, lui sauvant ainsi la vie ..., ce qui n'empêche pas de Pressensé de se faire élire député en juillet 1871, grâce au soutien de Thiers.

A ces élections complémentaires de juillet, comme à celles de février 1871, le vote du peuple protestant ne se distinguait guère de celui de la masse des Français : une minorité pour la gauche gambettiste, une majorité pour la droite et pour Thiers. C'est dans les années qui suivent, que s'affirme un peu plus nettement la spécificité du vote protestant ; comme l'écrit A. Encrevé : « dans la communauté protestante, le choix républicain est plus précoce et plus massif que dans la communauté catholique ». Bon nombre d'historiens et d'observateurs ont vu dans ce choix une application dans le domaine politique des principes démocratiques qui sont à la base de la vie des communautés protestantes. Plus que l'attachement à la démocratie, c'est l'attachement aux libertés et aux droits de l'homme qui fournit la constante de l'attitude politique des protestants au cours du XIXe siècle. Dans le grand débat qui domine le siècle autour de l'héritage de la Révolution, ils se situent du côté de 1789, mais non pas dans leur grande majorité de 1793.

Parmi toutes les libertés, celle à laquelle ils tiennent le plus est la liberté religieuse. Face à une Eglise catholique qui appuie nettement à l'époque de l'Ordre Moral la perspective d'une Restauration, ils ne peuvent que soutenir Gambetta et s'écrier avec lui : « le cléricalisme, voilà l'ennemi ! » Cette alliance avec le bloc républicain laïque ne se démentira pas, malgré les vicissitudes, et durera au moins jusqu'en 1914, si étonnant que puisse paraître aujourd'hui le soutien de chrétiens à la République combiste !

Le ralliement des élites a été plus tardif, moins unanime que celui du peuple. Parmi les élus de 1871 — ils sont 28 députés sur 737 — on trouve presque toutes les sensibilités politiques, y compris un bonapartiste et deux légitimistes relativement atypiques. Les deux principales « familles » comptent une majorité de modérés, partisans de Thiers ou franchement orléanistes, et une assez forte minorité de républicains ; quelques protestants, comme Freycinet, sont dans l'entourage de Gambetta.

Un tel pluralisme explique la présence protestante dans la quasi-totalité des gouvernements qui se succèdent au cours de la première décennie, y compris ceux de l'Ordre Moral. Ce pluralisme se retrouve au niveau local, comme Vincent Wright l'a observé pour Bordeaux :

pendant la présidence de Thiers, le maire Emile Fourcand, franc-maçon notoire, est un « républicain de toujours » et un « ami politique de Gambetta ». Le préfet Barkhausen est un ancien orléaniste devenu républicain modéré. Un des députés, Johnston, est un ancien bonapartiste devenu vaguement orléaniste, et le premier président de la Cour d'Appel, Raoul-Duval, reste fidèle à ses préférences impérialistes... Tous ces hommes sont des protestants !

Inspiré par Guizot qui meurt en 1874, et par le général de Chabaud-Latour, ministre de l'intérieur de l'Ordre Moral en 1874, le groupe qui se prononce pour le retour à la royauté s'amenuise pourtant assez rapidement, car la plupart des députés protestants orléanistes voteront l'amendement Wallon et les lois constitutionnelles. Républicains de toujours ou orléanistes ralliés, les notables protestants assurent après l'échec du 16 mai une sorte de transition entre le gouvernement des « couches traditionnelles » royalistes et catholiques et celui des « couches nouvelles » républicaines que Gambetta appelait de ses vœux.

L'exemple le plus connu est celui du ministère Waddington constitué en février 1879, juste après l'élection de Grévy à la présidence, qui compte une moitié de protestants en son sein parmi lesquels, outre le président du conseil, Léon Say, Freycinet et l'amiral Jauréguiberry. Ce gouvernement n'a pas été le plus marquant de la IIIe République, et une telle proportion de ministres protestants ne se retrouvera plus jamais : une fois la transition assurée, on sera moins tenté d'opposer un autre christianisme à celui de l'Eglise catholique.

L'apogée de l'influence protestante se situe donc en ces premières années de la République des républicains. En effet, au-delà des responsabilités ministérielles, parfois éphémères, exercées par certains protestants, l'implantation au sein de l'appareil d'Etat et de la haute administration atteste cette influence. L'administration des finances, le conseil d'Etat, le corps préfectoral, la haute magistrature, et à un moindre degré l'armée et la marine, comptent d'assez nombreux protestants. Mais la présence protestante se fait surtout sentir dans le monde de l'enseignement, crucial pour la République : Ferdinand Buisson exerce une influence sur plusieurs générations de maîtres, tant dans la direction de l'Enseignement primaire que par la publication du *Dictionnaire Pédagogique*. On citera aussi Jules Steeg, rapporteur de la loi Ferry sur l'enseignement laïque, et Félix Pécaut, véritable prophète de la pédagogie laïque et directeur de conscience des Fontenaisiennes, comme l'était aussi à l'Ecole Normale Supérieure de Sèvres, Madame Jules Favre.

C'est d'ailleurs dans l'enseignement laïque féminin que la présence protestante est la plus forte : on compterait près de 10 % de protestantes vers la fin du XIXe siècle parmi les enseignantes de lycée et peut-être 25 % parmi les directrices, proportion impressionnante par rapport au poids du protestantisme dans le pays. Elle s'explique tant par le maintien des jeunes filles catholiques dans la filière de l'enseignement confessionnel que par l'intérêt pour l'éducation féminine qui caractérise les familles protestantes.

Ce protestantisme d'éducation — comme il y aura un peu plus tard un socialisme d'éducation —, qui utilise souvent la connaissance propre aux protestants des expériences étrangères, anglo-saxonnes ou allemandes, se rattache souvent sur le plan théologique au libéralisme. C'est ce protestantisme libéral à peu près détaché de tous les dogmes chrétiens qui a le plus d'affinités avec l'idéologie laïque et républicaine. Son prestige auprès d'intellectuels comme Renan est celui d'une religion rationalisée compatible avec l'esprit moderne. Mais une telle « religion » n'avait pas grand chose à voir avec celle de la majorité des protestants français, notamment ceux du courant orthodoxe. Ceux-ci n'ont d'ailleurs pas toujours des positions politiques plus à droite que les libéraux, mais ils n'opèrent pas de fusion entre leurs idées religieuses et l'idéologie républicaine.

Ces protestants qui ont fait en partie l'école de la République vont souvent devenir de plus en plus républicains et de moins en moins protestants. L'évolution d'un Ferdinand Buisson, les engagements maçonniques d'un pasteur libéral comme Frédéric Desmons, les amènent à perdre tout lien avec la religion ; mais ils continueront à être qualifiés de protestants, en particulier par leurs adversaires.

On voit en effet se développer aux alentours de 1890 des attaques antiprotestantes issues des milieux nationalistes. Dans la fameuse « Trilogie de l'anti-France », les protestants apparaissent cependant singulièrement en retrait par rapport aux juifs ou même aux francs-maçons. Comme l'a bien montré Baubérot, les obscurs « professionnels de l'anti-protestantisme » comme Georges Thiébaud ou Ernest Renauld n'ont jamais rencontré beaucoup d'audience populaire.

S'il n'y a pas eu d'antiprotestantisme de masse, on voit se développer à l'orée du XXe siècle un antiprotestantisme intellectuel : son meilleur représentant, Maurras, dénonce les « pédagogues protestants qui importent d'Allemagne, d'Angleterre et de Suisse un système d'éducation qui abrutit et dépayse le cerveau des jeunes Français ». Pour Maurras comme pour Michelet, le protestantisme est à l'origine de la Révolution française. Mais au lieu d'être ferment de liberté, le libre examen et l'individualisme sont un ferment de division et d'anarchie, d'ailleurs importé de l'étranger, qui sape les bases de la société. Maurras retrouvait « l'esprit protestant » dans l'école laïque comme dans toutes les institutions de la IIIe République.

Au début du XXe siècle, les protestants n'ont plus cependant qu'une influence politique assez modeste, leur famille d'esprit est bien minoritaire au sein du bloc des gauches. Faut-il parler d'un déclin après 1890 ? L'évolution semble assez complexe.

Sur le plan théologique d'abord, des courants novateurs se manifestent qui permettront de dépasser à terme la querelle où s'épuisent depuis un demi-siècle orthodoxes et libéraux. Au moment où la Libre-Pensée devient un phénomène de masse, on assiste dans les milieux intellectuels à la crise du scientisme et du positivisme : du symbolisme au bergsonisme, c'est une prise de conscience des limites de la science et un retour en force de la foi et de l'irrationnel. Cette évolution des idées ambiantes a des répercussions sur la pensée théologique.

Parmi les théologiens protestants, le réformé Auguste Sabatier et son collègue luthérien Eugène Ménégoz représentent la tendance symbolo-fidéiste : les dogmes n'apparaissent plus comme des vérités immuables et éternelles, mais ne doivent pas être mis aux oubliettes comme chez bon nombre de libéraux : les notions théologiques ne sont que des symboles, toujours inadéquats et qui doivent se modifier en fonction du langage du temps ; elles n'en restent pas moins indispensables comme des moyens d'approche de l'invisible et du transcendant.

Plus influente en milieu orthodoxe, la théologie dite de l'expérience religieuse s'efforce, en puisant dans la pensée du suisse Gaston Frommel et dans celle du pragmatiste William James, de fonder la foi chrétienne sur l'expérience individuelle, notamment celle de la prière. Chez le théologien montalbanais Henri Bois, se mêlent le néo-kantisme de Renouvier et une psychologie selon laquelle la présence divine se fait jour dans le subconscient.

Le second facteur de renouvellement, le mouvement du christianisme social, introduit en particulier une nouvelle façon de concevoir la société mais aussi de mener l'évangélisation.

Les communautés juives

La défaite française de 1871 bouleversa la communauté juive de France, puisque 41 000 juifs vivaient dans l'Alsace-Lorraine devenue allemande. En 1872, la majeure partie des 49 000 juifs résidant en France se répartissait en trois principaux centres, Paris, la Provence et le Sud-Ouest, et une diaspora de quelques petites communautés récemment grossies par l'arrivée des Alsaciens-Lorrains, fidèles à la France. Ceux-ci se dirigèrent essentiellement vers Paris, Marseille, Lyon ou Lille. Grâce à cette migration et à l'immigration, la France comptait 80 000 juifs lors de l'affaire Dreyfus.

L'intégration à la société française, poursuivie durant tout le XIXe siècle, se prolongea sous la IIIe République. Le cadre urbain, les activités professionnelles — affaires, professions libérales, armée, administration —, et parfois l'engagement politique, facilitèrent cette intégration et précipitèrent une complète assimilation. Les noms illustres des Rothschild, des Péreire, des Crémieux cachaient d'autres noms moins connus de notables régionaux ou locaux. A côté de cette bourgeoisie, beaucoup de juifs vivaient plus pauvrement.

Le régime républicain avait la faveur de la majorité des juifs. Très attachés à un système politique qui les avait libérés, leur patriotisme était naturel et sincère. Ils affirmaient ainsi leur appartenance à une nation qui les avait accueillis. Les juifs français de la fin du XIXe siècle se montraient beaucoup moins religieux que leurs aïeux. L'émancipation, l'assimilation, la perte des communautés les plus religieuses situées en Alsace-Lorraine, et la laïcisation générale en France expliquent cette indifférence grandissante.   L'histoire de la religion juive au XIXe siècle révèle une lutte difficile et persistante entre rabbins et laïcs. Depuis le décret du 17 mars 1808, toute communauté, si petite soit-elle, doit appartenir à un consistoire, qui a son siège dans la plus grande ville des principales régions où vivent les juifs. Avant la guerre franco-prussienne, fonctionnaient neuf consistoires à Colmar, Strasbourg, Metz et Nancy pour l'Est, Bordeaux et Bayonne pour le Sud-Ouest, Lyon et Marseille pour le Sud-Est et enfin Paris pour le reste de la France. En 1872, la création de deux consistoires, à Vesoul et Lille, remplaça ceux d'Alsace-Lorraine. Un consistoire central, organisé lui aussi sous le Premier Empire, coiffe toutes les structures administratives en surveillant les consistoires régionaux, en confirmant la nomination des rabbins et des membres consistoriaux. Dès la mise en place du système napoléonien, l'influence des rabbins s'était trouvée réduite par une certaine autorité accordée aux laïcs ce qui, dans de petites communautés, occasionnait des rivalités entre le commissaire surveillant, homme du consistoire central, et le rabbin, jaloux de son pouvoir.

Or, tous les régimes qui succédèrent au Premier Empire édictèrent des ordonnances et décrets qui eurent pour effet la centralisation et la laïcisation des pouvoirs des consistoires. Petit à petit, ces derniers, composés d'une majorité de laïcs, parvinrent à s'arroger le droit de nommer les rabbins, les circonciseurs et les abatteurs rituels. Ils contrô-laient de très près les rites et les boucheries afin de lever un impôt sur la viande cachère. Ils finirent aussi par interdire toute assemblée de prières non autorisée par eux, alors que le culte juif peut s'effectuer en un lieu quelconque. En pratique, l'application de ces décisions n'était pas toujours aisée, car ils ne disposaient pas de moyens de pression pour les faire respecter. Néanmoins, à la fin du Second Empire, ils exerçaient un complet monopole sur l'ensemble des institutions juives.

Outre le contrôle des communautés, du corps rabbinique et de leurs aides, les consistoires surveillaient toutes les œuvres de bienfaisance dont le but était de diminuer la misère et la mendicité chez les juifs les plus déshérités en les « régénérant ». Comme les bienfaiteurs appartenant à d'autres religions, ils encourageaient le écoles professionnelles. La bour-geoisie juive savait pratiquer la charité avec autant de zèle que la bourgeoisie chrétienne.

L'encadrement religieux était assuré par des rabbins souvent d'origine alsacienne ou lorraine, parfois allemande, car les vocations devenaient moins fréquentes dans la population juive du reste de la France. L'école rabbinique transférée à Paris en 1859 en faisait des érudits francisés, à la différence de leurs homologues au début du siècle. Des journaux fondés vers le milieu du siècle secondaient cet encadrement religieux : *Les Archives Israélites* (1840) voulaient apporter une touche plus libérale que le traditionaliste *Univers Israélite* (1846). Enfin, en 1860, l'Alliance Israélite Universelle avait commencé à se livrer à une action missionnaire en secourant les juifs partout où ils étaient persécutés et en diffusant les valeurs de la civilisation française.

Au lendemain de la perte des provinces les plus religieuses, la communauté juive de France possédait une organisation complète, mise en place progressivement. Une législation libérale avait permis à ses membres de devenir des citoyens à part entière. L'assimilation s'accompagnait souvent d'un relâchement religieux, ou parfois d'un attrait pour la religion majoritaire allant éventuellement jusqu'à la conversion. Le rabbin Drach, les frères Ratisbonne, issus de milieux plus ou moins assimilés, les frères Lémann avaient abandonné le judaïsme pour le catholicisme. L'ensemble de la communauté, même ses membres les moins religieux, rejetait durement les renégats, d'autant plus que leur action dans le catholicisme visait à multiplier les conversions ou à alimenter l'antisémitisme. Sans aller si loin, quelques innovations dans le culte témoignaient de l'influence du catholicisme comme l'introduction de l'orgue, l'usage de la prédication en français, ou encore l'habitude prise par les rabbins de se vêtir à la manière des prêtres.

A partir de 1871, et surtout après les pogroms de 1881 en Russie, le judaïsme français affronta le judaïsme de milliers de migrants. L'affaire Dreyfus secoua violemment la IIIe République et ébranla quelque peu les convictions des juifs à l'égard du régime et de ses possibilités de les protéger. Pourtant, l'attitude des juifs envers la nation française ne fut guère bouleversée. La haine de certains Français inquiétait les juifs, mais ne les détournait pas de leur volonté de se montrer semblables aux autres. Le droit à la différence ne se revendiquait pas encore, car précisément l'assimilation devait effacer cette différence.

« Ils ne demandent qu'à se faire oublier », remarquait Charles Péguy dans *Notre Jeunesse*, à propos des juifs contemporains de l'affaire Dreyfus. Le judaïsme officiel, les journaux, le consistoire central, évitaient toute déclaration fracassante ; les quelques protestations du grand rabbin Zadoc Kahn ne faisaient pas l'unanimité et aucun comité de soutien purement juif ne se constitua. Le « syndicat juif », mythique, était un fantasme d'antisémite. Pour beaucoup, l'affaire se termina non avec la réhabilitation de Dreyfus en 1906, mais avec la grâce obtenue en 1899, et dès cette date, d'autres difficultés se présentaient : la laïcisation et la déjudaïsation. Bref, l'affaire Dreyfus ne doit pas être l'arbre qui cache la forêt.

En effet, le judaïsme subissait aussi la politique laïcisatrice générale sous la IIIᵉ République mais à la différence du catholicisme, il en souffrait peu. Pour certains, cette politique accompagnait nécessairement leur émancipation puisqu'elle effaçait toutes les différences religieuses ; pour d'autres, la laïcisation qui visait surtout les catholiques, paraissait un instrument de combat contre l'antisémitisme. Aussi, la Séparation des Eglises et de l'Etat ne fut-elle pas ressentie comme un malheur et les inventaires des synagogues ne provoquèrent pas d'incidents graves.

La déjudaïsation, par contre, était un phénomène plus sérieux, le judaïsme français ayant perdu beaucoup en intensité religieuse. La déjudaïsation avait accompli des progrès à petits pas, peu perceptibles au quotidien : « sans heurt, sans discussion, sans drame, par la simple pression des forces ambiantes, les règles, si fermes naguère, recevaient, d'année en année, de nouvelles exceptions. Quand je retournais à Genève, aux vacances, je constatais chaque fois quelque progrès dans ce travail de désagrégation : les fêtes étaient moins rigoureusement observées, les rites moins constamment répétés ; le jambon lui-même s'inscrivait aux menus... », se souvient Edmond Fleg (*Pourquoi je suis juif*).

Les juifs manquaient de conviction dans leur foi, mais les rabbins les aidaient mal à résister à l'indifférence religieuse. La plupart d'entre eux incitaient leurs coreligionnaires à afficher leur patriotisme, à respecter les principes moraux élémentaires (amour filial, conjugal, honnêteté, vertu...), mais rarement ils les exhortaient à se soumettre à la stricte observance des rites et peu de discours théologiques affermissaient une foi hésitante. Vivant une laïcisation socialement libératrice, les rabbins, eux aussi, se laissaient aller à un certain relâchement religieux. La pratique restait rituelle, car elle avait des motivations sociales, ce qui explique que le culte domestique du shabbat tombait en désuétude. Les grandes fêtes rassemblaient encore des fidèles, mais les prières étaient oubliées, l'hébreu devenait incompréhensible, les interdits religieux entravaient un mode de vie nouveau. Un office religieux ordinaire n'attirait plus guère, le recrutement rabbinique se tarissait et, au début du siècle, il fallut parfois faire appel à des rabbins immigrés, non sans réticence.

Dans les années qui suivirent la complète laïcisation de l'Etat, des juifs religieux désirèrent accommoder leur religion aux exigences de la vie moderne. Ils constituèrent l'Union libérale israélite et leur synagogue, sise rue Copernic, fut inaugurée en 1907. Leurs réformes prétendaient instaurer une religion moins rigoureuse, capable d'enrayer la déjudaïsation. Ils proposaient d'abandonner l'hébreu à la synagogue et de déplacer l'office du samedi au dimanche. Néanmoins, ce judaïsme libéral ou réformé suscita des protestations véhémentes chez les plus religieux et n'attira pas les foules. « C'est parce qu'ils étaient libres de demeurer juifs que nos pères ont cessé de l'être », remarque amèrement Robert Sommer, gendre du grand rabbin Maurice Liber.

Allant plus loin encore dans la déjudaïsation, le mouvement de conversion, ralenti à la fin du XIXe siècle, reprit peu avant la Première Guerre mondiale. En se convertissant au catholicisme, de jeunes juifs recherchaient une foi moins superficielle. L'exemple le plus spectaculaire est sans doute celui de la jeune Russe Raïssa Maritain qui se convertit en 1906 en même temps que sa sœur et son mari, Jacques Maritain. D'autres suivront : Max Jacob, qui, converti en 1915, fréquenta en 1921 l'abbaye de Saint-Benoît-sur-Loire, René Schwob et de Menasce. Toutefois, à la différence de leurs prédécesseurs du XIXe siècle, les *nouveaux* transfuges du judaïsme respectaient leur religion d'origine.

L'abandon de la religion juive signifiait-il abandon total du judaïsme ? Les racines étaient-elles extirpées ? En fait, de nombreux juifs autochtones tout en vivant superficiellement leur religion, restaient attachés à quelques principes impossibles à transgresser comme la fréquentation de la synagogue aux grandes fêtes, la circoncision, la bar mitzwah, la non-consommation de porc ; le mariage mixte était mal accepté et la conversion demeurait une désertion ; enfin, une obole était versée aux œuvres ou à l'Alliance Israélite Universelle.

Cependant, on pouvait s'affirmer juif autrement que par le biais de la religion. En effet, le judaïsme devint sujet d'études historiques, philosophiques ou linguistiques. Des universitaires, souvent éloignés de leur religion et qui s'adonnaient par ailleurs à des travaux ne touchant pas le judaïsme, restaient liés à leurs racines religieuses et y consacraient volontiers une part de leurs recherches : parmi eux, les frères Reinach,

Isidore Loeb, Elie Halévy, les frères Darmesteter, Joseph Derenbourg et son fils. Une Société des Etudes Juives se créa à Paris en 1880 sous le patronage du grand rabbin Zadoc Kahn, lui-même érudit et directeur des travaux de traduction de la Bible. Cette société, toujours active, édite la *Revue des Etudes Juives* de haute tenue scientifique. La qualité de ses recherches et l'honorabilité de leurs auteurs conféraient au judaïsme français un prestige qu'il ne tirait pas de la religion.

Une autre forme d'attachement au judaïsme, fait social et non religieux, se manifesta dans le sionisme. Pour la grande majorité des juifs de France, le sionisme paraissait une aberration. Comment ces patriotes qui se réclamaient de la nation française pouvaient-ils revendiquer l'appartenance à une autre nation et l'obtention d'une autre partie ? Le sionisme politique édifié par Herzl dans la France de l'affaire Dreyfus ne put convaincre que quelques isolés comme Bernard Lazare, mais il était fort peu représentatif du monde juif de son époque. Le grand rabbin Zadoc Kahn prononça quelques mots de sympathie, mais ne s'engagea guère ouvertement en faveur des mouvements sionistes dont aucun ne réussit à se développer en France, malgré les efforts d'un Max Nordau. Pourtant, avant l'affaire Dreyfus, Edmond de Rothschild avait commencé une grande œuvre charitable, bien dans le ton de la bourgeoisie du XIXᵉ siècle, en achetant des terres en Palestine pour des colons juifs d'Europe centrale. En fait, cette colonisation était l'œuvre personnelle d'un philanthrope, éloignée des préoccupations politiques de Herzl qu'il appréciait très peu. Ce n'est qu'après la Première Guerre mondiale que le sionisme pénètrera dans les milieux français.

Attachement culturel, attachement social au judaïsme, certes, mais s'agissait-il de rejudaïsation ? Non, le retour à la religion se fit autrement que par les études ou le sionisme. Le détonateur fut sans doute l'affaire Dreyfus. Beaucoup de juifs suivirent les conseils de discrétion, mais quelques uns prirent conscience de leur judaïsme en entendant hurler « Mort aux juifs ! » tels Edmond Fleg, Léon Blum, Jules Isaac ou Bernard Lazare et d'autres encore. Seul Edmond Fleg se tourna petit à petit vers la religion et il expliqua comment dans *Pourquoi je suis juif*. Les juifs qui retrouvèrent leurs racines religieuses à la faveur de l'Affaire formaient une minorité peut-être limitée à quelques cercles intellectuels. Néanmoins, cette réaction provoqua l'apparition d'une littérature juive dont les représentants se nomment André Spire, Edmond Fleg et qui évolua plus ou moins dans le sillage de Charles Péguy. Ce courant littéraire amorcé avant-guerre s'amplifia après.

L'affaire Dreyfus ne fut pas l'unique point de départ d'un tel itinéraire religieux. L'Association des jeunes juifs, créée en 1911, condamnait l'assimilation et revendiquait la religion juive : « rompant avec la tradition qui voulait que les juifs s'intitulassent en France " Israélites ", les promoteurs du mouvement A.J.J. s'affirment fièrement juifs » osait écrire un jeune adhérent dans le numéro de février 1913 de la revue du mouvement *Les Pionniers* ; un an plus tard un jeune séminariste déclarait dans la même revue : « vivre, c'est vivre par la Loi (Torah) et la Loi selon Hillel ». Cinq étudiants, dont un élève de l'école rabbinique et le bibliothécaire de la Sorbonne fondèrent un cercle de hautes études juives et lancèrent un appel dans l'*Univers Israélite* du 13 décembre 1912 : « ... mus par le commun regret d'ignorer à peu près tout ce qu'a fait, pensé ou écrit le judaïsme d'autrefois... Autant par goût des recherches historiques que par piété familiale, nous voulons nous instruire et propager autour de nous la connaissance des éléments de l'histoire du peuple juif, de sa philosophie et de sa littérature ».

La rejudaïsation s'accomplissait chez les jeunes par un retour aux sources culturelles, mais aussi et surtout religieuses. La démarche effectuée par Edmond Fleg quelques années auparavant ne restait plus isolée, et cet écrivain l'exprimait ainsi :

« Je suis juif, parce que, né d'Israël, et l'ayant perdu, je l'ai senti revivre en moi, plus vivant que moi-même ». « Je suis juif, parce qu'au-dessus de l'Homme, image de la Divine Unité, Israël place l'Unité divine et sa divinité ».

Dans *Pourquoi je suis juif*, Edmond Fleg s'adresse à « son petit-fils qui n'est pas encore né » à qui il fallait transmettre le flambeau de cette foi sincère et profonde qui transparaît dans chacune des douze justifications énumérées à la fin de l'ouvrage. Ce souci de l'avenir du judaïsme paraît encore dans l'organisation de patronages qui, à la manière des catholiques et des protestants, accueillaient des adolescents ; avant 1914, le B.L.E. reste l'un des plus connus.

D'autre part, à l'heure où de nombreux juifs français ne se souciaient plus du judaïsme, quelques catholiques, très isolés, le découvraient sans arrière-pensée. Dès 1887, l'abbé Frémont condamna sévèrement *La France juive* de Drumont, ceci lui valut la vive sympathie du grand-rabbin Zadoc

Kahn auquel il répondit : « Abraham est notre père à tous. Je vous serais bien reconnaissant de m'indiquer quel jour je pourrai vous rencontrer ; je sollicite comme une faveur de consulter vos travaux sur la Bible », P. Pierrard *Juifs et Catholiques français*, p. 188. En 1900, Aimé Pallière se convertit au judaïsme. Dans sa jeunesse, passée à Lyon, il se destinait à la prêtrise mais la participation à un office de Kippour le conduisit sur la voie du judaïsme, malgré les réticences de sa mère et les conseils maladroits d'un frère Lémann.

L'école publique devient laïque

Pour Charles Péguy, le monde moderne commence en 1882 avec les lois scolaires de Jules Ferry. Le système d'éducation à base religieuse du XIXᵉ siècle, patiemment échafaudé à travers une série de compromis entre les universitaires libéraux et les catholiques romantiques, est rejeté par la nouvelle génération positiviste qui crée une école laïque fondée sur la science, la raison et le patriotisme. Comme les catholiques, les républicains aspirent à l'unité spirituelle de la nation, mais ils veulent l'établir sur d'autres principes.

« Dans un monde aujourd'hui sans mystère » (Marcelin Berthelot), le but de Jules Ferry « c'est d'organiser l'Humanité sans Dieu et sans roi ». Conduite par Ferry, Gambetta, Paul Bert, René Goblet, la majorité républicaine mène une vaste entreprise de sécularisation au cours des années 1880. Cependant, les républicains opportunistes, connaissant l'attachement des Français à leurs croyances ancestrales, ont l'habileté de paraître ménager l'Eglise catholique et de réserver leurs attaques au cléricalisme, c'est-à-dire à l'influence politique du clergé. Pour garder un pouvoir de contrôle sur une Eglise encore influente, ils maintiennent le Concordat et les relations avec le Saint-Siège. Voulant établir un régime libéral, ils écartent le monopole scolaire de l'Etat et laissent subsister l'école privée. Désirant fonder une école du peuple de grande qualité, ils se donnent le temps nécessaire pour la réaliser, et par là même, ils procurent à leurs adversaires les délais indispensables à la construction d'une école concurrente. Progressivement, deux écoles se constituent, deux jeunesses se différencient, deux France risquent de s'opposer. Tandis que le statut de l'école fait partie des lois intangibles de la République, la querelle scolaire envenime durablement le débat politique.

Les laïcisations étendues opérées au cours des années 1880 correspondent à un vaste dessein ; elles affectent l'école, l'hôpital, la caserne, le prétoire et même le foyer conjugal. Les crucifix et les emblèmes religieux sont enlevés des hôpitaux et des prétoires, et les arrêtés municipaux des grandes villes comme Paris précèdent parfois les lois du Parlement. L'aumônerie militaire est supprimée, celle des hôpitaux privée de traitement, prêtres et religieux sont exclus des écoles primaires de l'Etat. En 1884, la révision constitutionnelle fait disparaître les prières publiques lors de la rentrée des Chambres et la loi Naquet renoue avec la tradition révolutionnaire en rétablissant le divorce.

Cependant, c'est au cours des débats sur l'école, là où se joue la formation des futures générations, que la volonté de rupture idéologique avec le passé chrétien s'exprime le plus nettement. En effet, un mouvement d'opinion favorable à une modification du statut scolaire a précédé l'arrivée des républicains au pouvoir. Né dans les milieux urbains anticléricaux de la fin du Second Empire, il a affecté la petite et la moyenne bourgeoisie, et le mouvement ouvrier, où à la suite de Proudhon, on se persuade que « démocratie, c'est démopédie », c'est-à-dire enseignement du peuple. La Ligue française de l'enseignement, fondée par Jean Macé en 1866, a déjà 18 000 adhérents en 1870. Partisan d'abord d'un enseignement public « unsectarian » à l'anglaise, Macé évolue vers une instruction laïque qui ignore la culture biblique. La radicalisation des luttes politiques entre républicains anticléricaux et monarchistes catholiques sous les gouvernements d'ordre moral en 1873 et en 1877 incite les premiers à affaiblir un clergé trop politisé en lui ôtant tout contrôle sur l'école. Enfin, le Grand Orient, qui a reçu dans ses rangs en 1875 deux positivistes notoires, Emile Littré et Jules Ferry, décide en 1877 de supprimer de ses statuts la référence au Grand Architecte de l'Univers : à l'intérieur de la Franc-Maçonnerie, la relève de vieux libéraux déistes quarante-huitards s'effectue au profit de jeunes républicains scientistes, agnostiques et très anti-catholiques.

Après la défaite de 1870-71, la volonté réformatrice prend racine également dans le patriotisme blessé. La victoire allemande est celle du maître d'école prussien qui a formé des hommes instruits et disciplinés, entraînés à la gymnastique, sachant lire les cartes, aptes à utiliser les techniques modernes. Les insuffisances du système pédagogique français sont passées au crible par la presse patriote. L'absence de qualification scientifique de trop d'institutrices congréganistes qui se contentent d'une lettre d'obédience de leur supérieur ou de leur évêque, n'est plus tolérable pour les républicains : en 1876-77, dans le primaire, cinq laïcs sur six ont le brevet de capacité, mais seulement un congréganiste sur cinq.

Un homme d'Etat attache son nom à la réforme scolaire. Presque constamment au gouvernement entre février 1879 et mars 1885 — à neuf mois près sur six ans — Ferry est ministre de l'Instruction Publique pendant quatre ans, et président du Conseil pendant trois ans et trois mois. A deux reprises, il cumule ces fonctions pour souligner le caractère prioritaire de la transformation de l'école. Il progresse néanmoins par étapes, car il doit tenir compte des réticences, voire de l'opposition de spiritualistes comme Jules Simon et de républicains catholiques qui ont la majorité au Sénat jusqu'au début de 1882. Son œuvre sera achevée en 1886 par Goblet qui reprend un projet de Paul Bert, ministre de l'Instruction Publique dans l'éphémère « Grand Ministère » de Gambetta.

Ferry et les républicains « opportunistes » commencent par affaiblir l'adversaire en déposant deux projets de loi le 15 mars 1879. Le premier laïcise le Conseil supérieur de l'instruction publique et les Conseils Académiques par élimination des personnalités extérieures civiles et ecclésiastiques qui y siégeaient. Le second réserve à l'Etat le monopole de la collation des grades et supprime les jurys mixtes prévus par la loi du 12 juillet 1875 pour les Facultés libres. Cependant, l'article 7 de ce second texte va beaucoup plus loin en excluant de l'enseignement les membres de congrégations non autorisées. Le Sénat repoussant l'article 7, la loi est votée sans lui le 18 mars 1880. Le 29 mars, deux décrets sont publiés, l'un ordonnant la dissolution de la Compagnie de Jésus, à qui Jules Ferry veut arracher « l'âme de la jeunesse française », l'autre exigeant une demande d'autorisation pour toutes les congrégations non autorisées. Trois mois plus tard, le 29 juin 1880, les jésuites sont expulsés de leurs résidences. Les autres congrégations refusent de se mettre en règle avec la loi par solidarité avec les jésuites, et les négociations menées entre le président du Conseil Freycinet et le Saint-Siège échouent à cause de l'intransigeance des monarchistes qui révèlent les pourparlers secrets. Aussi Freycinet, ayant été contraint de démissionner, le nouveau président du Conseil, Ferry, peut mettre « la main au collet des religieux » qui sont expulsés de leurs couvents les 16 octobre et 5 novembre 1880. Ce dernier jour, à l'aube, les troupes cernent les couvents, la police y pénètre, mais se heurte à des barricades intérieures gardées par des notables. Une à une, les serrures des cellules sont crochetées et les religieux sont expulsés l'un après l'autre. Des sièges en règle ont lieu à la Trappe de Bellefontaine en Anjou, et à Saint Michel de Frigolet en Provence où les Prémontrés résistent jusqu'au 8, jour où le général Billot et le préfet Poubelle font donner l'assaut.

Cette expulsion de 5 700 religieux a achevé d'éloigner les notables catholiques d'une République persécutrice : 400 magistrats démissionnent, des militaires quittent l'armée pour ne pas avoir à faire exécuter les décrets. De nombreux ouvriers immigrés à Paris, Lille, Roubaix, Marseille, ont été ainsi privés des religieux étrangers qui les aidaient matériellement et spirituellement à mieux vivre leur transplantation.

Ferry épargne pour le moment les religieuses, car il n'est pas en état d'engager à fond le conflit de ce côté. Il veut d'abord détruire les positions privilégiées, anéantir le quasi-monopole clérical de l'instruction des jeunes filles que Victor Duruy n'a pu ébranler à la fin du Second Empire et qui choque les agnostiques désireux de soustraire la femme à l'influence de l'Eglise. Persuadé que « celui qui tient la femme tient tout », Ferry fait voter, le 21 décembre 1880 la loi Camille Sée, créant un enseignement laïque de jeunes filles, et la loi du 26 juillet 1881 fondant l'Ecole Normale Supérieure de jeunes filles de Sèvres. D'autre part, la loi du 16 juin 1881 règle le vieux contentieux de la lettre d'obéissance, en obligeant les directeurs et directrices d'écoles publiques et privées et les instituteurs et institutrices à passer le brevet de capacité : cette mesure apparemment persécutrice contre les congréganistes garantit en fait pour l'avenir une meilleure qualité des enseignements privé et public.

Après deux ans de réformes préalables, Ferry s'estime alors en mesure de faire passer les lois fondamentales instaurant l'école primaire de la République : la loi sur la gratuité est votée le 16 juin 1881, et celle sur la laïcité et l'obligation le 28 mars 1882. La laïcité s'étend au local scolaire, interdit au prêtre pour la catéchèse. La séparation est complète entre l'instruction et la religion, la science et la foi. « La direction de l'âme traditionnelle de la France va changer de mains » constate *le Temps* (26 mars 1882).

Le 30 octobre 1886, Goblet achève l'œuvre de Ferry en laïcisant le personnel des écoles publiques, entreprise que les municipalités républicaines avaient déjà commencée depuis une dizaine d'années. Les frères seront remplacés dans les écoles publiques de garçons dans un délai de cinq ans, les sœurs dans les écoles publiques de filles à mesure des décès ou des départs. En effet, douze départements n'ont pas encore d'Ecole Normale de filles et il faut donc attendre la formation de maîtresses laïques qualifiées pour remplacer les congréganistes. Cette mesure sage a pour envers de perpétuer le débat sur la laïcisation dans les villages pendant une vingtaine d'années. Enfin, les activités des instituteurs et institutrices publiques sont laïcisées strictement puisqu'une loi de 1884 leur interdit d'exercer des emplois rémunérés ou gratuits dans des services étrangers à l'enseignement, à l'exception du secrétariat de la mairie.

Les catholiques unanimes dans l'hostilité aux laïcisations se divisent sur la tactique : les manifestations de rues contre les décrets sont éphémères et limitées, l'opposition parlementaire acharnée et renouvelée paraît obscurantiste et réactionnaire lorsqu'elle critique avec Mgr Freppel gratuité et laïcisation. Evêques et Saint-Siège, soucieux de préserver le Concordat et de ménager le gouvernement français mesurent leurs protestations et conseillent la soumission aux lois. Le nonce Czacki veut éviter à tout prix « le grand malheur de la dénonciation du Concordat ». L'épiscopat renouvelé par le gouvernement avec l'accord de Léon XIII refuse les affrontements politico-religieux qui ont affaibli l'Eglise dans le passé : en 1882-84, des prélats modérés favorables à un rapprochement avec le régime républicain sont nommés dans les métropoles de Besançon, Bordeaux, Rouen, Tours et Albi. Les notables monarchistes qui soutenaient l'Eglise voient leurs revenus s'effriter avec la crise agricole des années 1880 et perdent souvent l'appui des populations rurales ralliées de plus en plus au régime républicain . Les catholiques ne parviendront pas à retourner l'opinion et à gagner les élections comme ils le feront en Belgique. La même année 1883, les deux champions de l'intransigeance disparaissent : le journaliste catholique Louis Veuillot, et le prétendant royaliste, « Henri V » pour ses fidèles.

Les lois scolaires sont appliquées par des hommes issus du protestantisme libéral et animés d'une ardente « foi laïque » : Ferdinand Buisson, directeur de l'enseignement primaire de 1879 à 1896, et deux anciens pasteurs, Félix Pécaut, inspecteur des études à l'Ecole Normale Supérieure de Fontenay de 1880 à 1896 et Jules Steeg, directeur du Musée pédagogique et successeur de Pécaut à Fontenay. Adeptes du déisme spiritualiste, ils rejettent les dogmes, les miracles, les clergés ; ils enseignent une morale concrète tirée des incidents de la vie quotidienne et des leçons de l'Histoire de France. L'Histoire de France remplace l'Histoire Sainte : celle-ci est discréditée par l'évolutionnisme de Darwin et par la *Vie de Jésus* de Renan très lue dans les Ecoles Normales. Les manuels d'histoire de l'école primaire opposent en un raccourci un peu simple l'Ancien Régime avec ses rois, ses nobles, et ses moines qui opprimaient le peuple, et la France contemporaine issue de la Révolution qui a libéré le peuple de l'oppression et dont la République continue l'œuvre. Les manuels d'instruction morale et civique répandent la nouvelle morale laïque. Quatre d'entre eux, ceux de Paul Bert, Gabriel Compayré, Jules Steeg et Mme Henry Gréville sont mis à l'index le 15 décembre 1882, ce qui provoque un conflit avec les évêques. En revanche, un livre de lecture, *le Tour de la France par deux enfants* paru en 1876, est une remarquable réussite pédagogique qui séduit la première génération d'instituteurs laïques issue des milieux paysans par son patriotisme fortement enraciné dans la France rurale et artisanale.

Cette première génération remplace des maîtres qui ont vécu sous l'ancien système scolaire et qui y sont restés parfois attachés au point de continuer à diriger le chant à l'église malgré les interdictions officielles. Formés dans des écoles normales, véritables séminaires laïques, ces instituteurs anticléricaux évoqués par Marcel Pagnol dans *La gloire de mon père* ont des « âmes de missionnaires ». « Hussards noirs de la République » (Péguy), ou « calmes fantassins » (Jules Romains), ils partagent une foi raisonnée au progrès que justifient les améliorations à la portée du monde rural qui les entoure dans les domaines de l'hygiène, de l'emploi des engrais, de l'utilisation de la comptabilité. Ayant une haute idée de leur mission, et soucieux de lutter contre les fléaux sociaux, ils dénoncent dans leur enseignement les ravages de l'alcoolisme et de la tuberculose. Dévoués à l'école du peuple, les plus actifs organisent des cours d'adultes, des conférences populaires, des œuvres post-scolaires voire accueillent les enfants le jeudi dans les patronages laïques. Ces hommes « en proie aux enfants » (Albert Thierry) sont respectés, et avec le temps l'œuvre de Ferry devient populaire.

Cependant, celle-ci ne fait pas l'unanimité, et pendant vingt ans, la vie locale est troublée par la laïcisation des établissements de filles. Les religieuses aussi sont populaires, et leur remplacement par des laïques à l'école publique donne lieu à des incidents qui compromettent le ralliement des catholiques à la République. Munies maintenant du brevet, elles imitent parfois l'exemple des frères en ouvrant une école libre concurrente de l'école publique qu'elles viennent de quitter. En effet, tandis que les protestants dès 1882 ont accepté la laïcisation de l'enseignement, et renoncé à la plupart de leurs écoles privées, les catholiques, incapables d'empêcher le vote des lois laïques, organisent la résistance dans la longue durée. Celle-ci se porte sur deux terrains : la construction d'un puissant réseau d'écoles libres, le développement de la catéchèse et des œuvres de jeunesse.

Le tableau suivant donne une idée de l'évolution scolaire d'une France à la démographie stagnante :

	Elèves des écoles primaires publiques tenues par des laïques	Elèves des écoles primaires publiques tenues par des congréganistes	Elèves des écoles primaires privées
1878-79	3 982 000	1 218 000	886 000
1912-13	4 601 000	2 000	1 068 000

La scolarisation est réellement devenue obligatoire à la veille de la Grande Guerre et les deux écoles ont vu leurs effectifs augmenter. Leur personnel s'est laïcisé : en 1876-77, plus de 40 % des enseignants primaires étaient des frères et des sœurs, en 1906-07, au moment où beaucoup de congrégations viennent d'être expulsées, ceux-ci ne sont plus que 4,5 %. Dans l'enseignement « libre », le nombre des laïcs a triplé, passant de 10 785 en 1876-77 à 31 896 en 1906-07.

Au cours des années 1880, pour faire face à la grande vague des laïcisations, la priorité est accordée à l'ouverture et à l'aménagement des écoles chrétiennes. Des locaux d'œuvres ouvrières sont parfois transformés en établissements scolaires. Pour éviter la confiscation qui menace les biens congréganistes, les bâtiments restent la propriété des fondateurs, notables ou sociétés civiles. Les catholiques se méfient de plus en plus de l'Etat, et cherchent à le concurrencer avec efficacité : des écoles normales catholiques sont créées pour former des instituteurs.

La nouvelle école libre continue-t-elle l'ancienne école ? Elle prend sa suite certes, par la place importante qu'elle accorde à l'enseignement du catéchisme et de l'histoire sainte. Mais elle s'en différencie, car elle doit adopter les nouveaux programmes de l'enseignement public. Surtout les manuels qu'elle utilise mettent l'accent sur l'image de la France chrétienne du passé, celle des Croisés, des héros et des saints. L'acte fondateur de la vraie France, c'est le baptême de Clovis à Reims en 496 dont les catholiques célèbreront avec faste le 14e centenaire en 1896. A partir de la formation de la jeunesse, deux pédagogies, deux cultures se dessinent, deux France s'opposent. L'école « libre » primaire en effet est inégalement implantée : très présente dans la France de l'Ouest et au sud-est du Massif Central, elle est presque absente de beaucoup de régions rurales peu pratiquantes et elle subsiste ailleurs dans les villes et les gros bourgs.

Ici, pour combattre les effets des laïcisations, les évêques invitent les curés et les vicaires à investir beaucoup dans la catéchèse des enfants et des adolescents. C'est l'objet de 43 lettres de carême entre 1880 et 1885. Les questionnaires de visites pastorales sollicitent des informations de plus en plus précises sur ce sujet. Le catéchisme a lieu dans un local paroissial et il utilise une pédagogie concrète et vivante faisant intervenir les récits, les lectures, les illustrations, les chants, l'apprentissage de la liturgie. Les œuvres péri-scolaires et post-scolaires, patronages et organisations de jeunesse, très développées dès la fin du XIXe siècle, prolongent bientôt la formation chrétienne reçue au catéchisme. L'encadrement de ces œuvres nécessite aussi un concours actif des laïcs.

Dorénavant, les lois scolaires de Ferry et de Goblet définissent la République laïque, et l'idéologie officielle du régime y fait constamment référence. Les lois fondamentales deviennent les lois intangibles. Le statut de l'école est fixé pour 80 ans, pour la durée des IIIe et IVe Républiques. L'œuvre du positiviste Ferry est neuve, audacieuse. Cependant, la séparation radicale de l'Eglise et de l'Ecole qu'il a instaurée comporte une faiblesse par rapport aux législations anglo-saxonne et germanique : la tradition chrétienne et la réalité religieuse sont exclues de l'enseignement primaire public. Aussi, de Mun ne peut pardonner à Ferry d'avoir entrepris « la déchristianisation légale et méthodique du pays » : « Vous avez allumé la guerre religieuse et coupé la France en deux », lui dit-il en 1889. Désormais, la question scolaire envenime périodiquement les relations entre l'Eglise et l'Etat pour plusieurs motifs : le statut des congrégations et les persécutions subies par les congréganistes, le rêve de l'école unique caressé par les laïques les plus ardents et la menace de monopole scolaire qu'il implique, le contenu de l'enseignement public susceptible de devenir antireligieux ou le glissement de la laïcité au laïcisme, enfin les difficultés de financement de l'école privée...

2

Les croyants face à la modernité sociale et politique

Le rempart des œuvres

En 1880 les institutions religieuses ont été partout relevées et souvent considérablement développées. L'ignorance en matière de foi a reculé. Mais la désaffection dont souffre la religion au sein d'une fraction du peuple n'a pas été enrayée. Au contraire, le poids de l'institution contribue à nourrir les préventions anticléricales, l'irréligion militante progresse. La victoire électorale des républicains donne une vigueur nouvelle au courant de sécularisation. Les Eglises lui opposent le rempart des œuvres, considérées comme nécessaires au soutien de la foi et à la sauvegarde des mœurs. Luthériens et calvinistes ont souvent précédé les catholiques à ceci près que les protestants de l'intérieur, que ce soit nécessité ou conviction, acceptent la laïcité de l'école.

Pour tenir le front des œuvres, les agents se diversifient, des moines aux jeunes gens, des hommes aux religieuses. Car le dispositif s'enrichit sans cesse au rythme de l'expansion urbaine, avec les besoins nouveaux issus de la dépression économique des années 1880-96 et la nécessité de pallier l'interruption de l'enseignement religieux à l'école.

Ces nouvelles urgences pastorales sont largement prises en charge par les paroisses. A Nîmes, sous l'autorité du Consistoire, qui fait fonction ici de conseil presbytéral, trente à quarante diacres, un par quartier, font face à toutes les infortunes, recevant « leurs » pauvres, leur donnant des bons, visitant chaque famille tous les ans : le « modèle des diacres » y est Edouard de Boyve qui cherche sans succès immédiat à convaincre d'ouvrir un « fourneau économique », un asile de nuit (l'Armée du Salut s'en chargera), et fonde l'Œuvre de l'assistance par le travail. J. Daniel Roque a recensé plus de trente-quatre œuvres dans la Genève française.

A partir de 1880-90, la paroisse catholique urbaine devient aussi une nébuleuse d'œuvres. Le bon curé est toujours sur la brèche, il multiplie les « industries du zèle » pour réparer les manquements à l'amour du prochain. Se distinguent un Gibier à Saint-Paterne d'Orléans, un Allain à Saint-Ferdinand de Bordeaux, un Delamaire à Bercy puis à Notre-Dame-des-Champs. Saint-Bruno à Grenoble est « la réussite la plus achevée de cette pastorale des œuvres qui couvrait tous les besoins et qui constituait l'Eglise en société à la fois parfaitement organisée sur elle-même et ouverte à tous ceux qui voulaient y entrer » (J. Godel). Fondée en 1865 dans le quartier ouvrier né autour de la gare, la paroisse eut une lignée de curés qui créèrent un « esprit » Saint-Bruno, avec des vicaires quasiment cooptés, six congrégations religieuses, des laïcs actifs comme l'ingénieur Romanet, fondateur de la Ruche Populaire en 1906 et du premier système efficace d'allocations familiales en 1916. Près de 60 œuvres au total, piété, entraide, jeunesse, culture, dans une paroisse priante avec ses confréries, ses heures saintes, ses messes d'hommes, d'associations ; ses conférences où parlent les célébrités du catholicisme social, surtout l'abbé Cetty, le curé de Saint-Joseph de Mulhouse, redevenue une véritable chrétienté vers 1900. Il faut souligner que ce sont les œuvres plus que les célébrations liturgiques qui parviennent à créer des paroisses communautaires, lieu d'une intégration sociale que la vie urbaine refusait souvent à certains milieux populaires.   Mais de nombreux curés sont peu portés à innover, des œuvres naissent en dehors du système territorial officiel. C'est le cas parmi les Eglises de professants, dissidentes des Eglises réformées. C'est le cas, partiellement du moins, sous l'influence des congrégations. Les missionnaires rédemptoristes, franciscains, capucins ... réveillent la piété et l'entretiennent en donnant parfois naissance à des œuvres nouvelles : obstiné capucin, le P. Joseph constate que « des banques populaires sauveraient d'innombrables familles ... On prête à l'Etat à 3 %, pourquoi pas aux paysans ? ». Avec l'aide d'un petit industriel de Bagnères-de-Bigorre, Dominique Soulé, membre du tiers ordre, il va faire des Hautes-Pyrénées un département pilote dans le domaine des Caisses rurales à partir de 1893. L'enseignement technique doit beaucoup aux Frères : en 1880 à Lyon, frère Pigmalion ouvre l'Ecole industrielle et commerciale ; à Laurac, dans l'Ardèche, le frère Sardieu créé un enseignement agricole qui bénéficie des conseils de Pasteur. En 1884, les Frères de Ploërmel ouvrent le premier Centre d'apprentissage rural, le frère Abel publie l'*Agriculture en 44 leçons*, point de départ de concours qui popularisent la diffusion des connaissances agricoles parmi les jeunes ruraux. Le capucin Ludovic de Besse, à Angers, veut aider l'ouvrier dans son travail et non seulement dans ses loisirs, il va jusqu'à fonder une banque populaire. Aux assomptionnistes revient principalement l'idée de mettre la vapeur et les rotatives aux services des grands pèlerinages et d'une presse populaire aux gros tirages, de la *Croix* quotidienne (16 juin 1883) aux *Croix* locales soutenues par un réseau très dense de propagandistes bénévoles. Partout l'activité du « Moine » (Vincent de Paul Bailly) suscite admiration ou inquiétude. Combien d'œuvres qui doivent enfin leur survie à la présence de sœurs, un « personnel toujours disponible » (C. Langlois).

On peut s'interroger sur le rôle des laïcs dans les œuvres. La loi Falloux a indirectement favorisé bien des engagements. Depuis 1871 (Lille avec Philibert Vrau), les Comités catholiques sont de véritables états-majors laïcs, trop peu connus de l'historiographie. Ils décident d'actions concertées que quelques évêques appuient mais qui suscitent souvent la méfiance du clergé paroissial. Leurs commissions spécialisées s'intéressent à l'enseignement (écoles et collèges à fonder, universités catholiques, cercles d'étudiants ...), aux pèlerinages et aux processions pour y attirer les hommes, aux Cercles catholiques d'ouvriers, aux lieux de culte en banlieue (Œuvre des faubourgs), à la propagande (almanachs, journal à 5 centimes, bibliothèques populaires ...), aux beaux-arts avec la société de Saint Jean. A partir de 1873, dans le Nord les assemblées générales des comités sont de « véritables conciles laïcs » (Pierrard).

Bien que tiraillées par des clivages idéologiques, les grandes œuvres protestantes, en particulier missionnaires, sont organisées nationalement et les notables laïcs y apportent plus que leur argent. Mais si l'arrivée des républicains au pouvoir est suivie de l'éviction de nombreux notables catholiques dans la direction des affaires politiques, et, comme en 1830, provoque un repli vers l'action caritative et sociale, la mort du comte de Chambord, en 1883, décourage bien des légitimistes qui ne séparaient pas défense religieuse et action politique. Plus encore, quelques années plus tard, l'appel au ralliement a-t-il désorienté un certain nombre de monarchistes ou de bonapartistes. Les années 1890, qui voient le déclin de la société de Saint Vincent de Paul, correspondent à un relatif effacement des laïcs au profit des prêtres, à la notable exception du syndicalisme agricole.

A partir de 1882 l'œuvre du catéchisme redevient la préoccupation majeure. Les Ecoles du dimanche où, sous la conduite de moniteurs les enfants protestants, regroupés par âge, étudient l'histoire sainte et chantent des cantiques avant d'être réunis pour entendre un pasteur, sont « presque désertes » à Nîmes en 1881. Elles vont revivre ainsi que les Ecoles du jeudi préparatoires au catéchuménat. Elles rassemblent pour deux ans « autant que faire se pourra » des garçons ou des filles qui feront ensuite une (ou deux) année de catéchisme, de novembre au second dimanche qui suit la Pentecôte, jour de la première communion à 14 ans. Les filles y sont plus assidues que les garçons : 502 contre 332 à Nîmes en 1883.

Chez les catholiques, la règle des deux années de catéchisme n'est pas facilement appliquée, vers 1890 encore, dans certains diocèses. Mais ne manquent pas les paroisses où le petit et le grand catéchisme sont suivis d'une persévérance bien fréquentée, surtout par les filles. C'est à Paris, en 1882, que Mgr d'Hulst encourage deux jeunes filles à fonder l'Association des catéchistes volontaires (1886). Devenue une archiconfrérie en 1893, elle se développe dans les premières années du XXe siècle : en 1905 Pie X dans l'encyclique *Acerbo Nimis* en demande la création dans chaque paroisse. Il n'existait alors que 19 confréries diocésaines reconnues. Il y en aura 63 en 1909. Dans un grand nombre de diocèses ces catéchistes sont plus d'un millier. Nées du souci d'assurer une formation plus complète aux enfants des écoles laïques, ces catéchistes volontaires ont pris souvent en charge les marginaux : enfants déficients, en retard à l'école ou non scolarisés, petits Auvergnats ou Savoyards, forains, qu'elles rassemblent après la visite des roulottes. Beaucoup d'entre elles ne bornent pas leur rôle à l'apprentissage des prières et à la récitation de la lettre du catéchisme. Elles donnent explications et conseils, préparent à la confession, accompagnent aux offices du dimanche, rendent visite aux parents au moins une fois dans l'année. Secrétariat diocésain, bibliothèque, retraite annuelle, cours de religion traduisent les progrès de l'organisation.

Des patronages aux multiples facettes accueillent enfants et adolescents. Dès 1881 le pasteur Lorriaux, de Levallois, organise une colonie de vacances. Elles avaient été précédées par des Œuvres de bains de mer ou quelques sorties que le chemin de fer favorisait. Elles vont se multiplier à partir des grandes villes. Elles relèvent de l'enfance et de l'action sociale comme les œuvres plus anciennes, communes aux différentes confessions, à l'exacte dénomination près, de charité maternelle, des layettes, des crèches, asiles, ouvroirs et œuvres du trousseau, orphelinats, colonies agricoles, institutions pour jeunes aveugles ou sourds-muets, autant de secteurs dominés par les œuvres confessionnelles quand elles n'en ont pas le monopole.

Comment être exhaustif dès lors qu'il s'agit des œuvres de piété ? Certaines sont anciennes du type confrérie (le rosaire) ou congrégation (de jeunes filles) ; d'autres plus récentes comme la Confrérie des mères chrétiennes, l'Apostolat de la prière, la Garde d'honneur du Sacré-Cœur. Associations à prépondérance féminine, aux effectifs souvent impressionnants et qui réunissent leurs membres à dates fixes, le premier vendredi du mois par exemple.

En signe de protestation contre les enterrements civils, des confréries du suffrage sont érigées et font dire des messes pour les défunts. De même sont nées des associations pour la sanctification du dimanche.

Le mouvement des pèlerinages s'est structuré, l'association Notre-Dame de Salut des assomptionnistes (1871) y contribuant notablement. Les Comités d'honneur des grands pèlerinages nationaux font appel aux personnalités, hommes d'œuvres, parlementaires, académiciens, officiers généraux ... Les œuvres chargées de faire donner des retraites ou des missions — l'Œuvre des campagnes aide les paroisses pauvres — sont établies dans la presque totalité des diocèses comme en font foi les questionnaires de visite pastorale. Il en est de même des œuvres pour la mission lointaine : Propagation de la foi, Sainte Enfance, Œuvre d'Orient (1856), Saint Pierre Apôtre (1889). Dans les ouvroirs de l'Œuvre des partants (1883) les travaux réalisés permettent d'accorder une aide à chacun des missionnaires de la Société des Missions Etrangères de Paris. Dans leur sécheresse, les chiffres donnent une idée des besoins avec la progression des départs :

— 16 —

C'est ainsi qu'on formerait les cadres de cette petite armée du bien qui irait se développant chaque jour.

OBJECTIONS

Je n'ai pas le temps. — Mais êtes-vous si occupé que vous ne puissiez trouver, dans la semaine, un moment, une heure, une demi-heure pour réunir quelques enfants et leur dire quelques bonnes paroles, les engager à être sages et à se préparer pour une fête qui approche ?

Je n'ai pas de local. — Mais ne vous préoccupez pas du local ; l'espace viendra, commencez ; il vous suffit d'un hangar, d'un jardin ; d'une chambre, d'un corridor, d'une allée, d'un grand chemin, d'une rue, d'une place publique. Si vous êtes curé ou vicaire, réunissez vos enfants à part à l'église pour prier pendant quelques instants. Vous aurez le local à mesure que votre œuvre se développera.

Je n'ai pas d'argent — Il n'est pas question d'argent, mais de dévouement. Vous trouverez toujours ou sur vos économies ou par une quête chez les personnes qui s'intéresseront à votre œuvre, de quoi vous procurer quelques petits jeux et quelques récompenses.

Je n'ai pas d'éléments. — Vous vous trompez. Mettez-vous à l'œuvre, les enfants arriveront ; n'en

— 17 —

auriez-vous que deux, trois, c'est tout ce qu'il faut pour jeter des bases solides et former des cadres. Moins nombreux ils seront au début, plus stables seront vos fondements. Une œuvre qui s'élève trop vite n'a pas chance de réussir. Ne cherchez que le bien, et pas le succès, aimez la qualité et non la quantité.

Je n'ai pas de collaborateurs. — Je vous dirai encore : Commencez, les aides arriveront. D'ailleurs vous ne pouvez avoir de meilleurs collaborateurs que ceux que vous aurez formés vous-même parmi vos enfants et vos jeunes gens ; l'expérience le prouve tous les jours.

Ma paroisse est bonne, elle n'a besoin de rien. — Etes-vous sûr qu'il en sera toujours ainsi ? Avec la propagande que l'on fait partout des idées révolutionnaires, vos enfants et vos jeunes gens seront bientôt atteints. C'est par le Patronage seulement que vous pourrez combattre cette mauvaise influence et conserver chez eux les principes chrétiens.

M. Allemand a commencé seul, sans argent, sans local, sans aides, sans collaborateurs, avec deux enfants qui passaient de longues heures dans son étroite chambre à faire et à défaire son lit. Et pourtant son Œuvre s'est développée et a été le modèle des œuvres ; à sa mort il avait dans son patronage 350 enfants ou jeunes gens. Et je connais tels et tels

Une réponse aux objections concernant la fondation des patronages, abbé Combes, Instructions sur les patronages, Carcassonne, 1887.

1830-39	67		1870-79	400
1840-49	145		1880-89	452
1850-59	182		1890-99	608
1860-69	298		1900-09	519

Au début du XXe siècle, les œuvres de charité et d'action sociale sont multiformes, les unes s'adressant à une catégorie particulière (détenus, prisonniers libérés, soldats, pauvres honteux, indigents, vieillards délaissés ...), les autres constituées sur la base territoriale. En 1892 la Mission populaire évangélique (Mac All) a ouvert 136 salles dans 37 départements : évangélisation et action sociale s'y développent. Si les diacres ont en charge des quartiers dans les paroisses protestantes, de même des Visiteuses ou Vigilantes quadrillent les paroisses catholiques, pour les malades en particulier. Les Filles de la Charité, hors des hôpitaux, tiennent des Miséricordes avec l'aide des Dames de charité. L'œuvre du Vestiaire procure des vêtements aux pauvres. Celle du Pain de Saint Antoine existe aussi en milieu rural.

Christianisme et catholicisme social, l'appel de Léon XIII, aller au peuple

Face à la question sociale que la Commune a projetée en pleine lumière sans entraîner pour autant une volonté républicaine d'intervenir au nom de l'Etat, ce sont souvent, on l'a vu, des chrétiens comme de Pressensé ou de Mun qui ont pris conscience du fossé qui séparait une fraction du peuple ouvrier des classes dirigeantes. Et c'est le catholicisme social traditionaliste qui, dans un premier temps, tente de manifester « le dévouement de la classe dirigeante à la classe ouvrière ». A Belleville, Montmartre, La Villette ..., La Croix Rousse, les Cercles catholiques d'ouvriers d'Albert de Mun (décembre 1871) s'établissent sur le modèle du Cercle Montparnasse (1864) des Frères de Saint Vincent de Paul. Des comités de notables au sein desquels la note dominante est donnée par des officiers nobles et légitimistes, donnent l'impulsion. Le Cercle est présidé par un ouvrier, le rôle de l'aumônier considérable. L'*Union des œuvres ouvrières*, que présidait Mgr de Ségur et qui comprenait des prêtres directeurs d'œuvres, n'accueillit pas très favorablement les nouveaux Cercles. Pas davantage le clergé paroissial, qui craignait de voir disparaître les ouvriers pratiquants. En 1878 l'Œuvre comptait 375 cercles, 350 en 1894 mais le nombre des ouvriers était tombé de 37 500 à 15 000, déclin qui traduit à la fois le découragement d'une partie des notables et les réticences suscitées par le patronage. L'Œuvre ne recrute guère parmi les vrais patrons ni parmi les ouvriers prolétarisés de l'industrie nouvelle.

Que tentaient quelques « vrais » patrons durant ce temps là ? Protestants ou catholiques — ces derniers influencés souvent par l'Ecole de la Réforme sociale de Fr. Le Play — réagissent contre l'anonymat des grandes sociétés et se préoccupent du sort spirituel, moral et matériel de leurs ouvriers. Ils furent plus nombreux là où la pratique sincère de la religion regagnait peu à peu une fraction des hommes de la bourgeoisie soit, outre l'Alsace — Mulhouse et ses prolongements vers Montbéliard, avec le patronat protestant — dans le Nord et la grande région lyonnaise.

Sous l'impulsion des « deux saints de Lille » Philibert Vrau et son beau-frère Camille Feron-Vrau, fut créée en 1884 l'Association catholique des patrons du Nord. Le but premier était l'éducation des patrons invités à une simplicité de vie et un sens élevé du devoir d'état qui fut longtemps la marque distinctive de ces élites, tant catholiques que protestantes. Pour eux, « l'ouvrier n'est pas une force qu'on utilise ou qu'on rejette en ne tenant compte que des besoins de la production ». Les Vrau, les Motte (Tourcoing), Screpel (Roubaix), Dutilleul (Armentières)... se sentent responsables de son salut éternel. Il favorisent le syndicat mixte et développent un important réseau d'œuvres. Mais la confrérie de Notre-Dame de l'Usine qu'ils cherchent à implanter connut des résultats incertains alors que le patronage devait affronter le courant montant de contestation socialiste et que l'Association interprétait de façon étroite l'encyclique *Rerum novarum*. A Lyon où François Gillet puis son fils Joseph font figure d'industriels modèles, avec la création de caisses de secours et de retraite et de la Société lyonnaise de logements économiques (1886), les mêmes difficultés surgirent.

Toutefois, compte-tenu de la situation de concurrence des entreprises, il serait inexact de dire qu'aucun résultat n'ait été obtenu dans les différents domaines. La politique du recrutement, le souci d'enraciner les familles dans l'usine, la présence des religieuses dans les filatures, l'ouverture d'écoles tenues par des frères, les efforts pour organiser les loisirs, les tentatives faites pour créer une vie communautaire, avec ses inconvénients mais aussi ses avantages, furent loin de se solder partout par un échec. Eugène Déchelette à Amplepuis et son cousin Grenot à Roanne furent les initiateurs de la semaine anglaise en France (1878) destinée à permettre le repos dominical. Un Félix Fournier à Marseille, un Alfred Mame à Tours, et même un Léonce Chagot à Montceau-les-Mines surent se rendre populaires. Sur le plan matériel plusieurs réalisations précédèrent de quelques décennies l'évolution de la législation, qu'il s'agisse des pensions aux veuves et aux anciens, des accidents du travail ou des maladies. Une récente étude sur les papeteries Canson et Montgolfier à Annonay (Ardèche) où contremaîtres et ouvriers vivaient sans cloisonnement et proches des maisons des industriels, met en relief le contraste qui existait entre les conditions de vie de ces ouvriers et celles des mégissiers de la ville. Aucune des dispositions sociales instituées dans la papeterie ne se retrouve chez les travailleurs du cuir où, de plus, les salaires pratiqués sont plus bas (M. H. Raynaud). Pour juger avec équité ce patronage — qui ne remet pas en cause les droits du patron dans l'entreprise — il faut le mettre en parallèle avec l'indifférence du grand nombre des entrepreneurs et des conseils d'administration. Il faut remonter un courant d'historiographie qui a discrédité ces initiatives sans vraiment procéder aux comparaisons nécessaires, le réformisme social ne suscitant que- mépris, comme s'il fallait que tous les progrès sociaux eussent été arrachés au prix des seuls affrontements conscients de classes ?

Toutefois le refus de reconnaître l'autonomie de l'association ouvrière se heurte aux aspirations montantes de la démocratie, particulièrement vigoureuses dans toute la frange supérieure des milieux populaires numériquement importants alors dans une industrie faiblement concentrée. De ce butoir tinrent compte les promoteurs du christianisme social et ceux d'un catholicisme social démocratique. « Les bienfaits des patrons

sont impuissants quand ils ne s'appuient pas sur l'association ouvrière »
écrivait dès 1882 (*Univers* 23 août) l'industriel du Val-des-Bois Léon Harmel.

Lecteurs de Vinet, de Bastiat, de Frédéric Passy, les milieux dirigeants
du protestantisme français, liés au monde anglo-saxon, étaient fortement
attachés aux doctrines du libéralisme économique. Toutefois les influences
germaniques qui se manifestaient dans l'Est rendent compte du dynamisme
des œuvres à Mulhouse ou dans le Pays de Montbéliard. La première
section de la Croix Bleue, œuvre de tempérance, fut ouverte à Valentigney
en 1876. Ailleurs un protestantisme rural ou de classe moyenne (à Nîmes
en 1880 on compte 45 ouvriers sur 100 catholiques, 21 sur 100 protestants)
n'incitait guère à l'intervention sur le terrain social, alors même que
l'école facilitait les promotions individuelles au sein d'un peuple où
l'instruction était valorisée. Il faut dire enfin que quelques protestants
ont préféré fonder ou soutenir des œuvres non confessionnelles. On sait
le rôle qu'ils ont joué dans la Ligue de l'enseignement, les Universités
populaires, les ligues anti-alcooliques ou de réforme morale, comme
l'Etoile bleue ou l'Etoile blanche, sinon même les Bourses du Travail.

Quant aux efforts d'évangélisation du Réveil, ils s'accompagnaient
d'une approche individuelle et morale des problèmes sociaux, démarche
qui anime encore en grande partie le révérend Mac All.

Pour Tommy Fallot (1844-1904), au contraire, l'action pour le salut
individuel est inséparable de la lutte contre la misère matérielle, morale
et intellectuelle des classes les plus pauvres. Il se place dans la perspective
nouvelle d'un « revivalisme social » (J. Baubérot). Si leurs conditions
matérielles ne s'améliorent pas, les prolétaires seront toujours privés du
« droit au salut ». Cet Alsacien, né dans un milieu d'industriels croyants
et philanthropes, est passé à l'Eglise réformée libre de la Chapelle du
Nord (1876-1889). Il subit l'influence d'Elise de Pressensé. En 1882 il
fonde un *Cercle socialiste de la libre pensée chrétienne* qui suscite
inquiétude et indignation dans le protestantisme établi. Mais, d'une part,
il répudie l'usage de la violence, de l'autre, il est soucieux de faire
évoluer les Eglises. Le mouvement lancé par Fallot va subir l'influence
de ce que l'on a appelé l'Ecole de Nîmes. Diacre dans cette ville depuis
1877 Edouard de Boyve, qui a épousé une Colomb de Daunant, entre
en relation avec un modeste industriel fouriériste Auguste Fabre, fondateur
d'une « chambrée » (les membres bourgeois et ouvriers échangeaient leurs
idées sociales) puis d'une petite coopérative *La Solidarité*. De Boyve dont

l'influence en ville était considérable, proposa une union d'où sortit la *Société d'économie populaire*.

Il était lié depuis peu au jeune professeur d'économie politique de la Faculté de droit de Montpellier, Charles Gide : celui-ci va devenir le théoricien et le chef du mouvement. Des coopératives furent créées, Gide préconisant les coopératives de consommation. Dans le premier numéro du mensuel l'*Emancipation* qu'ils fondèrent, de Boyve et ses amis se présentèrent en « apôtres de la solidarité … convaincus que ce n'est pas en semant la haine dans le cœur de l'homme que l'on constituera jamais un état social meilleur » (1887). Détaché de l'école libérale et hostile au socialisme marxiste, Gide souhaite ouvrir la voie intermédiaire de la coopération. Il faut s'attaquer au profit et non à la propriété. La question sociale est d'abord une question morale. La rencontre de Tommy Fallot et de Gide sous les auspices du pasteur de Vals Gédéon Chastand, aboutit à la création de l'*Association protestante pour l'étude pratique des questions sociales* (1888). Elle regroupe, à côté de « l'aile gauche » des disciples de Fallot (le pasteur orthodoxe Louis Gouth, le libéral Louis Comte connu pour ses combats contre la prostitution et la pornographie), des pasteurs beaucoup plus modérés. En 1891 Fallot se retire, sans doute usé davantage par ses efforts pour faire bouger les protestants que par son dialogue avec les milieux ouvriers.

C'est aux alentours de 1898 que la seconde génération du christianisme social animée par les pasteurs d'origine orthodoxe Wilfred Monod et Elie Gounelle va donner un « coup de barre à gauche » et se lancer dans l'action sur la lancée du mouvement dreyfusard et de son « socialisme d'éducation ». A Rouen, Roubaix, Fives-Lille, Paris, les *solidarités* sont des sortes de « maisons du peuple », une nouvelle forme d'Eglise, à la fois lieu de culte et centre d'activités sociales ouvertes au dialogue avec les anarchistes et les socialistes. L'enracinement se faisait cette fois sur le terreau d'une grande industrie qui « est le plus gros obstacle social au salut … qu'ait encore rencontré le Christ. D'abord parce que l'organisation du travail et l'exploitation de l'homme y ont créé une classe … ». Gounelle notait que « les dirigeants sont en général des matérialistes pratiques et provoquent chez le peuple la même mentalité matérialiste », l'*Avant-Garde*, 15 août 1901.

Ce mouvement du Christianisme social n'a pas touché l'ensemble du protestantisme. Il s'est même plutôt installé dans des régions comme le Nord où les Eglises et la bourgeoisie protestante étaient faibles. Au caractère pionnier de l'évangélisation de la classe ouvrière s'ajoutait alors le caractère pionnier de l'action en territoire « étranger », loin des sanctuaires ancestraux. On peut, chez ces hommes du Christianisme social, parler d'un véritable esprit missionnaire, et la figure d'un Henry Nick, qui quitte en 1897 le confort de la paroisse cévenole de Mialet pour porter l'Evangile au sein de la misère ouvrière du faubourg de Fives-Lille où il restera pendant 57 ans, rappelle celle des grands missionnaires protestants comme François Coillard.

Malgré leurs contacts avec des milieux athées, les pasteurs chrétiens-sociaux, issus majoritairement du courant orthodoxe, ne suivront pas l'évolution « à la Schérer » que leur prédisaient certains de leurs coréligionnaires : en ce début du XXᵉ siècle, le « rouge » des opinions n'entraîne plus forcément une perte de la foi. On voit se développer au contraire, non seulement chez W. Monod mais même chez l'extrême gauche représentée par les socialistes chrétiens Paul Passy et Raoul Biville une théologie du Royaume, où l'espérance messianique s'accompagne d'une attente eschatologique. L'« anarchiste chrétien » Henri Tricot écrit par exemple : « Le Christ reviendra sur la terre pour y fonder sa véritable Eglise et pour instaurer cette cité nouvelle où la paix, la justice et la fraternité régneront jusqu'à la fin assignée de notre monde ... »

Si on peut le considérer comme une « avant-garde », le mouvement du Christianisme social ne représente qu'une petite minorité au sein, ou parfois à côté du protestantisme français, minorité d'ailleurs divisée en sensibilités différentes. Faible par ses résultats numériques, d'autant plus que ces pasteurs ne cherchent pas toujours à recruter pour des Eglises dont ils critiquent l'immobilisme, cet effort d'évangélisation n'en connaît pas moins une certaine audience en milieu ouvrier, et fournit un idéal à nombre de jeunes protestants au début du XXᵉ siècle.

Les mêmes divisions existaient au sein des catholiques sociaux, partagés entre l'*Association catholique* de la Tour du Pin — fortement influencée par les expériences du monde germanique — et l'Ecole d'Angers attachée à l'économie libérale, défiante vis-à-vis de l'Etat et favorable à des initiatives sociales dans le cadre de corporations libres. On sait quel rôle joue le premier dans l'*Union de Fribourg* (1884) autour de Mgr Mermillod et au côté des Decurtins, Lorin, Milcent — il avait fondé à Poligny en 1880 la première coopérative de crédit — Montenach, de

Mun, Pithon ou Vogelsang. Ses travaux ont préparé et provoqué l'encyclique *Rerum novarum* du 15 mai 1891. Léon XIII en légitimant l'existence de syndicats séparés et l'intervention de l'Etat comme une autorité d'arbitrage, ouvrit la voie à des œuvres sociales conçues dans des perspectives nouvelles. Il est bon toutefois de lever un malentendu sur *Rerum novarum*. Comme G. Goyau le souligne dès 1892 « des journaux déclarèrent que Léon XIII se rapprochait du monde moderne dont Pie IX s'était séparé. Un tel langage est plein d'impropriétés ... Il paraît impliquer que le Syllabus condamne la démocratie et que l'encyclique canonise le libéralisme ». Comme l'ont bien montré E. Poulat et J. M. Mayeur c'est la pensée intransigeante qui est la matrice du catholicisme social, dans sa version hiérarchique comme dans sa version démocratique. Le refus de l'individualisme, du libéralisme sous ses trois aspects (politique, économique et religieux), et de la sécularisation conduit à rechercher une troisième voie entre le libéralisme et le socialisme. Les catholiques sociaux ont en commun l'idéal d'une société organisée dont la cellule de base est la famille, le premier des corps intermédiaires. Ils refusent que le prêtre reste à la sacristie et veulent la religion dans toute la vie. Mais ils sont divisés sur les moyens propres à atteindre ces objectifs : la majorité d'entre eux entendent œuvrer « pour le peuple » ; le courant de la seconde démocratie chrétienne entend y parvenir « par le peuple » invité à créer ses propres formes d'organisation.

Journalistes, contribuant au succès des Croix locales ou fondant de nouvelles feuilles, conférenciers, tribuns populaires, les *abbés démocrates*, souvent issus du peuple, vont à lui comme l'a demandé, le 13 décembre 1893, Léon XIII à l'évêque de Coutances : « Conseillez à vos prêtres ... de s'occuper des ouvriers. Que le prêtre se souvienne que l'Evangile doit être annoncé aux pauvres. » Quelles en sont les figures de proue ? L'abbé Garnier qui a constitué des groupes d'ouvriers en Normandie, et conduit avec Léon Harmel 20 000 ouvriers à Rome en 1891, fonde en 1893 le premier quotidien démocrate-chrétien de France, le *Peuple Français*. Il excelle dans les conférences contradictoires où il arrive à faire acclamer Jésus-Christ par des auditoires houleux. L'abbé Naudet en 1891 prêche un carême dans une église sans hommes de la banlieue bordelaise. Il tient alors une réunion publique à l'Alhambra, lance la *Justice Sociale* en 1893 avant de prendre la direction du *Monde*. En 1894 dans le Nord, l'abbé Six fonde la *Démocratie Chrétienne* à laquelle collabore le chanoine Dehon,auteur du *Manuel social chrétien* et fondateur de cercles d'étude. L'abbé Dabry, ardent polémiste du Midi, rédacteur en chef au *Peuple Français*, organise le Congrès ecclésiastique de Reims en 1896 avant de fonder la *Vie Catholique*. Si l'on ajoute des noms comme Bataille à Roubaix, Joncquel à Boulogne, Fesch à Beauvais, Cetty à Mulhouse, Belorgey à Dijon, Paravy en Savoie, Pastoret à Toulon, Fontan à Tarbes où il établit en 1893 les *missionnaires du travail*, Fourié à Montpellier, le « Napoléon de l'affiche », on esquisse une géographie qui ne laisse totalement échapper que peu de diocèses.

Le plus combatif est l'abbé Gayraud, ancien dominicain, et grand éveilleur de militants. Il préconise la formation d'un parti, est élu député de Brest en 1897. Mais celui dont l'influence a été la plus profonde est l'abbé Lemire, député d'Hazebrouck en 1893. Il prend part à la démocratie chrétienne, aux congrès ecclésiastiques, fonde en 1896 la *Ligue du coin de terre et du foyer*, après les premières expériences de *jardins ouvriers* à Sedan ou à Saint-Etienne avec le P. Volpette, jésuite. Il sait y associer Charles Gide et Marc Sangnier, Waldeck-Rousseau, Méline et Jules Siegfried.

Au congrès de Lyon en 1896 la démocratie chrétienne se dote d'un Conseil national comprenant quatre prêtres, quatre ouvriers — dont F. Leclercq à la tête d'un syndicat de 1 300 métallurgistes à Lille et de l'hebdomadaire *Le Peuple*, Dombray-Schmidt de Charleville, Chartrain de Blois où s'est constituée une Fédération des travailleurs chrétiens du Centre — et de six intellectuels dont le Breton Emmanuel Desgrées du Lou, le Lyonnais Victor Berne, le Montpelliérain Jean Coulazou.

J. M. Mayeur a attiré l'attention sur le rôle joué par les capucins dont la commission d'étude de juillet 1893 donne mission au tiers ordre d'exercer « l'apostolat des semblables sur les semblables ». L'influence des clercs est à la mesure des réticences ou de l'hostilité des laïcs engagés dans les œuvres. A Lyon cependant, autour de Berne et du jeune employé Marius Gonin, l'initiative laïque conduit à la naissance le 26 novembre de 1892 de la *Chronique des comités du Sud-Est*, peu après la *Sociologie Catholique*, revue doctrinale du catholicisme social, née à Montpellier le 1er mars.

En 1885 Léon XIII avait fait appel aux Frères des Ecoles Chrétiennes pour expérimenter les possibilités ouvertes par la loi de 1884 autorisant les syndicats en France. Spécialisés dans l'action éducative en milieu populaire urbain, préparant dans leurs « classes spéciales » aux concours d'entrée dans les écoles professionnelles, s'occupant d'Œuvres de jeunesse, les Frères sont parfaitement qualifiés pour répondre à cet appel. Dans le IXe arrondissement de Paris, frère Hiéron a ouvert, rue des Petits Carreaux, un bureau de placement pour ses anciens élèves. Avec le T.H.F. Joseph, Supérieur général, et le frère Exupérien, il va jouer un rôle déterminant dans les débuts du syndicalisme chrétien, né en 1887 dans l'Œuvre Saint Labre : dix-huit jeunes employés constituent le Syndicat des employés du commerce et de l'industrie. Le mensuel L'*Employé* est lancé en 1891, il comporte à partir de 1897 une rubrique « Propos d'un prolétaire ». Les nouveaux adhérents sont le plus souvent membres d'un patronage, comme les premiers dirigeants, Jules Zirnheld issu d'une famille alsacienne ou Charles Viennet, l'un et l'autre fortement impressionnés par la lecture de *Rerum novarum* : ils ont découvert qu'il y a maintenant un enseignement social de l'Eglise. A partir d'anciennes congrégations ouvrières ou de syndicats de l'Aiguille, les premiers syndicats féminins de France sont nés à Lyon et Voiron en 1889 sur le terreau des œuvres. En 1902 une Fille de la Charité, sœur Milcent, réunit dans l'arrière-boutique du libraire Vitte, des institutrices libres, des employés et des ouvrières de l'habillement, origine des syndicats de la rue de l'Abbaye, étendus aux gens de maison en 1904.

Des militants du Sillon, entre autres, ouvrent des Secrétariats du peuple cependant que se multiplient les Cercles d'études sociales. A Bordeaux, Mgr Lecot a organisé dès janvier 1892 un grand congrès des Cercles catholiques d'ouvriers, à l'origine de fondations diverses. L'année suivante, en mai, l'archevêque est choisi comme médiateur lors d'une grève générale du bâtiment, et la presse le compare à Manning. Toutefois les clivages entre les classes sociales dans un pays comme la France où la grande industrie occupait encore une place si restreinte et fortement localisée, étaient plus ou moins ressentis selon les régions. Les industriels et les patrons sincèrement chrétiens étaient, en règle générale, plus conscients de leurs devoirs sociaux que les industriels et les patrons indifférents, mais ils restaient dans leur immense majorité — Léon Harmel est une exception — convaincus de leurs droits absolus dans l'entreprise. Ils interprétèrent *Rerum novarum* de façon minimaliste, quand les démocrates chrétiens en tiraient, eux, un enseignement maximaliste. L'épiscopat était contraint à la prudence en raison du poids croissant que représentaient les œuvres, et tout particulièrement le réseau des écoles depuis les lois laïques. Ce serait au demeurant une erreur, que d'exagérer, a posteriori, la place tenue par le courant démocratique au sein des catholiques sociaux, comme ce serait une autre erreur, toujours en fonction du même raisonnement a posteriori, de tenir pour négligeable l'influence que pouvaient exercer les œuvres au sein des diverses communautés confessionnelles du pays. Pour une grande majorité de catholiques, de protestants, d'israélites ... de franc-maçons ou de laïques, c'est par le relais des œuvres que l'intervention sociale était perçue. Il faut dire, enfin, qu'à l'exception de certaines régions comme l'Alsace-Lorraine ou la Flandre, la France n'a pas vraiment connu « ce qu'on appelle en Allemagne le Vereinkatholizismus », c'est-à-dire un réseau complet d'associations et d'œuvres « fondement d'une chrétienté populaire comme l'Italie du Nord a pu être aussi le foyer au temps de l'Opera dei congressi » (J. M. Mayeur).

Au parlement, Albert de Mun, l'abbé Lemire, Hyacinthe de Gailhard-Bancel, se firent les défenseurs d'une législation sociale qui rencontrait indifférence et opposition « A. de Mun fait de grands efforts pour obtenir la loi sur les accidents du travail, mais il est mal secondé par la masse des catholiques qui ne comprennent pas bien la question. Il n'y aurait plus de pauvres à aider, il faut laisser agir selon son cœur. Les catholiques peuvent-ils continuer à faire le jeu de gens de ce calibre qui repoussent la justice pour se parer du masque de la charité ? ... Il faut sommer nos députés de voter au plus vite la loi » ; Jean Coulazou, *La Croix méridionale*, 11 décembre 1892. Comme les chrétiens sociaux, les catholiques sociaux tentent de montrer que les problèmes économiques et les problèmes moraux sont indissolublement liés.

Il n'est pas simple de conclure sur la pastorale des œuvres alors même que, dans ses formes les plus neuves, le patronage cède la place à l'action du semblable sur le semblable. Une préservation sans dynamisme dans nombre de cas ? Assurément les œuvres faisaient une place insuffisante à la démocratie montante. Pourtant dans un contexte difficile elles permirent aux Eglises de maintenir quasiment partout des liens avec les classes populaires urbaines, y compris à Paris. Le simple culte n'y aurait pas suffi. Il faudrait sans doute ré-évaluer les œuvres patronales d'inspiration plus ou moins chrétienne. L'influence d'un Benoît d'Azy parmi les mineurs cévénols (La Grand'Combe) peut être saisie de longues décennies durant, de l'élection de F. de Ramel comme député d'Alès à la résistance qu'ont opposée les mineurs à la nationalisation des écoles tenues par les Frères au lendemain de la Seconde Guerre mondiale, époque des grands rassemblements fervents lors de la prière des hommes à Marie.

Adversaire résolu de la loi Falloux, des congrégations et du Concordat, Ferdinand Buisson était dans la position d'un observateur extérieur dénué de toute bienveillance. Son opinion sur les œuvres catholiques n'en est que plus intéressante à souligner : « Les anticléricaux du siècle qui commence sont plus embarrassés que ceux du siècle dernier. Ils sont dans la situation invraisemblable de vainqueurs désabusés de leur victoire. Qu'est l'Eglise d'aujourd'hui auprès de ce qu'elle était avant 89 ? On lui a tout enlevé, semble-t-il, de ce qui faisait sa force : titres, privilèges, richesses, honneurs, monopoles. Or elle tient incontestablement dans la France d'aujourd'hui une place qu'elle n'avait pas jadis : elle a développé son action bienfaisante, charitable, philanthropique ; elle a aujourd'hui, par ses "œuvres" de toute espèce, une popularité plus grande que jamais et de meilleur aloi ... »

« Par les prodiges de zèle, de générosité et de dévouement qu'elle a suscités chez les laïques jadis si tièdes, elle s'est rapprochée de la démocratie ... Elle est loin d'être fermée au socialisme, tout au moins sous la forme d'aspirations sociales, comme celles qui valent à l'abbé Lemire la sympathie même des anticléricaux. Voilà la vérité qu'il faut savoir regarder en face ! Ce n'est pas le catholicisme d'il y a un siècle à qui nous avons affaire, et il serait vain de le combattre avec les seules armes de Voltaire ou de Paul-Louis Courier. » « La crise de l'anticléricalisme », *Revue politique et parlementaire*, oct. 1903.

Les catholiques se rallieront-ils à la République ?

Pendant les années 1880 qui voient les lois anticléricales se succéder jusqu'à celle de 1889 obligeant les séminaristes à effectuer le service militaire — « les curés sac au dos » —, la législation laïque marque l'échec d'un projet de société chrétienne conçu par la génération roman-tique. Avec la « fin des notables » décrite par Daniel Halévy, les soutiens sociaux de ce projet disparaissent ou sont menacés par l'irruption des « nouveaux messieurs » républicains. Le Bourbonnais d'Emile Guillaumin (*La Vie d'un simple*), le Poitou de Roger Thabault (*1848-1914 — L'As-cension d'un peuple — Mon village*) illustrent cette évolution qui n'affecte pas également toutes les régions de France. La crise agricole réduit le revenu des terres. En 1882, le krack de l'Union Générale appauvrit ou ruine beaucoup de familles catholiques. Les conservateurs monarchistes perdent les élections de 1881, 1885 et 1889, l'agitation boulangiste compromet les droites et son échec consolide la République.

Pour combattre efficacement l'anticléricalisme, il faut atteindre le peuple, pénétrer ce nouveau monde du suffrage universel que Gambetta a entraîné vers la République. Les Pères assomptionnistes le comprennent. Fondateurs de la « Maison de la Bonne Presse », ils lancent des feuilles populaires à bon marché au style incisif, au ton vigoureux. *Le Pèlerin*, organe du Comité général des pèlerinages, qui met « la vapeur au service de Dieu », paraît à partir de 1873. *La Croix*, dirigée par le père Vincent de Paul Bailly, mensuelle en 1880, quotidienne à un sou en 1883, voit son tirage monter jusqu'à 170 000 exemplaires en 1893. Des comités de propagande soutiennent sa diffusion et, au cours des années 1890, de nombreuses *Croix* provinciales, rédigées dans le même esprit, étendent l'influence de ce mouvement : en 1895, on compte 73 *Croix* hebdoma-daires, 7 bihebdomadaires et 6 quotidiennes. Celles-ci atteignent souvent un public plus populaire que le réseau de journaux catholiques conser-vateurs constitué entre 1879 et 1882 autour du *Nouvelliste de Lyon* de Joseph Rambaud avec l'*Eclair* de Montpellier, le *Nouvelliste* de Bordeaux, la *Dépêche* de Lille...

Cette presse militante suit la tradition de Lamennais et de Veuillot. Elle combat vigoureusement ses adversaires et trouve des explications simples pour rendre compte de leur hostilité à l'Eglise. Elle renoue avec la thèse du complot révolutionnaire au moment où la célébration du centenaire de 1789 l'invite à opposer Contre-Révolution à Révolution. Des forces mystérieuses agissent en cette fin de siècle où l'occultisme est à la mode : *Là Bas* de Huysmans date de 1891. Satan inspire les

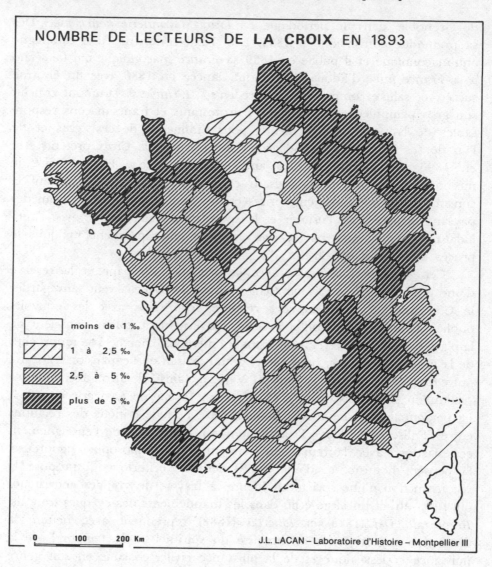

NOMBRE DE LECTEURS DE **LA CROIX** EN 1893

moins de 1 ‰
1 à 2,5 ‰
2,5 à 5 ‰
plus de 5 ‰

0   100   200 Km

J.L. LACAN – Laboratoire d'Histoire – Montpellier III

laïcisateurs à travers la franc-maçonnerie, le judaïsme, et le protestantisme, le monstre « tricéphale » (Mgr Baunard).

L'ennemi principal, c'est la Franc-Maçonnerie dénoncée en 1884 par Léon XIII dans l'encyclique *Humanum Genus*, et par Mgr Fava, évêque de Grenoble, dans un périodique *La Franc-Maçonnerie démasquée*. Dès sa prétendue conversion en 1885, Léo Taxil commence une campagne anti-maçonnique et il publie en 1889 sa *France maçonnique* qui fait écho à la *France juive* d'Edouard Drumont, lancée en 1886 avec un énorme succès, et saluée comme un « maître-livre » (*L'Univers*). Drumont conclut son gros pamphlet en rendant juifs, protestants et francs-maçons responsables de la persécution présente. Sous l'influence de ces écrits et de l'un de ses rédacteurs, l'abbé démocrate Garnier, *la Croix* prétend être en 1890 « le journal le plus anti-juif de France ». Elle exploite le mécontentement des petits artisans et commerçants, inquiets devant la concurrence des grandes entreprises et des grands magasins, et celui des paysans menacés par l'usurier et le spéculateur ; elle renoue avec l'anti-judaïsme populaire latent chez les chrétiens qui reprochent aux juifs le procès et la mort du Christ.

Cette agitation contraste avec la prudence du pape et la réserve d'une grande partie de la hiérarchie épiscopale. Celle-ci veut sauvegarder le Concordat et maintenir des relations courtoises avec les pouvoirs publics. Léon XIII, en conflit avec le gouvernement italien, conscient de la place occupée par les Français dans les missions, cherche à se rapprocher de la France. D'ailleurs, Jules Ferry, grand artisan de l'expansion française outre-mer, veut obtenir l'appui du Vatican : ainsi, il encourage la résurrection du siège épiscopal de Carthage en faveur de Lavigerie en 1884. La personnalité de Léon XIII domine cette période critique des relations entre l'Eglise et les Etats. Promoteur d'une rénovation de l'enseignement ecclésiastique avec la remise en honneur d'une philosophie rigoureuse, la pensée thomiste, et d'une saine méthode historique, il propose la reconstruction d'une société chrétienne à travers de grandes encycliques qui rencontrent un large écho dans les mandements des évêques français. *Immortale Dei* (1885) et *Libertas* (1888) reprennent avec netteté la distinction augustinienne et thomiste du spirituel et du temporel, de la puissance ecclésiastique et de la puissance civile, chacune en son genre étant « souveraine ». En refusant toute confusion des domaines, le pape rappelle que l'Eglise a admis différents régimes politiques : « La souveraineté n'est en soi nécessairement liée à aucune forme politique » (*Immortale Dei*) ; « des diverses formes de gouvernement, l'Eglise n'en rejette aucune » (*Libertas*).

L'échec du boulangisme, le succès électoral des républicains modérés en 1889, l'évolution de quelques députés catholiques comme Jacques Piou vers une « droite constitutionnelle » (mars 1890) favorisent un rapprochement entre le Vatican et la France. Les catholiques français vont-ils se rallier à la constitution républicaine ? Léon XIII doit vaincre les réticences de beaucoup d'évêques et l'opposition de nombreux laïcs monarchistes. Pour bien situer le débat dans le champ de la mission universelle de l'Eglise, le signal du Ralliement est donné par le prélat colonial le plus titré, le cardinal Lavigerie, archevêque d'Alger et de Carthage, fondateur des Pères blancs. Le 12 novembre 1890, celui-ci reçoit dans son palais d'Alger 45 officiers de l'escadre de la Méditerranée et prononce un toast qui surprend ses hôtes : « Quand la volonté d'un peuple s'est nettement affirmée, que la forme d'un gouvernement n'a en soi rien de contraire, comme le proclamait dernièrement Léon XIII, aux principes qui peuvent faire vivre les nations chrétiennes et civilisées, lorsqu'il faut, pour arracher son pays aux abîmes qui le menacent, l'adhésion sans arrière-pensée à cette forme de gouvernement, le moment vient... de sacrifier tout ce que la conscience et l'honneur permettent, ordonnent à chacun de nous, pour l'amour de la patrie ».

Le toast d'Alger est mal accueilli par tous ceux qui restent attachés à la monarchie par les traditions familiales, les sentiments, les fidélités. Les royalistes invectivent le prélat « bruyant et remuant » qui l'a prononcé. Le cardinal Richard, archevêque de Paris, approuvé par 62 évêques, leur donne satisfaction en les invitant à s'unir sur le seul terrain de la défense religieuse. Et l'*Union de la France chrétienne* présidée par le royaliste Chesnelong se constitue sur cette base. Léon XIII doit donc intervenir personnellement. En juin 1891, il nomme à Paris un nouveau nonce, Mgr Ferrata, entièrement acquis à ses idées, et le 20 février 1892, peu après une interview retentissante accordée au *Petit Journal*, il publie l'encyclique *Au milieu des sollicitudes* qui invite sans ambiguïté les catholiques français à accepter la constitution et à tenter de changer la législation. Enfin, dans sa lettre aux cardinaux français le 3 mai 1892, il précise : « Acceptez la République, c'est-à-dire le pouvoir constitué et existant parmi vous ; respectez-la ; soyez-lui soumis comme représentant le pouvoir venu de Dieu ».

En mai 1892, le Comité de l'*Union de la France chrétienne* se sépare, et le *Congrès national des comités catholiques*, annuel depuis

1873, tient sa dernière assemblée. Son président, Chesnelong, se soumet, mais refuse de se déshonorer en reniant son passé. Emile Keller s'efface aussi. L'état-major monarchiste des œuvres se retire et laisse place à d'autres initiatives. Cependant, le comte d'Haussonville, représentant du comte de Paris, refuse de se rallier. Surtout la révolte gronde chez les journalistes. Edouard Drumont, fondateur cette même année 1892 du quotidien antisémite *La Libre Parole*, qui invente le slogan : « La France aux Français », dénonce le scandale de Panama avec ses chéquards, puis le Ralliement : il répand l'image d'un Léon XIII très âgé, mal informé, trompé. Paul de Cassagnac lui fait écho dans son quotidien l'*Autorité*, et les légitimistes de la *Gazette de France* restent aussi « réfractaires ». Dans la même ligne, en 1893, Elise Veuillot, surnommée « la Grande Mademoiselle », rompt avec l'*Univers* du rallié Eugène Veuillot, et fonde *La Vérité*, bientôt *La Vérité française*. De son côté, *La Croix*, journal ultramontain, annonce son adhésion aux vues de Léon XIII ; elle soutient quelques candidats républicains modérés lors des élections de 1893. Pourtant, elle multiplie les attaques contre le personnel opportuniste à l'occasion du scandale de Panama et contre certains hommes d'Etat républicains comme Alexandre Ribot.

En revanche, de nombreux journaux catholiques de province, sensibles aux progrès de l'idée républicaine dans le peuple, accueillent favorablement les propos de Léon XIII. Des intellectuels de talent, tels Georges Goyau et Georges Fonsegrive, propagent les directives pontificales. Les catholiques sociaux se divisent ; si la Tour du Pin reste fidèle à la monarchie, le patron social Léon Harmel se rallie, et Albert de Mun, en ultramontain conséquent, place son « action politique sur le terrain constitutionnel ». Cette déclaration sans ambiguïté, faite à Grenoble au congrès de l'Association catholique de la jeunesse française, le 22 mai 1892, entraîne une fraction importante de la jeune génération. Celle-ci l'acclame quinze jours plus tard à Lille. Pendant ce mois de juin 1892, le modèle de la grande république américaine, présenté à Paris à l'occasion de la visite de Mgr Ireland, archevêque de Saint Paul, encourage le Ralliement. Enfin, dans un premier temps, le mouvement du clergé vers le peuple, inspiré par l'encyclique *Rerum novarum* (1891) et lancé par les abbés démocrates en 1892-93, témoigne d'une évolution notable dans le monde ecclésiastique.

Les livres sur le clergé sont à la mode dans l'édition des années 1890. En 1891, *le Testament d'un antisémite* de Drumont, est une charge contre le « clergé fin de siècle » et le « fonctionnarisme sacré » des évêques ; seuls, les pauvres prêtres de campagnes, solitaires et incompris, trouvent grâce à ses yeux. Un pamphlet du baron de la Heunière au titre cinglant, *Pas d'épiscopat, à peine des évêques* (1896), très hostile aux ralliés, stigmatise les prélats serviles envers le pouvoir civil et autoritaires à l'égard de leur clergé. A l'opposé, par la plume d'Anatole France dans son roman *l'Anneau d'améthyste*, les républicains se plaignent des prêtres conciliants, qui, pourvus d'une mitre et d'une crosse, deviennent des évêques intransigeants sous l'influence des notables généreux envers les œuvres. Entre les deux, Guy de Pierrefeux (Daniel Auchitzsky), dans son *Episcopat sous le joug* (1894), évoque les contraintes subies par les évêques sous des ministres anticléricaux, et sait apprécier les grands prélats ralliés, les Bourret, Lecot, Meignan, Mignot, Perraud. Les insuffisances intellectuelles du clergé sont dénoncées par le futur évêque de Châlons-sur-Marne, Mgr Latty, *Le clergé français en 1890*, et par un abbé démocrate, Méric, *Le clergé et les temps nouveaux* (1892). Un journaliste du *Figaro*, Boyer d'Agen, nous donne un instantané sur le Ralliement, *Le clergé de France devant la République* (1892). Le mouvement du clergé vers le peuple laisse quelques œuvres originales. Un professeur, Georges Fonsegrive, sous le pseudonyme d'Yves le Querdec, présente la nouvelle pastorale à travers trois romans de la vie sacerdotale : *Lettres d'un curé de campagne* (1894), *Lettres d'un curé de canton* (1895), *Journal d'un évêque* (1896). Un célèbre missionnaire capucin, le père Marie-Antoine de Lavaur dresse en 1900 le bilan de son expérience dans *le Clergé et le peuple* : il réclame une prédication mieux appropriée aux besoins de l'époque, il veut que le ministère s'oriente spécialement vers les hommes et pas seulement vers les enfants et les femmes — d'où les messes d'hommes le jour de Pâques —, il propose l'organisation d'associations populaires. Avant d'aboutir en 1902 à une anticipation avec le *Journal d'un prêtre d'après-demain* de l'abbé Calippe, le mouvement du clergé vers le peuple culmine lors des deux congrès ecclésiastiques de Reims (1896) et de Bourges (1900), où les expériences nouvelles sont échangées. A Bourges, au moment du changement de siècle, l'abbé Birot, vicaire général d'Albi, demande aux chrétiens d'aimer leur pays et leur temps.

En effet, un mouvement de renouvellement en profondeur affecte le clergé français et les chrétiens de France, mais ne fera sentir tous ses effets que trente ans plus tard. Mieux formés maintenant par les Facultés catholiques, à Saint Sulpice, ou au séminaire français de Rome, les ecclésiastiques les plus doués participent plus facilement à la vie intellectuelle nationale. Le développement de l'enseignement libre, de la catéchèse, des patronages, des œuvres rapproche les clercs des aspirations de la jeunesse. Des militants laïcs surgissent, qui affirment courageusement leur foi et créent des associations de jeunes d'un type nouveau.

L'impulsion vient de Rome. Donnée par un pape lucide, épris de rigueur intellectuelle, ouvert à certaines requêtes du monde moderne, mais intransigeant contre les forces du mal, elle modifie progressivement la pastorale. En effet, l'enseignement de Léon XIII occupe une grande place dans les mandements de Carême des évêques lus dans toutes les églises des diocèses. Entre 1890 et 1895, quarante d'entre eux sont consacrés à la question sociale, et cinq cardinaux sur six s'y intéressent. L'encyclique *Rerum novarum* est commentée directement dans quatorze mandements de 1892, mais six autres étudient cette année là la question ouvrière. Le bref de Léon XIII en faveur de l'Association de la Sainte Famille suscite, entre 1893 et 1898, trente lettres de Carême encourageant la renaissance de la famille chrétienne. Tandis que le cardinal Bourret déplore l'exode rural en 1895 et que l'abbé Lemire propose les premières mesures familiales à la Chambre, l'Alliance nationale contre la dépopulation est fondée en 1896 par quelques patriotes éclairés. D'autre part, portée par la vogue des pèlerinages vers la cité de Saint Pierre, la dernière génération des évêques concordataires témoigne volontiers de sa grande fidélité à Rome : le jubilé épiscopal de Léon XIII en 1893 inspire dix-sept mandements. Ensuite, entre 1894 et 1903, plus de soixante lettres de Carême traitent de la papauté ou de l'Eglise.

Certes la presse réfractaire au ralliement continue à critiquer le pape et à attaquer les « préfets violets » non sans excès et injustice. Si quelques prélats ambitieux et jaloux de la puissance des congrégations, comme Mgr Geay, évêque de Laval, font preuve de naïveté et de servilité envers le gouvernement républicain, les évêques ralliés, soucieux de sauver le système concordataire menacé, cultivent « l'alliance du patriotisme et de la foi » prônée par Mgr Pagis en 1893. Ils échangent avec les autorités républicaines en déplacement des propos courtois qui suscitent l'ironie des feuilles réfractaires. Ils se réjouissent de l'alliance franco-russe et prennent part aux deuils nationaux en célébrant des messes solennelles lors des décès brutaux de deux présidents de la République, Sadi Carnot en 1894 et Félix Faure en 1899. Ils commémorent les victimes de 1870-71 avec les inaugurations des monuments du Souvenir Français. Le début du procès de béatification de Jeanne d'Arc en 1894 est marqué par de nombreuses fêtes patriotiques et religieuses. Le huitième centenaire de la Première croisade donne lieu à une série de manifestations exaltant les « Gesta Dei par Francos ».

Les abbés démocrates répandent les idées nouvelles par la tribune parlementaire et la presse. A la Chambre l'éloquence ecclésiastique change de style lorsque de simples prêtres, Lemire et Gayraud prennent le relais des prélats Freppel et d'Hulst. L'abbé Lemire, « figure symbolique de la démocratie chrétienne » (J.M. Mayeur), a été élu député d'Hazebrouck en 1893. Ce Flamand, marqué par le traditionalisme, sensible aux peines des petites gens, s'exprime avec simplicité et sincérité et parvient à émouvoir ses auditoires. Il conquiert l'estime de ses collègues à la Chambre où il est rejoint en 1897 par l'abbé Gayraud, député de Brest. Celui-ci, élu contre un noble « réfractaire » le comte de Blois, grâce à l'appui du clergé rallié, doit se laver de l'accusation d'ingérence cléricale, en se faisant réélire après invalidation. Ainsi, par deux fois, le presbytère a vaincu le château en Bretagne.

Le renouvellement de la presse religieuse se traduit par une « floraison de publications catholiques dans les années 1890-1900 feuilles du ralliement et de la doctrine sociale de l'Eglise » (Pierre Albert). Après avoir utilisé les organes de la Bonne Presse en pleine expansion, les abbés et les laïcs démocrates créent leurs propres journaux ou revues. Lancées entre 1892 et 1894, ces feuilles nouvelles disparaîtront le plus souvent entre 1907 et 1910 sous le pontificat de Pie X. Tel est le cas du *Peuple français* de l'abbé Garnier, ancien propagandiste de la *Croix*, de la *Justice sociale* de l'abbé Naudet, de la *Quinzaine* de Georges Fonsegrive et du *Sillon* de Paul Renaudin et Marc Sangnier. En province, à Lille, où depuis 1893 Eugène Duthoit enseigne aux facultés catholiques la doctrine de *Rerum novarum*, la *Démocratie chrétienne* de l'abbé Six contribue à l'élaboration de la pensée catholique sociale (1894-1908). A Lyon, lieu de réunion des Congrès du mouvement démocrate chrétien en 1896, 1897 et 1898, plus solide que l'éphémère *France Libre*, la chronique des *Comités du Sud-Est*, liée à l'origine aux diffuseurs des *Croix* locales, se transforme en 1909 en *Chronique sociale de France*, organe apte à étendre et approfondir la réflexion sociale de la période antérieure. A Rennes enfin, l'abbé Trochu et Emmanuel Desgrées du Lou fondent en 1899 le journal l'*Ouest-Eclair*, destiné à durer jusqu'en 1944. Grâce à leur presse démocrate, Lille, Lyon et Rennes deviennent alors des foyers du catholicisme social ou de la démocratie chrétienne.

Cette presse trouve des diffuseurs parmi les jeunes gens, car les années 1890 voient surgir le militant de la *Croix*, jeune vicaire ou laïc. A Lille, les chevaliers de la Croix, qui vendent le journal à la criée dans les rues et sur les places, se préparent à recevoir des injures ou des coups par une veillée de prières à Notre-Dame de la Treille. Ils annoncent la Jeune Garde du Sillon fondée à Paris en 1902 à un moment où les organisations de jeunesse catholiques progressent rapidement. En effet, le grand essor du Sillon et de l'Association catholique de la jeunesse française (A.C.J.F.) a commencé à partir de 1899 sous les présidences respectives de Marc Sangnier et d'Henri Bazire : ces organisations engagent l'avenir du catholicisme français beaucoup plus que les contemporains ne peuvent l'imaginer.

Dès la fin du pontificat de Léon XIII, Rome cherche à endiguer le mouvement du clergé vers le peuple qui connaît un certain reflux. Pressé par des évêques inquiets pour le respect de leur autorité et par des notables dont l'influence sociale est négligée, Léon XIII lance des mises en garde contre un activisme coupé de ses racines spirituelles, condamné en 1899 sous le nom d'américanisme, et contre le danger de politisation de la démocratie chrétienne dénoncé en 1901 dans l'encyclique *Graves de Communi.*

A cette date, le Ralliement qui a connu quelques vicissitudes depuis 1890 ne semble pas avoir donné les résultats escomptés. Pourtant certains objectifs ont été atteints : la République n'est plus menacée par les monarchistes qui ont perdu la plupart de leurs sièges parlementaires en 1893 et en 1898. Les républicains modérés, profitant de cet échec, se sont trouvés renforcés dès 1893 et, désireux « d'élargir la République pour que tous les Français puissent y entrer » (Charles Dupuy), ont manifesté un « esprit nouveau » (Spuller) favorable à l'apaisement religieux. En revanche, les ralliés, pris en tenaille entre les monarchistes hostiles aux « traîtres » et les radicaux très anticléricaux, n'ont eu que trente deux élus en 1893, force insuffisante pour peser sur la constitution d'un grand parti des « honnêtes gens ». Le plus souvent, ils sont élus par des

LA CHRONIQUE DU SUD-EST

CHRONIQUE DES COMITÉS DU SUD-EST

Revue mensuelle d'action catholique

destinée aux Comités de diffusion de la Bonne Presse, aux groupes de l'Union Nationale, aux groupes d'études de jeunes gens et aux organisateurs d'œuvres sociales.

Est l'organe dans la région des Secrétariats, de la Fédération du Sud-Est, de l'Union Fraternelle, des groupes qui marchent dans le sens et sous le Drapeau de la Démocratie chrétienne.

Chaque mois la *Chronique* publie :

Dans sa première partie: des articles de doctrine, des documents sociaux ;

Dans sa seconde partie : le résumé pratique de l'action du Sud-Est, les avis et communications particulières des secrétariats départementaux ou diocésains; de l'Union Fraternelle et de la Fédération du Sud-Est;

Dans sa troisième partie : une chronique générale du mouvement catholique et une bibliographie pratique.

ABONNEMENTS

FRANCE Un an . . . . . . 2 fr.
ETRANGER — . . . . : 2 fr. 50

Adresser les abonnements et annonces à **M. Raffin,** administrateur, 10, quai Tilsitt, LYON.

Nos annonces sont réservées à nos amis et aux membres de l'Union Fraternelle.

DIRECTEUR : VICTOR BERNE

Secrétaire de Rédaction : M. GONIN

PRINCIPAUX COLLABORATEURS

CHANOINE DEHON, ABBÉS GARNIER, PASTORET
ELIE BLANC, CETTY
QUILLET, FONTAN, ANDRÉ ROCHE, ETC.

L. HARMEL, L. DURAND, RÉCAMIER, MIRIAM
COULAZOU, DESCOSTES, J. TERREL
A. CRÉTINON, PHILÉAS, E. BILLIET, V. THIERRY
J. BOIS, FOURNEL, PERROY, ETC.

et les Secrétariats d'action du Sud-Est

RÉDACTION & ADMINISTRATION

10, Quai Tilsitt, LYON

Neuvième Année. — No 10.

OCTOBRE 1900.

régions de « démocratie cléricale » : Flandres, Léon, montagnes méridionales. Les initiatives de Léon XIII lui donnent un certain prestige dans le personnel politique français, mais les mouvements qu'il a lancés obéissent à des dynamiques qui semblent contradictoires. D'un côté, le Ralliement aurait dû susciter la formation d'un parti conservateur à l'anglaise souhaité par Jacques Piou ; cela exclut le parti catholique rêvé par Albert de Mun et exige une formulation assez discrète des revendications religieuses. A l'opposé, le mouvement catholique social donne lieu à deux interprétations peu compatibles avec l'option précédente : pour les uns, religieux et militants de la *Croix*, il élargira les bases d'une politique de défense catholique en provoquant une protestation populaire contre les lois scolaires et militaires ; pour les autres, démocrates chrétiens, il permettra aux pauvres de mieux prendre conscience de l'injustice sociale et de l'égoïsme des riches, et il concurrencera efficacement les socialistes sur leur terrain. En tous cas, il inquiète bientôt les républicains modérés qui y voient soit une renaissance du péril clérical, soit un danger pour l'ordre social, soit encore les deux à la fois.

Espérant agiter une France profonde qui reste fort divisée, réfractaires et radicaux s'ingénient à exploiter le moindre incident pour contrecarrer l'apaisement religieux recherché par Rome et par la majorité des parlementaires : loi sur la comptabilité des fabriques en 1892, taxe d'abonnement sur les biens des congrégations en 1895. Chaque fois, un archevêque tente de résister à la loi, chaque fois Rome apaise le conflit. Progressivement, la nouvelle politique porte ses fruits. Elle atteindra son apogée sous le ministère Méline (avril 1896-juin 1898), comme le reconnaît un adversaire, Dom Besse : « Le Ralliement l'emportait et pouvait triompher. Ce fut l'âge d'or. Les relations de la République et du Saint-Siège étaient empreintes d'une étroite cordialité. La politique de Léon XIII eut deux ou trois ans de succès relatif. »

L'apaisement inquiète les radicaux, qui dénoncent les menées de « l'Internationale noire » et son influence sur le gouvernement Méline, qualifié de « réactionnaire et clérical ». Pour la *Lanterne*, les candidats de M. Méline en 1898 sont « des candidats officiels et des candidats des curés ». La stratégie électorale suivie par les catholiques sous l'impulsion des assomptionnistes explique cette accusation : « Les *Croix* ont intimidé, gêné, agacé, compromis M. Méline » (Pierre Veuillot). En effet, le puissant réseau des *Croix* avec ses comités *Justice-Egalité* s'est imposé aux catholiques français pour la préparation des élections et au pape qui a confié à deux religieux intransigeants, Dom Wyart et le père Picard une mission auprès des évêques afin de les inciter à former « entre tous les honnêtes gens une union pour les amener à conjurer le mal ». En fait, les attaques violentes de la presse catholique contre des hommes d'Etat libéraux comme Ribot, la polémique antilaïque, la démagogie anticapitaliste et antisémite compromettent les républicains modérés, et, après les élections, abandonné par l'aile gauche de sa majorité, Méline démissionne.

La séduction de l'antisémitisme : l'Affaire Dreyfus

A partir de l'été 1898, l'Affaire Dreyfus modifie progressivement la situation politique au détriment des catholiques, en déchaînant à nouveau les passions anticléricales. Militants et « intellectuels » s'agitent à propos du sort d'un officier juif pendant que les autorités religieuses des trois cultes restent discrètes, réservées et embarrassées. Le clivage confessionnel se renforce : aux catholiques en grande majorité antidreyfusards s'opposent protestants et juifs le plus souvent dreyfusards. Certains craignent que l'Affaire ne réveille les guerres de religion. Sans aller jusque là, bien qu'il y ait des émeutes antisémites au milieu d'une « fantastique montée de l'intolérance » (J.D. Bredin), elle met en échec le Ralliement, suscite un reclassement et une réorganisation des forces politiques françaises, et contribue à provoquer l'émergence du sionisme.

Une affaire d'espionnage est révélée le 1er novembre 1894 par la *Libre Parole*. Peu surprenante à une époque où la France renouvelle son armement, elle est exploitée par la presse antisémite qui traite l'accusé juif, le capitaine Alfred Dreyfus, de Judas. Cette campagne influence le Conseil de Guerre, qui condamne l'inculpé à la déportation perpétuelle. Lors de la dégradation, le 5 janvier 1895, la foule manifeste un antisémitisme qui impressionne les journalistes. Parmi eux, tandis que Maurice Barrès et Léon Daudet en tirent des leçons de nationalisme antisémite,

Théodore Herzl se prépare à écrire *l'Etat juif* (1896), base du sionisme politique.

Le premier militant dreyfusard est un juif incroyant, Bernard Lazare, auteur en novembre 1896 d'une brochure, *Une erreur judiciaire, La vérité sur l'Affaire Dreyfus*. Aidé de la famille Dreyfus et de Joseph Reinach, il tente vainement d'obtenir de la Chambre la révision du procès. Trois protestants d'origine alsacienne, le vice-président du Sénat Scheurer-Kestner, son neveu Charles Risler et l'avocat Louis Leblois apprennent les premiers la vérité, révélée par le colonel Picquart, ancien chef du service des renseignements, à Leblois en juin 1897. Un autre protestant, le directeur de la *Revue historique*, Gabriel Monod, déclare au *Temps* qu'il a acquis la conviction d'une erreur judiciaire. Cependant, leurs démarches échouent parce que le commandant Esterhazy mis en cause par Mathieu Dreyfus est acquitté le 11 janvier 1898. Le « syndicat juif », imaginé par les antisémites, et les consciences protestantes, sont déboutés.

Les anticléricaux et les « intellectuels » prennent immédiatement le relais. Le 13 janvier 1898, paraît dans le journal de Clémenceau, l'*Aurore*, le retentissant article d'Emile Zola, « J'accuse », dénonçant les principaux chefs de l'armée pour crime de lèse-humanité et de lèse-justice. A l'occasion du procès Zola, la presse se déchaîne : « Etripez-le », titre la *Croix* à l'adresse du romancier ; la jeunesse s'enflamme : des bagarres éclatent entre dreyfusards et nationalistes antisémites à Paris, Nancy, Bordeaux, Marseille, Alger où les magasins juifs sont pillés au cri de « A mort les juifs » et où il y a deux morts. Les intellectuels se mobilisent : à l'Ecole Normale Supérieure autour de Lucien Herr et Charles Péguy, à l'Ecole des Chartes, à la Sorbonne, on pétitionne pour la révision. La Ligue pour la défense des droits de l'Homme et du Citoyen, fondée le 10 février 1898, est dominée par les anticléricaux qui dénoncent la déformation cléricale donnée par l'enseignement congréganiste aux chefs militaires — ce qui est contestable pour la plupart d'entre eux —. La presse radicale parisienne flétrit l'union du sabre et du goupillon et critique l'influence d'un jésuite, le père du Lac, sur le général de Boisdeffre. L'Affaire se politise et les parlementaires commencent à prendre parti : Jaurès devient révisionniste.

L'Affaire rebondit avec les aveux du colonel Henry, chef du service des renseignements, qui reconnaît le 30 août 1898 avoir fabriqué la pièce fausse accablant Dreyfus, et se suicide le 31. Tandis que le gouvernement du radical Brisson tergiverse avant d'engager la procédure de révision et que les esprits indépendants, comme Poincaré, Barthou, Ribot et Jonnart, se mettent à douter du jugement de 1894, la presse antidreyfusarde se déchaîne et le jeune Charles Maurras, approuvé par Judet, Drumont et Rochefort, fait l'apologie du « faux patriotique » dans la *Gazette de France*. La souscription ouverte en décembre par la *Libre Parole* en faveur de la veuve du colonel Henry recueille 15 000 adhésions dont 350 de prêtres. Les assomptionnistes de la *Croix* et les abbés démocrates chrétiens restent antisémites et antidreyfusards, mais les journalistes de l'*Univers* acceptent la révision, et l'abbé Lemire, à la Chambre, prend ses distances avec l'antisémitisme. Face à la Ligue pour la défense des droits de l'Homme et du Citoyen qui recrute à Paris et en province chez les anticléricaux, les protestants, les anarchistes antimilitaristes et internationalistes, se dressent la Ligue des patriotes reconstituée par Déroulède, la Ligue de la patrie française qui regroupe académiciens, notables catholiques, nationalistes et patriotes républicains autour de François Coppée et Jules Lemaître, et la Ligue antisémitique française de Jules Guérin, qui a alors 5 000 adhérents.

Même si au sein de cette agitation, le nationalisme relaie maintenant l'antisémitisme, « l'enseignement du mépris » (Jules Isaac), dispensé depuis des années par la *Libre Parole* et la *Croix*, rend compte de la passion antisémite. A force de présenter tous les juifs commes riches, égoïstes et avares, de voir en eux « de fourbes et abjects spéculateurs qui viennent dépouiller puis asservir les chrétiens », de reprocher « au peuple déicide », à la « race perfide et maudite » son hostilité au christianisme, on les exclut de la communauté nationale et l'on considère ces « apatrides » comme des espions en puissance. La caricature qui répand l'image de juifs ventrus, à la tête glabre, aux doigts et au nez crochus, le jargon pseudo-allemand qui leur est prêté, le vocabulaire grossier qui les ravale au rang d'animaux malfaisants — serpents, pieuvres, oiseaux de proie —, accentuent cette impression d'exclusion.

Si les catholiques s'affirment en grande majorité antidreyfusards, les protestants restent divisés. Les trois journaux officieux des institutions ecclésiastiques orthodoxes, libérales et luthériennes refusent de prendre position. Dans les familles des grands notables, parmi les banquiers et les milieux monarchisants de la H.S.P. (Haute Société Protestante), l'atmosphère serait même franchement à l'antidreyfusisme. En revanche, des

ÉDOUARD DRUMONT

La France Juive

DEVANT L'OPINION

LA FRANCE JUIVE ET LA CRITIQUE
LA CONQUÊTE JUIVE
LE SYSTÈME JUIF ET LA QUESTION SOCIALE
L'ESCRIME SÉMITIQUE
CE QU'ON VOIT DANS UN TRIBUNAL

VINGT-NEUVIÈME MILLE

PARIS

C. MARPON & E. FLAMMARION

ÉDITEURS

26, RUE RACINE, PRÈS L'ODÉON

pasteurs comme Jean Monnier, fondateur du cercle des étudiants parisiens, Louis Comte et une partie importante du peuple protestant du Midi militent dans le camp révisionniste. Globalement, la périphérie — églises non concordataires, journaux protestants indépendants comme le *Signal* — s'engage beaucoup plus que le centre. Les rôles joués dans l'Affaire par Scheurer-Kestner dépeint comme « un huguenot du XVIe siècle » (R. Rolland), puis par l'un des animateurs de la Ligue des Droits de l'Homme, Francis de Pressenssé, d'origine protestante mais déjà agnostique et bientôt socialiste, incitent les nationalistes à placer tous les protestants dans le camp dreyfusard. Les attaques de la presse antidreyfusarde amènent par contrecoup les protestants à resserrer leur alliance avec les partisans de la laïcité, ce qui contribue à expliquer leur indulgence face au combisme et leur attitude lors de la Séparation.

Les catholiques dreyfusards sont très minoritaires. Fondé en février 1899 par un chartiste académicien, Paul Viollet, le Comité catholique pour la défense du droit recueille les adhésions des abbés Pichot, Birot et Brugerette, des laïcs lyonnais Léon Chaine et Pierre Jay, et d'Anatole Leroy-Beaulieu, professeur à l'Ecole Libre des Sciences Politiques, auteur d'*Israël chez les Nations* (1893), réfutation courageuse de l'antisémitisme. L'abbé Pichot condamne l'antisémitisme comme une violation de l'Evangile et du Décalogue. L'abbé Brugerette déplore la faillite de l'esprit critique chez les catholiques : de Léo Taxil aux faussaires de l'Etat-Major, ils ont été dupés. Léon XIII, bien informé, s'inquiète et prend parti. Recevant un journaliste du *Figaro*, Boyer d'Agen, en mars 1899, il évoque « ce scandale cosmopolite », « cette lutte sans grandeur pour la France chevaleresque », « cette atroce agression des partis », et conclut : « Heureuse la victime que Dieu reconnaît assez juste pour assimiler sa cause à celle de son propre Fils sacrifié ! »

Si la *Croix* se montre plus discrète sur le péril juif, elle réclame un « homme à poigne » au pouvoir à un moment où l'Affaire se politise dangereusement pour les catholiques. En effet, les nationalistes multiplient les incidents : le 23 février, lors des obsèques du président Félix Faure remplacé par Loubet, Déroulède tente d'entraîner un général à marcher sur l'Elysée ; le 31 mai, il est acquitté par la Cour d'Assises ; le 5 juin, le baron Cristiani donne un coup de canne à Loubet lors des courses d'Auteuil. Des bruits de complot circulent, la presse évoque la menace d'un coup de force. Un gouvernement de défense républicaine se constitue le 22 juin 1899 autour de Waldeck-Rousseau. Il trouve une majorité à la Chambre le 26 grâce à l'appui du progressiste catholique Aynard et du radical franc-maçon Brisson.

En quelques semaines, Waldeck-Rousseau met fin aux agitations nationaliste et antisémite : il décapite la première en faisant arrêter et traduire devant la Haute-Cour dix-sept de ses chefs, et temporise habilement avec la seconde laissant Jules Guérin et les antisémites transformer une maison de l'impasse Chabrol en forteresse jusqu'à ce qu'ils se rendent à la police. Le Tribunal de Rennes, le 9 septembre, condamne à nouveau Dreyfus, ce qui suscite un vif mécontentement chez les anticléricaux et les protestants du Midi. Cependant, Waldeck-Rousseau parvient à apaiser l'Affaire en faisant gracier Dreyfus par le président de la République, et le général de Galliffet, ministre de la Guerre, peut conclure : « l'incident est clos ».

L'opinion anticléricale incite alors Waldeck-Rousseau à punir les congréganistes, véritables boucs-émissaires de l'Affaire. Le convent du Grand Orient qui dénonce chaque année le péril clérical réclame en septembre 1899 « l'anéantissement de la conjuration cléricale, militariste, césariste et monarchiste ». Ce même mois, dans deux lettres au journaliste Cornély publiées dans le *Figaro*, un progressiste, longtemps adepte de l'esprit nouveau, Jonnart, après s'être ému de « l'incompréhensible verdict de Rennes », stigmatise « l'odieuse doctrine » flétrie par les *Provinciales*, et s'élève contre les agissements de « l'Internationale Noire » de « certaines congrégations non autorisées et de certaines associations considérables, puissantes et riches ». Waldeck-Rousseau s'en prend aux « moines d'affaires » et aux « moines-ligueurs ». En novembre, il annonce des poursuites contre les assomptionnistes et dépose deux projets de loi : l'un, sur les associations, vise les congrégations ; l'autre, voulant supprimer l'opposition entre « les deux jeunesses », menace l'enseignement privé. L'agitation nationaliste et antisémite étant retombée, la politique anticléricale assure alors la cohésion de la majorité gouvernementale rassemblée dans le Bloc des gauches. L'affaire Dreyfus est finie, « affaire essentiellement mystique » selon Charles Péguy : « elle vivait de sa mystique, elle est morte de sa politique ».

Emile Combes expulse les congrégations

A partir de 1901, la persécution anti-cléricale frappe les catholiques français et détruit progressivement les structures religieuses édifiées au XIXe siècle. De 1902 à 1909, de Combes à Clémenceau, chaque année voit paraître une nouvelle loi anti-cléricale ou un nouveau décret d'application d'une loi antérieure. Ensuite, si la guerre religieuse semble moins ardente elle est relayée par la guerre scolaire qui, elle, ne cesse pas. Pendant le demi-siècle qui va suivre, les catholiques ne pourront oublier la haine antireligieuse manifestée alors par de nombreux radicaux et par certains socialistes, et exprimée vigoureusement le 10 avril 1905 à la tribune de la Chambre par le blanquiste Maurice Allard : « Il y a incompatibilité entre l'Eglise, le catholicisme ou même le christianisme et tout régime républicain. Le christianisme est un outrage à la raison, un outrage à la nature. Je veux poursuivre l'idée de la Convention et achever l'œuvre de la déchristianisation de la France... Combien de progrès ne sont pas réalisés parce que nous traînons derrière nous ce lourd boulet de judéo-christianisme avec son cortège de préjugés et de mensonges traditionnels »...

La lutte commence sous Waldeck-Rousseau. Elle a pour prélude le procès intenté aux assomptionnistes et la dissolution de cette congrégation prononcée en 1900. Les religieux cèdent la maison de la Bonne Presse et le journal *La Croix* à un industriel du Nord, Paul Féron-Vrau. La loi sur les associations, votée le 9 juillet 1901, organise un régime d'exception pour les congrégations obligées de déposer une demande d'autorisation avant le 1er octobre. Certaines ne la sollicitent pas : les bénédictins de Solesmes, les jésuites s'exilent ou se dispersent. Waldeck-Rousseau aurait voulu faire rentrer les congrégations sous la juridiction des évêques concordataires. Il ébauche à cet effet une négociation avec Léon XIII qui reste peu pressé de se prononcer, la loi nouvelle faisant craindre « une politique de violence et de persécution ». Juridiquement, le Concordat de 1801 ignore les congrégations, et leur statut reste le point faible de l'Eglise concordataire.

Lors des élections de 1902, la France profonde se divise sur la question religieuse, tandis que l'agitation nationaliste fait encore quelque bruit à Paris. L'opposition à Waldeck-Rousseau met en avant la défense des libertés religieuses menacées par les mesures contre les congrégations. En face, le Bloc des gauches dénonce le cléricalisme et son allié le nationalisme, « masque de l'éternelle entreprise cléricale » (Barthou). Le Bloc l'emporte de 300 000 voix seulement sur 11 millions d'électeurs au premier tour, et d'une centaine de sièges après le second tour. Les radicaux en gagnent une trentaine. L'un deux, un médecin de province, sénateur de la Charente Inférieure, Emile Combes, est président du Conseil de juin 1902 à janvier 1905. Cet ancien séminariste devenu farouchement anticlérical se consacre à la lutte contre l'Eglise. Le « petit père Combes » est alors « l'homme de cette France des bourgades et des villes moyennes, de cette France anticléricale, fille de 89 qui à Auxerre, à Castelnaudary, à Tréguier, à Laon, l'acclame au long de ses campagnes laïques » (J.M. Mayeur). Il se maintient au pouvoir durant deux ans et demi grâce à l'appui de la Délégation des gauches dans un climat de passions anticléricales qu'il attise.

La montée de cette agitation hostile aux « curés » porte le « combisme », véritable «anticléricalisme d'Etat» (R. Rémond). La Libre-Pensée en plein essor voit naître ses deux organisations nationales en 1902 et en 1905. La Ligue des droits de l'homme qui recrute dans les classes moyennes et les milieux enseignants a 40 000 adhérents en 1906. Les loges maçonniques, qui appuient fidèlement le « frère » Combes, élargissent leur réseau à travers les sous-préfectures et les petites villes : leurs effectifs croissent de 24 000 membres en 1903 à 32 000 en 1908. Les comités radicaux installés dans les chefs-lieux de canton quadrillent le pays en bénéficiant des faveurs de l'administration. De nombreux fonctionnaires, craignant d'être mal notés, n'osent plus fréquenter l'église.

La presse anticléricale prolifère : aux titres anciens, *La Lanterne*, *Le Radical*, s'ajoutent en 1903 *L'Action* de Victor Charbonnel et Henri Béranger, et en 1906 *La Calotte* d'André Lorulot. Les grands journaux de province *Le Progrès de Lyon* et *La Dépêche de Toulouse* soutiennent sans défaillance la politique combiste. *Le Progrès* répète que « le ciel est vide et sourd » et que « les religions sont le meilleur soutien des tyrannies ». Anarchistes, rationalistes, et prêtres « défroqués » comme l'ex-abbé Charbonnel, sillonnent le pays pour dénoncer dans maintes réunions contradictoires les crimes des congrégations, les turpitudes et l'intolérance de l'Eglise : la papesse Jeanne, les Borgia, l'Inquisition, le procès Galilée font recette. Le dimanche 17 mai 1903, deux cents conférences anticléricales sont organisées à travers la France, et ce même jour des bandes pénètrent dans les églises pour en chasser les prédicateurs congréganistes. Dans plusieurs sanctuaires parisiens où les jeunes de l'A.C.J.F. s'interposent, des bagarres éclatent. L'A.C.J.F. riposte le dimanche 7 juin en organisant de nombreuses conférences sur les « Mensonges de l'anticléricalisme ». Pendant ces années troublées, des rixes se produisent entre jeunes socialistes et jeunes gardes du Sillon. Des anticléricaux vont jusqu'à faire sauter un calvaire à la dynamite à Billy-Montigny, dans le bassin houiller du Pas-de-Calais. En Périgord, ils mutilent ou renversent une quinzaine de croix entre 1901 et 1907. D'autres provoquent des incidents dans les processions pour les faire interdire par les municipalités : en 1903 à Boulogne-sur-Mer une automobile affole les pèlerins de Notre Dame en venant zigzaguer et pétarader au milieu d'eux ; en décembre à Lyon, un catholique est tué lors d'une échauffourée avec les libres-penseurs. Le 15 août 1903, le maire de Saint-Maurice-Thizouaille dans l'Yonne, militant de la Libre-Pensée, fête la démolition de l'église.

Combes veut soumettre étroitement les Eglises à l'Etat. Pour y parvenir, il continue la politique de Waldeck-Rousseau et du directeur des cultes Dumay, mais il en modifie l'esprit en s'acharnant contre les congrégations et en s'opposant vivement à Rome. Agissant ainsi, il rend la Séparation des Eglises et de l'Etat inévitable, et après la rupture avec Rome, en 1904, il est amené à la proposer.

Dès l'été de 1902, Combes, revenant sur un engagement de Waldeck-Rousseau, fait fermer les 3 000 écoles non autorisées des congrégations autorisées. L'expulsion des sœurs donne lieu à des incidents. En Bretagne 2 000 personnes manifestent à Lannoué (Morbihan). Combes réplique en interdisant aux prêtres de prêcher et de catéchiser en breton. Or, dans le diocèse de Quimper, la langue bretonne était utilisée pour le catéchisme dans 70 % des paroisses et pour la prédication dans 82 %. Entre 1903 et 1905, 110 prêtres voient leur traitement supprimé pour délit de langue bretonne. En octobre 1902, 74 évêques signent une pétition rédigée par Mgr Chapon, évêque de Nice, et Mgr Bardel, évêque de Sées, protestant contre la fermeture des écoles congréganistes : « Plus que la question cléricale, il faut résoudre la question sociale », observent-ils. Approuvé par la Chambre, Combes passe outre et supprime les traitements des initiateurs de la pétition.

En mars et en juin 1903, les demandes d'autorisation des congrégations d'hommes et de femmes transmises aux bureaux des Assemblées, sont rejetées en bloc par la Chambre à la demande de Combes. Celui-ci épargne seulement cinq congrégations masculines hospitalières, missionnaires et contemplatives — les pères blancs, les Missions Africaines de Lyon, les cisterciens, les trappistes, les frères de Saint Jean de Dieu — dont la demande, présentée au Sénat, ne vient pas en discussion. Certains religieux s'exilent, d'autres résistent et sont expulsés. Les enseignants obtiennent des délais variés, et leur expulsion s'échelonne sur plusieurs années. Enfin, la loi du 7 juillet 1904 complète l'œuvre de Combes en interdisant l'enseignement aux congréganistes. Le rapporteur Buisson justifie cette mesure exorbitante du droit commun en cherchant à établir une incompatibilité légale entre « l'institution scolaire » et « l'institution monastique ». Cette loi oblige notamment les frères des écoles chrétiennes à cesser d'enseigner ou à se séculariser.

Comment réagit la France profonde devant cette législation persécutrice ? Les conseils municipaux consultés sur les demandes d'autorisation se divisent. Souvent favorables au maintien en place des religieuses hospitalières, ils sont plus partagés à propos des religieuses enseignantes et certains trouvent commode de s'en remettre à la sagesse du gouvernement. En fait, pour les établissements qui ne sont pas directement supprimés par la loi, le sort des religieuses dépend du bon vouloir de l'administration départementale et des notabilités républicaines locales. Au moment des expulsions, des pétitions circulent, des manifestations se produisent, mais le clergé hésite à les encourager pour ne pas mettre en cause le Concordat. Le 29 avril 1903, les dragons chassent les religieux de la Grande Chartreuse devant des milliers de paysans dauphinois mécontents. Parmi les populations catholiques, la colère monte en maintes régions. Beaucoup de femmes, privées alors du droit de vote, se sentent humiliées par une législation anticléricale imposée au pays par une faible majorité d'hommes. La Ligue des femmes Françaises fondée à Lyon en 1901 par Madame Jeanne Lestra collecte 630 000 signatures contre les lois anticongréganistes. La Ligue patriotique des Françaises, créée en 1902, manifeste place de la Concorde et, lance une souscription pour aider les religieuses persécutées. La guerre livrée aux symboles religieux par le ministère Combes suscite un vif mécontentement en Franche-Comté, dans les campagnes de l'Ouest, du pays de Caux, du Boulonnais où elle se prolonge jusqu'en 1907 : des lois et des circulaires ministérielles prescrivent de retirer les crucifix des tribunaux, interdisent strictement les prières dans les locaux scolaires publics, exigent l'enlèvement des derniers emblèmes religieux des écoles, et transfèrent le monopole des enterrements des fabriques aux municipalités.

Les résultats déçoivent les anticléricaux acharnés. Le « milliard des congrégations », promis à l'Etat par Henri Brisson, « ressemble au vaisseau fantôme » (*Semaine religieuse* d'Aix), et se volatilise en cours de liquidation : biens surévalués qui se révèlent grevés de dettes et de reprises de dots, établissements vendus souvent au-dessous de leur valeur réelle, les censures ecclésiastiques décourageant certains acheteurs, honoraires très exagérés des liquidateurs indélicats, ce qui provoque un scandale en 1910. D'autre part, les interdictions multiples ne peuvent empêcher les frères et sœurs sécularisés de continuer à enseigner. Dressant le bilan de l'œuvre de sécularisation accomplie par son cabinet, Combes s'est vanté, dès le 4 septembre 1904 à Auxerre, d'avoir fait fermer 14 000 établissements d'enseignement congréganiste (plus des 4/5e), mais de très nombreuses écoles privées ouvrent alors avec un personnel sécularisé ou laïc, soutenu par des associations conformes à la loi de 1901 (*Bulletin de la Société Générale d'Education*, 1904).

3

La Séparation et la tentation de l'extrémisme

Vers de nouveaux rapports entre les Eglises et l'Etat

« Le Concordat est bien vieux, c'est un vieillard cacochyme qui compte maintenant 103 ans : il agonise », observe le protestant Eugène Reveillaud à la Chambre le 10 avril 1905. En effet, le vote de mesures anticongréganistes de plus en plus extrêmes par la majorité anticléricale du Parlement a entraîné une dégradation progressive des rapports de l'Eglise catholique et de l'Etat. D'autre part, en provoquant en 1904 la rupture des relations diplomatiques avec le Saint-Siège, Combes rend la Séparation inévitable. Pour y parvenir, ce « théologien égaré dans la politique » (Ribot), a exploité toutes les occasions de conflit qui se présentaient. Dès 1902, sous un pape réputé conciliant Léon XIII, il engage la querelle du « nobis nominavit » et cherche à mettre fin à la pratique de l'entente préalable entre le gouvernement français et la nonciature avant la nomination des évêques. Pie X en décembre 1903 accepte la modification formelle sollicitée par Combes, mais refuse de ratifier les choix épiscopaux du gouvernement français non soumis à l'entente préalable. Le Concordat fonctionne mal, devient un « discordat » (Clémenceau), puisqu'on n'arrive plus à nommer les évêques.

Les incidents se multiplient durant l'année 1904 : en avril, dans le cadre du rapprochement diplomatique franco-italien en cours, le président Loubet rend visite au roi Victor-Emmanuel III à Rome, mais ne peut être reçu par le pape qui se considère toujours comme le souverain de la Ville Eternelle. Le cardinal Merry del Val, secrétaire d'Etat, proteste contre cette visite auprès des chancelleries, et sa note est communiquée par le prince de Monaco à *l'Humanité* qui la publie. Le gouvernement Combes profite du mécontentement manifesté par la presse anticléricale pour mettre en congé son ambassadeur auprès du Vatican. Sur ces entrefaites, deux prélats républicains en conflit avec leur clergé Geay, évêque de Laval, et Le Nordez, évêque de Dijon, sont convoqués à Rome. Ils font appel à Combes qui les incite à résister. Pendant que les diplomates négocient, Combes passe outre à l'opposition de Delcassé, et rompt les relations diplomatiques avec le Vatican le 29 juillet 1904.

A Auxerre, le 4 septembre 1904, Combes annonce que la Séparation est inéluctable. En octobre, le congrès radical de Toulouse vote à l'unanimité le rapport de Ferdinand Buisson favorable à la Séparation. Combes dépose un projet de loi sur ce sujet en novembre, mais l'affaire des fiches survient. Celle-ci révèle l'ampleur de la délation organisée par le Grand Orient contre les officiers catholiques, et met en lumière les méthodes du combisme, « jésuitisme retourné » (Clemenceau), qui fait distribuer « les faveurs dont la République dispose » par les délégués « républicains » dans chaque commune. Sa majorité se réduisant de scrutin en scrutin, Combes se retire le 18 janvier 1905, léguant au ministère Rouvier qui lui succède la mission d'accomplir la Séparation.

Si les évêques catholiques, consultés par les journalistes, se montrent hostiles à la Séparation, les protestants la considèrent comme inéluctable, quoique la majorité des réformés et la totalité des luthériens se fussent fort bien accommodés du système napoléonien. Dès juin 1902, le synode officieux « orthodoxe » d'Anduze déclare que les évangéliques sont « en principe favorables à la Séparation ».

Après les excès du combisme, les républicains modérés du Bloc, guidés par des juristes avisés — le protestant Louis Méjan, le juif Paul Grunebaum-Ballin — conseillers du rapporteur de la commission parlementaire Aristide Briand, veulent faire une loi de séparation libérale. Ils doivent tenir compte de deux minorités qui les harcèlent au cours des discussions, les légistes d'esprit concordataire, désireux de conserver des moyens de surveiller l'Eglise et les libre-penseurs, partisans d'une loi « qui soit braquée sur l'Eglise comme un révolver », selon l'observation critique de Briand. Ils tentent de rendre la loi acceptable par les catholiques, mais la rupture diplomatique avec Rome, dont les inconvénients sont soulignés par Ribot, limite leurs chances de ce côté. Ils écartent le projet de Combes, fort soupçonneux pour les cultes, interdisant les unions d'associations en dehors du cadre départemental, et combattu par les protestants, comme l'avait montré l'enquête du *Siècle*, coordonnée par le pasteur Raoul Allier en 1904-1905. Au cours d'un débat de haute tenue qui dure devant la Chambre de mars à juillet 1905, l'opposition comprenant les catholiques de l'Action libérale populaire et les progressistes menés par Ribot évite de faire la politique du pire en votant l'article 4, proposé par Briand, soutenu par Jaurès, qui impose à l'Etat le respect des règles d'organisation générale des cultes concernés par la loi, mais elle combat vainement l'article 6 (article 8 de la loi définitive) exigé par les anticléricaux et faisant juge des contestations éventuelles le Conseil d'Etat dont elle se méfie depuis l'application des lois anticongréganistes.

Le pays reste calme pendant les débats et la pétition pour le maintien du Concordat est mal organisée dans plusieurs départements. Une fois de plus, l'Ouest fait exception. Dans onze départements, où de nombreux curés évoquent les souvenirs de la persécution révolutionnaire, le peuple refuse la séparation : 507 000 signatures en Bretagne, 407 000 en Basse-Normandie, 315 000 en Maine-Anjou. Sur dix-sept conseils généraux qui se prononcent contre la Séparation, onze se situent dans l'Ouest et trois dans le sud-est du Massif Central. En revanche, dix-sept autres conseils généraux réclament la Séparation et les motions des loges et des comités républicains qui lui sont favorables affluent à la Chambre en provenance notamment du Midi et du Centre. Finalement, la Chambre vote la loi le 3 juillet 1905 par 341 voix contre 233. Aucun député bas-normand ne lui apporte son suffrage et la grande majorité des représentants bretons, manceaux, angevins, vendéens, lorrains ne la vote pas. A l'opposé, tous les députés limousins la votent ainsi que la plupart des représentants du sillon rhodanien, des Alpes, du Jura, de l'Aquitaine et du Centre. De son côté, le Sénat approuve la loi le 9 décembre 1905 par 179 voix contre 105.

Les rédacteurs de la loi de Séparation ont voulu faire une législation libérale. Mais, les contemporains en relèvent les ambiguïtés : pour les uns, les catholiques, elle peut être aggravée par une nouvelle loi ou par des décrets d'application comme le montre le précédent des articles organiques ajoutés par Bonaparte au Concordat de 1801 ; pour les autres, les libre-penseurs, elle représente une étape vers la laïcisation intégrale (Bepmale), la destruction de la religion (Aulard), la subversion de l'Etat, de la classe dominante, de la famille et de la propriété (Edouard Vaillant). Certes « la République assure la liberté de conscience. Elle garantit le libre exercice des cultes ». Mais la formule, « la République ne reconnaît, ne salarie, ni ne subventionne aucun culte », rompt radicalement avec le passé, refuse d'admettre l'utilité sociale de la religion (Jean Guiraud), et érige le principe de sécularisation en règle absolue à une époque où le rôle de l'Etat ne cesse de croître. Certes, les biens d'Eglise seront remis à des associations « cultuelles » d'un type nouveau qui devront se conformer « aux règles générales du culte dont elles se proposent d'assurer l'exercice (art. 4) », mais en cas de contestation ou de rivalité entre cultuelles, le Conseil d'Etat, suspecté par les catholiques pour avoir favorisé l'application de la législation anticléricale, tranchera (art. 8), et en cas d'absence de cultuelle dans le délai d'un an, les biens seront attribués aux établissements communaux d'assistance et de bienfaisance (art. 9). Certes, les églises sont laissées gratuitement à la disposition des associations cultuelles, mais si elles ne sont pas réclamées par l'une d'elles dans un délai de deux ans, elles pourront être désaffectées (art. 13), ce que demandent les anticléricaux les plus acharnés, localement influents.

Tandis que les protestants et les juifs acceptent la Séparation et constituent les associations cultuelles prévues par la loi, le Conseil d'Etat adoptant une position libérale sur les unions d'associations, les catholiques s'interrogent et se partagent sur l'opportunité de l'appliquer. Les laïcs sont divisés : les catholiques libéraux, tels le comte d'Haussonville, le critique littéraire Ferdinand Brunetière, le directeur du *Correspondant* Etienne Lamy et ses collaborateurs, arguant du modèle américain, pensent que l'Eglise, à qui l'Etat a ôté tout privilège, doit relever le défi lancé par les anticléricaux en usant de la liberté pour se développer ; en revanche, les adversaires du Ralliement comme Drumont ou Cassagnac, et des ralliés influents comme le juriste Groussau, ou le comte de Mun plaident pour le refus d'une loi qui selon eux organise « l'apostasie » de la nation. Les évêques, qui ont presque tous lutté pour le maintien du Concordat de 1801, se divisent également : la majorité, qui comprend les cinq cardinaux, inquiète des conséquences financières d'un éventuel rejet des cultuelles, penche pour l'acceptation de la loi, sous réserve de l'autorisation du pape, mais une minorité multiplie les critiques contre une loi qui a été élaborée sans aucune consultation avec le Saint-Siège.

Le choc des Inventaires

Ce climat d'incertitude suscite la révolte d'une partie du peuple catholique, las d'être méprisé par un Parlement qui a expulsé les congréganistes, ordonné l'enlèvement de tous les emblèmes religieux des locaux publics, et qui s'en prend maintenant aux objets sacrés des églises souvent donnés par les fidèles ou par leurs ascendants proches. En effet, la formalité de l'inventaire des églises prévue par la loi donne lieu le 2 janvier 1906 à une instruction de la direction générale de l'Enregistrement, qui prescrit à ses agents de demander aux prêtres présents à l'opération l'ouverture des tabernacles. Ce document maladroit, voire provocateur, irrite la presse catholique qui dénonce vivement la profanation préludant à la spoliation. Cependant, le ministre des Cultes tient des propos rassurants, et les évêques invitent les curés à se contenter de lire une protestation et à adopter une attitude passive. Les premiers inventaires se déroulent fin janvier 1906, et dès le 26 des incidents sérieux éclatent aux deux extrémités de la France : à Bastia, diocèse pauvre où la Séparation va réduire les curés à la misère, et où le maire est au premier rang des manifestants, et à Saint-Omer où les hommes et la jeunesse catholique se barricadent dans l'église du Saint-Sépulcre.

L'agitation passe à la une des journaux lorsque les 1er et 2 février 1906, les églises parisiennes Sainte-Clotilde et Saint-Pierre-du-Gros-Caillou fortement barricadées sont prises d'assaut sous une grêle de projectiles par les gardes républicains et les gardiens de la paix, commandés par le préfet de police Lépine. Le clergé est dépassé par les événements, le curé de Sainte-Clotilde démissionne. La Ligue d'Action française, espérant porter un coup à la République, a coordonné l'action dans les églises où les bagarres les plus vives ont eu lieu, mais le mouvement déborde ses inspirateurs politiques occasionnels : les femmes y ont participé nombreuses et ardentes, et les jeunes catholiques de toutes tendances ont pris part aux affrontements. Si les jeunes royalistes se trouvent à l'avant-garde, les sillonnistes s'associent au mouvement de protestation. Ceux de Corse appellent même à la guerre sainte, et les membres de l'A.C.J.F. montent partout la garde dans les églises : ainsi Pierre Gerlier et Stanislas Courbe, futurs évêques, qui passent une nuit entière à Notre-Dame-des-Victoires, à attendre l'agent des domaines. En province, les incidents se multiplient dans certaines régions.

L'agitation redouble après la publication par *La Croix* le 18 février du texte de l'encyclique de Pie X *Vehementer nos* datée du 11 et condamnant énergiquement une séparation qui nie l'ordre surnaturel et abroge unilatéralement le Concordat. Le pape critique une loi qui accorde la tutelle du culte public à une association de personnes laïques, et s'inquiète de son éventuelle interprétation par le Conseil d'Etat. Impressionné par les récentes manifestations, il invite les catholiques à rester unis autour de leurs évêques. Reprenant sa liberté vis-à-vis de l'Etat, dès le 25 février, il sacre quatorze nouveaux évêques qu'il vient de nommer.

La géographie des inventaires étudiée par Jean-Marie Mayeur d'après les rapports des procureurs généraux présente de saisissants contrastes. Il n'y a guère d'incidents en Limousin, en Berry, en Bourgogne, en Picardie, en Haute-Normandie. Dans une grande partie de la Savoie, en Béarn et dans le Quercy, où les populations pratiquantes votent républicain depuis longtemps, les affrontements restent limités.

En revanche, après l'intervention du pape, les villes flamandes — Lille, Roubaix, Tourcoing, Halluin — sont le théâtre d'incidents violents au début de mars, et la colère monte chez les ruraux des pays de chrétienté. En Bretagne et en Vendée, les églises sont barricadées et gardées par des paysans en armes : à Billé, en Ille-et-Vilaine, des ruches pleines d'abeilles interdisent l'accès du lieu saint ; à Sainte Anne d'Auray, le nouvel évêque de Vannes, Gouraud, veille au milieu de son peuple mobilisé. En Anjou, les châtelains, qui ont commencé la résistance, sont soutenus par le peuple. La Basse-Normandie méridionale résiste. Dans le Maine, plus des trois quarts des inventaires du diocèse de Laval donnent lieu à de vives oppositions. Les populations du Haut-Doubs, du Velay, du Vivarais, du Haut-Languedoc, du Rouergue, du Pays basque s'enflamment pour la cause de leurs églises : le 27 février et le 3 mars, deux fusillades éclatent dans le Velay où les paysans armés de fourches et de bâtons menacent les gendarmes. Les élections étant proches, l'agitation déborde de beaucoup l'aspect de manifestation électorale qu'elle peut revêtir çà et là. Le peuple défend ses sanctuaires, ses dévotions traditionnelles, ses objets cultuels, qu'il croit menacés. « Vous n'emporterez pas notre saint » dit à un gendarme une paysanne de la Haute-Loire. En Périgord et en Corse, l'agent des domaines entre parfois dans des lieux de culte à peu près vides, les fidèles ayant repris ce que leur famille avait donné : dans une église du Sartenais, il ne trouve que deux chaises percées. L'agitation gagne même des régions peu ferventes, mais de tradition chrétienne comme la Provence et une partie du Bordelais : à Barbentane, les portes de l'église sont enfoncées et huit opposants condamnés ; à Sauternes, les gendarmes donnent l'assaut à l'église, mais la population les repousse.

Le drame prévisible se produit à Boeschepe en Flandre, le 6 mars, lorsque 150 à 200 ouvriers ruraux et frontaliers, attachés à leurs sanctuaires traditionnels, et hostiles aux gendarmes, font irruption dans l'église pendant l'inventaire. Voyant son père menacé, le fils du percepteur tire et tue un manifestant, Ghysel. Après un débat houleux à la Chambre le 7 mars, le ministère Rouvier mis en minorité démissionne, et est remplacé par un ministère Sarrien où entrent Briand et Clemenceau. Face au trouble dans le corps des officiers, et aux rapports alarmistes des préfets, Clemenceau, ministre de l'Intérieur, et Briand, ministre des Cultes, donnent l'ordre de suspendre les opérations d'inventaire si elles doivent se faire par la force. Au Parlement, Clemenceau déclare qu'il ne renonce pas à l'application de la loi, mais que « la question de savoir si l'on comptera ou ne comptera pas des chandeliers dans une église ne vaut pas une vie humaine ».

L'affrontement des inventaires constitue un révélateur des tensions de la France profonde. Pourtant, comme d'autres guerres civiles larvées, il influence assez peu le corps électoral qui confirme la loi de Séparation par ses votes de mai 1906, ce qui suggère à certains d'opposer le « pays réel » au « pays légal ». Il fait apparaître l'existence d'un militantisme de type nouveau. La mobilisation pour garder les églises annonce d'autres rassemblements des catholiques. De nombreux laïcs, marqués par ce conflit, participent dorénavant au renouveau catholique qui se dessine. Le XXe siècle sera le siècle des militants. Dès 1906, deux tendances apparaissent dans la jeunesse : l'une plus politisée à droite comme à gauche, avec respectivement l'Action française et le Sillon, l'autre plus engagée dans la vie propre de l'Eglise et dans les problèmes de société avec la Jeunesse catholique.

Rome choisit l'intransigeance

Paradoxalement, au moment où dans l'encyclique *Vehementer nos*, le pape rappelle, non sans durcir le trait, que le pouvoir dans l'Eglise appartient à la seule hiérarchie, ce sont essentiellement les laïcs et une fraction du bas-clergé qui, en manifestant, lui donnent la possibilité d'infléchir comme il le désire l'orientation de l'Eglise de France. En effet, la détermination des catholiques français permet au pape de choisir et de faire adopter par l'Eglise de France la solution intransigeante, celle qui implique le refus de participer à l'application de la loi de Séparation, malgré ses conséquences catastrophiques dans le domaine financier.

Les pressions des académiciens catholiques — les « cardinaux verts » — sur les évêques français, les démarches de ceux-ci à Rome ne peuvent empêcher la rupture entre le Saint-Siège et le gouvernement français de s'approfondir. En mai, en septembre 1906 et en janvier 1907, se tiennent successivement à Paris trois assemblées des évêques de France : rassemblements insolites que la Séparation rend possibles, mais qui témoignent de la gravité de la crise. La première Assemblée adhère à l'encyclique *Vehementer nos* et, se prévalant du précédent prussien de 1875, approuve par cinquante-six voix contre dix-huit un projet d'associations canoniques et légales présenté par Mgr Fulbert Petit, archevêque de Besançon, et compatible avec les cultuelles. Mais, le 12 juillet, la Congrégation des Affaires ecclésiastiques extraordinaires rejette la solution recommandée par les évêques français : l'image de la France officielle s'est beaucoup détériorée à Rome, et les cardinaux craignent que le gouvernement espagnol n'imite les mesures anticléricales françaises. Le 13 août, l'*Osservatore romano* publie l'encyclique *Gravissimo* datée du 10 qui interdit de former des cultuelles tant que la loi n'est pas amendée. La deuxième Assemblée de l'épiscopat en septembre entérine la décision romaine.

Le gouvernement français, sous la pression du parti radical, désireux de confisquer les biens d'Eglise, refuse de prendre l'initiative d'une négociation avec Rome, et renforce ainsi l'intransigeance du Saint-Siège. Au contraire, Clemenceau et Briand font appliquer la loi avec énergie. En novembre, les inventaires reprennent avec l'aide de la troupe. Plusieurs officiers démissionnent après avoir exécuté les ordres. D'autres, comme le capitaine Magniez, le 20 novembre en Flandre, refusent d'obéir. Magniez revendiquera les droits de la conscience devant le tribunal militaire qui le destitue. Etienne Lamy commente l'incident dans le *Correspondant* : « Le principe que le devoir militaire exige l'obéissance sans limite n'est pas seulement une erreur de doctrine, mais une offense à la dignité humaine ». Les officiers sanctionnés ou démissionnaires sont exaltés par Paul Bourget dans son roman *l'Emigré* (1907).

Le 11 décembre, jour où la loi de Séparation entre en application, Clemenceau fait expulser l'auditeur de nonciature demeuré à Paris, Mgr Montagnini, « agent d'un gouvernement étranger », et le Conseil des Ministres invite les parquets à faire constater les infractions à la loi de 1881 sur les réunions publiques non déclarées, créant ainsi le délit de messe. En quatre jours, 180 procès-verbaux sont dressés dans le seul département du Pas-de-Calais. Les évêques sont chassés de leurs palais épiscopaux confisqués, les séminaristes de leurs séminaires. Dans beaucoup de diocèses, ces expulsions donnent lieu à de vastes manifestations des catholiques, qui se rassemblent autour de leur évêque. Celui-ci prenant la parole dans une cathédrale comble, au milieu d'une population inquiète pour l'avenir, sait souvent trouver les mots qui réconfortent ; il acquiert ou retrouve un prestige bénéfique pour la renaissance catholique souhaitée : ainsi Rumeau à Angers, de Bonfils au Mans, Williez à Arras, Delamaire à Cambrai ...

Briand et Clemenceau ont tenté de faire pression sur Rome, l'un en encourageant des associations cultuelles schismatiques, l'autre en subventionnant un journal gallican. Ce sont deux échecs. Finalement « l'intransigeance de Pie X les contraint au libéralisme dont il n'est pas sûr qu'ils auraient fait preuve sans la fermeté romaine » (Roger Aubert). Le gouvernement renonce aux poursuites pour délit de messe, et la loi du 28 mars 1907 stipule que les réunions publiques peuvent être tenues sans déclaration préalable. La loi du 2 janvier 1907 maintient l'affectation cultuelle des églises, mais attribue les biens ecclésiastiques aux établissements communaux d'assistance ou de bienfaisance — ce qui contribuera à faire disparaître la mendicité dans les campagnes —. Dès le 6 janvier, le pape condamne la loi du 2 janvier, mais les négociations entamées lors de la troisième Assemblée des évêques français sur la dévolution des églises échouent faute de réelle volonté d'aboutir de part et d'autre : le curé reste un occupant sans titre jusqu'à ce que la jurisprudence du Conseil d'Etat en fasse le « gardien de son église ». Enfin, la loi du 13 avril 1908, due à Briand et à l'abbé Lemire, et prévoyant que des mutualités ecclésiastiques pourraient recueillir les biens des caisses de retraites et des fondations de messes, reste sans effet, car le 17 mai 1908, Pie X, ne voulant rien recevoir d'un gouvernement qui ignore le Saint-Siège, interdit la formation des mutualités.

Premier bilan de la Séparation

Le régime de Séparation le plus radical du monde a coûté très cher aux catholiques. Les pertes matérielles sont énormes. Elles comprennent : le budget annuel des cultes affecté essentiellement au traitement du clergé et atteignant 35 millions la dernière année ; un patrimoine évalué par Caillaux en 1909 à 411 millions de francs or, incluant les biens des fabriques, ceux des diocèses et les fondations religieuses pour lesquelles la loi viole la volonté des testateurs. Le sort des églises et des presbytères est incertain. Qui paiera les réparations des édifices cultuels remis aux communes ? En 1910, Barrès déclenche une campagne au Parlement et dans *l'Echo de Paris* à propos de « la grande pitié des églises de France ». Il publie en 1913 le tableau des églises rurales qui s'écroulent : six diocèses possèdent quarante églises et plus menacées de délabrement ; ils se situent soit dans des régions fort détachées — Sens avec 116 sanctuaires en péril, Troyes, Evreux (40 chacun) — soit dans des régions très pauvres — Ajaccio (98), Rodez (94), Mende (59) — Barrès obtient de Briand que les sanctuaires construits avant 1800 soient protégés par les Beaux-Arts. Le clergé se considère comme spolié de toutes ses ressources. Son traitement représentait les intérêts d'une dette nationale reconnue par la Révolution et par Bonaparte. Dans les régions pauvres, les vieux prêtres pardonnent difficilement au régime de les avoir réduits à la misère. Lorsque celui-ci disparaîtra en 1940, il ne sera pas regretté par les anciens dans beaucoup de presbytères de la « zone sud ». Le denier du culte instauré après la Séparation ne rapporte pas suffisamment pour assurer un salaire décent aux prêtres dans beaucoup de diocèses où les habitants ont des ressources limitées et doivent modifier leurs habitudes : en Corse en 1907, l'évêque recueille 53 000 francs au lieu des 300 000 francs nécessaires, et beaucoup de prêtres se livrent à de petits métiers pour subsister.

Au-delà des aspects financiers, le désarroi des prêtres et l'inquiétude des laïcs s'explique. En effet, le clergé n'a plus de statut légal, et la religion devient une affaire privée. L'Etat n'entretient plus de rapports officiels avec l'Eglise et le ministère des Cultes est supprimé. Lors du débat sur la loi de Séparation, Ribot a déploré que l'Etat abandonne son rôle séculaire de protecteur du clergé français : « vous livrez tout notre clergé sans contrepoids aux congrégations romaines ». L'administration et ses agents ignorent l'Eglise et parfois la combattent. L'idéologie officielle étant souvent dominée par un laïcisme soupçonneux, les fonctionnaires croyants n'osent plus assister à la messe de crainte d'être mal notés. Les populations constatent ce retrait des agents de l'Etat et sont tentées de se détacher de l'Eglise, dans la France du Centre et du Sud-Ouest notamment où elles sont sensibles à l'influence de l'administration. Le conformisme social s'exerce maintenant contre le catholicisme en maints endroits. Le recrutement ecclésiastique diminue fortement entre 1905 et 1914 dans de nombreuses régions rurales car l'avenir des jeunes séminaristes n'est plus assuré. Au niveau national, les ordinations au nombre de 1733 en 1901 et de 1518 en 1904 déclinent de moitié en dix ans pour atteindre les chiffres de 825 en 1913 et de 704 en 1914. La chute est catastrophique à Sens, Langres, Ajaccio, Fréjus. Elle est sensible même en Bretagne occidentale et dans la région lyonnaise. Quelques diocèses restent relativement épargnés : Nantes et Rennes, Laval, Cambrai-Lille, Viviers et surtout Mende où le nombre des ordinations augmente. Les effectifs des étudiants en théologie protestante diminuent de plus de moitié entre 1904 et 1910-11. Les vocations rabbiniques connaissent également une crise sérieuse.

La vie religieuse traditionnelle est entravée par les municipalités radicales et socialistes les plus anticléricales. Dansette a évoqué le cas extrême d'un maniaque de l'anticléricalisme, Beltrémieux, maire de Fresnicourt-le-Dolmen (Pas-de-Calais) qui, entre 1907 et 1909, multiplie les mesures de persécution : procès-verbaux pour délit de mendicité infligés au curé qui recueille le denier du culte, interdiction des processions, règlementation stricte des sonneries de cloches, prohibition du transfert des objets du culte hors de l'église et de toute manifestation extérieure, ce qui équivaut à empêcher le curé d'administrer l'Extrême-Onction et d'accompagner les corps au cimetière. Pendant les années qui suivent la Séparation, dans de nombreuses communes, la guerre fait rage entre le « froc » et le « bloc ». La jurisprudence du Conseil d'Etat qui exige le respect de la liberté religieuse, des cérémonies traditionnelles, et des règles d'organisation générales du culte catholique contribue progressivement à réduire le nombre de ces conflits et à rassurer les croyants. D'autre part, les prêtres insultés par la presse anticléricale se groupent dans des ligues de défense religieuse et sacerdotale qui traînent les diffamateurs devant les tribunaux et obtiennent des condamnations à des dommages et intérêts parfois élevés.

La rupture du Concordat votée par le Parlement et le rejet par Pie X de toutes les tentatives de conciliation posent à beaucoup de catholiques des problèmes de conscience. Des officiers, des receveurs de l'enregistrement, des notaires, des maires, des acheteurs ou des locataires de terres spoliées consultent les évêchés pour leur demander des règles de conduite. D'autres acceptent mal l'intransigeance pontificale et négligent de se mettre en règle avec les autorités ecclésiastiques : ils s'exposent ainsi parfois à subir les conséquences de l'excommunication, gênantes dans les pays de chrétienté. Peu de prêtres se révoltent contre les décisions de Pie X. Quelques-uns quittent le ministère. D'autres passent au protestantisme, mais ne parviennent pas toujours à s'y fixer. Plusieurs tentent de fonder des cultuelles en conformité avec la loi républicaine, mais qui deviennent vite schismatiques car les évêques refusent de les reconnaître. Les cultuelles schismatiques ne durent pas, puisque le 28 juillet 1911 le Conseil d'Etat rend un arrêt qui fait jurisprudence en constatant que celle de Sains-les-Fressin (Pas-de-Calais) n'est pas conforme aux règles générales de la religion catholique auxquelles se réfère l'article 4 de la loi de Séparation. Plusieurs évêques, fort engagés dans le système concordataire et dans la politique de conciliation avec l'Etat, donnent leur démission : en 1907, Sueur et Oury respectivement archevêques d'Avignon et d'Alger, Lacroix, évêque de Tarentaise, et plus tard Herscher, évêque de Langres... Quelques autres prélats très éprouvés par les événements disparaissent prématurément.

La ruine d'un système politico-religieux, auquel beaucoup de catholiques étaient attachés et dont le maintien contribuait à justifier le Ralliement, compromet l'adhésion de nombreux fidèles au régime républicain. La crise de la Séparation favorise la montée du mouvement d'Action française dont les journaux polémiquent violemment contre les catholiques ralliés. Le clergé se trouve souvent obligé de ménager les milieux royalistes car en beaucoup d'endroits sa subsistance, ses œuvres et ses écoles dépendent de leur générosité.

En revanche la Séparation présente des aspects positifs qui apparaissent progressivement. La perte des biens et des traitements enlève un argument aux libre-penseurs qui avaient cru détruire la religion en lui ôtant tout financement public. « Le prêtre n'est plus ce petit notable à la vie facile entretenu par l'Etat, cible habituelle de l'anticléricalisme » (J. M. Mayeur). Certes une Eglise pauvre connaît des servitudes : dans les grandes paroisses urbaines, pour ne pas diminuer encore les ressources du clergé et réduire au chômage un nombreux personnel de sacristains, de bedeaux et de chantres, on ajourne certaines réformes envisagées à Paris, comme la gratuité des chaises et la suppression des classes de mariage et d'enterrement. Pour solliciter la générosité des fidèles, les curés doivent visiter plus souvent leurs paroissiens. Les quêtes les rapprochent de la population. Les prêtres ne peuvent plus rester enfermés dans leur presbytère et se trouvent obligés « d'aller au peuple » selon le souhait de Léon XIII. L'évêque lui-même doit revoir le style de ses visites puisqu'il rencontre moins souvent les officiels ; en revanche, il entre en contact plus facilement avec ses diocésains à l'occasion de multiples réunions, assemblées, congrès...

Surtout la loi de Séparation apporte à l'Eglise catholique la liberté : liberté de modifier les circonscriptions ecclésiastique utilisée en 1913 avec la création du diocèse de Lille ; liberté de construire églises et chapelles, de crééer des paroisses nouvelles, appréciée dans les grandes villes — à commencer par Paris dont le diocèse voit s'élever vingt-quatre églises nouvelles entre 1906 et 1914 — ; liberté de nomination des évêques dont bénéficie le Saint-Siège ; liberté de réunion sous les formes les plus diverses — assemblées d'évêques, synodes diocésains, multiples congrès — ; liberté de parole et de plume des clercs séculiers qui n'est plus entravée par l'éventuelle procédure de l'appel comme d'abus. D'autre part, comme l'avaient pressenti les catholiques libéraux, clercs et laïcs peuvent bénéficier du droit commun et utiliser les ressources d'une législation libérale sur la presse, les réunions et les associations. La nécessité d'une réorganisation des diocèses et des paroisses après la Séparation et les problèmes scolaires les amènent à profiter largement de cette législation libérale.

La Séparation, occasion d'un renouveau religieux, ou menace d'un déclin inéluctable, l'alternative est la même pour le protestantisme. La loi de 1905 a été accueillie avec beaucoup d'optimisme notamment par les « libristes » et les animateurs du Christianisme social. Raoul Allier voit dans cette révolution religieuse « une chance historique pour le christia-nisme vrai », chaque Français devant désormais se prononcer personnel-lement sur la question religieuse. A ce rêve d'un réveil de la foi, une fois levé le carcan des habitudes et de la situation officielle, qui s'accompagne parfois d'un second rêve, encore plus utopique, de « pro-testantisation de la France », s'oppose l'inquiétude sans doute plus lucide d'autres protestants qui redoutent une accélération de la déchristianisation.

Dans l'immédiat, le protestantisme réformé ne parvient pas à profiter de la situation nouvelle pour refaire son unité. Pourtant, un rapprochement entre orthodoxes et libéraux s'était esquissé à la fin du XIXe siècle, une fraction conciliatrice de « centre-droit » favorable à l'unité s'était formée. Mais les dirigeants orthodoxes ayant empêché la convocation d'un synode national avec les libéraux, cette fraction s'était scindée avec le départ des pasteurs chrétiens sociaux W. Monod et E. Gounelle. En 1906, la division du protestantisme réformé est plus forte que jamais : l'Union des « Eglises réformées évangéliques » regroupe les anciens orthodoxes avec environ 400 Eglises ; les Eglises réformées unies, ex-libérales, repré-sentent environ 100 communautés ; enfin, l'Union nationale des Eglises réformées, qui admet d'ailleurs la double appartenance, a été fondée à Jarnac en octobre 1906 à l'initiative de Monod et de Gounelle avec environ 80 pasteurs. Les « Jarnacais » fusionneront avec les libéraux en

1912. A ces trois unions, s'ajoutent celle des luthériens, celle des Eglises libres, sans compter les dissidents.

Pourtant, dès cette époque, des éléments annonciateurs d'une rénovation se manifestent : évolution théologique des libéraux qui s'engagent à écouter debout la lecture de la Déclaration de Foi de 1872 en cas de synode d'unification, et adoptent une déclaration qui parle de Jésus-Christ comme sauveur et mentionne son « triomphe sur la mort » ; évolution parallèle d'une bonne partie des orthodoxes, qui se veulent, tel Henri Bois, à l'écoute de la pensée moderne ; aspiration à l'unité qui se manifeste par la ferveur militante et enthousiaste de la réunion de Jarnac.

La période de la Séparation est aussi un moment de difficultés pour le protestantisme français. Dépassé par l'évolution vers l'athéisme de beaucoup de ses alliés politiques républicains, il doit faire face à la division des Eglises, aux difficultés financières, à la baisse des vocations. Pourtant, un renouveau prometteur se produit ici aussi dans la jeunesse.

La guerre scolaire

Après avoir expulsé les congrégations, séparé les Eglises de l'Etat, les radicaux, qui avaient réalisé l'essentiel du programme républicain de Belleville (1869), « se trouvèrent fort dépourvus quand la Séparation fut venue ». Certains, désireux de promouvoir une éducation rationaliste, voulurent poursuivre l'Eglise jusque dans son dernier retranchement, l'école, et imposer le monopole scolaire réclamé par le Convent du Grand Orient de 1905. Cependant, ils ne purent réunir de majorité au Parlement sur cette revendication ; en effet, une fraction des radicaux était restée libérale en matière scolaire et avait peine à soutenir les excès d'une laïcisme agressif contre lesquels les catholiques tentaient de se protéger dans le cadre du droit commun. Face aux hésitations des membres du Bloc des gauches, un dynamisme inattendu se manifestait chez les catholiques dans les domaines scolaire et péri-scolaire. En effet, pendant les années 1905-1914, les catholiques parvinrent à la fois à réorganiser

un enseignement confessionnel fort menacé par l'expulsion des congrégations, et à tenir en échec une tentative pour transformer l'école
publique laïque en école antireligieuse avec l'aide de manuels scolaires
nettement anti-catholiques.

En interdisant aux congréganistes d'enseigner, les anticléricaux
croyaient détruire l'enseignement confessionnel. Or, malgré la perte de
nombreux immeubles et la dispersion des religieux, les écoles catholiques
parviennent à se maintenir voire à prospérer dans de nouveaux locaux
avec d'anciens congréganistes sécularisés et un personnel laïque nouvel-
lement recruté. Le clergé séculier prend en charge la réorganisation de
l'enseignement confessionnel avec la création de directions et d'inspections
diocésaines des écoles catholiques et l'ouverture d'écoles normales et de
cours normaux libres — on en compte 67 en 1912 —. Imitant les
méthodes de l'enseignement public, les directions diocésaines organisent
des conférences pédagogiques et créent des bulletins. En 1913, l'archevêché de Paris encourage la fondation d'une maison d'édition, l'*Ecole*,
spécialisée dans la publication de manuels pour l'enseignement privé. Les
instituteurs libres se groupent en associations, fondent des sociétés de
secours mutuels, adhèrent à des caisses de retraite spécialisées. Pour
l'enseignement secondaire, l'Alliance des maisons d'éducation chrétienne
devient un puissant organisme de défense professionnelle et de rénovation
pédagogique. Enfin 300 amicales d'anciens élèves de l'enseignement libre
avec 8 unions régionales et 90 000 adhérents constituent en 1907 l'ébauche
d'un groupe de pression (Gontard). Si dans l'ensemble de la France les
effectifs de l'école privée connaissent néanmoins un certain tassement,
dans quelques départements comme l'Ille-et-Vilaine, où la guerre scolaire
est très vive, les établissements privés finissent par avoir plus d'élèves
que les établissements publics (Michel Lagrée) :

Ille-et-Vilaine	élèves de l'école publique	élèves de l'école privée
1903	55 800	33 838
1920	35 216	42 182

Les catholiques gardent une importante avance dans le secteur péri-
scolaire avec l'extension des patronages, les premiers développements des

colonies de vacances, et surtout l'essor des sociétés affiliées à la Fédération gymnique et sportive des patronages de France. L'abbé Paul Rémond, aumônier du lycée de Belfort, exerce un grand ascendant sur les lycéens qu'il emmène camper en montagne. Les anticléricaux s'inquiètent parce que les jeunes de l'école publique sont de plus en plus atteints et influencés par les organisations religieuses en grand progrès.

En effet, les catholiques ont engagé la lutte sur le terrain de l'école publique où la montée du laïcisme les a provoqués. La deuxième génération des instituteurs de l'école laïque, celle des années 1900-1914, rompt souvent avec le spiritualisme déiste de ses aînés. Elle est républicaine, socialisante, internationaliste, séduite par le pacifisme, l'anticléricalisme, voire la Libre-Pensée. Elle se laisse influencer par le slogan « Laïcisons la laïque » répandu par les libres-penseurs qui tendent à discréditer la neutralité chère à Jules Ferry, mais « mensonge » pour Viviani, « chimère » pour Aulard. Un laïcisme militant commence à prendre le relais de la laïcité ouverte des années 1880. En quelques années les changements introduits dans les manuels scolaires donnent à penser que l'école laïque s'engage dans la voie d'une déchristianisation systématique.

La réédition de 1902 du principal livre de lecture de l'école primaire, le *Tour de la France par deux enfants* est caractérisée par la suppression de toute référence religieuse : la France visitée par André et Julien n'a plus de cathédrales. Saint Bernard, Bossuet et Fénelon se trouvent rayés de la liste des grands hommes. L'inscription du socle de la statue d'Ambroise Paré est censurée car elle comportait cette phrase : « Je le pansai, Dieu le guérit ». En 1902, les exemples de la grammaire Larive et Fleury sont modifiés : « Dieu est grand » devient « Paris est grand ». Les nouveaux manuels de morale, tels ceux de Payot, Albert Bayet, Lucienne ne sont plus inspirés par le déisme, mais par l'athéisme. Enfin l'évolution des ouvrages d'histoire irrite particulièrement les catholiques qui peuvent dénoncer le « sabotage » de l'histoire de France. En effet les manuels d'Aulard et Debidour (1894), Calvet (1898), Devinat (1898), Gauthier et Deschamps (1904, chez Hachette), Guiot et Mane (1906), Rogie et Despiques (1908) représentent systématiquement sous un jour sombre le Moyen Age et l'Ancien Régime, et utilisent la croisade des Albigeois et la Réforme pour dresser un « réquisitoire permanent » contre le catholicisme.

Les premières escarmouches se produisent dès la Séparation, à partir du moment où l'Eglise n'a plus de relations avec les administrations publiques. Localement, des campagnes de presse sont engagées contre les « mauvais livres », des pétitions circulent. Dès 1904, l'évêque d'Orléans, Touchet, suggère aux pères .de famille le recours aux associations. La Société d'éducation et d'enseignement reprend l'idée à son compte et les premières associations de pères de famille se fondent en 1905. En 1907, Delamaire, coadjuteur de Cambrai, les évêques de Nancy, Versailles, Viviers, demandent aux pères de famille de surveiller eux-mêmes les écoles non-chrétiennes, et des laïcs influents, comme l'avocat lyonnais Jacquier, recommandent cette surveillance. La même année, la presse catholique dénonce les propos antireligieux et antimilitaristes tenus devant ses élèves par un instituteur de la Côte d'Or, Morizot, qu'un père de famille traîne devant les tribunaux. Le 2 juin 1908, le tribunal des conflits donne tort à Morizot.

Gaston Doumergue, ministre de l'Instruction Publique, sollicité par les radicaux, dépose au Parlement en juin 1908 des projets de lois de défense laïque destinés à entraver les actions éventuelles des pères de famille et à transférer à l'Etat la responsabilité des fautes commises par les instituteurs dans l'exercice de leurs fonctions. Le 20 septembre 1908, les évêques français ripostent par une lettre collective adressée aux pères de famille et leur demandent de maintenir les écoles publiques dans une « honnête neutralité » en interdisant à leurs enfants l'accès de celles qui la violeraient ; d'autre part, ils invitent les curés à se documenter sur les livres en usage dans les écoles communales et sur l'enseignement oral de chaque instituteur. Les lettres pastorales de 1909 font une place notable au problème scolaire : elles conseillent de renforcer les associations et d'envisager en cas de nécessité des actions judiciaires, voire la grève.

Publiée le 14 septembre 1909 après un an d'enquête, la deuxième lettre collective des évêques est plus vigoureuse que la première. L'œuvre scolaire de la République y est dénoncée comme « perverse, néfaste et diabolique ». Après avoir constaté qu'« un grand nombre d'écoles soi-disant neutres ont perdu ce caractère », les évêques invitent les pères de famille à surveiller l'école au moyen des associations qu'ils ont constituées, et ils condamnent quatorze ouvrages utilisés dans l'enseignement primaire. Dès lors, le conflit s'aggrave très vite : lorsque les parents ou le curé demandent de changer l'un des manuels incriminés, l'instituteur montre la circulaire du ministre de l'Instruction Publique d'octobre 1909 qui déconseille formellement tout changement sur une initiative de ce genre.

Comme l'a bien vu Maurice Gontard, trois types de comportements se dessinent en fonction de la situation religieuse locale. Dans les régions où l'influence de l'Eglise est faible — Sud-Est, Sud-Ouest, Centre, majeure partie du Bassin Parisien —, la lettre des évêques n'a pas grand effet. A l'opposé, dans l'Ouest, le conflit profite à l'école privée, et les pressions des curés sur les familles — refus d'absolution aux parents, de communion solennelle aux enfants —, s'exercent contre « l'école du diable ». Entre 1907 et 1912, les écoles privées de Bretagne gagnent 25 000 élèves. Inversement, les écoles publiques de Vendée perdent 7 000 élèves entre 1909 et 1911. L'instituteur public est souvent mis en quarantaine par la population. Enfin, le conflit atteint souvent son paroxysme dans les régions où « la foi et l'influence catholiques restent fortes et où les écoles privées sont peu nombreuses » (Gontard) : Basse-Normandie, Nord-Pas-de-Calais, Vosges, Doubs où Louis Pergaud décrit « la guerre des boutons », Haute-Savoie, Basses-Pyrénées... Ici, les protestations des parents provoquent de multiples incidents : enfants qui refusent d'utiliser les manuels condamnés, parents qui brûlent les livres, sanctions contre les élèves qui sont parfois exclus des écoles, grèves scolaires, persécutions des habitants contre les instituteurs les plus intraitables. Le nombre des conflits s'élève à 150 en janvier 1910 dans la Manche et à 90 en février dans le Pas-de-Calais. En juin 1910, 3 000 enfants auraient été exclus des écoles publiques. Les amicales d'instituteurs assignent plusieurs évêques devant les tribunaux. Barrès dans *l'Echo de Paris* et *le Gaulois* attaque vivement les instituteurs coupables de tuer l'âme de la France : l'école sans Dieu devient l'école sans Patrie.

Les gouvernements successifs sont embarrassés. Sensibles aux pressions des amicales d'instituteurs, ils ne partagent pas entièrement l'idéologie des maîtres d'écoles les plus avancés, et s'inquiètent parfois des propos antimilitaristes et internationalistes tenus par eux. Aussi, les projets de lois s'enlisent-ils dans les commissions. D'autre part, les catholiques ont l'habileté de mettre en avant des propositions acceptables par les officiels comme l'utilisation des manuels d'histoire de Lavisse irréprochables par leur esprit républicain et leur patriotisme (Pierre Nora). Lorsque la guerre survient, rien n'est définitivement réglé devant le Parlement, mais sur le terrain nombre de conflits se sont apaisés, discrètement des concessions ont été faites, telles l'introduction ou la réintroduction de l'*Histoire de France* de Lavisse. Cependant, pour la première fois sous la IIIe République, les catholiques unis, organisés, bien conseillés dans l'application d'une législation libérale, ont montré qu'ils pouvaient mettre en échec l'utilisation à des fins antireligieuses des institutions scolaires de l'Etat. D'autre part, si certaines de leurs revendications — telle la représentation proportionnelle scolaire — semblent utopiques, leur détermination a permis le maintien d'un enseignement privé notable dont le financement reste difficile. Après la Séparation, les conflits scolaires du XXe siècle succèdent aux conflits politico-religieux du XIXe siècle.

L'Action française entre le positivisme et l'intégrisme

L'Action française est née, à la fin du XIXe siècle, de la convergence du royalisme et du nationalisme, deux courants, jusqu'alors divergents, mais que deux crises avaient momentanément rapprochés : la crise boulangiste (1885-1889) et l'affaire Dreyfus (1894-1902). Dans ces deux crises, les nationalistes jouent le rôle essentiel, les royalistes ne constituent qu'une force d'appoint, privée de soutien vraiment populaire. L'initiative de Léon XIII invitant en 1892 les catholiques à se rallier au régime constitutionnel en vigueur en France, la République, a divisé et affaibli le parti royaliste. Menacés, décidés à se défendre coûte que coûte pour préserver leur identité, une partie des royalistes et des catholiques, moins unis qu'auparavant, espèrent trouver dans le renouveau nationaliste, dans ses thèmes de propagande et dans sa violence, une force nouvelle en même temps qu'un terrain d'union. Or, ce choix engage, à leur corps défendant, certains catholiques dans la voie d'une relative sécularisation et engendre pour les royalistes de notables transformations. La naissance de l'Action française constitue à cet égard un épisode décisif.

L'école d'Action française n'a, à l'origine, aucune attache avec le royalisme. Elle apparaît à l'ombre de la Ligue de la patrie française qui est républicaine et nationaliste. Henri Vaugeois et Maurice Pujo, fondateurs, le 8 avril 1898, du Comité d'Action française, sont deux républicains, membres de la dreyfusarde *Union pour l'action morale* de Paul Desjardins. De leur volonté de rompre avec le dreyfusisme procède leur adhésion à la Ligue de la patrie française, qui les déçoit vite. Se détacher du moralisme, créer une école de pensée et un moyen d'action, tenter de regrouper et de donner une identité aux jeunes intellectuels antidreyfusards, tel est le but de la création de la revue d'*Action Française* en juin 1899. La première équipe de rédaction est très bigarrée : le kantien Henri Vaugeois, le nietzschéen Hugues Rebell, Léon de Montesquiou, disciple d'Auguste Comte et admirateur de Le Play, Maurice Pujo, auteur d'une pétition en faveur de l'anarchiste Vaillant, le baron de Mandat-Grancey, qui a voyagé aux Etats-Unis et admire l'efficacité de sa civilisation, le colonel de Villebois-Mareuil, qui a combattu aux côtés des Boers, l'anti-maçon Copin-Albancelli s'y côtoient. Revue vivante qui rappelle le climat du journal dirigé par Barrès en 1894-1895, la *Cocarde*. Le catholicisme n'y est pas la note dominante, loin de là. L'entrée de Maurras accentue ce trait et donne un maître à cette école. Fils d'un percepteur rallié à l'Empire, petit-fils de marin par sa mère, ce provençal, ami de Mistral, remarqué par Anatole France, a été élevé dans le catholicisme au collège religieux d'Aix. Une incurable surdité, contractée à l'âge de 13 ans, lui fit perdre la vive foi de son enfance. Doué et sensible, le garçon fut encouragé à poursuivre ses études par deux prêtres, futurs évêques, ses maîtres du collège d'Aix, les abbés Penon et Guillibert. Très vite, Maurras s'imposa à la tête de la revue : journaliste, d'abord anarchiste, puis républicain, il devint positiviste. Au retour d'un voyage en Grèce qu'il accomplit pour rendre compte des jeux olympiques de 1896, dans la royaliste *Gazette de France*, Maurras se convainc de l'indispensable retour de la France à la monarchie. Au cours de l'année 1900, il commente dans le même journal les réponses faites à son *Enquête sur la Monarchie* par des personnalités très diverses et donne corps à sa doctrine politique. *L'Enquête sur la Monarchie* paraîtra en deux brochures en 1900-1901. D'autres volumes — recueil d'articles déjà parus ou publiés dans les années suivantes — complètent sa philosophie politique : ce sont le *Chemin de Paradis* (1894), *Anthinéa* (1901), *Trois idées politiques* (1898), *Les Amants de Venise* (1902), *L'Avenir de l'In-*

telligence (1905), *Si le coup de force est possible* (1910), *Kiel et Tanger* (1910).

Sans nous étendre sur l'ensemble de la doctrine maurrassienne, il importe de saisir la nature de ses rapports avec le catholicisme. Comme l'ont montré, après Georges Bouyx, Victor Nguyen et Michaël Sutton, l'essentiel a été emprunté au positivisme d'Auguste Comte : rejet de toute forme d'individualisme, exaltation de la tradition, priorité absolue du groupe et de la collectivité. Pour Maurras, l'individu doit s'effacer devant la Nation, comme le rappelle la déclaration-manifeste de la Ligue d'Action française (1905) :

« L'Action française s'est toujours inspirée du sentiment nationaliste : son œuvre propre fut de soumettre ce sentiment à une discipline sérieuse. Un vrai nationaliste place la patrie avant tout ; il conçoit donc, il traite donc, il résout donc toutes les questions politiques pendantes dans leur rapport avec l'intérêt national. »

L'empreinte du positivisme est forte : de là viendront les conflits avec les adversaires catholiques. Le paradoxe maurrassien est d'opposer le catholicisme au christianisme, le Christ de l'Eglise catholique, romanisé et civilisé, au Christ de la Réforme, barbare et destructeur. Les contes du *Chemin de Paradis* et *Anthinéa* contiennent les pages les plus caractéristiques de cette opposition. Maurras estime que le christianisme a rompu l'harmonie d'un monde ordonné, celui de la civilisation grecque et latine, en y introduisant le ferment sémite. De là découlent les périodes de décadence : la révolte de Luther et l'esprit de libre examen, la philosophie des Lumières et la Révolution française, le Romantisme et la démocratie, et, enfin, la conjuration dreyfusarde. C'est l'immense mérite de la « grande construction catholique » d'avoir su endiguer le sémitisme. Dans la célèbre *Préface* du *Chemin de Paradis*, Maurras félicite l'Eglise romaine d'avoir su, dans sa liturgie, « mettre aux paroles du *Magnificat* une musique qui en atténue le venin ». Ce défenseur de l'ordre catholique et romain part en croisade contre le christianisme, porteur de révolution. Conception, on le voit, essentiellement politique de la religion et dénuée de toute référence à l'Absolu. L'alliance offerte à l'Eglise, comme celle d'Auguste Comte proposée en 1857 au général des Jésuites, a pour but de restaurer la vraie civilisation qui verra le triomphe de la monarchie et de l'Eglise, intimement unies. Suffisamment averti des obstacles religieux qui s'opposeront à cette alliance, Maurras proposait de la limiter au seul terrain expérimental, celui de l'accord sur les lois de la nature dûment vérifiées par l'expérience, et qui, de ce fait, s'imposent à tous, croyants et incroyants :

«L'un dit : *Voici la loi de la nature* ; l'autre : *Voici la loi de Celui qui fait la nature*. Divisés sur l'origine des choses, ils conviennent du texte de la loi qu'ils ont reçue. Pour des raisons diverses, nullement inconciliables, ils adhèrent aux mêmes vérités historiques et politiques qu'ils ont observées ou découvertes en commun. » (*Le dilemme de Marc Sangnier*, p. 8).

Loin d'être rejetée par l'Eglise, cette proposition d'alliance a recueilli de nombreuses sympathies, non seulement parmi les fidèles et une partie du clergé, mais aussi chez quelques théologiens et, plus tard, auprès de quelques évêques. L'Action française a su utiliser une conjoncture qui lui était très favorable : lutte à mort de la République radicale contre la religion catholique, guerre scolaire du ministère Combes, suivie de la Séparation de l'Eglise et de l'Etat, inventaires des églises enfin, au début de l'année 1906, au cours desquels les ligueurs se portent au premier rang dans la lutte contre les agents de l'enregistrement. La propagande de l'Action française sait transformer leurs faits et gestes en exploits. De plus l'orientation de l'Action française coïncide, au moins en apparence, avec les nouvelles orientations religieuses de Pie X. Las des querelles politiques entre catholiques français, celui-ci atténue, sans les renier, les consignes de Léon XIII en faveur du ralliement. L'Action française en conclut un peu vite que l'adhésion à la République est désormais condamnée. Déjà, en 1901, lors de la publication par Léon XIII de l'encyclique *Graves de Communi* qui s'élevait contre l'utilisation politique du mot démocratie et proposait de le restreindre à la seule signification « d'une bienfaisante action chrétienne parmi le peuple », l'Action française avait salué dans la doctrine pontificale l'expression « toute pure » de sa propre doctrine. Cette annexion de la pensée pontificale est nette lors de la condamnation du modernisme en 1907 et, plus encore, lors de celle du Sillon en 1910 : celui-ci est accusé par le pape de porter atteinte à l'autorité de la hiérarchie par son exclusivisme démocratique. L'Action française imprime et diffuse à des milliers d'exemplaires cette dernière encyclique. C'est alors que se noue, dans la lutte contre toutes les formes de modernisme, une alliance étroite, mais non sans conflits, entre l'Action française et le parti intégriste qui a la faveur du Vatican depuis l'encyclique *Pascendi* (1907).

L'attrait du nationaliste intégral

La stratégie de l'Action française portait ses fruits : elle grandissait et se développait. En 1905, était créée la Ligue d'Action française, en 1906, un Institut, véritable université, comprenant plusieurs chaires d'enseignement, sorte de Contre-Sorbonne ; un peu plus tard une maison d'édition, la Nouvelle Librairie Nationale, était lancée. Enfin, en 1908, l'*Action française* devenait un journal quotidien et les camelots du roi, sorte de service d'ordre de la Ligue, voyaient le jour.

Les effectifs du mouvement progressaient : 8 000 auditeurs présents dès 1909 et les années suivantes, salle Wagram, lors des meetings de clôture des Congrès annuels. Certes, comparativement, les effectifs de l'Action libérale populaire, ralliée à la République, sont plus importants : 250 000, au début de 1914, d'après Georges Lachapelle. Mais l'Action française vise avant tout les élites, bien qu'elle cherche aussi à attirer les foules. C'est pourquoi, parmi ses recrues, elle distingue le « ligueur », « patriote conscient », qui s'engage à « combattre tout régime républicain », de « l'allié », qui se borne à acquitter une cotisation annuelle.

Dès l'origine, le contraste est net entre le public nationaliste et ligueur de Paris et des grandes villes, et celui, plus traditionnel et réservé des provinces, surtout dans les régions de longue tradition royaliste, comme l'Ouest. Ici, l'Action française a su se conformer aux traditions royalistes. Les légitimistes du roi sont aussi des dévôts du pape et de l'Eglise catholique. Ils n'ont guère lu Maurras et soupçonnent rarement l'antichristianisme de ses premières œuvres. Ils sont attentifs aux rapports entretenus avec l'Eglise : c'est pour eux une question vitale dans laquelle tout leur être est engagé. Léon de la Brière, le père du religieux jésuite, homme de vaste culture, qui avait été zouave pontifical, appartient à ce type d'hommes. Toutes les études historiques récentes qui ont traité du royalisme de province à la fin du XIXe siècle — celles de Gérard Cholvy pour l'Hérault, de Michel Denis pour la Mayenne, de Gérard Gaudin pour les Bouches-du-Rhône — confirment que la clientèle provinciale de l'Action française se recrute dans ce milieu traditionnel. Comme le montrent aussi les papiers de Dom Besse, toute l'action de ce titulaire, à l'Institut d'Action française, de la chaire du *Syllabus*, consiste à revivifier ce royalisme provincial moribond, en utilisant le levain de l'Action française. Tandis que l'Action française veut utiliser Dom Besse au profit et au bénéfice de son seul dessein politique, celui-ci, fondateur des *Archives de la France monastique*, auteur du *Moine Bénédictin* (1892), *des Mystiques bénédictins des origines au XIIIᵉ siècle* (1922), *des Religions laïques, un romantisme religieux* (1913) etc., fondateur de la *Revue Mabillon*, désire aussi rétablir la monarchie, mais il n'y voit qu'un moyen pour atteindre un but plus vaste : la reconstruction d'une société chré-tienne, à l'image de ce qu'avait été la chrétienté du Moyen Age.

Similitudes de perspectives mais différences aussi qui permettent de comprendre à la fois l'étroitesse des liens entre Action française et intégrisme, mais aussi la fragilité structurelle à long terme de cette même alliance.

Le mouvement nationaliste a également apporté sa pierre à la renaissance catholique du début du siècle. Celle-ci a, du reste, commencé bien avant, dès les dernières années du XIXᵉ siècle, et dépasse les frontières de l'Action française. Par quel biais l'Action française y est-elle associée ? Les valeurs qu'elle défend : retour à l'ordre, discipline de vie, réaction intellectuelle, coïncident avec celles que prône le catholicisme. Des incroyants que le spiritualisme vague ou le protestantisme libéral des cercles républicains des débuts de la IIIᵉ République ne satisfont plus, se rapprochent alors d'un catholicisme net, fermement charpenté, défenseur du dogme, celui du *Syllabus* de Pie IX, celui de Pie X. Le passage par le « nationalisme intégral » peut être la première étape sur le chemin du « catholicisme intégral ». Inversement, le retour à la foi catholique ou une conversion peuvent s'accompagner du désir de béné-ficier, pour l'action, d'un chemin balisé et sûr qui donne à celui qui l'emprunte la certitude que ses positions temporelles sont assurées d'être en accord étroit avec son catholicisme. En ces temps où nombre de catholiques sont repliés sur eux-mêmes, ne participent pas à la gestion directe du pays, et ne sortent, pour ainsi dire, guère de leur paroisse et des œuvres qui les entourent, ils adoptent beaucoup plus volontiers qu'aujourd'hui des comportements similaires et reconnaissent vite leur appartenance à quelques traits communs.

Pour de nombreux prêtres, l'appartenance à l'Action française paraît le moyen le plus sûr de renforcer encore cette cohésion. Ainsi le dominicain qui a converti au catholicisme Jacques Maritain, le P. Humbert Clérissac, lui désigne l'Action française comme le mouvement temporel le plus propre à traduire concrètement les exigences de sa nouvelle foi. Il en fut de même pour d'autres, comme Ernest Psichari ou Henriette Charasson. C'était le temps où l'on venait à « la foi par le Roi ou au Roi par la foi », comme le dit Pierre Dupouey, officier de marine mal croyant jusqu'en 1911, date à laquelle il épouse une catholique fervente et prend très au sérieux sa foi. Joseph Lotte, enfin, rédacteur du *Bulletin des professeurs catholiques de l'Université*, ne cesse, au cours des quatre années qui précèdent la guerre, de se rapprocher de l'Action française.

Les oppositions catholiques au maurrassisme et la première condamnation romaine

Malgré son indéniable succès, l'influence de Maurras, grande dans certains milieux intellectuels, n'a cependant jamais été totale et s'est heurtée dans le monde catholique, dès avant 1914, à une opposition vigoureuse et déterminée. L'acharnement avec lequel l'Action française s'est employée à la réduire indique assez les obstacles qu'elle a rencontrés dans sa conquête des milieux catholiques.

En dehors de ses adversaires politiques catholiques — sillonnistes, ralliés — qui hésitent, par tactique, à rendre coup pour coup, d'autres catholiques prennent l'offensive pour des raisons qui, sans être tout à fait étrangères à la politique, sont cependant commandées par la priorité des choix religieux et apostoliques : ainsi, dès 1904, la *Jeunesse catholique* et, en 1905, sous l'impulsion du républicain Etienne Lamy, les catholiques libéraux du *Correspondant* affirment leur opposition et dénoncent, au nom de leur foi, le principe d'une alliance.

Lorsque Pie X recommande en 1909 aux catholiques français le regroupement autour de la hiérarchie sur le terrain exclusivement religieux, l'Action libérale populaire se sent moins sûre sur le terrain constitutionnel. L'Action française exploite aussitôt ce désarroi et renforce sa position. C'est ainsi qu'en 1914, lors de la campagne pour les élections législatives, elle mène un rude combat contre Henri Bazire, leader de l'Action libérale populaire et candidat en Vendée. Les autorités ecclésiastiques et, au premier rang, l'évêque de Luçon, Mgr Catteau, le soutiennent et accusent l'Action française de semer la division. Henri Bazire est battu d'extrême justesse, à quinze voix près, au profit du candidat des gauches, et dénonce le fanatisme de l'Action française. L'épisode laisse de profondes blessures.

Un peu plus d'un an après la création du quotidien s'ouvre un important débat philosophique et théologique autour de l'Action française. La hauteur de réflexion à laquelle il se situe le réserve aux élites. Il aborde une série de questions qui touchent au cœur même des rapports du christianisme avec le monde, des relations entre la nature et la surnature, de la véritable notion du pouvoir de l'Eglise et de sa mission d'évangélisation et enfin — question capitale — de l'interprétation qu'il convient de donner à la théologie de Thomas d'Aquin. Michaël Sutton a étudié ce débat dans un ouvrage récent auquel on emprunte ici quelques analyses tout à fait pertinentes.

Sous la plume du jésuite Pedro Descoqs, philosophe « thomiste », disciple de Suarez, la revue les *Etudes* abordait de front, au cours de l'année 1909, les problèmes que posait à la conscience catholique et à l'Eglise une éventuelle collaboration des catholiques avec l'Action française et, surtout, avec la doctrine maurrassienne. Malgré de sérieuses réserves quant au paganisme de Maurras, le père Descoqs concluait à la légitimité et au caractère bénéfique de l'alliance. S'appuyant sur la distinction scolastique de son maître Suarez entre la nature et le surnaturel, distinction qui allait presque jusqu'à disjoindre les deux domaines, le père Descoqs affirmait que le domaine de la nature était suffisamment autonome et indépendant du surnaturel, pour admettre des alliances, même compromettantes, sans atteindre ni toucher l'intégrité du domaine de la surnature. Le philosophe Maurice Blondel s'éleva fermement contre cette conception séparatiste dans des articles des *Annales de philosophie chrétienne* qui, dépassant les seuls articles du père Descoqs, visaient en priorité les attaques lancées par les intégristes contre l'orthodoxie catholique des *Semaines sociales*. Ces pages parurent bientôt en brochure sous le titre

La semaine sociale de Bordeaux et le monophorisme (1910). Maurice Blondel y montrait que la conception du père Descoqs et de ses alliés n'était pas défendable du point de vue catholique : dans leur perspective, expliquait-il, le surnaturel devenait un élément extérieur, surajouté, presque sans vie, venant certes compléter la nature, mais d'une façon tellement étrangère que jamais il ne l'informait, ne la soulevait ni ne lui communiquait son élan de l'intérieur. Sous prétexte de lutter contre l'immanentisme, on aboutissait, ajoutait Blondel, à un « monophorisme extrinséciste », responsable de séparations meurtrières dans la conscience catholique. Cette conception fausse ne saurait en aucun cas invoquer à son appui l'autorité de saint Thomas.

L'oratorien Lucien Laberthonnière, directeur des *Annales de philosophie chrétienne*, analysait aussi le système positiviste maurrassien et récusait également les positions du P. Descoqs. Ses articles, écrits en 1910, ont été recueillis en un volume, en 1911, sous le titre *Positivisme et catholicisme. A propos de l'« Action française »*. En théologien augustinien, il dénonçait le caractère redoutable pour les âmes d'une telle alliance entre catholiques et positivistes, dont les moyens et les fins étaient intrinsèquement opposés et ne pouvaient qu'aboutir à une perversion de l'Eglise et du catholicisme. A ses yeux, le rôle éminement spirituel de l'Eglise devait être, avant tout, sauvegardé. Sans doute était-il bon et nécessaire que l'Eglise entretînt des rapports, même étroits, avec l'Etat et inspirât la législation et les mœurs de la société civile, mais il importait que les moyens de son action puissent toujours se distinguer radicalement de ceux qu'utilisait l'Etat.

Ce débat, dont l'audience fut limitée dans le grand public, semble avoir suscité, notamment au sein de la Compagnie de Jésus, d'amples discussions et controverses annonciatrices des déchirements futurs. Le père de Tonquédec, et, avec plus de nuances, le père de La Brière, s'étaient rangés sans hésitation aux côtés du père Descoqs. Directeur des *Etudes* depuis 1908, le père de Grandmaison qui avait, non sans hésitation, accueilli les articles du père Descoqs, était demeuré réservé devant le développement de l'intégrisme et avait mis en garde contre lui dans le célèbre article qu'il écrivait en collaboration avec le père Emonet dans les *Etudes* du 5 janvier 1914 : « Critiques négatives et tâches nécessaires ». De tempérament irénique, il pensait que le parti intégriste « périrait par sa propre faiblesse ». Le père Auguste Valensin, quoique admirateur du

Maurras écrivain et styliste, adoptait le point de vue de Blondel. Le père Rousselot, également admirateur de Maurras et auteur d'un ouvrage capital sur l'*Intellectualisme de saint Thomas* (Paris, F. Alcan, 1908), admettait le bien-fondé de plusieurs des avertissements de Laberthonnière. Les jésuites de l'*Action populaire* de Reims, défenseurs des *Semaines sociales*, demeuraient très hostiles à l'Action française et souffraient des attaques intégristes que soutenait celle-ci.

Confrontée à ces attaques qui n'étaient plus limitées au champ des laïcs, l'Action française avait senti le péril. Maurras préféra laisser à des amis théologiens le soin de le défendre sur le fond. Le père Descoqs répondit dans deux ouvrages *A travers l'œuvre de Charles Maurras* (1911) et *Monophorisme et Action française* (1913). Cependant la publication, à un an d'intervalle, de deux volumes de Maurras : *La Politique religieuse* (1912), *L'Action française et la religion catholique* (1913) constituaient une réplique destinée à prévenir d'éventuelles foudres romaines.

Les plaintes contre l'Action française avaient recueilli un écho favorable auprès de quelques évêques français : Mgr Mignot, archevêque d'Albi, Mgr Chapon, évêque de Nice, Mgr Gauthey, archevêque de Besançon, auxquels s'étaient joints quelques prélats conservateurs proches de Jacques Piou, chef de l'Action libérale populaire, Mgr de Ligonnès, évêque de Rodez, Mgr Gély, évêque de Mende, Mgr Catteau, évêque de Luçon. Au cours du premier semestre 1913, peut-être dès la fin de 1912, deux mémoires dénonçant l'Action française étaient parvenus au Vatican. L'un des deux provenait du diocèse de Limoges où l'influence du Sillon avait été importante et où la personnalité de l'abbé Desgranges s'était longtemps exercée en sa faveur. Rome s'émut : l'ouverture d'une enquête fut décidée au printemps 1913.

Pour contrecarrer les manœuvres de ses adversaires, l'Action française rassembla tous ses appuis : ses collaborateurs catholiques, d'abord, Louis Dimier et surtout Bernard de Vesins, président de la Ligue d'Action française, son correspondant romain, Charles Belin, alias Aventino, bien introduit au Vatican, ainsi qu'un ami à toute épreuve, Camille Bellaigue, camérier secret et intime de Pie X. Parmi les évêques français se trouvait, au premier rang, celui de Montpellier, le royaliste de Cabrières, décidé à défendre l'Action française. Plus proche encore du pape, le jésuite Louis Billot, ancien professeur de théologie dogmatique à l'Université grégorienne, consulteur du Saint-Office depuis juin 1909, considéré comme un des principaux rédacteurs de l'encyclique *Pascendi*, avait été créé cardinal en 1911. Son appui était acquis à l'Action française : quoique sévère pour les lacunes religieuses de Maurras, il jugeait si positivement son apport à la lutte contre le libéralisme et le modernisme qu'il avait fait référence à son œuvre dans ses cours à l'Université grégorienne. Le cardinal Merry del Val, secrétaire d'Etat de Pie X, sans se lier les mains, manifestait aussi une certaine sympathie à l'Action française. Les cercles intégristes, parmi lesquels le *Sodalitium Pianum* de Mgr Benigni, malgré l'influence moindre de ce dernier depuis 1911, date à laquelle il avait été écarté de la Curie, étaient favorables à l'Action française mais ne cachaient pas leurs réticences à l'égard d'un mouvement dirigé par des laïcs indépendants.

Pour donner des bases sûres à son enquête, Rome s'informa auprès de l'épiscopat français. La réponse de Mgr Sevin, archevêque de Lyon, publiée par André Latreille en 1973, est connue. Au début de l'été 1913, il se prononça avec netteté contre l'opportunité d'une condamnation : celle-ci serait utilisée par les adversaires de l'Action française, contre l'ensemble de l'œuvre de Maurras, dont la partie saine, celle qui ruine les faux principes du libéralisme et du sillonnisme, risquerait donc d'être également atteinte. Si Mgr Sevin estimait dangereux et condamnable le positivisme maurrassien, il ajoutait aussitôt que les catholiques d'Action française en étaient exempts, argument supplémentaire, à ses yeux, contre une éventuelle condamnation. A la différence de Blondel et de Laberthonnière, l'archevêque de Lyon séparait en Maurras l'œuvre politique saine et les fondements philosophiques et esthétiques très discutables. Attitude significative et point essentiel autour duquel allaient se développer les discussions ultérieures.

L'attitude de Pie X à l'égard de l'Action française a fait l'objet de vives controverses. Les pressions exercées sur le Vatican pour ou contre l'Action française avaient atteint un tel niveau de tension en 1913 qu'il était devenu impossible de laisser s'envenimer la situation sans prendre de décision. Aussi le pape avait jugé nécessaire de donner l'ordre à la congrégation de l'*Index* d'entamer la procédure régulière d'examen des œuvres de Maurras.

Lors de la première réunion des consulteurs, le 15 janvier 1914, cinq œuvres de Charles Maurras furent jugées à l'unanimité « vraiment mauvaises » et méritant « d'être prohibées ». Il s'agit du *Chemin de Paradis*, d'*Anthinéa*, des *Amants de Venise*, de *Trois idées politiques* et de l'*Avenir de l'Intelligence*. La décision des consulteurs sembla surprendre le pape qui avait déclaré le jour même au père Pègues, dominicain très favorable à l'Action française : « Ils sont réunis contre lui (Maurras) mais ils ne feront rien ». Le pape connut alors, semble-t-il, une réelle perplexité, un moment d'hésitation et peut-être même de trouble, eu égard aux multiples pressions qui s'étaient exercées « de vive voix et par écrit », de la part d'autorités considérables, en faveur de Maurras et de l'Action française. Il est significatif qu'il ait décidé, en dépit de tout, que la procédure entamée suivrait son cours jusqu'à son terme, et cela en toute liberté. Il ne pouvait ignorer que la condamnation au moins partielle de l'œuvre de Maurras en serait l'aboutissement.

Réunis le 26 janvier 1914, les cardinaux de la congrégation de l'*Index* usèrent pleinement de la liberté qui leur était donnée, en accentuant la sévérité du premier avis donné par les consulteurs. Ils jugèrent nécessaire d'étendre la condamnation de l'*Index* à la revue l'*Action française* en expliquant leur geste par un commentaire, qui en précisait l'intention et la portée : « Il est bien difficile d'écarter les jeunes gens de ces livres, dont l'auteur leur est recommandé comme un maître dans les questions politiques et littéraires et comme le chef de ceux dont on doit attendre le salut de la patrie ». C'était clairement désavouer le point de vue optimiste de l'archevêque de Lyon et laisser présager les futures décisions de Pie XI en 1926.

C'était aussi accroître l'embarras de Pie X. Les décisions de la congrégation de l'*Index* heurtaient ses inclinations personnelles et s'opposaient aux nombreuses requêtes qui continuaient d'affluer pour lui demander d'éviter une condamnation. En décidant néanmoins de promulguer, sous son nom et à la date du 29 janvier 1914, le décret qui prohibait les œuvres de Maurras et la revue l'*Action française*, Pie X sanctionnait de son autorité et prenait l'initiative des premières mesures officielles de l'Eglise contre l'Action française, même s'il jugeait inopportun de procéder immédiatement à la publication du décret et préférait se réserver le choix du moment. L'histoire doit retenir et enregistrer ce fait capital : pour des raisons d'opportunité, Pie X n'avait pas voulu paraître donner raison aux condamnés de la veille en condamnant un de leurs plus redoutables adversaires, mais il n'avait pas non plus voulu donner raison aux partisans de l'Action française. Il agissait ainsi en pape, soucieux, certes, de maintenir l'unité des fidèles, mais aussi de ne pas compromettre l'Eglise et de préserver l'avenir.

Une question se pose toutefois : Pie X avait-il, oui ou non, pris conscience du danger religieux du maurrassisme ? La réponse à cette question doit être affirmative. Parce qu'il avait un jour parlé à Camille Bellaigue de Maurras comme d'un « beau défenseur de la foi » (une autre version dit : « de l'Eglise »), quelques partisans de l'Action française en concluaient que Pie X avait non seulement loué le combat de Maurras en faveur de la doctrine catholique, ce qui est incontestable, au moins en partie, mais aussi voulu nier, une fois pour toutes, que le maurrassisme pût jamais constituer un quelconque danger pour la foi intime des fidèles. Conclusion hâtive que dénonce le livre posthume de Maurras, *Le Bien-heureux Pie X, sauveur de la France* (1953), pourtant tout entier consacré à montrer la sympathie dont Pie X entourait l'Action française. Maurras reconnaît que le « pape n'avait pas méconnu les redoutables équivoques que pouvait causer mon langage » (p. 71) et « qu'en raison d'équivoque possible, la condamnation lui (à Pie X) paraissait possible également » (p. 92). L'attitude de Pie X n'était donc pas aussi éloignée qu'on l'a souvent laissé entendre de celle qu'allait adopter Pie XI. Le refus de Pie X de publier le décret du 29 janvier 1914 allait cependant laisser planer une ambiguïté redoutable dans l'esprit du commun des fidèles. Les partisans de l'Action française devaient se servir de celle-ci ultérieurement, non sans raisons apparentes mais à tort, pour opposer la sévérité injustifiée de Pie XI à la mansuétude de Pie X.

4

Esquisse d'une renaissance

Un renouveau spirituel

Malgré une prolifération de dévotions mineures et d'images de piété mièvres, la Belle Epoque connaît une renaissance spirituelle insuffisamment étudiée aujourd'hui. Religieux, prêtres séculiers, laïcs y participent, et les femmes y occupent une place au moins aussi grande que les hommes. Les vocations contemplatives et missionnaires abondent dans la France de Waldeck-Rousseau, et beaucoup de couvents sont pleins au moment où Combes disperse la plupart des religieux et les expulse de leur patrie.

Les couvents et les monastères sont les foyers d'un mouvement liturgique qui éclôt avec les encouragements du pape Pie X au sein d'une spiritualité bénédictine toujours désireuse de trouver dans la prière la source de tout rayonnement religieux. L'abbé de la Trappe de Sept Fons, Dom Chautard (1858-1935), s'inquiète de l'amour trop répandu « de l'action pour l'action » et regrette que la vie intérieure soit méconnue ; or, son livre *L'âme de tout apostolat* (1913), qui prône une piété exigeante et fortement christocentrique, obtient un succès considérable. A Paris, chez les bénédictines de la rue Monsieur, la qualité de la liturgie attire les intellectuels, notamment les convertis : après Huysmans, Maritain, Psichari, Jacques Rivière viennent s'initier à la liturgie et fortifier leur foi naissante. Cependant, c'est en Belgique, aux abbayes du Mont César de Louvain et de Maredsous, que le mouvement liturgique trouve ses théologiens, Dom Marmion (1858-1920) et Dom Lambert Beauduin (1873-1960), et prend son essor lors du Congrès des Œuvres de Malines en 1909. En France, Dom Gréa (1828-1917), auteur *De l'Eglise et de sa divine constitution* (1885), fondateur des chanoines réguliers de l'Immaculée Conception, a des disciples qui veulent créer dans le clergé séculier des communautés sacerdotales menant la vie canonique : en 1910, l'abbé Raux en fonde une à Amettes, patrie de saint Benoit Labre, et y forme de futurs prêtres férus de liturgie et de musique religieuse.

A une époque où les prêtres redoutent l'isolement dans une société laïcisée, les associations de spiritualité sacerdotale sont florissantes : l'Union apostolique créée par l'abbé Lebeurrier insiste sur la vie en commun ; la Société des prêtres de Saint François de Sales fondée par l'abbé Henri Chaumont (1938-1896) diffuse la piété salésienne, qui attache un grand prix à la direction de conscience et à l'amitié spirituelle. En 1904, Pie X béatifie Jean-Marie Vianney, le modèle des curés de campagne, dont le pèlerinage d'Ars reste très fréquenté.

Fortement encouragé par Léon XIII et Pie X, le Tiers-Ordre franciscain connaît en France un essor marqué sous ces deux pontificats. A bien des égards, le Tiers-Ordre est le socle spirituel du catholicisme social, engagement franciscain et engagement social interférant étroitement (J. M. Mayeur). En 1893, Léon Harmel réunit au Val des Bois une commission d'études pour l'organisation du Tiers-Ordre franciscain dont font partie les abbés Garnier et Raux et le chanoine Dehon. Lors des Semaines sociales, une réunion du Tiers-Ordre rassemble de nombreux semainiers. La spiritualité franciscaine inspire largement celle du Sillon.

A l'image des retraites sacerdotales alors très fréquentées, des retraites fermées sont organisées pour les laïcs dans les diverses régions de France généralement sous l'impulsion des jésuites. Celles de la Villa Manrèse à Clamart sont fréquentées. Le père Henri Watrigant conçoit en 1881 au Château Blanc à Wasquehal (Nord) la première maison spécialisée dans cette activité et organise ensuite des Congrès de directeurs de maisons de retraite. Les missions intérieures, entravées un temps par la dispersion des congrégations, reprennent dès 1908-09, et obtiennent d'assez nombreux « retours » et parfois des conversions inattendues. En 1910-11, les assomptionnistes créent trois journaux de spiritualité ou d'initiation liturgique, *Eucharistie*, *Notre Dame* et *Le Sanctuaire*, qui ensemble tirent à 30 000 exemplaires.

Les moyens de communication de masse et en premier lieu *Le Pèlerin* (tirage à 459 000 en 1912), relaient les impulsions pontificales, encourageant certaines dévotions. Léon XIII évoque la prière du Rosaire dans douze encycliques et traite dans une autre du culte du Sacré-Cœur (1899), auquel il consacre l'univers à l'aube du nouveau siècle. Après le mois de Marie (mai), le mois du Sacré-Cœur (juin) et le mois du Rosaire (octobre) gagnent une certaine popularité. Pie X demande aux fidèles de communier fréquemment (1905) et admet à l'Eucharistie les enfants ayant l'âge de raison (1910). La rencontre personnelle avec Jésus-Christ est encouragée par les innombrables congrès eucharistiques qui proclament la royauté sociale du Christ et incitent les hommes à abandonner le respect humain pour aller communier. Le dernier congrès eucharistique international d'avant-guerre a lieu à Lourdes en juillet 1914 en présence de 10 cardinaux, 200 évêques et 10 000 prêtres.

Les grands lieux de pèlerinages attirent toujours les foules : celles-ci affluent au début du siècle en 1900-1901 à Paray-le-Monial, à Fourvières, à la Salette, et surtout à Lourdes, où le million de pèlerins par an est dépassé, en 1908 à l'occasion du cinquantenaire des apparitions. Les pèlerins arrivent par trains entiers retenus par l'Association Notre-Dame-de-Salut des assomptionnistes ou par les comités diocésains spécialisés. Pour les accueillir, on fait construire de vastes églises qui se révèlent vite insuffisantes lors des grands rassemblements : c'est « le temps des basi-liques » (Jacques Tournier). Ces constructions spacieuses, qui témoignent de la fidélité du peuple chrétien, sont voulues et financées par les croyants, non sans débats. Lorsque, pour honorer saint Martin à Tours, l'archevêque rallié Mgr Meignan opte pour une basilique de dimensions modestes, son choix est fort critiqué par les monarchistes. Ailleurs, les anticléricaux suscitent des difficultés. Quoiqu'il en soit, Lyon se dote d'un haut lieu de prière et d'adoration avec Notre-Dame-de-Fourvière, consacrée en 1896, et Paris avec le Sacré-Cœur-de-Montmartre ouvert au culte en 1891 et consacré en 1919. Le sanctuaire de Pontmain, élevé sur les lieux de l'apparition de 1871, achevé en 1877, devient basilique en 1905. A Lourdes, où la consécration de la basilique du Rosaire a lieu en 1901, noblesse et bourgeoisie méridionales rivalisent d'ardeur pour recruter des dames hospitalières tandis que les messieurs de la Société de Saint Vincent de Paul et les jeunes de l'A.C.J.F. procurent des brancardiers. A Montmartre, l'Adoration nocturne du Saint-Sacrement est un moyen privilégié d'éducation spirituelle pour l'A.C.J.F.

A une époque où l'influence du clergé sur la population féminine « n'a jamais été aussi forte » (J. Gadille), les cultes rendus à des femmes connaissent une large popularité : quarante couronnements de madones françaises ont lieu sous Léon XIII, et vingt-deux sous Pie X ; les pèlerinages locaux à Marie restent très fréquentés malgré les multiples entraves apportées par les anticléricaux. Sainte Anne rassemble les Bretons à Auray et sainte Germaine les Aquitains à Pibrac. Les héroïnes nationales sont vénérées dans la France des patriotes : Geneviève, Clotilde, et surtout Jeanne d'Arc, dont le culte déborde le cercle des croyants, mais progresse à mesure que la cause avance. Donrémy construit une basilique dès 1881.

L'appel universel à la sainteté est profondément ressenti sous une IIIᵉ République qui veut privilégier les « petits ». « Il n'est qu'une tristesse, celle de n'être pas des saints » constate Léon Bloy. Pourtant une expérience religieuse très profonde vient de se dérouler dans un couvent des carmélites de Lisieux, où Thérèse Martin est morte à 24 ans en 1897. Dès 1899, *l'Histoire d'une âme*, mettant à la portée des croyants la petite voie de Thérèse vers la sainteté, devient un best-seller. Peu après, les couvents accueillent les convertis sous l'influence de Thérèse, et dans celui de Dijon, Elisabeth Cattez anonce au XXᵉ siècle commençant le mystère de l'Amour de Dieu, celui de la Trinité : « O mon Dieu, Trinité que j'adore, aidez-moi à m'oublier entièrement pour m'établir en vous, immobile et paisible, comme si déjà mon âme était dans l'éternité ». Tandis qu'Elisabeth, qui annonce la mystique du « siècle de l'Esprit Saint » (Léon XIII), attendra 1984 pour être béatifiée, Thérèse fait mentir un propos de Renan en étant canonisée par le peuple avant de l'être par Rome dès 1925. Enfin, à l'aube de ce XXᵉ siècle, si riche en aventures spirituelles, la vie d'ermite de Charles de Foucauld débute au Sahara au contact de l'Islam.

Le réveil intellectuel et la crise moderniste

« Nous avons arraché les consciences humaines à la croyance ... nous avons éteint dans le ciel des lumières qu'on ne rallumera plus » s'écriait

Viviani à la Chambre en 1906. Or, au moment où les anticléricaux les plus acharnés croyaient avoir porté un coup décisif à la vieille religion, une renaissance spirituelle et intellectuelle la renouvelait et lui procurait une large audience. Cette renaissance atteignait toutes les confessions, mais concernait surtout le catholicisme troublé pourtant par la querelle entre modernistes et intégristes. La philosophie spiritualiste retrouvait des bases intellectuelles solides avec les travaux de Bergson (*Essai sur les données immédiates de la conscience* 1889, *Matière et Mémoire* 1896, *l'Evolution créatrice* 1907), ceux de Blondel (*L'Action* 1893), et l'enseignement du néo-thomisme dans les séminaires et les universités catholiques.

En quelques décennies, les courants dominant la vie intellectuelle s'étaient fortement modifiés. Au milieu des années 1880, le positivisme et le scientisme triomphant ne paraissaient pas menacés. Berthelot proclamait en 1885 : « Le monde est aujourd'hui sans mystère. La conception rationnelle prétend tout éclairer et tout comprendre : elle s'efforce de donner de toute chose une explication positive et logique, et elle étend son déterminisme fatal jusqu'au monde moral ». Or, des intellectuels de plus en plus nombreux rejetaient bientôt le déterminisme et le scientisme : Emile Boutroux dès 1875, en 1889 le philosophe Henri Bergson, et le romancier Paul Bourget (*Le disciple*) qui venait du positivisme ; au cours des années 1890, le mathématicien Henri Poincaré, le philosophe Edouard Le Roy, le romancier Huysmans qui a rompu avec le naturalisme et s'est laissé séduire un temps par l'occultisme ; enfin, le critique Ferdinand Brunetière, directeur de la *Revue des Deux Mondes*, qui constatait en 1895 « les faillites partielles de la science », et se convertissait au catholicisme en 1900.

L'engouement pour le roman russe, pénétré d'inquiétude religieuse, était favorisé par l'ouvrage d'initiation d'Eugène Melchior de Vogüé en 1886. Tandis que Léon Bloy, Huysmans, le jeune Claudel, converti en 1886, se révoltaient contre la médiocrité de l'art chrétien contemporain, la poésie religieuse renaissait avec les symbolistes Paul Verlaine (1844-1896) et Germain Nouveau (1852-1920). A la recherche d'une éthique plus haute, Paul Desjardins, fondateur d'une Union pour l'action morale (1892-1905) où l'on retrouvait le pasteur Allier, le capitaine Lyautey, Gabriel Monod, Maurice Pujo, pensait jeter les bases d'une sorte de syncrétisme religieux, d'un néo-christianisme.

De la Séparation à la guerre, les conversions se multiplient, et au moment où l'Eglise est la plus menacée, de grands écrivains laïcs viennent la défendre et contribuent à son renouveau. Les cheminements diffèrent, les uns plus moraux et sociaux avec Louis Bertrand (1906), Joseph Lotte (1910), Psichari, petit-fils de Renan, et Massis (1913), les autres plus mystiques avec Francis Jammes (1905), les Maritain (1906), Péguy et Massignon (1908). Bergson et Léon Bloy influencent l'évolution des Maritain, Péguy celle de Lotte, les Maritain et le père Clérissac celle de Psichari. La guerre tue trois de ces convertis, Psichari, Péguy et Lotte, mais les « grandes amitiés » d'avant-guerre se prolongent à travers la « communion des saints », la profonde solidarité spirituelle entre les vivants et les morts. Aussi, tandis que l'œuvre philosophique de Maritain commence, que l'œuvre poétique de Claudel, « la plus vaste depuis Victor Hugo » (A. Latreille), se poursuit, celle de Péguy, qui va mourir à 41 ans, s'achève.

Péguy, « l'un des dix chrétiens essentiels depuis Jésus-Christ » (Urs von Balthasar), normalien assoiffé de justice, militant dreyfusard, puis éditeur des étonnants *Cahiers* et auteur d'une œuvre poétique considérable, résume les tensions, les contradictions et les espoirs de cette génération promise au sacrifice. Fasciné par les œuvres de Corneille et de Hugo et par les figures chrétiennes et nationales de saint Louis et de Jeanne d'Arc, il évolue du socialisme au patriotisme le plus exigeant, sans cesser d'être proche des pauvres, des petites gens, des misérables que les guerres écrasent (*Mystère de la Charité de Jeanne d'Arc*). Péguy, soucieux d'insérer le spirituel dans le charnel, se sent solidaire d'une nouvelle génération qui a pris « le parti de ses pères contre son père », et ne cesse de méditer sur la fidélité à la terre de France, de compatir aux souffrances et aux peines du peuple. Cet humble pèlerin, homme du seuil, « en arrivant à Chartres, présente à la Vierge l'homme moderne qui précisément n'est pas un saint » (Alain Michel). Ce poète aura été toute sa vie un combattant. Après avoir rompu des lances avec les positivistes de la Sorbonne, il bataille contre les néo-thomistes maurrassiens pour défendre la philosophie de Bergson, injustement attaquée selon lui, quelques semaines avant d'aller mourir dans une « juste guerre ».

> « *Heureux ceux qui sont morts pour des cités charnelles.*
> *Car elles sont le corps de la cité de Dieu.* »

Tandis que les plus grands poètes et les plus profonds philosophes ont jusqu'en 1914 un rayonnement limité — à l'exception de Bergson —, toute une littérature néo-traditionaliste atteint d'emblée un large public. Les pionniers restent Huysmans et Barrès, mais d'autres influences idéologiques s'exercent, telles celle des disciples de Le Play groupés autour de la revue *La Réforme Sociale*, ou celle du courant contre-révolutionnaire ravivé par les recherches d'histoire religieuse faites lors de la persécution anticléricale, et bientôt celle, monarchiste et néo-classique de Maurras (*Anthinéa*, 1901) et de l'Action française.

La nécessité de construire des familles solides inspire une floraison d'ouvrages : les auteurs protestent contre la législation individualiste de la Révolution française, critiquent le divorce et ses conséquences fâcheuses pour l'enfant (Paul Bourget, *Un divorce*, 1904 ; Léon Daudet, *Le partage de l'enfant*, 1905), rejettent le malthusianisme et font l'apologie des familles nombreuses (Henri Bordeaux, *La peur de vivre*, 1902). La solidarité spirituelle entre les vivants et les morts est fortement mise en valeur par de Vogüé, *Les morts qui parlent* (1899), Barrès, *Amori et Dolori Sacrum*, et Bourget, *L'Etape* (1902), puis par René Bazin, *Davidée Birot* (1912). Bazin et Bordeaux (*La maison*, *Le pays natal*, 1910) exaltent l'attachement à la demeure familiale, au patrimoine.

Entre la famille et la nation, l'homme a des liens naturels avec la petite patrie, la région où il est né. Barrès, dans son grand roman à thèse, *Les Déracinés* (1897), plaide la nécessité de l'enracinement. Puis, il défend sa Lorraine natale, menacée par l'influence germanique : *Au service de l'Allemagne*, 1905, *Colette Baudoche*, 1909, *La colline inspirée*, 1913. Sous l'influence de Barrès et de Mistral, chantre de la Provence, le roman régionaliste revient à la mode : « il y a des vérités lorraines, des vérités provençales, des vérités bretonnes dont l'accord ménagé par les siècles constitue ce qui est bienfaisant, respectable, vrai en France » (Barrès, *Les Amitiés françaises*, 1903). A une époque où paraissent les grandes thèses de géographie régionale (Demangeon, Blanchard, Sion ...) à la suite du *Tableau géographique de la France* de Vidal de La Blache, les romanciers retracent la vie des populations de nos provinces. Tandis qu'Henri Bordeaux évoque la Savoie, René Bazin tour à tour la Vendée, le Nivernais, le Boulonnais, Jean Nesmy la Champagne, René Boylesve la Touraine ..., l'Alsace-Lorraine reste privilégiée avec Bazin encore (*Les Oberlé*, 1901), Barrès, Lichtenberger, Acker ...

La nostalgie des provinces perdues et la découverte de la petite patrie apprennent à aimer de façon concrète la grande patrie. Le patriotisme est constamment présent dans les œuvres de Barrès, Péguy (*Notre Patrie*, 1905), Psichari (*Le voyage du centurion*, 1913) et dans celle de Maurras au temps du discours de Tanger (1905) et de l'incident d'Agadir (1911). Les écrivains traduisent alors les aspirations d'une jeunesse qui « a dépouillé le dilettantisme et le culte du moi au profit du réel, de l'optimisme et de l'action » (G. Izard). Les jeunes gens qui témoignent de leurs convictions dans les dernières pages de *Jean Barois*, de Roger Martin du Gard (1913), rejettent le rationalisme scientiste et l'internationalisme et adhèrent au nationalisme, au classicisme et au catholicisme. Le néo-christianisme ne fait plus recette, et beaucoup de jeunes partagent avec Péguy la nostalgie d'une chrétienté où « la religion est un engagement de l'être entier, une tradition collective de la race, un héritage » (J. Onimus).

L'Eglise de France, menacée, se trouve réhabilitée. Certains vantent son utilité sociale au moment où la sécularisation la conteste, d'autres y trouvent une morale exigeante tournée vers l'action, un dogme assuré, d'autres encore une profonde ferveur centrée sur l'Eucharistie. Tous pensent qu'il faut la servir « par devoir religieux si l'on est croyant, par devoir patriotique si l'on est incroyant » (Maurras). Les itinéraires spirituels ont pu varier : tandis que la petite fille Espérance hante l'imagination de Péguy et que Claudel exalte la grandeur de la création mise par Dieu au service de l'homme, la souffrance, le sacrifice, la réversibilité des mérites sont des thèmes chers à Huysmans, Bloy, Coppée, Baumann, mûris par de douloureuses expériences. Beaucoup de convertis ont été éblouis par un Dieu d'Amour, sensible au cœur. En 1902 à Lourdes, le docteur Alexis Carrel se convertit après avoir assisté à un miracle. Des millions de pèlerins vont prier devant la grotte de Massabielle au début du XXe siècle. Et les ouvrages relatant les *Mirabilia Dei* se succèdent : Huysmans, *Les foules de Lourdes* (1906), Baumann, *l'Immolé* (1908), Retté, *Un séjour à Lourdes* (1909), F. Jammes, *Ma fille Bernadette* (1910).

Cependant, la renaissance catholique a failli être compromise par la crise moderniste. Celle-ci s'est limitée au début aux milieux intellectuels mais ses enjeux étaient considérables et ses retombées furent multiples à cause de la montée dans l'Eglise d'un courant intégriste soupçonneux et sectaire. Le débat entre la Science et la Foi a perdu de son acuité en géologie avec les travaux de géologues chrétiens comme Lapparent et Termier, mais il continue en exégèse et en histoire. Le retard pris chez les croyants par les recherches sur les origines chrétiennes subsiste dans ces domaines, malgré les patients travaux de Mgr Duchesne, de Mgr Batiffol et du père Lagrange, et entretient un « certain sous-développement culturel » (Marrou). A une époque où la science paraît exclure le miraculeux, la critique libérale allemande dissèque les textes de la Bible dont l'encyclique *Providentissimus* (1893) maintient l'inerrance. Harnack publie en 1900 *l'Essence du Christianisme* où il oppose l'Eglise et l'Evangile, où il distingue l'Evangile du Christ, ce qu'a prêché Jésus, et l'Evangile sur le Christ, ce qu'on a prêché sur Jésus-Christ. L'abbé Alfred Loisy (1857-1940), ancien professeur d'Ecriture Sainte à l'Institut catholique de Paris, discute les thèses d'Harnack et les rejoint partiellement dans *l'Evangile et l'Eglise* (1902). Son livre est mis à l'Index, et au cours de la polémique qui s'ensuit, Loisy s'éloigne de la foi catholique en détachant les formulations dogmatiques de leur enracinement biblique.

En 1907, Rome publie deux textes condamnant le « modernisme ». Le premier, le décret *Lamentabili*, contient un catalogue de 65 propositions erronées, puisées essentiellement dans les écrits de Loisy. Le second, l'encyclique *Pascendi* vise des thèses beaucoup plus variées défendues par divers auteurs, exégètes, historiens, théologiens ou philosophes de l'immanence. Les censures romaines frappent très largement les penseurs suspects puisqu'entre 1906 et 1914, elles atteignent des ouvrages des philosophes Laberthonnière, Le Roy, Bergson, du sociologue Paul Bureau, des historiens Duchesne et Bremond. Le lazariste Fernand Portal, pionnier de l'œcuménisme, est démis de ses fonctions de directeur de Séminaire universitaire, et n'est plus autorisé à parler en public et à publier. Des adversaires du modernisme sont inquiétés. Mgr Batiffol doit abandonner ses fonctions de recteur des Facultés catholiques de Toulouse, et les écrits du père Lagrange ne sont plus communiqués aux séminaristes. Plusieurs périodiques doivent cesser de paraître. Quelques évêques font du zèle anti-moderniste : tel Mgr Fuzet, archevêque de Rouen, qui s'en prend au chanoine Vacandard, coupable d'avoir mis en doute l'authenticité historique de la venue dans le Midi des saintes Maries. A Orléans, l'abbé Pressoir, diplômé en Sciences Orientales, et futur successeur du cardinal Verdier à la direction du séminaire des Carmes, doit abandonner l'enseignement de l'Ecriture Sainte après une dénonciation. L'élite intellectuelle du clergé se trouve bientôt suspectée : « C'est une grosse épreuve pour les âmes intelligentes et sincères » (Mgr Mignot), pour Brémond notamment, et pour de nombreux prêtres qui admettent difficilement les formules du serment anti-moderniste qu'ils doivent prêter.

L'interprétation extensive du modernisme est renforcée par les institutions mises en place dans les diocèses pour appliquer l'encyclique *Pascendi*, les conseils de vigilance. Leur histoire n'a pas été faite. Dans certains diocèses, des hommes inquiets et à l'esprit étroit accueillent les dénonciations et sanctionnent les prêtres les plus doués intellectuellement. Ailleurs, des évêques ou des vicaires généraux entreprennent des enquêtes sérieuses dans des directions parfois inattendues puisque le conseil de vigilance de Lyon, dirigé pourtant par l'intransigeant cardinal Sevin, finit par étudier en 1913 le dossier de l'Action française qu'il juge condamnable. Celui de Mende, dès 1911 avait mis en garde contre un « mouvement... qui s'apparente à un Sillon renversé ». Le plus souvent, les censeurs, ne trouvant pas de vrais modernistes, cherchent à s'occuper, épient les sillonnistes, surveillent la presse et les publications.

Ce système de surveillance qui fonctionne jusqu'à la mort de Pie X est aggravé par un phénomène de « combisme ecclésiastique » : un pouvoir parallèle, soutenu personnellement par Pie X, se met en place sous l'impulsion de Mgr Umberto Benigni, journaliste catholique social, sous-secrétaire de la Congrégation des Affaires Extraordinaires (1906-1911), fondateur de la *Correspondance romaine* (1907) devenue en 1909 la *Correspondance de Rome*, puis de l'agence Roma en 1912, créateur en 1909 de la Sodalité Saint Pie V ou *Sodalitium Pianum*, organisme international qui constitue un réseau anti-moderniste d'une cinquantaine de journalistes et de correspondants. Celui-ci dispose en France de plusieurs publications affiliées ou amies : à Paris, *la Vigie* qui a 2 000 abonnés ; *la Critique du Libéralisme* d'Emmanuel Barbier ; à Cambrai, *la Semaine religieuse* de Mgr Delassus ; à Toulouse, *la Foi catholique* du chanoine Gaudeau. Il a des appuis à Rome auprès du père Le Floch, supérieur du séminaire français et du cardinal Billot, professeur à l'université grégorienne. Il a des amis à l'intérieur de la Bonne Presse comme le père Salvien Miglietti qui envoie à Rome tous les jours un courrier contenant des extraits d'une trentaine de journaux français, et parmi les journalistes adeptes des idées de l'Action française.

Rameau d'un catholicisme intégral issu pour une large part du Syllabus de Pie IX et des encycliques de Léon XIII, comme l'a montré Emile Poulat, l'intégrisme a néanmoins son originalité. En effet, ce vocable d'origine espagnole implique une conception statique et fixiste du catholicisme qui l'oppose fortement au libéralisme et au modernisme. Les intégristes français dénoncent également de nombreux catholiques sociaux accusés de vouloir « renverser les valeurs traditionnelles » : Marc Sangnier, l'abbé Lemire et même Albert de Mun ; ils mettent en cause des institutions comme les Semaines sociales, l'Action populaire des pères jésuites, et l'Union des œuvres animée par le frère Anizan.

A mesure qu'ils multiplient les dénonciations, les intégristes accumulent les ennemis. Ils perdent l'appui du secrétaire d'Etat, le cardinal Merry del Val. Les jésuites français s'inquiètent : la revue *Les Etudes* (5-1-1914) s'élève contre les critiques négatives, et s'en prend aux dénonciateurs dont les excès déconsidèrent la campagne contre les erreurs modernes. La mort de Pie X affaiblit les intégristes, et la guerre compromet leurs correspondances. En octobre 1914, un mémoire de Mgr Mignot au cardinal Ferrata critique « le pouvoir occulte qui s'est créé en marge de la hiérarchie légitime », et le pape Benoit XV lui fait écho dans une encyclique du 1er novembre 1914 en demandant que « nul particulier par la publication de livres ou de journaux ou par des discours publics, ne s'érige en maître dans l'Eglise » et ne se substitue au magistère. Cependant, grâce à ses relais romains, le réseau Benigni garde une influence durable, notamment auprès de la Congrégation consistoriale chargée de la nomination des évêques, au moins jusqu'à la dissolution du *Sodalitium Pianum* en 1921.

Bien que les données du débat se soient complètement modifiées, les protagonistes campant sur des positions également intenables aujourd'hui, l'inerrance littérale de la Bible d'un côté, le soupçon systématique porté sur l'Ecriture Sainte par la critique positiviste de l'autre, les crises moderniste et intégriste ont laissé de graves séquelles. Une génération de penseurs et de savants a été suspectée puis tardivement réhabilitée, comme le rappelle Mgr Calvet, prorecteur de l'Institut catholique de Paris à partir de 1942 : « Si jamais vous traitez de la crise moderniste, n'oubliez pas de dire combien nous avons souffert ». Pourtant, leur pensée mûrissant un temps dans le silence, les Lagrange, les de Grandmaison, les Batiffol, les Brémond, les Portal, les Pouget, les Blondel, les Laberthonnière, ont eu une postérité remarquable, mais relativement méconnue. En effet, le catholicisme français du XXe siècle a hérité du XIXe siècle et de la crise moderniste une suspicion à l'égard de l'activité intellectuelle que l'Action catholique née dans les années 1905-1914 n'est jamais parvenue à surmonter complètement. Au cours de la seconde moitié du XXe siècle, lorsqu'une autre crise intellectuelle surviendra, elle sera aggravée par les mauvais souvenirs laissés par la querelle du modernisme et de l'intégrisme.

La première Action catholique

La disparition du régime concordataire représente, dans un climat conflictuel, une menace pour la survie du catholicisme en France. L'angoisse devant un avenir incertain provoque un choc émotionnel qui conduit de nombreux croyants à s'engager dans des organisations de défense et de reconquête religieuse. Les années les plus critiques, de 1905 à 1909, voient l'irruption massive des laïcs dans la vie de l'Eglise sous forme d'adhésions nombreuses aux Ligues féminines, aux Jeunesses catholiques, aux associations de pères de famille ou, tout simplement, aux conseils paroissiaux. Le clergé admet qu'une certaine réorganisation des structures ecclésiales s'avère indispensable pour des raisons financières et juridiques : pour subsister il a besoin de la collecte aléatoire du denier du culte ; la gestion des paroisses implique maintenant la constitution de conseils paroissiaux qui remplacent les fabriques. Libéré des entraves concordataires, les prêtres sont à nouveau tentés « d'aller au peuple », pour retrouver les appuis qui leur manquent. En quelques années, on assiste à une multiplication de réunions, à une floraison d'associations ; d'innombrables conseils paroissiaux et comités cantonaux se mettent en place. Coiffés par des congrès diocésains, que convoquent les évêques, les rassemblements les plus divers regroupent les catholiques. Partout, l'accent est mis sur l'union en vue de défendre la religion menacée et de diffuser la foi.

Ce mouvement rejoint en profondeur les désirs du pape Pie X. Celui-ci souhaite un renouvellement des méthodes pastorales dans un sens plus religieux et plus apostolique, impliquant un certain désengagement par rapport à des options politiques trop arrêtées qui se sont révélées décevantes. L'encyclique *Il fermo proposito* du 11 juin 1905, trop longtemps reléguée dans le contexte italien auquel elle s'applique d'abord, a une vaste portée parce qu'elle définit les principes de l'Action catholique. Certes, l'action des laïcs est considérée comme un prolongement de celle du clergé ; le troupeau reste sous la houlette du pasteur, ce que confirmera plus nettement en 1906 l'encyclique *Vehementer*, qui insiste sur la soumission des fidèles à la hiérarchie ; mais les laïcs sont appelés à participer à un apostolat organisé. L'Action catholique, qui invite ses membres à une étroite union avec le Christ et l'Eglise, tend à « instaurare omnia in Christo », à réunir toutes les forces vives en vue de replacer Jésus-Christ dans la famille, dans l'école et dans la société. Son champ est immense, mais elle privilégie l'étude des problèmes sociaux, puisqu'elle a pour objet principal d'aboutir à une solution pratique de la question sociale selon les principes chrétiens. En février 1907, dans une lettre à Jean Lerolle, président de l'A.C.J.F., Pie X félicite cette association pour son ardeur à s'occuper des doctrines sociales et à les mettre en pratique, pour son genre d'organisation et pour son obéissance aux prescriptions du pontife romain sur l'action catholique sociale. Insistant maintes fois sur un appel qui s'adresse non seulement aux prêtres, mais à tous les fidèles, le pape répond lui-même un jour à une question qu'il a posée à quelques cardinaux : « Qu'y a-t-il aujourd'hui de plus nécessaire pour le salut de la société ? — C'est d'avoir dans chaque paroisse un groupe de laïcs éclairés, vertueux, résolus, vraiment apôtres ». La Bonne Presse lui fait écho, notamment avec sa publication *l'Action catholique,* revue d'organisation et de défense religieuse animée par le père Salvien. Dans *les Etudes*, le père de la Taille écrit un article en 1908, sur « La vie publique des catholiques organisés en vue d'une action concertée ». La presse catholique recherche éventuellement des modèles d'organisation en Italie, en Belgique, ou en Allemagne.

Les évêques nommés par Pie X, en 1906, se font les propagandistes de cette action catholique : parmi eux, Gouraud, Sagot du Vauroux et Gibier en sont les théoriciens et les organisateurs dans leurs diocèses respectifs de Vannes, d'Agen et de Versailles. Chesnelong, de Ligonnès,

Lobbedey accueillent successivement entre 1907 et 1910 dans leur ville épiscopale, Valence, Rodez et Moulins, les Congrès de l'Union des œuvres qui popularisent et coordonnent cet effort ; surtout, les deux prélats promus archevêques en 1906, Delamaire à Cambrai — diocèse pilote pour l'organisation catholique —, et Amette à Paris — foyer de rayonnement des œuvres —, lui donnent une forte impulsion. D'autre part, après la Séparation, les derniers scrupules des prélats concordataires disparaissent et certains d'entre eux, tel le très républicain archevêque de Sens, Ardin, apportent tout leur appui aux œuvres, notamment à celles qu'anime l'abbé Deschamps à Auxerre autour d'un patronage (société de gymnastique, cercle d'études, A.C.J.F., conférences publiques ...). Enfin, si les évêques les plus intransigeants, comme le cardinal Sevin, insistent sur la subordination rigoureuse des laïcs vis-à-vis du clergé, d'autres, comme Mgr Gibier, recherchent des formules moins rigides en préconisant par exemple la coprésidence de chaque comité cantonal par le doyen et un laïc influent.

Les catholiques, incertains de leur avenir, ressentent alors fortement le besoin de se regrouper, de mieux structurer leurs activités, d'organiser les œuvres. Chaque année, le Congrès national de l'Union des œuvres est l'occasion d'un « ensemencement et d'une germination d'idées et de projets apostoliques », selon l'observation de son principal animateur le père Anizan. Les évêques de la région où se tient le congrès y participent ; à l'incitation du bureau de l'Union, « atelier de l'apostolat catholique en France » (Mgr Ricard), ils créent des administrations diocésaines des œuvres dont la direction est confiée à des ecclésiastiques actifs, influents, proches des militants laïcs avec lesquels ils collaborent : ainsi de la Celle, futur évêque de Nancy, à Moulins ; Cotard-Josserand à Belley ; Combes, propagandiste des syndicats féminins, à Carcassonne ; Hoguet à Arras ; Couget à Paris ... Au Congrès de Rodez en 1908, le chanoine de la Celle préconise la création de groupes « militants », dans chaque paroisse, épaulés par une hiérarchie territoriale de comités d'action. A Nîmes, en 1909, où les participants laïcs communient presque tous chaque matin, Mgr Latty, archevêque d'Avignon, fait l'éloge du « militant » qui « s'offre à Dieu pour les âmes », et mène une action légale courageuse contre les lois antireligieuses. Les femmes, dont l'activité dans les œuvres a été présentée au Congrès de Nîmes par la comtesse de Saint-Laurent, présidente de la Ligue des femmes Françaises, se retrouvent particulièrement nombreuses à Moulins, l'année suivante, du fait de l'essor des ligues féminines. L'homme d'œuvres et la dame d'œuvres font progressivement place au militant et à la militante.

Ce renouvellement des méthodes pastorales, qui sollicite du clergé et des laïcs une activité accrue, se traduit par une prodigieuse floraison de congrès. Dans une lettre à l'évêque d'Amiens en juin 1908, le pape invite les catholiques à multiplier les congrès « nécessaires à l'heure actuelle ». Ce mouvement atteint son apogée vers 1909-1911. *L'Eclair* (24-10-1910), sous le titre « Congrès sur congrès, partout on s'organise » cite neuf congrès diocésains récents ou prochains. Le travail d'organisation des catholiques français, « nécessité primordiale des temps présents » (François Veuillot, *Univers* 18-02-1910), retient l'attention de la presse, de l'opinion et des pouvoirs publics sous sa forme la plus spectaculaire, le rassemblement de catholiques convaincus, décidés à agir ensemble.

Entre 1907 et 1914, soixante diocèses au moins tiennent un ou plusieurs congrès diocésains. Toutes les régions de France sont concernées, de Coutances à Nice et de Saint-Dié à Bayonne. A un moment où les catholiques se réunissent volontiers pour affirmer leur foi (congrès eucharistiques, rassemblements de jeunes, de femmes ...), l'évêque convoque ses diocésains pour l'aider à organiser les œuvres et à promouvoir la défense religieuse. Les congressistes se répartissent en commissions (sept au Mans en 1909, cinq à Reims en 1911), traitant divers sujets. Quatre d'entre elles se retrouvent presque toujours : piété, ferveur eucharistique, constructions d'édifices religieux ; enseignement ; presse et propagande ; action caritative, économique et sociale ; auxquelles il faut ajouter très souvent : jeunesse ; organisation paroissiale ; défense religieuse avec un comité juridique et un comité d'action devant les tribunaux. Des rapports précis apportent une documentation abondante et utile pour l'action. Les actes sont en général édités, et constituent parfois une référence durable pour l'administration diocésaine. Ces rencontres suscitent ou consolident la direction des œuvres, l'encouragement à publier un bulletin des œuvres ; ainsi, à Chartres, en 1908, et à Arras en 1912. Des églises locales rassemblées n'ont plus peur et retrouvent un certain dynamisme religieux, qui s'exprime à travers les constructions de sanctuaires, les initiatives sociales, l'essor de la presse, l'offensive pour la représentation proportionnelle scolaire, la revendication de la liberté des manifestations religieuses extérieures.

La sociologie de ces rencontres est intéressante à observer. Ici, le clergé et les hommes des comités paroissiaux dominent : Mgr Dubillard rassemble 800 hommes à Chambéry et Mgr Dubourg 2 000 à Rennes en 1910. Mgr Touchet, qui tient des banquets populaires dominicaux, après la grand messe dans les paroisses qu'il visite, regroupe 6 000 hommes à Orléans en 1911. Ailleurs, les jeunes de l'A.C.J.F., les femmes — dames d'œuvres, ligueuses, catéchistes — tiennent une place notable. La présence des juristes et des journalistes est généralement appréciée. Celle des hommes politiques, sollicités pour soulever l'enthousiasme des foules lors des conférences du soir, est diversement jugée par les notables dont les opinions divergent et par les organisateurs, soucieux d'éviter une exploitation partisane de ces rencontres.

En effet, l'hostilité des royalistes d'Action française pour les ralliés de l'Action libérale populaire risque de perturber ces rassemblements. Pressé par les premiers en 1909, le pape préconise l'union des gens de bien sur le terrain nettement catholique et religieux. Et Mgr Germain, archevêque de Toulouse, soutient le pacte conclu dans sa ville épiscopale par plusieurs unions catholiques diocésaines, demandant aux candidats aux élections prochaines de permettre la reprise d'une négociation avec le Saint-Siège et le rétablissement d'une liberté complète d'enseignement. A l'opposé, un véritable rallié, Mgr Turinaz, évêque de Nancy, lance un appel aux catholiques, aux libéraux, aux modérés en vue de former un grand parti d'opposition regroupant les « honnêtes gens » et défendant les libertés civiles et religieuses. Or, la majorité des évêques français préfère le programme de Nancy au pacte maximaliste et clérical de Toulouse. Cette agitation inquiète un temps les préfets, mais les électeurs, assez peu cléricaux, ne suivent guère. Si l'Action libérale populaire fait un score honorable en 1910 (trente-quatre élus contre vingt sortants), elle perd des sièges en 1914 (vingt-trois élus) tandis qu'une nouvelle venue, la Fédération Républicaine, plus circonspecte dans le domaine religieux, a alors trente-sept élus.

Les réticences d'un électorat soupçonneux à l'encontre du cléricalisme et les divisions issues de la montée de l'Action française et de l'intégrisme empêchent le mouvement catholique d'avoir une efficacité politique immédiate. Cependant, même si elle n'a pu réaliser le rêve d'un « Katholikentag » français, caressé un moment par Paul Féron-Vrau, cette première action catholique a accompli un travail fécond en profondeur, que les historiens ont trop négligé, mais dont les conséquences apparaîtront pendant et au lendemain de la guerre de 1914-1918. Un autre événement n'a guère retenu l'attention des historiens : l'irruption massive des femmes à l'intérieur de cette première action catholique dans le cadre des ligues féminines. Un public féminin très divers continue à fréquenter les églises, car la pratique urbaine des femmes tombe rarement en dessous de 20 %. Mais il y a un abîme entre les bigotes caricaturées par Léon Bloy sous les traits de Mademoiselle Purge et les militantes des ligues, conférencières écoutées, créatrices et animatrices d'œuvres multiples.

En 1901-1902, la protestation contre les lois anticléricales suscite la naissance de deux ligues féminines dans les deux métropoles religieuses. Ces organisations ont une structure proche de celle de l'A.C.J.F., sans la référence chrétienne dans le titre pour ne pas être soupçonnées de cléricalisme. La première, la Ligue des femmes Françaises, est créée en 1901 à Lyon, par Madame Jean Lestra, femme d'un avocat royaliste, aidée par le père jésuite Eymieu. La seconde, la Ligue patriotique des Françaises, est fondée en 1902 à Paris par les baronnes de Brigode et Reille et mademoiselle Frossard, soutenues par un autre jésuite, « aumônier-conseil », Henri Pupey-Girard. Tandis que les dames royalistes de la Ligue des femmes Françaises (L.F.F.) répugnent bientôt à collaborer avec l'Action libérale populaire de Jacques Piou, et déclarent rechercher l'union sur le seul terrain religieux, les dames ralliées de la Ligue patriotique des Françaises (L.P.D.F.) restent proches des dirigeants de l'A.L.P. qu'elles invitent à leurs congrès. Mieux soutenue par le clergé, la L.P.D.F. connaît une croissance rapide et en 1910, forte de ses 450 000 adhérentes, prend l'initiative de fonder une Fédération internationale des ligues catholiques féminines, qui tient son premier congrès à Bruxelles. La présidente française, la vicomtesse de Velard, est élue présidente de la Fédération internationale. Une Association catholique des femmes lorraines de langue française, en Lorraine annexée, y est représentée. Face à la persécution anticléricale, le modèle français de ligue féminine a fait des émules jusqu'en Uruguay.

Le succès des ligues provient de leur structure hiérarchisée, dans laquelle les dizainières sont souvent de véritables militantes soucieuses de se former pour agir, et de leur caractère d'organisations-souches, aptes à rendre les services les plus divers aux populations des paroisses. Elles animent les œuvres existantes et en suscitent de nouvelles. Dans un bilan de 1910, la L.P.D.F. déclare avoir fondé 124 bibliothèques, 121 patronages, 7 colonies de vacances, 24 garderies, 42 écoles ménagères, 18 cercles d'études, 14 caisses dotales, 45 ouvroirs, 43 secrétariats du peuple, 11 mutualités. Quatre-vingts comités ont organisé l'enseignement du caté-chisme. L'action par la presse est privilégiée, et en 1913, l'organe de la L.P.D.F., *Le Petit Echo des Françaises*, tire à 400 000 exemplaires, avec 65 chroniques locales différentes lui permettant de pénétrer dans de multiples régions. Les organes de la L.F.F., *la Ruche apostolique* et *l'Appel de la France chrétienne*, ont une diffusion moindre mais notable. A partir de 1907, la L.P.D.F. a lancé des sections jeunes, qui lors du Congrès de 1913 tenteront de former une Association catholique de la jeunesse féminine française (A.C.J.F.F.).

L'expansion des deux ligues est influencée par les vicissitudes des débats internes au catholicisme. A partir de 1908-09, elles sont présentes dans de nombreux congrès diocésains. La L.P.D.F., qui en 1914 a près de 600 000 adhérentes, est implantée inégalement dans la plupart des diocèses, à l'exception de la région de Lyon, foyer de la L.F.F. Celle-ci, assez mal connue, rassemble probablement deux fois moins de monde que sa rivale. Elle a quelques bases dans le Pas-de-Calais, avec mademoiselle d'Héricault, et en Basse-Normandie. Elle concurrence la L.P.D.F. en Franche-Comté et surtout dans l'Ouest, où la montée de l'intransigeantisme de l'Action française la favorise, quoique la L.P.D.F. ait gardé une solide avance. Dans l'Hérault la L.F.F., présidée par la marquise de Forton, s'implante dans le Montpellierais où fortes sont les traditions royalistes, mais elle connaît un succès moindre que sa rivale, présidée par madame Viennet, forte de 9 840 adhérentes, à l'ouest du département. Cependant, les méthodes sont comparables : les objectifs de défense des libertés religieuses et d'action sociale et patriotique ne se différencient guère au niveau du vaste public que l'on cherche à atteindre. Ainsi, les conférences des deux organisations répandent chez les femmes le culte de Jeanne d'Arc. Les deux ligues ont un caractère populiste : en 1911, à Denain, 1 800 femmes viennent écouter mademoiselle de Valette, de la L.P.D.F. De son côté, Marie-Josèphe d'Héricault, de la L.F.F., sait adapter son langage aux publics les plus variés du Pas-de-Calais : bourgeoises des villes, paysannes des campagnes, matelotes des ports, trieuses des mines. Effectuant une tournée de conférences dans le Doubs, ses réunions connaissent un tel succès que le préfet manifeste des inquiétudes. En

1911, dans le Jura, la vicomtesse de Velard, de la L.P.D.F., surprise par l'affluence dans une salle trop petite, doit répéter une conférence. En maints endroits, des retours religieux s'opèrent par les ligues, qui font tomber le respect humain : « dans une paroisse où vingt femmes assistaient à la messe, la ligue est organisée, il en vient deux cents » (Pas-de-Calais).

Ainsi, conférencières et militantes tentent de réaliser le programme de Léon XIII et de Pie X en « allant au peuple » avec un réel dévouement qui sait souvent éviter une démarche condescendante. Comme en témoigne en 1909 le savoureux *Manuel de la ligueuse* de Francesca, qui se réfère à Fénelon et à Mgr Dupanloup, les militantes de la L.P.D.F. sont invitées à acquérir une solide formation spirituelle et humaine. Il s'agit de faire surgir, dans chaque paroisse, des femmes profondément croyantes, cultivées, bonnes maîtresses de maison, dévouées aux autres et apôtres auprès des familles qu'elles visitent méthodiquement. Cette pédagogie pour adultes contribue à atténuer le décalage, dangereux pour l'harmonie des couples, qui existait alors entre l'éducation des hommes et celle des femmes. A l'époque de la montée du féminisme et à la veille de la Grande Guerre pendant laquelle les femmes assumeront de lourdes responsabilités, un nouveau type de catholiques apparaît. Il est destiné à exercer une profonde influence dans les paroisses jusqu'à la grande crise religieuse du dernier tiers du XXe siècle.

Le mouvement catholique est soutenu par une presse puissante. Après l'expulsion des religieux, elle se trouve dominée par le clergé séculier qui contrôle les organes diocésains, les *Semaines religieuses* et les nombreux bulletins paroissiaux créés souvent au début du siècle — il y en a 250 en 1900, près de 2 000 en 1908 — et par des laïcs dont l'influence grandit. Lors des poursuites contre les assomptionnistes en 1900, un filateur du Nord, Paul Féron-Vrau devient directeur de *La Croix*. Malgré plusieurs procès suscités par les pouvoirs publics qui l'obligent à racheter le journal, cet homme d'affaires ingénieux et actif maintient le tirage du quotidien, accroît celui des organes de la Bonne Presse — 510 000 *Almanachs du Pèlerin* en 1912 —, développe la propagande grâce à des conférenciers itinérants, tente de renforcer les liens avec les *Croix* de province, organise des congrès qui rassemblent les diffuseurs. Il a l'idée en août 1904 de fédérer les journaux catholiques modérés de province susceptibles de soutenir l'Action libérale populaire et de lutter à la fois contre les feuilles monarchistes et les organes radicaux : *La Presse Régionale*, groupe habilement géré, rassemble entre 1904 et 1907 *l'Express de Lyon*, *la République de l'Isère*, *le Télégramme de Toulouse*, *l'Express de Nantes*, *le Nouvelliste de Bretagne*, *le Journal d'Amiens*, *l'Eclair de l'Est*, *l'Eclair Comtois*. Le groupe crée en 1909 à Bordeaux *la Liberté du Sud-Ouest*.

L'influence de Paul Féron-Vrau atteint alors son apogée. Les attaques de l'*Action Française* et des intégristes — notamment de Jacques Rocafort — contre les catholiques libéraux et les ralliés le menacent bientôt. Surtout les pères assomptionnistes admettent mal l'existence de la *Presse Régionale* qui repose sur des laïcs trop libéraux à leur gré, et une fois l'orage passé, souhaitent reprendre eux-mêmes la direction effective de *la Croix* pour lui faire adopter des positions plus intransigeantes.

L'émergence du catholicisme social

Dans les dix années qui précèdent la guerre, le mouvement catholique social prend un essor qui s'avèrera décisif. D'emblée, il déborde le cadre des œuvres et de la bienfaisance, et tout en se référant constamment à l'enseignement social de l'Eglise, il développe une réflexion originale recherchant à la fois des bases doctrinales sûres et une vérification à travers des expériences faites dans des milieux variés et des régions différentes. Comme l'a bien vu Jean-Marie Mayeur, il ne se limite pas à la question ouvrière et s'intéresse aussi au monde agricole, aux employés, aux classes moyennes, aux patrons. Enfin, il tient compte des réalisations étrangères, italiennes, belges et allemandes en particulier.

Deux institutions durables, les Semaines sociales créées en 1904 par des laïcs, et l'Action populaire fondée dès 1903 par des jésuites, apportent au catholicisme social français des idées, des méthodes d'action éprouvées et des moyens de propagande. Issu d'une Union d'étude des catholiques sociaux (1902) et d'une initiative de Marius Gonin, du Secrétariat social de Lyon, la première Semaine sociale organise à Lyon en août 1904 « un enseignement de type universitaire susceptible d'apporter aux mili-

Zones d'influence de la presse régionale d'après une carte diffusé dans une brochure de 1906 présentant la Société (Ar. des pères de l'Assomption, Rome : QB 23)

tants des œuvres les bases intellectuelles nécessaires à l'action » (Latreille). Le projet est appuyé par l'autorité épiscopale locale et approuvé par Rome. Le succès — 450 participants — incite à renouveler l'expérience chaque année. Une commission générale présidée par Henri Lorin à Paris et un secrétariat dirigé par Marius Gonin à Lyon administre les Semaines qui rassemblent autour de professeurs compétents — Duthoit, Blondel, Vialatoux, Boissard, Imbart de la Tour — et d'ecclésiastiques expérimentés — de Pascal, Desbuquois, Thellier de Poncheville, Desgranges — des militants désireux d'approfondir la pensée sociale catholique, d'échanger des expériences et de mieux se connaître.

La prudence et la ténacité de Lorin et de Gonin parviennent à triompher de multiples écueils : l'itinéraire de « l'université ambulante » rencontre certes quelques foyers du catholicisme social, mais fait découvrir aussi une subtile géographie épiscopale : Lyon, Orléans, Dijon, Amiens, Marseille, Bordeaux, Rouen, Limoges, Saint-Etienne, Versailles. La grande presse observe cette nouveauté avec curiosité. Sous le titre « Le programme social des catholiques », après avoir cité les approbations élogieuses de Pie X et du cardinal Andrieu, *Le Matin* rend compte de la Semaine sociale de Bordeaux (1909) en insistant sur l'intérêt porté au mouvement syndical et à l'organisation professionnelle, et sur quelques propositions : arbitrage en cas de grève, utilisation des conventions collectives de travail, minimum de salaire dans le travail à domicile. Profitant de l'expérience des Semaines, cette même année 1909, la *Chronique sociale du Sud-Est* devient la *Chronique sociale de France*, diffusant dorénavant un enseignement régulier dans le cadre national. Enfin, à l'imitation des Belges, douze secrétariats sociaux apparaissent dans différentes villes entre 1906 et 1914.

Deux jésuites originaires du Nord, où une petite bourgeoisie besogneuse côtoie des ouvriers très pauvres, les pères Leroy et Desbuquois lancent en 1903 à Lille, puis en 1904 à Reims, l'*Action populaire*, œuvre de presse qui diffuse les idées du catholicisme social par les brochures, les tracts, les revues et les livres. Les 318 brochures jaunes qui paraissent jusqu'en 1914 contiennent quelques études doctrinales, quelques enquêtes et beaucoup de présentations d'expériences très concrètes : une caisse rurale, un syndicat ouvrier ou agricole, une maison sociale, une union familiale. Elles tirent à 5 000 exemplaires en 1912. De juillet 1912 à juillet 1913, l'*Action populaire* diffuse 13 000 volumes, 100 000 brochures, 340 000 exemplaires de ses périodiques, 600 000 tracts. Elle fait alors l'éducation sociale du clergé et de nombreux laïcs. Elle popularise l'idée syndicale chez les catholiques.

Ceux-ci animent ou dirigent des syndicats agricoles en plein essor à la veille de la guerre, notamment dans le Sud-Est, l'Est, le Nord, l'Anjou. Des prêtres missionnaires du travail agricole ont créé des œuvres rurales dans le Nord depuis 1900. Le syndicalisme d'inspiration chrétienne reste moins développé en milieu urbain. Cependant, à partir de 1907, le Syndicat des employés du commerce et de l'industrie dont les effectifs s'accroissent rapidement, est dirigé par trois personnalités très dynamiques : son président, Jules Zirnheld, énergique et éloquent, ses secrétaires généraux Charles Viennet et Gaston Tessier, propagandistes actifs. Attachés à l'organicisme du catholicisme social — notamment aux structures familiales et professionnelles —, ils critiquent vivement certains abus patronaux et préconisent le développement du secteur coopératif et d'une législation sociale qui encourage les conventions sectorielles dans un cadre contractuel. Fermement républicains, ils adoptent une ligne sociale centriste hostile à la fois aux rouges de la C.G.T. et aux jaunes de Biétry : « Pour les syndicats, ni le rouge, ni la jaunisse, mais la santé » (Henri Bazire).

Les catholiques sociaux lancent des campagnes ponctuelles pour dénoncer l'exploitation de certaines catégories de travailleurs. Les dames de la Ligue sociale d'acheteurs fondée en 1902 s'inquiètent en 1903 du sort des couturières, déplorent en 1906 le manque d'air et d'hygiène dans les ateliers de retouche, puis se préoccupent des conditions de travail dans les boulangeries et les pâtisseries. Les patrons inscrits sur les listes blanches s'engagent à loger et à traiter convenablement leur personnel. Les Sillons de Nancy et de Paris organisent respectivement en 1908 une « exposition des horreurs économiques » et un « salon de la misère » qui alertent l'opinion sur l'insuffisance des salaires des ouvrières de l'habillement. En 1909, à l'instigation de l'A.C.J.F. et du syndicat des employés, Mgr Amette, archevêque de Paris, intervient publiquement en faveur du repos dominical et contre le travail de nuit des boulangers.

A partir de 1908-09, le « modernisme social » est fréquemment dénoncé par les publications intégristes des Barbier, Gaudeau, Delassus, Delmont, Defoyère. Après la condamnation du Sillon, les attaques redoublent contre les Semaines sociales, l'Action populaire, le syndicalisme chrétien. Parmi les jésuites, au père Desbuquois s'oppose le père Fontaine, adversaire de la « tyrannie syndicale », systématiquement hostile à la grève qu'il identifie à la guerre. Lorin et Duthoit sont reçus à Rome en 1913 par le cardinal Merry del Val et doivent signer une déclaration en retrait sur la doctrine thomiste à propos du droit de propriété. Au début de 1914, les catholiques sociaux multiplient les démarches à Rome pour éviter les condamnations préparées par les intégristes : pèlerinage de l'A.C.J.F. qui est bien accueilli, audience du pape aux dirigeants des Semaines sociales et, peu après, à Léon Harmel, qui à 85 ans, effectue ce long déplacement pour défendre le syndicalisme chrétien menacé par les critiques récentes de la *Civilta cattolica*. Déjouant les attaques des intégristes, le catholicisme social émerge en France à la veille de la guerre de 1914.

« Une jeunesse héritière en même temps que novatrice » *(Barrès)*

Les années qui précèdent la Grande Guerre correspondent à une renaissance religieuse au sein de la jeunesse, à tout le moins à un rigoureux effort d'encadrement assorti de formes nouvelles et attractives d'organisation. On peut comptabiliser ce renouveau dans la jeunesse intellectuelle. A l'Ecole Normale Supérieure, dont M. Portal est l'aumônier depuis 1911, un tiers des élèves participent à la retraite pascale en 1914, dix fois plus qu'au début du siècle. A l'Ecole polytechnique on compte alors 217 communions pascales. La Fédération française des étudiants chrétiens (protestants) passe de 300 membres en 1902 à 1 086 en 1914. Cette même année l'Association catholique de la jeunesse française fondée en 1886 à l'instigation d'A. de Mun, recense 3 000 groupes et 140 000 adhérents, une première apogée. Les patronages catholiques, les Unions chrétiennes de jeunes gens contribuent à étendre le recrutement dans les milieux populaires. Les Unions sont au nombre de 63 (1 439 membres actifs : on le devient après une demande écrite assortie d'une *base* ou profession de foi) en 1889, de 116 (3 795 membres) en 1906 auxquelles il faut associer 60 sections cadettes de 1 309 membres. Essor qui s'explique en partie par le soutien des Eglises d'abord réticentes face à un mouvement qui échappe à leur contrôle. A partir de 1890 elles y voient le meilleur moyen d'éviter la désertion des jeunes après la confirmation. Outre les pratiques sportives, capitales au sein des sections cadettes, les Unions développent des activités sociales — lutte contre l'alcoolisme ou la pornographie — et d'évangélisation. En 1911 le secrétaire des U.C.J.G., Samuel Williamson, fonde les Eclaireurs Unionistes. Dès avant 1914 la plupart des Unions cadettes se transforment en troupes. Camping, secourisme, jeux de piste, observation de la nature sont à la base des activités ; la loi de l'éclaireur fournit un « code d'honneur, de dévouement et de sacrifice » qui transforme l'enfant en « un petit chevalier sans peur et sans reproche », Henri Bonnamaux, *Notre Revue* (janvier 1913). A la différence des autres branches du scoutisme qui se fondent au même moment — Eclaireurs de France, Eclaireurs Français — les E.U., très proches du modèle anglo-saxon, mettent expressément à la base de leur serment la fidélité à Dieu.

Des conditions favorables ont joué. Chez les étudiants le recrutement s'explique largement par le déclin du scientisme. L'exemple des étudiants protestants atteste le changement du paysage intellectuel. Au début du siècle, les premiers groupes semblent connaître des « heures de détresse et de doute » face aux attaques « de la science, de la raison et de

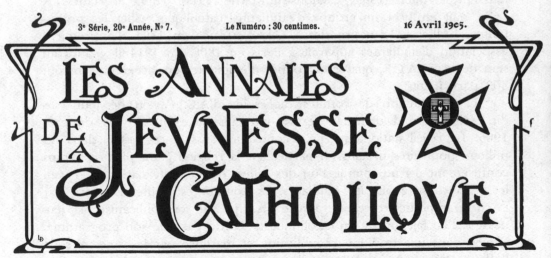

3e Série, 20e Année, N° 7.   Le Numéro : 30 centimes.   16 Avril 1905.

LES ANNALES DE LA JEUNESSE CATHOLIQUE

ORGANE DE L'ASSOCIATION CATHOLIQUE DE LA JEUNESSE FRANÇAISE
Paraissant le 1er et le 16 de chaque mois.

l'histoire ». Après la Séparation, on voit se développer une foi conquérante qui, à travers le bergsonisme et le vitalisme ambiants, retrouve les accents du Réveil. Une des conséquences en sera le renouvellement des élites protestantes et, avec le mouvement des Volontaires du Christ, des « vocations de pasteurs, de missionnaires et d'animateurs de mouvements de jeunesse » (Charles Grauss). Issus des classes dirigeantes les étudiants catholiques ou protestants vont fournir des cadres à nombre d'organisations.

La Séparation, les persécutions qui accompagnent les Inventaires dans maintes paroisses, accentuent la volonté d'organiser la jeunesse. On commence à mettre en place les premières directions diocésaines d'œuvres de jeunesse. Ces mêmes événements suscitent aussi des réactions spontanées de résistance éminemment favorables aux jeunesses catholiques en plusieurs régions. Bien des évêques et des prêtres jusqu'alors réticents vis-à-vis de la place à accorder aux laïcs dans les œuvres, sentent le besoin d'unir les énergies dans un élan de défense religieuse qui, fait nouveau, englobe aussi l'appel aux jeunes filles. Le premier comité noéliste est créé à Quimper en 1905. Les ligues féminines suscitent des branches « jeunes ». Les premières Fédérations diocésaines de jeunes filles naissent à Autun (1909), Châlons-sur-Marne (1911), Tours et Nancy. A Lyon naît en 1914 un groupe d'étudiantes catholiques. Chez les protestantes, l'Alliance Française des U.C.J.F. est née en 1894. La première association d'étudiantes apparaît à Paris en 1906. En 1914 il y aura au sein de la F.F.A.C.E. quatorze groupes d'étudiantes ou lycéennes, en tout 300 participants.

La constitution de comités diocésains d'A.C.J.F., ou de Jeunesses diocésaines quand demeure l'esprit particulariste, suit souvent de près 1905. Le réveil nationaliste peut contribuer aussi à cet essor, dans les milieux populaires urbains en particulier, la religion étant plus ou moins confusément perçue comme l'un des piliers de l'identité nationale. Parmi les jeunes bourgeois, les étudiants, ce courant est toutefois attiré par l'Action française et celle-ci accuse l'A.C.J.F. de « républicaniser la jeunesse ». Elle fait surtout du « politique d'abord » l'axe de son programme. Elevée dans une tradition républicaine et marquée par les souvenirs de l'affaire Dreyfus, la jeunesse intellectuelle protestante a souvent été attirée au début du siècle par l'idéal internationaliste pacifiste du Christianisme social. Elle n'en connaît pas moins après 1910 un « renouveau patriotique » plus centré sur l'idée de régénération interne de la France que sur la perspective d'un conflit extérieur qu'on souhaite pouvoir éviter.

Soucieux plus que jamais de montrer qu'ils sont partie intégrante d'une nation où leur poids dans la direction des affaires politiques est nul, les catholiques adhèrent largement à l'esprit de revanche qui inspire l'action du médecin lorrain Paul Michaux, l'organisateur avec François Hebrard des premiers concours de gymnastique des patronages en 1898. La Fédération gymnastique et sportive des patronages de France compte 50 000 membres en 1906 : « Nos jeunes gens se passionnent pour le football, la boxe ou le Tour de France. Vais-je leur refuser le plaisir d'en discuter avec moi ... le contraire d'un peuple chrétien c'est un peuple triste » fait dire Bernanos (*Le journal d'un curé de campagne*) au jeune prêtre fondateur d'une société sportive. Charles Simon, le secrétaire fédéral est un organisateur remarquable. En 1913 la Fédération compte 43 Unions régionales, 1 250 sociétés affiliées, plus de 150 000 membres, c'est une « incontestable réussite de masse » (M. Lagrée).

Dans le seul mois de juillet 1913 les treize rassemblements réunissent 40 000 gymnastes. Les pouvoirs publics s'y intéressent : à la veille d'une réunion de 800 sportifs à Privas, le préfet de l'Ardèche trouve là « un indice de plus de l'activité cléricale qui se multiplie dans mon département » (25 juin). Pour le préfet de police de Paris, « ces sociétés rendent toutefois de réels services du point de vue sportif et militaire » (décembre). La presse anticléricale s'en émeut sous le titre « Raffut gymnastique » : « Décidément c'est le mot d'ordre partout donné : la gymnastique entre comme partie intégrante dans le rituel catholique. Les exercices de trapèze complètent les exercices de dévotion ... La gymnastique ne va pas sans tapage, exhibitions, pavoisements, saluts aux drapeaux, défilés qui sont des processions », *La lanterne* (27 mai 1912). L'engouement pour le sport draine vers les patronages des dizaines de milliers de jeunes que les côtés spirituels ou intellectuels n'attiraient pas nécessairement. Nul doute que l'équilibre n'était pas facile à tenir. Du moins, enrôlés dans le « patro » catholique ou l'U.C.J.G. l'adolescent restait-il dans l'orbite religieuse dont il se serait très souvent éloigné sans cela. Pierre Poujol a noté que « Les Unions Chrétiennes ne sont pas en reste pour les activités sportives ». Le local de la rue de Trévise, inauguré en 1893 en présence du baron Pierre de Coubertin, comporte une piscine et plusieurs salles de sport. Le sport « dans toute sa nouveauté » permet d'unir employés et étudiants et « des jeunes gens accèderont à la carrière de pasteur par les fonctions de moniteurs d'exercice physique ou de camping ». L'engouement fut particulièrement irrésistible chez les cadets. Le football devient l'élément souvent central du patronage paroissial.

Cette force d'attraction, les Sillonnistes l'avaient bien comprise qui ne boudaient pas les activités sportives et considéraient les patronages comme un vivier (Max Turman, *Au sortir de l'école, les patronages,* 1901). Bien entendu, ils s'efforçaient de susciter en leur sein l'ouverture d'un Cercle d'études : à partir des *Philippins* de Rouen, l'action d'un Edward Montier, l'auteur des *Essaims nouveaux,* 1911, fut considérable en Normandie (N. J. Chaline). Parmi des collégiens de Stanislas (1892-95), le Sillon voulait en effet réconcilier l'Eglise et le peuple ouvrier des villes, l'Eglise et la République.

Mouvement porté par la pensée blondélienne, considéré avec suspicion sinon animosité par les anticléricaux — de là la création en 1901 d'un service d'ordre la Jeune Garde — le Sillon ne pouvait au départ recruter en milieu populaire qu'au sein des œuvres catholiques, chez les anciens des Frères, dans les patronages.

Pour Marc Sangnier, la démocratie ne peut être qu'une éducation mutuelle et c'est humainement l'objectif vers lequel il faut tendre puisqu'elle est « l'organisation sociale ».

Dès 1902 le Sillon dispose d'une solide organisation centrée sur Paris avec des ramifications dans le Nord (Roubaix) ; dans l'Est (Nancy, Epinal, Belfort, Besançon) ; à Lyon et dans un grand Ouest, de Rouen à Bordeaux, de Tours à Limoges, avant de pénétrer le Midi par Toulouse. Il prépare une élite religieuse et sociale avec des éléments venant de toutes les classes, un fort noyau d'employés et d'étudiants. Plus que les effectifs (au demeurant difficiles à recenser : en 1905, 640 groupes et quelques 10 000 jeunes gens), c'est la ferveur née d'une « grande amitié » « âme commune » toute donnée à « la cause », qui ressort et qui, initialement, provoque des approbations épiscopales. Les militants animent cercles d'études, instituts populaires, caisses des soldats, coopératives. Ils pénètrent dans les syndicats quand ils ne les créent pas eux-mêmes, sans répudier l'affiliation éventuelle à la C.G.T.

En 1906 les dirigeants ne sont plus de tous jeunes gens. Ils abordent le terrain politique dans le cadre d'un « plus grand Sillon », laïcisé. Des contacts sont pris avec des protestants, le pasteur Soulier, Président des U.C.J.G., des libres-penseurs, des groupes de jeunes socialistes.

Le 25 août 1910 Pie X adresse une lettre à Marc Sangnier, faisant suite à l'inquiétude de nombreux évêques devant l'engagement de plusieurs de leurs prêtres et, devant la disparition de Sillons régionaux, Est, Limousin, dû au départ de l'abbé Desgranges ... L'Eglise de France dans sa majorité n'était d'ailleurs pas prête à admettre la laïcisation d'un mouvement largement confessionnel à ses origines (M. Rébérioux). La soumission au désir du pape est immédiate et unanime car la spiritualité franciscaine du Sillon rejoignait celle de Pie X, ancien curé de campagne, soucieux d'enseigner et de vivre un christianisme intégral. Marc Sangnier fonde en 1912 le parti de la Jeune République. Beaucoup d'anciens militants contribuent alors à donner une orientation plus sociale à l'A.C.J.F.

Initialement destinée à permettre à de jeunes bourgeois de retrouver leur rôle de dirigeants naturels l'A.C.J.F. a évolué rapidement depuis le congrès de Besançon en 1898, forte d'une ligne commune autour de la devise : « Piété, études, action » et d'une visée apostolique qui s'affirme. Les cercles d'étudiants et de collégiens s'élargissent. De retour chez eux, de jeunes avocats ou médecins s'associent aux efforts qui sont faits pour faire naître des cercles ruraux et entraîner les aînés des patronages dans les Avant-gardes (13-16 ans) et les cercles d'études. Une élite de militants se forme. Le mot d'ordre d'Henri Bazire « sociaux parce que catholiques » suscite une ouverture dans le sens du catholicisme social auquel sont initiés des milliers d'adhérents. La méthode d'enquête venant de Le Play et de la *Réforme Sociale* donne aux militants cette conviction que les questions sociales doivent être étudiées scientifiquement l'une après l'autre, et résolues l'une après l'autre. En 1903 l'A.C.J.F. a tenu son premier congrès social à Châlon sur la question syndicale. Désormais les congrès sont annuels. Celui d'Albi (1905) sur « Les conditions de travail de la jeunesse ouvrière » atteste de la pénétration de nombreux groupes (1/5°) dans le monde ouvrier. Un travail en profondeur considérable a été entrepris dans un grand nombre de diocèses, tel celui de Valence, étudié par J. Lovie. C'est en 1906 que le nouvel évêque, Mgr Chesnelong, défiant vis-à-vis du Sillon, met en place des groupes d'études paroissiaux, avec l'aide de jeunes laïcs comme Louis de la Boisse et Maurice de Gailhard-Bancel. Le premier congrès diocésain à Valence en 1909 est précédé d'une retraite prêchée par l'abbé Thellier de Poncheville. Les congressistes défilent derrière leurs étendards aux chants de *la Drômoise* et du *Nous voulons Dieu*. Le mouvement se structure au cours de congrès cantonaux qui sont autant de démonstrations publiques de la foi catholique. Il favorise une fréquentation plus régulière des sacrements, la communion mensuelle tend à devenir la règle. Il intéresse à la liturgie : pour se former au chant, « franchir la table de communion et occuper les stalles du chœur n'a pas été la moindre révolution ». En 1913 des groupes existent dans 141 des 350 paroisses, plus nombreux dans le nord du diocèse, l'effectif total atteint 1 500 membres. Les gros bataillons, près de la moitié des effectifs, proviennent des chrétientés de l'Ouest, du Nord-Pas-de-Calais (20 000), de Franche-Comté, du sud-est du Massif Central (Tarn, Aveyron, 2 000, Ardèche 3 000). Mais l'implantation de l'A.C.J.F. est également notable dans les petites villes et les bourgs de la Picardie, de la Champagne, de la Bourgogne et d'une partie de l'Aquitaine.

La politique les divise : royalistes (nombreux dans le Midi), démocrates-chrétiens, Action libérale populaire, leur commun dénominateur est d'être sociaux. D'une façon générale l'A.C.J.F. s'abstient de descendre dans l'arène politique. Organisation-souche, elle contribue à faire naître des syndicats ouvriers et surtout agricoles, des coopératives, des mutuelles incendies ou bétail, des caisses de crédit, des jardins ouvriers, des secrétariats sociaux, des sociétés d'habitation à bon marché, des cours agricoles par correspondance (1913), et tout ceci prépare à bien des engagements ultérieurs importants.

Tous les groupes de Jeunesses Catholiques ne sont pas affiliés à l'A.C.J.F. Certains évêques préfèrent une organisation placée sous leur seule direction. Mais ils ne peuvent ignorer l'influence des dirigeants nationaux, des laïcs à la forte personnalité comme Henri Bazire, Jean Lerolle, Pierre Gerlier. Avec les aumôniers, le P. Corbillé à partir de 1911, ils donnent « la ligne » que la diffusion des *Annales de la Jeunesse Catholique* permet de suivre, tout en préservant la très large autonomie des groupes locaux affiliés. Les nouveaux moyens de transport, le train, la bicyclette, permettent d'ouvrir des brèches dans le particularisme. Un Joseph de Malbosc parcourt inlassablement dix ans durant le Bas-Vivarais pour animer des groupes très vivants, rôle que joue un Henri Bonnafé à Rodez, un Gaston de Saint-Aubert à Arras.

NEUVIÈME ANNÉE N° 8   Cinq centimes   DIMANCHE, 14 Septembre 1913

Le Semeur du Tarn

ORGANE DE LA JEUNESSE CATHOLIQUE TARNAISE

Paraissant le premier et le troisième Dimanche du mois

RÉDACTION ET ADMINISTRATION, 9, Rue du Séminaire, ALBI.

ABONNEMENTS { Membres de la Jeunesse Catholique. . . 1.50 — Membres des Avant-Gardes. . . . . 1.00 | Hors du Département, 0.50 en plus.

Vme CONGRÈS DÉPARTEMENTAL

DE LA JEUNESSE CATHOLIQUE DU TARN

Sous la présidence de Monseigneur MIGNOT, archevêque d'Albi

Castres, le Samedi 18, & le Dimanche 19 Octobre 1913

CAMARADES,

Le Ve CONGRÈS DÉPARTEMENTAL se tiendra à Castres, les 18 et 19 Octobre prochain, sous la présidence de Sa Grandeur Mgr l'Archevêque et avec le concours de Pierre Gerlier, président général.

L'importance de la question qui en fera l'objet principal n'échappera à aucun de vous. « *L'A. C. J. F. et l'Action sociale* » tel est le thème choisi pour cette prochaine réunion.

Plusieurs, autour de nous, se sont parfois demandé, en voyant notre action extérieure un peu timide et modeste, si nous avions un programme social et quel est ce programme.

Le Congrès de Castres répondra, croyons-nous, à ces légitimes préoccupations. Notre UNION a grandi en fortifiant ses cadres ; l'heure est venue pour elle de montrer qu'elle est plus qu'une œuvre de formation. Désormais elle se sent assez fortement organisée pour entrer résolument sur le terrain des réalisations. En agissant ainsi elle ne fera que continuer les traditions de l'Association elle-même depuis son origine.

Le Congrès de Castres montrera à quelles sources s'avive notre esprit social, de quels principes s'inspire notre action ; il justifiera ainsi aux yeux de tous la légitimité de notre formule « *Sociaux parce que Catholiques* ».

« *Sociaux parce que Catholiques* », nous voulons restaurer la famille en la rétablissant sur ses bases naturelles et divines et en l'enveloppant d'institutions bienfaisantes capables d'aider à son développement et à sa sécurité.

« *Sociaux parce que Catholiques* », nous voulons réorganiser la profession dans un véritable esprit de justice, d'équité et de fraternité mieux comprise.

« *Sociaux parce que Catholiques* », nous voulons redonner à la cité sa vraie physionomie avec ses justes libertés et lui préparer des citoyens éclairés, libres et utiles.

Nous ne sommes ni des *novateurs* ni des *rétrogrades*. Nous avons confiance seulement que notre pays ne sera peu à peu refait, que nos institutions ne seront améliorées, que la justice ne sera rétablie, que le progrès social, en un mot, ne sera pleinement réalisé que par les principes catholiques dont fièrement nous nous réclamons.

Ce Congrès, nous en sommes sûrs, sera le point de départ d'une action plus hardie et plus décisive à condition que chacun de vous veuille bien venir s'éclairer, se réconforter et prendre d'énergiques résolutions.

Tous ceux qui veulent exactement nous connaître viendront eux aussi à ce rendez-vous.

CAMARADES,

Nous faisons un pressant appel à votre esprit de discipline, d'attachement à l'Association ainsi qu'au sentiment profond de vos responsabilités dans le rôle qui vous revient au titre de membres de l'A. C. J. F.

Vous serez tous à Castres pour montrer votre force, vos progrès, votre ardent désir de travailler utilement à la tâche commune, et de collaborer efficacement, suivant le désir et les directions de l'Eglise, à la rénovation sociale et chrétienne de notre pays.

Le Comité Départemental

PROGRAMME

Samedi, 18 Octobre

2 h. ½. — OUVERTURE DU CONGRÈS, sous la présidence de G. BAYONNE, président de l'Union Départementale du Tarn.

Les idées sociales de l'A. C. J. F. ; rapporteur : J. DUGUET, avocat à la Cour d'appel de Toulouse, président de l'Union Régionale du Midi.

L'A. C. J. F. du Tarn et les réalisations sociales ; rapporteur : G. CARRIÈRE, avocat, membre du Comité Départemental.

8 h. ½. — PUNCH-MEETING, sous la présidence de J. DUGUET.

Allocution de Louis MOTTES, président de la Fédération Castraise.

Impressions du Pèlerinage à Rome par un camarade du Tarn.

Compte rendu sur la marche générale de l'A. C. J. F. dans le Tarn par G. BAYONNE.

Allocution de Pierre GERLIER, président général.

10 heures. — VEILLÉE RELIGIEUSE en l'église Saint-Jacques de Villegoudou.

Dimanche, 19 Octobre

7 h. ½. — MESSE DE COMMUNION à l'église N.-D. de la La Platé.

N. B. — Une place sera retenue dans le haut de la nef pour les Congressistes n'ayant pu arriver à temps. La Sainte Communion leur sera donnée même pendant le cours des messes ordinaires.

9 heures. — *Séance de travail* sous la présidence de P. GERLIER, président général.

L'action professionnelle et le sens social ; la tâche à accomplir. Rapporteur : Jules PIGASSE, avocat à la Cour d'appel, ancien président de l'A. C. J. F. du Tarn.

Revue générale des groupes par les secrétaires des zones.

11 heures. — MESSE SOLENNELLE DU CONGRÈS à l'église cathédrale de Saint Benoît. — Allocution.

12 heures. — BANQUET.

2 h. ½. — SÉANCE SOLENNELLE DE CLOTURE.

Présidence de Sa Grandeur Monseigneur l'Archevêque.

Allocution de G. BAYONNE, président départemental.

Discours de J. DUGUET, président régional.

Discours de P. GERLIER, président général.

Allocution de Mgr MIGNOT.

5 heures. — Salut à l'église Saint Jean-Saint Louis. — Allocution.

(Voir Remarques importantes aux Communications de l'Union Départementale).

Les deux France

Dans le creux de la vague ?

En 1883, selon Renan, « il n'y a plus de masses croyantes, une très grande partie du peuple n'admet plus le surnaturel et on entrevoit le jour où les croyances de ce genre disparaîtront dans les foules ... de la même manière que la croyance aux revenants a disparu ... la religion est irrévocablement devenue une affaire de goût personnel », *Souvenirs d'enfance*. Bien des signes inclineraient à abonder dans ce sens. Dès 1860 ici, vers 1880 ailleurs, une distanciation nouvelle s'est établie entre l'Eglise — surtout le catholicisme — et une fraction des classes populaires. L'enthousiasme pour les grands pèlerinages ou les fêtes de l'Adoration perpétuelle est retombé. Les excès de la dévotion, une sentimentalité jugée fade, une imagerie mièvre (J. Pirotte, M. Albaric, C. Savart), le recours trop fréquent au « Petit Jésus », détournent d'une piété virile et sobre, et contribuent à « féminiser » la religion. S'y ajoutent le pessimisme temporel de prêtres souvent désemparés et les sollicitations financières que la poussée des laïcisations rend plus lourdes. Les œuvres paroissiales ont alors plus que jamais besoin des notables, ce qu'avaient bien vu les évêques ralliés hostiles à la dénonciation du concordat.

Après le premier seuil de laïcisation du début du XIXe siècle, la religion n'était que l'une des institutions structurant la société globale. Voici que survient la rude épreuve des deux vagues du second seuil de laïcisation : les lois scolaires, Dieu hors de l'école ; puis la Séparation, Dieu hors de l'Etat. C'est en ce sens qu'il faut entendre « déchristianisation », c'est-à-dire mise en place d'un rapport juridique inédit dans le monde européen et qui marginalise la religion : affaire privée, elle relève des opinions. Les fonctionnaires, en ces débuts du XXe siècle, se tiennent massivement à l'écart — aux magistrats et officiers près — et, derrière eux, bien des tièdes modèlent leur comportement extérieur sur les représentants de l'Etat, comme ils l'avaient fait, mais en sens inverse, au début du Second Empire. A partir de 1880, un rituel festif purement laïque est mis officiellement en place, avec les célébrations du 14 juillet.

Si l'on ajoute que la culture populaire se transforme, que l'enrichissement paysan démantèle la sociabilité des veillées et que, vers 1875-1880, le journal à un sou pénètre dans les campagnes où le roman-feuilleton vient concurrencer la *Vie des saints* et l'*Imitation*, on comprend sans peine que de très nombreux prêtres retrouvent une aigreur qui était celle de leurs prédécesseurs quelques décennies auparavant, au sortir de la difficile période post-révolutionnaire. Aigreur et désarroi qui, au demeurant, n'avaient jamais cessé d'être dans certaines régions où la restauration religieuse avait tourné court.

La religion est-elle devenue pour autant une opinion ? Cela semble vraisemblable dans les départements où la population masculine est gagnée dans sa majorité, voire presque entièrement, à une idéologie républicaine avancée, associée à un anticléricalisme quasi absolu, disons en gros les régions radicales. La question est à réserver, car beaucoup plus complexe, pour un socialisme qui apparaît souvent comme un moindre mal : « Au moins ils respectent la liberté religieuse » dit-on alors de certains de ses candidats, en faveur desquels l'électorat catholique de droite transfère une partie de ses suffrages pour faire échec aux radicaux francs-maçons. Dans la vie publique, puisque « un bon républicain ne peut être un calotin », il arrive de plus en plus que la pression du conformisme lui interdise de franchir le seuil de l'église ou du temple, la question étant posée dans les mêmes termes pour « les cléricaux protestants ». La pratique religieuse est donc devenue l'affaire d'un parti, le « bon parti » pour les uns, les « cléricaux-cafards » pour les autres. La *pratique oui certes*, mais non la *religion* toute entière, sauf exception. Ainsi en milieu rural, l'unanimité continue en général de prévaloir, pour les rites saisonniers, quelles que puissent être les « opinions ». Le délai du baptême s'allonge mais l'enfant est baptisé. La femme maintient les pratiques extérieures et les pratiques privées qui environnent l'enfance. En outre, et par delà l'attachement aux clercs, un trait de la religion populaire aussi important que l'invocation publique du sacré se maintient même dans les campagnes les plus détachées, tel le Limousin ou le Centre. Exemplaire nous paraît être cette remarque du curé de Minerve (Hérault) en 1907 : « Aucun homme ne fait ses pâques, mais, chose curieuse, presque tous les hommes et jeunes gens assistent aux processions ». Il y a là des capacités de résistances à la modernité que bien des intellectuels anti-cléricaux vivant dans les villes ont sous-estimées. Toute analyse historique se doit d'être prudente et, en multipliant les indices, en mêlant l'indispensable quantitatif aux différents types de discours et d'observations, de tenter une approche plus vraie du vécu religieux dans l'infinie variété de ses contrastes. Elle ne saurait méconnaître, par exemple, que les dossiers de la police des cultes, comme la plupart des lettres adressées à l'administration épiscopale, relèvent du genre « plaintes » et risquent de précipiter le chercheur dans ce « piège des sources » contre lequel on ne mettra jamais assez en garde.

L'opposition, en apparence irréductible, entre le catholicisme romain et l'Etat républicain, à l'époque du Bloc des gauches, conduit à raidir les attitudes extérieures et donne le sentiment que l'Eglise, citadelle assiégée depuis quelques décennies, se trouve alors au creux de la vague : « les classes inférieures dans les villes surtout, tendent à se séparer de la religion » note Lucien Arréat dans un ouvrage publié chez Alcan, *Le sentiment religieux en France*, 1903. La convergence de divers indices paraît situer un moment de reflux accentué aux alentours de la Séparation, entre 1903 et 1908. Louis Pérouas souligne qu'une cassure dans la pratique religieuse du Limousin rural s'est produite vers 1905. Joue alors ce conformisme d'intimidation que signale Jacques Lovie, cette absence du plus grand nombre des hommes aux messes du dimanche en ville, « où les comités républicains surveillent les entrées », *Chambéry, Histoire des diocèses de France* (p. 234). A Nîmes, le pasteur Babut confesse que « jamais les auditoires » ne lui ont paru « plus clairsemés » au temple qu'au commencement de l'été 1907 : « le peuple n'y vient guère ». En 1909, pour plus de 5 000 femmes au culte on ne compte pas 500 hommes, *Rapport au synode libéral du Midi*. Entre 1867 et 1911 la désaffection sensible pour l'instruction religieuse se traduit dans l'écart qui croît entre le nombre des baptisés et celui des catéchumènes quatorze ans plus tard. La courbe des enterrements civils protestants prend une envolée pour culminer en 1908 : 41 soit 12,5 % contre 9 catholiques seulement soit environ 1,5 %. Dans les deux confessions, la progression est nette depuis 1903 — plus forte chez les protestants — et le reflux simultané à partir de 1909 (C. Lupovici). Observations identiques à Lyon

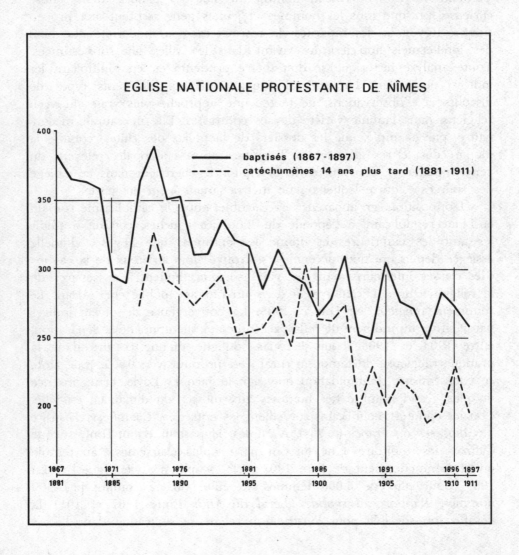

EGLISE NATIONALE PROTESTANTE DE NÎMES

baptisés (1867-1897)
catéchumènes 14 ans plus tard (1881-1911)

où les convois sans cérémonie religieuse passent de 20 à 27 % entre 1903 et 1907, retombent à 26 % en 1911, une fois le mouvement libre-penseur moins actif (G. Laperrière). A Béziers, il y aurait 25 % d'enfants non baptisés en 1902, 16 % seulement en 1912, et 6 % en 1922 (J. C. Chazal). A Limoges comme à Paris, toutefois, la progression des obsèques civiles se poursuit pour atteindre 29,6 % dans cette dernière ville en 1913.

Il est donc opportun de revenir sur la notion de flux et de reflux. Il nous semble que l'idée d'un détachement religieux linéaire, accréditée auprès de bon nombre de nos contemporains et que certains historiens continuent de faire leur, est erronée en ce qu'elle situe dans un lointain assez mythique « une chrétienté idéale » rurale dont l'effondrement aurait été progressif tout au long du XIXe siècle. La récente thèse de Claude Muller, *Le diocèse de Strasbourg au XIXe siècle (1802-1914)*, montre sur un nouvel exemple, quelle était la situation religieuse en Alsace après la Révolution. On dispose aussi d'une enquête inédite sur le diocèse de Tarbes en 1807, nouvelle pièce à verser au dossier. Or, dans ces deux régions, les ruraux en quasi totalité faisaient leurs pâques vers 1860, ce qui n'était pas le cas au début du siècle, où dans maintes paroisses « beaucoup de personnes de l'un et l'autre sexes » n'approchent jamais des sacrements. La désaffection continue de croître avec la raréfaction prolongée du nombre des clercs et l'arrivée à l'âge adulte des générations mal formées durant les troubles. Nous souhaitons, une fois pour toute, tordre le cou au mythe de l'unanimisme paroissial dans les débuts du XIXe. siècle. Une étude approfondie montre qu'il n'existe que dans les rares régions où la Révolution, comme le dit Renan, avait été nulle et non avenue, encore faut-il le vérifier. Partout où la division du clergé s'était produite, le déluge des plaintes atteste la persistance des désordres.

Au reflux des années 1880-1910, majoritaire dans les campagnes et quelques fois très prononcé dans certaines zones ouvrières, s'oppose une remontée spiritualiste allant au delà des élites intellectuelles. Ce spiritualisme est en passe de regagner une profession qui lui était très fermée, les médecins. En 1875, sous l'impulsion du jeune interne messin Paul Michaux, se constitue à Paris la conférence Laënnec ; peu après, à Montpellier, Joseph Grasset enrôle plusieurs étudiants dans la société de Saint-Vincent de Paul. En 1884, un chirurgien du Mans, le Dr Le Bèle suscite la naissance de la Société médicale Saint Luc, Saint Côme et Saint

Damien dont les comités locaux vont se multiplier ; en 1914, l'amorce d'une inversion de tendance est en cours dans le monde médical. Lucien Arréat, peu suspect de sympathie pour « l'excès de fétichisme et de basse dévotion due au recrutement du clergé dans les classes inférieures », note que « même la petite bourgeoisie » montre une tendance à « revenir à la pratique du culte ». Il en cherche les causes dans le désenchantement provoqué par le positivisme, les erreurs commises par « le fanatisme irréligieux de nos gouvernants », et il ajoute : « Jean Macé me disait jadis que ses livres étaient bannis des écoles de la ville de Paris parce que le mot Dieu se rencontre quelquefois dans ses histoires. Belle logique des sectaires qui se qualifient de libres-penseurs ! On va à la messe dans nos campagnes sans être dévot. Mais on ne consent pas si vite à rayer Dieu de sa croyance, et l'on souffre impatiemment d'être molesté. » Nul doute que l'effet des persécutions ait indisposé ici, stimulé là. Mais il faut s'attacher au dernier facteur évoqué par ce collaborateur de la Bibliothèque de philosophie contemporaine : ce qu'il appelle le « repliement marqué de l'homme sur sa nationalité », c'est-à-dire sur un renouveau des liens d'appartenance nationale dont le catholicisme tire profit avec l'appui volontaire d'un nombre considérable de clercs.

Vers la fin du XIXᵉ siècle, puis, à nouveau, dans les années précédant 1914, un vaste mouvement d'hostilité à la centralisation s'est fait jour alors même que le progrès, la science et la raison suscitaient des remises en cause partielles parmi les intellectuels. Ce courant s'enracine dans l'héritage traditionaliste et rencontre une adhésion populaire là où les identités régionales restent vivaces. Or, à la veille de 1914, adversaires ou défenseurs de l'Eglise identifient couramment l'action du clergé à la défense des traditions menacées par l'Etat centralisateur et par la société industrielle. La Fédération régionaliste fondée, en 1900 par Charles-Brun, unit des hommes aussi différents que de Gailhard-Bancel, Barrès, Deschanel, Doumer, Ribot, Paul-Boncour ou l'abbé Lemire. Celui-ci, à Lyon, en 1896, s'était écrié : « Vous n'êtes pas en démocratie, vous êtes en bureaucratie ! ». Barrès publie des « Notes sur le fédéralisme » qui suscitent des échos dans la tradition proudhonienne comme dans le Félibrige. En Avignon, sous l'égide d'un prédicateur en provençal renommé, le P. Xavier de Fourvières, paraît le journal *le Gau* qui s'adresse principalement à ces nombreux clercs férus de connaissance érudite sur le passé, plus rarement associés à la renaissance des langues régionales, voire à la revendication d'une politique décentralisatrice. De la droite légitimiste à la démocratie chrétienne, au Sillon, à certains républicains modérés, se développe un nationalisme régionaliste revendiquant l'existence de corps intermédiaires face à l'Etat omnipotent.

La défense des parlers maternels, l'illustration du passé local, s'appuient sur des orientations pastorales à fortes connotations populistes. Comme le dit le prêtre rouergat Justin Bessou, l'auteur du célèbre D'*al brès a la toumbo*, « foi, patois et paysan sont trois qui ne font qu'un ». Ces thèmes éveillent des résonances qui vont bien au delà des seuls milieux sensibles à l'ascendant des clercs. D'ailleurs certains prêtres ne partagent pas ces sentiments soit par indifférence, soit par la conviction qu'il faut reconquérir la bourgeoisie avancée ou enrayer le détachement de la classe ouvrière en formation dans les grandes cités.

En 1894, lors du Congrès provincial de la *Société bibliographique et des publications populaires*, sur 69 communications, 30 % sont faites par des prêtres, dont les Ulysse Chevalier, Allain, Cabrol, Douais, Léonce Couture, Torreilles, Sabarthès, Goiffon, bons artisans d'une histoire considérée comme la servante de la théologie et de la piété. Ils louent, parmi les laïcs, l'éditeur toulousain Privat « estimable autant que courageux », qui vient de rééditer en seize volumes l'*Histoire générale de Languedoc* des bénédictins Dom Devic et Dom Vaissète. Une récente étude d'historiographie révèle la présence de 50 clercs parmi les 185 historiens régionaux de Franche-Comté entre 1840 et 1914. Un Daniel Haigneré, du diocèse d'Arras, conduit de savantes recherches sur le patois boulonnais. Lemire est « l'homme de la Flandre ». Lorsque le directeur des Ecoles chrétiennes d'Arles, Frère Savinien, propose en 1896 une méthode qui consiste à partir de la langue maternelle pour apprendre le français, c'est-à-dire le contraire de ce que prônait l'enseignement officiel, il n'obtient que de rares appuis à la Chambre hormis celui de l'abbé Lemire, auquel fera écho au Reichstag celui de l'abbé Wetterlé. Il faudrait citer l'abbé Vion en Lorraine, l'abbé Job Le Bayon qui, en pays vannetais, fonde le *Théâtre populaire breton* de Sainte-Anne-d'Auray, de jeunes paysans jouant les pièces qu'il a composées ; l'abbé Joseph Roux, rénovateur de la langue limousine ; l'abbé Baldit qui, en Lozère, a ouvert « une tradition de conteurs paysans » (R. Lafont), l'abbé Pédegert dans les Landes ; Louis Moutier, capiscol des Félibres de la Drôme ; Joseph Bonnafont, curé d'Ille-sur-Têt, disciple préféré du grand poète catalan Verdaguer. En 1896

Mgr d'Hulst se félicite de ce que la loi accorde aux universités une autonomie relative. Dès son arrivée à Perpignan, Mgr de Carsalade du Pont apprend le catalan et rétablit la prédication dans cette langue jusque dans sa cathédrale. A Montpellier, Mgr de Cabrières, ce « felibre crossat e mitrat », s'attire des sympathies qui vont bien au delà de ses sentiments politiques bien connus, justement en raison de cette identification qu'il entretient entre l'action pastorale et l'identité du pays. Mgr della Foata (1877-1899) « est un des plus remarquables écrivains corses du XIXe siècle » (J. F. Casta). La lutte des inspecteurs d'Académie contre l'enseignement du catéchisme en patois ne disparaît ... qu'avec la Séparation. C'est pour n'avoir pas méconnu la force des attaches locales, et tout particulièrement la puissance de la langue maternelle, qu'un clergé d'origine paysanne garde une influence disputée à une « culture savante trop souvent sans racine et sans profondeur » (Michel Bréal, *Quelques mots sur l'instruction publique en France*, 1873). Mais ce qui est une force dans cette France si profondément rurale en 1914, contient aussi les germes d'une faiblesse face à la modernité.

Les progrès du détachement ouvrier

Comme le montrent les plus récents travaux d'histoire économique et sociale, « dans l'ensemble il est évident que la France n'a pas connu la très grande usine : l'établissement type employait environ quarante cinq personnes », H. Morsel, *Histoire des Français XIXe-XXe siècle* (A. Colin). En 1906, malgré la reprise de la croissance industrielle, les 189 établissements occupant plus de mille salariés regroupaient moins de 12 % des ouvriers de l'industrie. C'est une réalité qu'il convient de ne pas perdre de vue. Les gros employeurs sont les mines (288 000 en 1914), la métallurgie et la mécanique (900 000), les chemins de fer. On a parlé d'industrialisation « doucereuse » (Michelle Perrot). Y. Lequin montre « qu'au plan statistique, la classe ouvrière n'en finit pas d'émerger ». Ceci n'est pas sans expliquer le fossé d'incompréhension qui sépare un peuple de paysans ou d'employés et d'artisans de villes petites et moyennes — et les clercs qui sont issus de ces milieux — d'une classe ouvrière en formation où « ce sont les étrangers qui contribuent » à donner de plus en plus l'image qui est celle des théoriciens du prolétariat : ils sont jeunes, célibataires, hommes pour les trois cinquième, peu alphabétisés et capables de tout faire (Y. Lequin).

La classe des véritables prolétaires, nés ou non en France, est réceptive aux orientations qu'entend lui imprimer une élite ouvrière souvent encore dominée par des ouvriers-artisans des villes. Elle l'est dans une mesure qui varie selon les lieux et la profondeur du déracinement, la taille de l'entreprise, son implantation en zone rurale ou en ville ... Le raidissement idéologique que manifeste le mouvement ouvrier, à la différence de ce qui se passe dans les grands pays industrialisés, mais dans des conditions comparables à celles de l'Italie ou de la Catalogne, est à la mesure de la relative faiblesse de la syndicalisation. Celle-ci se heurte à la petite entreprise, au maintien des liens traditionnels de relations hiérarchiques, ceux-là même que l'on rencontre dans un monde rural souvent très proche. Y a-t-il vraiment conscience de classe ? Assurément oui, en 1914, dans certaines professions et dans les grandes concentrations de l'industrie nouvelle, encore est-ce loin d'être une certitude parmi les mineurs de tous les bassins ? Comme l'écrit Jacques Rougerie, « On ne sait pas toujours bien ce qu'il en est de ce qu'on nomme facilement conscience de classe », préface à B. H. Moss, *Aux origines de mouvement ouvrier français. Le socialisme des ouvriers de métier 1830-1914* (Besançon, 1985).

Dans une proportion grandissante, entre 1880 et 1910, ces ouvriers se détachent des Eglises, qu'ils soient perméables à l'influence du radicalisme anticlérical ou simplement à l'idéologie du progrès considéré comme un substitut à la religion ; qu'ils adhèrent, et ceci est sans doute de plus d'avenir, à cette « religion nouvelle » que constitue l'espérance socialiste : « C'est un fait trop évident, dans le département du Nord, l'irréligion ouvrière a suivi pas à pas la marche progressive du socialisme » écrira le P. Achille Danset quelques années plus tard. L'anticléricalisme très répandu a ouvert le chemin d'une rupture plus profonde avec la religion traditionnelle. L'ignorance religieuse entre pour une part dans la disponibilité à des idéologies de remplacement. Le système concordataire, le travail des enfants n'ont pas facilité l'implantation de lieux de culte d'une part, le minimum d'instruction religieuse donné par la préparation à la première communion d'autre part. Dans les années 1880 la mise en place du réseau des écoles libres absorbe les ressources, matérielles et humaines, de beaucoup de diocèses. Il en résulte souvent un recul des œuvres ouvrières, sans préjuger d'autres raisons.

Dès 1861 Alan Kardec faisait état de réunions spirites édifiantes chez des ouvriers lyonnais de Saint-Just, et des Brotteaux, où les « vertus chrétiennes étaient développées ». Ici c'est bien l'anticléricalisme plus que l'ignorance qui rend compte du transfert qui s'opère. Au même moment à Bordeaux, un mécanicien préside le groupe des ouvriers spirites. A Jemmapes en 1888, un ouvrier métallurgiste belge, Antoine Louis, se découvre médium et connaît un succès prodigieux. L'antoinisme, teinté d'évangélisme, va connaître un certain succès dans le bassin minier du Nord, exploitant sans doute le terrain de l'ignorance liée à la religiosité naturelle. Prenant appui sur le Sud-Est puis sur le Nord, Jules Guesde fonde des groupes marxistes à partir de 1878. En une quinzaine d'années les progrès sont considérables. Toutefois Guesde méconnaît d'une part les racines chrétiennes des ouvriers du Nord, « une race catéchisée depuis des siècles » (P. Pierrard) ; il rejette d'autre part l'anticléricalisme comme une division alors que ces mêmes ouvriers lui sont très réceptifs. Si le réseau des associations socialistes, du syndicat à la fanfare, encadre les populations et s'érige en véritable contre-société, si le renfort des anar-chistes et des sociétés de Libre-Pensée provoque une montée des enter-rements civils très sensible dans l'est du Bassin houiller — jusqu'à atteindre 41 % en 1911 à Hénin-Liétard où le quart des enfants ne sont pas baptisés — il est rare que tous les liens soient rompus avec le catholicisme parmi les masses ouvrières considérées dans leur ensemble. Cependant la pratique reflue. En 1895 à Halluin, les églises ne désem-plissent pas le dimanche et les hommes et jeunes gens adhérent par milliers aux cercles paroissiaux. Cet engouement se ralentit et l'échec de la démocratie chrétienne laisse le champ libre au socialisme.

Dans l'Est la situation est plus contrastée. On saisit chez les forgerons de Lods (arrondissement de Besançon) un reflux entre 1863 — « bon nombre d'ouvriers ont fait leur devoir » pour la mission —, et 1898 : « Il y a à l'usine un noyau hostile. Les meneurs n'avaient pas réussi à entraver le mouvement vers l'église, mais ils ont eu gain de cause quand il s'est agit des sacrements », desquels très peu d'ouvriers se sont approchés.

Pour expliquer ce détachement qui aboutit parfois à une déchristianisation, on met souvent en avant la collusion entre l'Eglise et le patronat. Celle-ci ne doit être acceptée que sous réserve d'inventaire, par delà toutes les affirmations trop générales. Elle est réelle ici, lorsque, par exemple une compagnie minière, par le relais des ingénieurs, s'appuie sur le clergé dont il aide les œuvres en échange de sermons sur la résignation. Mais ne manquent pas les sociétés anonymes où la prise de conscience des « devoirs sociaux » n'existe guère. Et plus encore ne manquent pas les entrepreneurs indifférents ou hostiles. Ils sont précisément plus nombreux là où se forment, dans la petite et moyenne entreprise, les chefs du mouvement ouvrier. En 1889 de très nombreux curés de la banlieue parisienne s'expriment sur ce sujet : « les principaux chefs d'usines ne sont point catholique », Maison-Alfort ; « les patrons se désintéressent complètement de la moralité et de la religion », Aubervilliers ; « toutes les usines font travailler le dimanche », Colombes ; « Il est à regretter que les industriels s'attachent si peu à faire du bien à leurs ouvriers et employés au point de vue religieux », Puteaux ; « En général les usines travaillent le dimanche. Sans ce travail forcé, beaucoup de familles seraient à peu près chrétiennes », Pantin ... Il est donc bien imprudent de confondre les retours bourgeois des magistrats, officiers, voire actionnaires de certaines compagnies, avec l'entrepreneur moyen. Celui-ci, vingt ans après la Commune, se retrouve plus souvent du côté des bourgeois radicaux que des bourgeois cléricaux. Ces exemples pourraient être multipliés à Reims, Lyon, Marseille, dans de nombreuses villes du Midi et du Sud-Ouest ... Même dans l'Est, où la sensibilité régionale est plus favorable aux influences religieuses, des faits identiques se rencontrent : « Les chefs d'usine, quoique catholiques [ici cela signifie qu'ils ne sont pas protestants] ne prennent aucune part à la mission : leur exemple entraîne un grand nombre d'ouvriers, leurs obligés », Plancher-les-Mines, 1900 ... cet argument, qui joue dans les deux sens, montre bien le crédit qu'il faut toujours accorder à l'imitation inter-sociale quand le patron est connu de l'ouvrier. Dans l'arrondissement de Montbéliard, à Mandeure, « le patron de la papeterie ... soit-disant catholique fait travailler même le jour de Noël », 1900 ; à Charquemont, « de nombreux ouvriers [viennent à la mission] malgré l'attitude de certains patrons », 1897 ; la même année, à Pont-de-Roide, « les ouvrières ont mis leurs contremaîtres au pied du mur ... » Il est clair qu'une importante fraction des patrons, composée le plus souvent de petits et moyens ... mais ce sont eux qui, au total, occupent l'immense majorité des ouvriers, sont attachés à un libéralisme économique (et sans doute aussi politique) qui ne les porte guère vers les œuvres sociales et religieuses, sinon, par le biais de leurs épouses, sous les diverses formes de l'aumône.

Le catholicisme et le christianisme social exercent dans le patronat, les grands exemples lillois, lyonnais ou mulhousiens étant mis à part, une influence restreinte, ce qui ne veut pas dire qu'elle soit à négliger là où elle se manifeste. On attend de monographies plus nombreuses qu'elles confirment les premières impressions, à savoir que ce patronage a souvent été moins inefficace que les premiers travaux historiographiques ne l'ont laissé entendre. La condition du succès tenait dans le maintien des liens hiérarchiques traditionnels : ils résistaient mieux dans l'entreprise familiale et là où la main d'œuvre se recrutait sur place. En 1897, à Sainte-Croix-Vallée-Française, « nous étions une vingtaine à nous rendre chaque matin à la filature ... au travail nous avions le droit de parler ... l'essentiel était de ne pas arrêter le travail ... nous formions une communauté soudée à notre filateur, à sa famille et à nos traditions ... Je gagnais vingt sous par jour mais souvent il nous fallait attendre longtemps avant d'être payées ... C'était quand même un bon patron, M. Carrière. Il nous connaissait toutes par nos prénoms, et avant les nôtres, ceux de nos mères », *Augustine Rouvière, cévenole*. Nul doute qu'un très grand nombre d'ouvrières et d'ouvriers, dans le textile en particulier, ne se retrouvent dans cette autobiographie.

Les patrons éveillés aux aspects nouveaux du problème social ont été plus nombreux dans une bourgeoisie et une aristocratie non directement intéressées à la production — on étudiera dans ce sens la composition des Conférences de Saint-Vincent de Paul —. Ceux qui ont cherché à introduire une réelle participation des ouvriers à la gestion des œuvres sociales, ont été rares. La thèse de Pierre Trimouille apporte sur ce point un éclairage intéressant sur l'Usine chrétienne du Val-des-Bois. En quelques années la famille Harmel était parvenue à changer le climat dans l'entreprise. Toutefois son influence était en recul vers 1895.

Dans les années qui précèdent immédiatement 1914, il semble qu'un mouvement de flux vienne interrompre le reflux constaté depuis les années 1880. Il est signalé au Val-de-Bois. « Les anciens, tout en convenant qu'il existait une part de conformisme voire d'hypocrisie, pensent que la ferveur n'était pas feinte et qu'une vie chrétienne réelle trouvait son épanouissement dans les conditions de vie du Val ». Mais nous savons ces conditions particulières. Dans plusieurs régions de chrétienté rurale, le renouveau perceptible a gagné aussi les ouvriers : ainsi à Mazamet où Isidore Barthès se révèle être un militant syndical chrétien pugnace (R. Cazals), mais ici la présence du patronat protestant neutralise l'un des facteurs essentiels de l'hostilité ouvrière à l'Eglise, en même temps qu'elle rend le clergé plus combatif. Aux portes de Besançon, à Morre, dès 1898, les missionnaires constatent « un progrès par rapport à 1880 ». Dans les arrondissements de Lure, de Baume-les-Dames et de Besançon, des notations de cet ordre ne sont pas l'exception. Dans celui de Montbéliard, l'abstention religieuse des ouvriers reste rare, tout comme à Belfort, même si elle est plus importante que celle de la paysannerie environnante. Un rapport du président de l'A.C.J.F. dans l'Aveyron signale que les résultats les plus appréciables sont obtenus en 1913 dans les milieux urbains et ouvriers. Il existe de fortes sections à Cransac, Firmy, et surtout Decazeville et Aubin : « Je voudrais que le P. Corbillé [l'aumônier national] ait sous les yeux la vie des groupes du bassin houiller. C'est à croire que le [divin] Maître a établi sa demeure parmi eux ; on croirait entrevoir la résurrection d'une de ces communautés des premiers chrétiens » (J. F. Hortholan). Dans le Nord-Pas-de-Calais, les obstacles sont plus grands, mais la Séparation a permis de créer de nouvelles paroisses et les missions ont repris dans la région de Lens : « Ceux qui pratiquent le font sérieusement ». Dans une paroisse à la population flottante comme Masnières (Nord) où les verriers sont nombreux, la mission de 1903 avait été un échec complet, 10 hommes à peine avaient été réunis pour une conférence. Celle de 1911 en rassemble plus de 300 et s'accompagne de quelques retours.

C'est en grande partie aux nombreuses fondations de patronages et de cercles susceptibles d'attirer et de maintenir dans l'orbite paroissiale qu'il faut attribuer ces mouvements de flux qui ont suivi la Séparation. L'Eglise, et le meilleur exemple est celui des curés et vicaires de la banlieue parisienne, continue d'édifier, comme le font les socialistes de leur côté, les structures d'une contre-société là où le terrain est difficile. « Il semble bien que les républicains aient dû se défendre ... contre le dynamisme offensif des sociétés et patronages cléricaux. La création des patronages laïques est ... une réponse tardive et souvent inadaptée [car] ils résistent à l'introduction des jeux et des sports ». En 1913 dans les seuls départements du Rhône et de l'Ain, la Fédération catholique rassemble 75 sociétés et 4 000 gymnastes, Pierre Arnaud, *Le sportman, l'écolier, le gymnaste,* 1986. Il va de soi que les résultats « religieux » étaient inégaux et parfois réduits. Il est non moins certain que ces structures de sociabilité masculine, en particulier, ont permis la formation de noyaux durs et le maintien très largement majoritaire des liens d'appartenance religieuse. On signalera par ailleurs l'essor de l'Union catholique des cheminots, qui ne compte que 600 membres en 1898, 100 000 trente ans plus tard. Comme le constate René Rémond, « que l'on soit conduit à parler de chapitre en chapitre [dans telle étude sur l'Eglise et les ouvriers] du dépérissement des œuvres catholiques montrant que le fait est récurrent de génération en génération, n'est-ce pas une présomption que les échecs antérieurs n'étaient ni aussi massifs ni aussi définitifs qu'on se l'imagine ? », *Le Monde* (9 juin 1984).

Le monde ouvrier français en 1914 demeure en majorité christianisé. Reprenons la définition étroite et pertinente que Louis Pérouas vient de proposer pour la déchristianisation : « Il y a déchristianisation lorsqu'une forte minorité a renoncé aux rites saisonniers ». La déchristianisation d'une minorité est plus connue parce qu'en son sein se détachent les militants du mouvement ouvrier. De nombreux prolétaires relèvent des non-christianisés, ils appartiennent souvent à la seconde génération des ruraux déracinés et se trouvent, *mutatis mutandis,* dans la situation culturelle des Maghrébins de la seconde génération aujourd'hui. Ceci n'empêche pas, bien entendu, la prégnance d'une religiosité plus ou moins forte. Une forte proportion d'ouvriers, majoritaire en certains lieux, sont des anticléricaux qui s'accomodent des rites et de la pratique saisonnière, voire régulière pour les femmes et les enfants. Dans l'environnement des chrétientés rurales, la fidélité demeure majoritaire, il en est de même pour quelques groupes fermés d'origine étrangère. Au sein d'une minorité dont il est difficile de cerner les contours, une prise de conscience des exigences de la foi se développe, il ne lui manque qu'un mouvement faisant confiance aux ouvriers eux-mêmes pour que se dégagent des dirigeants ouvriers. Telle semble être la situation en 1914. L'échec de la seconde démocratie chrétienne nous semble avoir pesé davantage que celui du ralliement en ce qui concerne les ouvriers, alors que ce serait l'inverse pour les populations les moins concernées par les transformations sociales.

Le tableau paraît moins sombre que celui que dressent des clercs contemporains. Il n'y a là rien qui doive étonner : ceux-ci confondent, et continueront longtemps de confondre, christianisation et fréquentation régulière de l'église et des sacrements. Ils assimilent trop rapidement l'anticléricalisme, dont ils subissent les effets, avec la déchristianisation.

Le contraste des tempéraments régionaux

Les contrastes entre les deux France, celle qui pratique régulièrement son christianisme et celle qui se contente d'une participation occasionnelle aux cérémonies religieuses tout en manifestant çà et là des signes d'irreligion, restent fort accusés, avec cette réserve que la dichotomie des sexes est très marquée et que la fréquentation des églises par les femmes est souvent assez élevée. Cependant, la carte de la pratique religieuse que nous allons ébaucher pour la période 1905-1914 coïncide assez mal avec le grand clivage politique droite-gauche qui porte alors nettement sur la question religieuse, car une importante minorité d'hommes pratique dans des provinces votant à gauche, telles l'Auvergne, la Savoie, la Franche-Comté. En revanche, la carte des ordinations à la veille de la Séparation révèle le rôle des vieilles chrétientés rurales dans les pays pauvres et met en valeur quelques diocèses, de Chartres à Langres, au sud du Bassin Parisien où les séminaires sont en partie tributaires d'un apport extérieur.

L'Ouest

André Siegfried a dressé en 1913 un fascinant tableau politique de la France de l'Ouest où les nuances des divers « tempéraments régionaux »

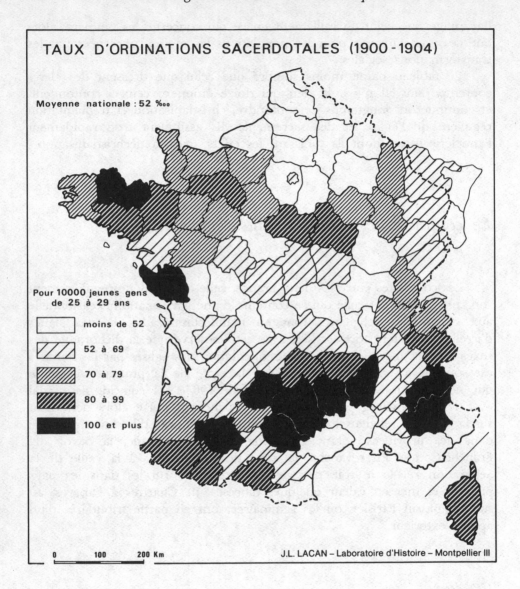

TAUX D'ORDINATIONS SACERDOTALES (1900-1904)

Moyenne nationale : 52 ‰

Pour 10000 jeunes gens
de 25 à 29 ans

moins de 52

52 à 69

70 à 79

80 à 99

100 et plus

0   100   200 Km

J.L. LACAN – Laboratoire d'Histoire – Montpellier III

sont finement dessinées. Ses conclusions restent fortement influencées par le moment de leur rédaction qui correspond à l'apogée du conflit entre cléricalisme et anticléricalisme, le meilleur test de la puissance cléricale étant en 1911-12 la prédominance des écoles libres de filles. A un Ouest catholique et souvent clérical, avec les cinq départements bretons et les arrondissements normands, manceaux, angevins et vendéens limitrophes, toujours caractérisés par une pratique pascale supérieure à 75 %, Siegfried oppose une périphérie de l'Ouest « où l'anticléricalisme se développe à son aise ».

Pierre-Jakez Hélias, bon témoin des coutumes religieuses du premier tiers du siècle, évoque celles du pays bigouden : la prière du soir était récitée en commun dans les grandes fermes, au moins jusqu'à la guerre de 1914 ; les enfants apprenaient le catéchisme en breton, utilisaient un livret de cantiques bretons édité en 1908, lisaient la vie des saints, *Buhez ar zent*, et jouaient dans le « champ du recteur » ; le dimanche, jour où le travail était proscrit, on assistait à la messe et aux vêpres ; pendant la belle saison, on fréquentait les pardons des villages environnants ; on ne dansait qu'à l'occasion des noces. Si les rites agraires étaient encore scrupuleusement respectés, le clergé encourageait la piété eucharistique : dans le bocage vendéen, à la fin du XIXe siècle, tandis que le quart des paroissiens assistait aux vêpres, les deux tiers communiaient à Noël et la moitié à la Toussaint.

Pascalisants				
Diocèse	Date	Deux sexes (sans les villes)	Hommes	Femmes
Quimper	1909	93,0	—	—
Saint-Brieuc	1912	95,0	—	—
Rennes	1899	95,0	—	—
	1921	89,0	82,5	94,0
Nantes	1899-1902	89,0	82,5	95,5
Luçon	1894-1896	65,5	51,0	80,5
Arrt. La Roche/Yon		77,0	64,0	88,0
Angers	1898-1904	74,5	63,0	85,5
Arrt. Cholet		93,5	90,0	97,0
Arrt. Saumur		51,5	35,5	67,0
Poitiers	1913-1914	35,0	19,0	50,5
Le Mans	1908	31,0	—	—

Les curés, hommes influents et entreprenants, sont saisis par une « fièvre de constructions religieuses » (G. Le Bras) : églises, couvents, écoles, salles d'œuvres et de catéchisme. Ces bâtisseurs s'attirent le respect des paysans pour qui la propriété est la mesure de l'influence. La Séparation infléchit ce mouvement mais ne l'arrête pas, la générosité des fidèles se trouvant d'autant plus sollicitée que le financement public du culte a cessé.

La générosité des populations transparaît aussi à travers le nombre élevé des vocations sacerdotales, religieuses et missionnaires. Pour les départs outre-mer, tous les records sont battus lors des expulsions de religieux effectuées par Ferry puis par Combes. Entre 1881 et 1910, les quatre départements de l'actuelle région Bretagne envoient dans les missions extérieures 1330 prêtres, 434 frères et 1521 religieuses.

Sur cette terre d'affrontement entre blancs et bleus, où les souvenirs de la Grande Guerre de l'Ouest restent vivaces, les persécutions anticléricales provoquent de fortes réactions de défense, notamment à l'occasion des Inventaires, mais les tentatives de ralliement à la République suscitent des divisions internes entre ralliés et monarchistes, démocrates et conservateurs. Situé entre le noble et le paysan, le curé domine les électeurs dans le Léon, véritable démocratie cléricale qui envoie à la Chambre Albert de Mun et l'abbé Gayraud. Ailleurs, il ménage souvent le châtelain monarchiste qui finance ses œuvres, mais il a parfois le courage de l'affronter. Depuis 1899, à Rennes, l'*Ouest-Éclair* de Desgrées du Lou et de l'abbé Trochu tente de libérer le clergé de la tutelle des notables monarchistes en s'affirmant résolument républicain et en répondant aux besoins de la paysannerie de l'Ouest de la France. Cet organe centriste, brillante réussite journalistique (125 000 exemplaires en 1911), n'a pas la tâche facile dans une ville où l'Action française attire les sympathies de l'évêché et où les radicaux anticléricaux contrôlent la mairie. Tandis que la querelle entre blancs et bleus divise les catholiques, les « rouges » surgissent dans quelques centres industriels et sur la côte — les socialistes conquièrent la mairie de Brest en 1904 —, tandis que le « jaune » Bietry, antisocialiste, est élu député de Brest en 1906.

Les évêques de l'Ouest soutiennent l'Université catholique d'Angers, où René Bazin enseigne, et qui crée deux écoles supérieures, l'une d'agriculture en 1908, et l'autre de commerce en 1909. Ils supportent mal l'esprit d'indépendance du Sillon, actif dans le Finistère. Les plus avisés, tels Gouraud à Vannes et Rumeau à Angers, encouragent vivement l'A.C.J.F. et les Ligues féminines qui connaissent un grand essor dans la région de la Basse-Loire.

L'anticléricalisme est virulent sur les marges de la région armoricaine, et l'indifférence y progresse. Lors de la guerre de 1870-71, marquée par l'invasion ennemie, les prêtres manceaux et tourangeaux, qui avaient prêché sur les châtiments divins et prédit de grands malheurs, ont été accusés de détourner le produit des quêtes au profit des Prussiens et d'espionner en leur faveur. Dans le domaine religieux, les Pays de la Loire moyenne passent pour tièdes et possèdent des clergés « peu ardents ». Si les diocèses de Poitiers et du Mans atteignent respectivement des taux de pratique pascale de 35 en 1913-14 et de 30,9 en 1908, celui de Blois ne dépasse pas 16,4 en 1910. Dans l'arrondissement de Chinon, la pratique masculine s'est effondrée de 33,6 à 6,6 % entre 1858-62 et 1922-25 tandis que celle des femmes a décliné de 78,7 à 28,8 %. Des minorités opposées secouent cette torpeur : pendant que des édiles libre-penseurs laïcisent les noms de rues et interdisent certaines processions, des notables royalistes, comme le marquis de Roux, bâtonnier du barreau de Poitiers, créent des foyers de propagande de l'Action française. Dans les villes une bourgeoisie traditionaliste dépeinte par René Boylesve (Mademoiselle Cloque), reste fidèle à l'Eglise, et les congrès catholiques diocésains des années 1906-13 témoignent d'un réveil des œuvres.

La Normandie, étudiée par Nadine-Josette Chaline, présente de forts contrastes de vitalité religieuse. En Seine-Inférieure, l'ouest cauchois avec 65 % de pratiquants s'oppose à l'est brayon avec 28 %. En Basse-Normandie, le sud, où les Inventaires donnent lieu à des incidents, semble beaucoup plus attaché à ses églises que le nord, où la fréquentation des sacrements est plus faible. Cependant, les Normands restent des chrétiens festifs, fidèles aux rites de passage ; ils adhèrent volontiers aux confréries de charité qui subsistent assez nombreuses. Surtout, le début du XXe siècle voit l'essor des patronages, des cercles d'études, des sociétés de gymnastique et celui du Sillon normand soutenu par l'archevêque républicain de Rouen, Mgr Fuzet. La Normandie produit alors quelques remarquables personnalités religieuses : des éducateurs comme Edward Montier, directeur des « Philippins », le chanoine Julien, supérieur de l'Institution Saint Joseph du Havre, futur évêque d'Arras, Jacques Debout, orateur populaire, ou Jules Blouet, supérieur du Grand séminaire de

Coutances, spécialiste de théologie pastorale, des administrateurs intelligents et réalistes comme Léon Amette, évêque de Bayeux, puis cardinal-archevêque de Paris, mais aussi des contemplatives comme les sœurs Martin au Carmel de Lisieux. Plusieurs villes possèdent des minorités protestantes actives grossies par l'arrivée d'Alsaciens-Lorrains : parmi eux, le maire puis député républicain du Havre, Jules Siegfried.

Le Nord-Pas-de-Calais

Depuis que le christianisme y est implanté, jamais la géographie religieuse de cette région n'a connu des contrastes aussi accusés : à proximité d'une chrétienté fervente, la Flandre, où la pratique est générale dans de nombreuses paroisses, de vastes secteurs urbains ou miniers sont fortement détachés avec des taux d'enterrements civils compris entre 10 et 40 %. La pratique religieuse reste majoritaire dans la plus grande partie de l'Artois et du Boulonnais rural, mais elle est minoritaire dans le Cambrésis et le Hainaut. Les villes sont à la fois des centres de ferveur et des foyers d'irréligion, et la petite et moyenne bourgeoisie se trouve très divisée entre cléricaux et anticléricaux. Si le patronat textile est fortement catholique, la déchristianisation est plus accusée dans le prolétariat minier, verrier et sidérurgique que chez les ouvriers du textile. Le protestantisme est très minoritaire, 11 000 fidèles en 1904-05, mais fort diversifié : rural dans quelques villages d'Artois et du Cambrésis, urbain sur la côte, dans les mines et dans les deux métropoles textiles où les initiatives sociales des pasteurs Henri Nick à Lille-Fives et Elie Gounelle à Roubaix sont remarquées. Les juifs, peu nombreux, occupent une place relativement restreinte dans le commerce ou l'administration, et l'antisémitisme virulent manifesté par la *Croix du Nord* dénonce un péril imaginaire et traduit la mentalité obsidionale des milieux catholiques vers 1900 (Danielle Delmaire).

En effet, les querelles entre cléricaux et anticléricaux sont très vives. En 1899, l'affaire Flamidien, dans laquelle un frère est accusé sans preuve du meurtre d'un enfant, révèle l'anticléricalisme virulent d'une partie du peuple lillois, mais, peu après, l'expulsion des congréganistes mécontente le peuple des petites villes et des campagnes. Les Inventaires provoquent des troubles sérieux qui affectent les villes de l'arrondissement de Lille et qui se terminent tragiquement dans le village flamand de Boeschèpe le 6 mars 1906. Lorsque les Inventaires reprennent en novembre, le capitaine Magniez refuse de faire briser une porte de sacristie. Destitué par le conseil de guerre, ce militaire, qui n'a pas voulu agir contre sa conscience, devient un héros catholique magnifié par un ouvrage préfacé par Paul Bourget et intitulé *Sous la hache du bourreau*. Les pélerinages populaires deviennent des enjeux politiques : la grande procession de Notre-Dame de Boulogne, que la municipalité radicale avait interdite, est rétablie en 1912 après la victoire électorale d'une coalition entre les catholiques et les socialistes.

Après l'échec de la politique du ralliement qui avait suscité tant d'espoirs dans la région, les catholiques du Nord se divisent. Les intégristes séduits par la réaction monarchiste, guidés par Mgr Delassus, directeur de la *Semaine religieuse de Cambrai*, soutenus par l'association catholique des patrons du Nord et ses aumôniers jésuites du Hautmont à Mouvaux, dénoncent violemment les lemiristes partisans de l'abbé Lemire, prêtre député parfaitement intégré au monde politique de la IIIe République, célèbre par son œuvre des jardins ouvriers, et longtemps favorable à un essai loyal de la Séparation. Celui-ci voit son journal, *le Cri des Flandres*, condamné par son archevêque Mgr Delamaire en 1911. Malgré l'interdiction épiscopale, il se représente à la députation et est réélu député d'Hazebrouck en avril 1914. L'agitation des esprits au sein du clergé des Flandres précipite la décision romaine de créer en 1913 un diocèse de Lille incluant les arrondissements de Lille, Hazebrouck et Dunkerque et confié à un agrégé de l'Université, ami de l'Action française, Mgr Charost.

Ces divisions profondes s'expliquent par le conflit des deux contre-sociétés à la veille de la guerre : l'une rassemble anticléricaux, socialistes, et libres-penseurs, l'autre les catholiques. Toutes les villes notables possèdent au moins une loge maçonnique fréquentée par des avocats, médecins, professeurs, journalistes, fonctionnaires, industriels moyens. Les Francs-Maçons ont fondé et gèrent deux grands journaux régionaux *le Progrès du Nord* et *le Réveil du Nord*. Charles Debierre (1857-1939), professeur d'anatomie à la faculté de Médecine de Lille, sénateur radical du Nord, libre-penseur, président du Conseil de l'ordre du Grand Orient de 1911 à 1919, exerce une influence nationale sur le radicalisme et la maçonnerie. Les deux Fédérations de sociétés de Libre-Pensée ont un recrutement relativement large, l'une plus bourgeoise, l'autre plus ouvrière, au total 2 500 personnes. Dans les communes ouvrières, à côté de la section socialiste, du syndicat et de la coopérative, fonctionne une société de Libre-Pensée avec son banquet du vendredi saint, ses baptêmes civils, ses fêtes d'adolescence et surtout ses enterrements civils, vastes manifestations laïques et socialistes.

De son côté, la contre société catholique s'est fortement organisée avec la soutien de deux institutions créées au début de la IIIᵉ République, les Facultés catholiques et les congrès annuels des catholiques du Nord et du Pas-de-Calais, institutions qui font de Lille une capitale religieuse bien avant son érection en évêché. L'enseignement supérieur catholique est en plein essor d'après un bilan dressé en 1906 : cette « université incorporée à la Flandre et pourvue de tous les moyens d'enseignement et de travail » (Ernest Lavisse) avec ses facultés, ses écoles d'ingénieurs, ses hôpitaux, sa bibliothèque de 200 000 volumes, a formé depuis dix ans 410 docteurs, 510 licenciés, 68 ingénieurs. Comme l'a observé André Caudron, elle constitue une pépinière de laïcs chrétiens juristes, hommes politiques, animateurs sociaux, médecins qui s'entraînent à l'exercice de la parole publique sous l'égide d'Eugène Duthoit, penseur et vulgarisateur du catholicisme social. Elle contribue à relever le niveau intellectuel du clergé et à former des professeurs pour l'enseignement libre : de sa fondation à 1908, elle a donné aux deux diocèses septentrionaux 150 ecclésiastiques licenciés ès lettres et 40 licenciés ès sciences.

A l'imitation des assemblées allemandes et belges similaires, les congrès des catholiques du Nord et du Pas-de-Calais constituent depuis 1873 les grandes assises annuelles du catholicisme septentrional. Leur président depuis 1895, l'avocat valenciennois Charles Thellier de Poncheville, les maintient dans la visée intégraliste originelle qui a pour but de reconstruire toutes choses dans le Christ, et parvient à les tenir à l'écart des écueils intégristes et modernistes. Ces rencontres favorisent l'expansion de l'Adoration nocturne du Saint-Sacrement et celle de la communion fréquente, la participation des laïcs à la catéchèse, la diffusion des « bons journaux » et des « bons livres », le développement des conférences populaires, l'amélioration de la qualité du chant religieux et de l'art chrétien. Les œuvres sociales y sont encouragées de façon pragmatique et, au début du XXᵉ siècle, les hommes de l'Action populaire, des Semaines sociales, de l'A.C.J.F., y trouvent audience.

Les forces de renouvellement sont à l'œuvre : le Sillon bien développé à Roubaix autour de Victor Diligent, est le vivier des futurs dirigeants du syndicalisme chrétien ; surtout, l'Association catholique de la jeunesse française et les Ligues féminines, organisations-souches par leur dynamisme et le nombre d'associations et d'œuvres qu'elles suscitent : mutualités, syndicats agricoles, cercles d'études, patronages, sociétés de gymnastique, groupes de catéchistes, œuvres de presse, bibliothèques, écoles ménagères, ouvroirs, ateliers professionnels, secrétariats sociaux, caisses dotales, œuvres de protection de la jeune fille... Fortement encouragée par l'archevêque de Cambrai Delamaire et par l'évêque d'Arras Williez, l'A.C.J.F. rassemble 20 000 jeunes dans la région à la veille de la guerre tandis que la Ligue patriotique des Françaises, dirigée par Germaine Féron-Vrau regroupe 73 000 femmes dans le Nord et la Ligue des femmes Françaises animée par Marie-Josèphe d'Héricault 43 000 dans le Pas-de-Calais.

L'Est

Après la défaite de 1870-71, et la perte de l'Alsace-Lorraine, les provinces de l'Est, Lorraine restée française et Franche-Comté, constituent une marche-frontière fortement militarisée : fortifications de Verdun, Nancy, Epinal, Belfort, garnisons nombreuses et fréquemment renforcées. Cette présence de l'armée entretient un vif patriotisme défensif, dans des provinces menacées par l'invasion et proches des territoires annexés. L'immigration en provenance d'Alsace-Lorraine, composée surtout de bourgeois et de membres des classes moyennes urbaines, renforce un pluralisme confessionnel relativement limité jusque là. A Nancy, protestants et juifs sont deux fois plus nombreux en 1900 — respectivement 3000 et 1850 — qu'en 1870, et ils exercent une influence sociale et politique notable. La bourgeoisie immigrée, divisée par les croyances religieuses — catholiques, protestants, juifs, agnostiques — se rassemble pour cultiver ardemment le souvenir de provinces perdues, et reste en majorité libérale et républicaine.

La République laïque et patriote du Lorrain Jules Ferry et du Comtois Jules Grévy a été acceptée par des populations de petits propriétaires attachés au développement de l'instruction et sensibles aux menaces extérieures. Les crises nationales mettent ces habitants des marches de l'Est en alerte : Barrès est élu député boulangiste de Nancy en 1889, *l'Est républicain* reste antidreyfusard lors de l'Affaire, la loi de trois ans est votée en 1913 par les radicaux lorrains. En Franche-Comté, l'échec d'Etienne Lamy, républicain catholique, ancien commandant des mobiles du Jura en 1870-71, mais adversaire des lois laïques, prend valeur de symbole en 1881. Cette province connaît alors une longue domination radicale sous l'égide de Charles Beauquier, fondateur de la Société pour la liberté des enterrements civils, et bientôt de Jules Jeanneney. Cependant, l'élection antiboulangiste du marquis républicain René de Moustier à Baume-les-Dames en 1889, et les réélections jusqu'à la guerre de ce député qui ne vote pas la Séparation montrent qu'une autre option politique est possible.

La formule de Méline, « La France est religieuse, elle n'est pas cléricale » s'applique particulièrement à la Lorraine et à la Franche-Comté. Au début du XXᵉ siècle dans les diocèses de Nancy et de Verdun, les deux tiers des femmes et le quart des hommes communiaient à Pâques. La pratique religieuse en Franche-Comté est au moins aussi élevée. Mgr Turinaz, évêque de Nancy (1882-1918) comprend bien la mentalité lorraine. Secondé par un clergé d'un bon niveau intellectuel, il crée en 1899 un Conseil diocésain des œuvres d'hommes, prêche volontiers des sermons patriotiques fort écoutés et fait construire quatre églises nouvelles à Nancy. Autoritaire, il défend les droits de l'Eglise avec intransigeance, mais reste fidèle au Ralliement et promeut le programme libéral de Nancy qui, en 1909, préconise une entente électorale des catholiques avec les républicains modérés. L'agglomération nancéenne ratifie ses options puisqu'elle envoie au Parlement en 1910 et 1914 trois amis de Barrès, le comte de Ludre, catholique convaincu, neveu d'Albert de Mun, Louis Marin, président de la Fédération républicaine, un nouveau parti modéré qui convient bien aux Lorrains, car respectueux du catholicisme mais non clérical, et le commandant Driant, gendre du général Boulanger, écrivain militaire connu.

Sous la houlette de leurs évêques patriotes, les catholiques participent avec ardeur aux célébrations du culte de Jeanne d'Arc, la Bonne Lorraine, héroïne paysanne et populaire, qui unit tous les Lorrains, car les protestants et les anticléricaux trouvent aussi des motifs de la vénérer. Sur sa statue de Mars-la-Tour inaugurée en 1906, Jeanne avec son épée monte la garde à la frontière, sur celle du Ballon d'Alsace édifiée en 1909, elle est représentée en guerrière à cheval. La béatification de 1909 entraîne, d'après les recherches de Michèle Lagny, une prolifération de statues, une multiplication des sociétés Jeanne d'Arc — tir, gymnastique, musique —, un accroissement sensible du nombre des visites à Donrémy, et la construction à Lunéville d'une église forteresse dédiée à Jeanne. Or, cette même année 1909 paraît le célèbre roman de Barrès, *Colette Baudoche* dont l'héroïne est une jeune fille catholique et patriote qui refuse d'épouser un Allemand, et résiste ainsi à la germanisation de la Lorraine annexée.

En Franche-Comté, face au personnel politique anticlérical, au sein d'une population troublée par l'expulsion des religieuses, les Inventaires, la suppression des crucifix dans les écoles, la guerre scolaire, le mouvement catholique s'organise fortement sous des archevêques actifs et ouverts aux besoins de leur temps, Fulbert Petit (1894-1909) et Gauthey (1910-1918). Dans un rapport au président du Conseil, Briand, sur le Congrès diocésain de décembre 1910, le préfet du Doubs signale la mise en place d'une organisation de combat contre l'école laïque, visant à modifier la législation scolaire avec les associations de pères de famille dirigées par Jean Guiraud, professeur d'histoire à l'Université de Besançon. Il relève la progression de la Jeunesse catholique et des patronages, l'organisation de groupements de dames catéchistes sous l'égide de la marquise de Moustier, l'essor des ligues de femmes, se substituant aux anciennes confréries, et implantées par d'habiles conférencières. Il constate que sous l'influence de l'Action populaire, l'idée syndicale et coopérative est préconisée et que les syndicats agricoles se développent. De fait, Mgr Gauthey organise en 1910 un bureau diocésain des œuvres qui coordonne l'action des comités locaux et des associations spécialisées, et tient chaque année jusqu'en 1913 un congrès diocésain qui ranime le zèle des militants. Le diocèse voisin de Saint-Claude, où Louis Milcent a fondé un syndicat agricole d'inspiration chrétienne dès 1884, a son bureau des œuvres en 1908, et en 1912, l'abbé Poulin, curé de Lons-le-Saunier, publie un *Guide pratique des catéchistes volontaires*.

Ces marches frontières ne peuvent être séparées des provinces annexées où un mouvement patriotique et religieux original prend naissance lorsque la protestation contre l'annexion a épuisé ses possibilités. L'émigration ayant affaibli les bourgeoisies d'Alsace-Lorraine, la nouvelle génération, née sous la domination allemande et menacée de germanisation, trouve pour cadres les classes moyennes et le clergé. A partir des années quatre-vingt-dix, une contre-offensive culturelle fondée sur les particularismes alsacien et lorrain se développe dans le cadre de l'Empire allemand en promouvant un renouveau régionaliste qui influence de l'autre côté de la frontière Barrès, Bazin et Péguy. Le chanoine Henri Colin, directeur du quotidien catholique *Le Lorrain* (1883-1914), s'affirme résolument lorrain, préconise le repli sur les valeurs du passé et du sol, ce qui est une manière déguisée de rester français. En Alsace, tandis que Charles Spindler et le docteur Pierre Bucher cultivent le dialecte et ressuscitent l'art, le théâtre, les coutumes, le costume alsaciens, des prêtres et des laïcs s'engagent dans le monde politique allemand pour défendre l'autonomie de leur province et ses libertés religieuses, pour obtenir une législation sociale moderne. Parmi les abbés démocrates, journalistes et orateurs, le député Wetterlé reste le plus connu, mais Cetty, Delsor, Muller-Simonis et Haeghy ont été les instigateurs d'un catholicisme social audacieux pour l'époque et les promoteurs des premiers syndicats chrétiens. Travaillant dans le cadre ou en marge du Zentrum, ces prêtres et les laïcs qu'ils ont formés, apportèrent en 1918 à la France la précieuse expérience sociale du catholicisme allemand de l'ère wilhelmienne.

Paris et le centre du Bassin Parisien

Les taux de pratique religieuse sont au plus bas à Paris et dans le centre du Bassin Parisien au début du XXᵉ siècle. Grâce aux travaux conduits par Fernand Boulard, l'histoire quantitative apporte une information précise qui compense quelque peu dans cette région les lacunes des recherches sur le mouvement religieux.

Le tableau suivant permet d'apprécier le bas niveau de la pratique :

Pascalisants			
	Hommes	Femmes	Deux sexes
Ville de Paris 1903-08			17,7
Arrt. de Sceaux 1903-08			10,0
Dioc. Versailles 1893-1901	2,2		11,1
Arrt. Versailles 1893-1901	2,9		13,1
Dioc. Chartres 1909	1,5	14,6	
Dioc. Soissons 1905	3,6	19,9	
Dioc. Châlons s/M 1911-13	3,7	20,8	12,3
Dioc. Troyes 1908-10			7,3
Dioc. Sens 1912	2,6	16,8	

Ces chiffres révèlent que dans tout le centre du Bassin Parisien, la pratique masculine est extrêmement basse, notamment en milieu rural. En 1905-07, 60 % des paroisses du diocèse de Châlons-sur-Marne ont 0 ou 1 seul homme pratiquant. Lorsque le journal anticlérical *le Briard* veut justifier le projet de loi de Séparation, il entreprend en 1903 une enquête de pratique religieuse, et trouve dans presque tout le diocèse de Meaux des églises quasi-vides le dimanche (Emile Poulat). Cependant, les paroisses possèdent le plus souvent des noyaux de femmes pratiquantes, et les taux urbains féminins descendent rarement au-dessous de 15 %.

Le peuple d'Ile-de-France et de Champagne abandonne-t-il sa religion ancestrale comme le croit *le Briard* ? Une enquête dirigée par Mgr Chesnelong à Sens en 1912 apporte une réponse nuancée : certes, 11,6 % de ses diocésains assistent à la messe régulièrement, mais 23,2 % sont présents à l'église lors des grandes fêtes, et cette observation fournit un argument dans le débat sur les édifices cultuels après la Séparation : il faut les entretenir, les réparer et non les laisser dépérir ou les détruire. Dans les campagnes, les habitants, en grande majorité, sollicitent les rites religieux de passage. Les cérémonies non religieuses restent minoritaires, même dans les zones où elles sont nombreuses. En 1914, l'arrondissement de Provins a 20,4 % de mariages civils et celui de Meaux 17,4 % ; la ville de Paris en 1908 a 39 % de mariages civils, 37,9 % d'enfants non baptisés et 25,7 % de convois civils.

Cependant, dans cette capitale où les derniers sacrements sont moins sollicités — 1889 : 54 % ; 1903 : 42 % — la progression des convois civils inquiète les esprits religieux.

Convois — Ville de Paris					
Année	Catholiques	Protestants	Israélites	Divers	Civils
1882	75,4	2,2	1,1	0,1	22,2
1900	76,7	2,1	1,3	0,1	18,7
1913	66,6	1,5	1,9	0,2	29,6
1920	63,3	1,7	2,5	0,7	31,8
1930	69,5	1,0	4,2	1,1	24,6

Tandis que les laïcisations des années quatre-vingt avaient eu peu d'influence sur les coutumes religieuses, l'agressivité anticléricale des années 1900 provoque la montée des convois civils et la diminution des convois catholiques et protestants, mouvement qui se prolonge jusqu'en 1920.

Ces chiffres correspondent à des moyennes qui recouvrent en réalité des contrastes très accusés entre les quartiers occidentaux et les quartiers orientaux de Paris, où les conformismes s'opposent. Une statistique des messalisants, qui donne une moyenne de 14,8 % pour la capitale en 1908-14, révèle que le taux d'assistance à la messe dominicale est dix fois plus élevé dans le VIIe arrondissement que dans le XIe.

Messalisants à Paris 1909-1914	
Arrondissements les plus pratiquants	Arrondissements les moins pratiquants
VIIe : 45,9 VIIIe : 32,2 XVIe : 30,7 XVe : 23,0	XIe : 4,4 XXe : 5,8 IIe : 7,5 IIIe : 7,9

Ainsi, tandis que les bourgeois et les employés de l'ouest de Paris manifestent une certaine vitalité religieuse, les ouvriers, les artisans et les petits commerçants de l'est parisien semblent fort indifférents.

Pourtant, dès l'avant-guerre, divers indices suggèrent que le mouvement de « déchristanisation » n'est pas irréversible. La visite épiscopale de Mgr Marbeau, en 1914, relève des chiffres légèrement supérieurs à ceux donnés par *le Briard* en 1903. La visite décanale ordonnée par Mgr Gibier en 1907-08 montre que la pratique masculine a doublé dans l'arrondissement de Versailles entre 1880 et 1908, passant de 2,2 à 4,5 %, tandis que celle des femmes a augmenté de 20 %. Une documentation très précise sur le diocèse de Châlons nous permet d'apercevoir en 1913 les traits qui vont caractériser l'évolution religieuse de la première moitié du XXᵉ siècle dans cette région : remontée de la pratique masculine, diminution du dimorphisme sexuel.

Diocèse de Châlons-sur-Marne (sans les villes) Pascalisants					
	1870-72	1886-90	1900	1911-13	1959
Hommes	3,4	3,4	2,7	3,8	12,5
Femmes	32,5	33,3	26,2	20,8	28,1
Deux sexes	19,8	18,2	14,5	12,3	20,5

Donc, dans les campagnes de la Marne, le taux masculin très bas et le taux féminin dix fois plus élevé n'évoluent guère entre 1870 et 1890. Ensuite les hommes désertent à nouveau les églises jusqu'à la Séparation, mais commencent à y revenir peu après. Les femmes sont tentées d'imiter l'abstention masculine, mais viennent cinq fois plus nombreuses à la table pascale en 1913.

Les statistiques suggèrent que le réveil religieux qui se manifeste à la veille de la guerre affecte le centre du Bassin Parisien. L'impulsion vient de Paris, mais aussi de Versailles et d'Orléans où des évêques actifs organisent le mouvement catholique. Léon Amette, coadjuteur (1906) puis archevêque de Paris (1908-20) et Stanislas Touchet, évêque d'Orléans (1894-1926), tous deux promus au cardinalat l'un en 1911, l'autre en 1922, ont été de sages administrateurs concordataires avant de découvrir et d'exploiter toutes les libertés nouvelles que la Séparation procurait à l'Eglise. Tandis que Touchet visite inlassablement les groupements paroissiaux et se fait écouter par les hommes en insistant sur l'indépendance de l'Eglise, Amette fait construire seize églises paroissiales et vingt-neuf chapelles de secours en douze ans, commençant à rattraper le retard qu'a pris l'encadrement ecclésiastique par rapport à l'urbanisation galopante. Il organise un comité diocésain des œuvres, une direction diocésaine de l'enseignement libre, encourage les missions de midi, préside de nombreux congrès, et gagne très vite par ses interventions une réputation de prélat social. Bien secondé par ses vicaires généraux Couget et Odelin, dès 1907, il lance l'idée d'un nouveau concordat entre l'Eglise et le peuple. Charles Gibier, évêque d'Orléans (1906-1931) et Emmanuel Marbeau, évêque de Meaux (1910-1921) sont des hommes de terrain, anciens pasteurs de paroisses modèles, le premier à Saint-Paterne d'Orléans, le second à Saint-Honoré d'Eylau. Gibier, disciple de Dupanloup, présenté au Congrès ecclésiastique de Bourges (1896) comme le premier curé de France, multiplie les visites, prêche chaque année le carême dans un arrondissement différent, fait bâtir quarante églises, suscite et bénit cent quarante salles paroissiales. Quant à Marbeau, laissons Emile Poulat raconter « son entrée légendaire » à Meaux : « A la descente du train, il refuse la voiture qui l'attend et, accompagné de ses paroissiens parisiens, il se dirige à pied vers la cathédrale, au rythme processionnel des cantiques populaires. Les libres-penseurs l'attendent et lui barrent le chemin. Il saisit la main de leur chef, le contraint à s'agenouiller et porte l'anneau épiscopal à ses lèvres. « Il se confesse », murmure la foule. « Comme vous êtes bon d'être venu au-devant de votre évêque », ajoute Marbeau. Ses initiatives se succèdent : le premier congrès diocésain, l'inauguration du monument de Bossuet (avec 3 cardinaux, 25 évêques, 10 académiciens, 6 000 participants), des retraites pour son clergé et des missions pour la population.

La vitalité du diocèse de Paris repose sur le dynamisme des paroisses bien pourvues en salles d'œuvres, établissements de bienfaisance et d'assistance, patronages, cercles de jeunes, associations diverses. Saint-Honoré d'Eylau et Notre-Dame de Plaisance en sont deux bons exemples. Marbeau, administrateur puis curé de Saint-Honoré d'Eylau (1888-1910), constatant que son église était insuffisante, à l'idée de créer une cité, qui, en plus d'un lieu de culte, serait une sorte de centrale pour toutes les activités de la paroisse. Sortant des cadres concordataires, il la fait administrer dès 1891 par une société civile dont les paroissiens sont les actionnaires. Il a pour vicaire Antoine Cornette qui, soucieux de la formation religieuse des lycéens, fonde en 1902 la réunion d'Eylau d'où sortira en 1916 la première patrouille de scouts catholiques. Soulange-Bodin constate en 1895 que « le peuple privé d'églises d'une part et de pasteurs de l'autre ... a fini par se passer de religion, et que nos faubourgs, peuplés en principe de gens baptisés sont devenus de vrais pays de mission ». Aussi, soutenu par le cardinal Richard, fonde-t-il à partir de 1896 dans le XIVe arrondissement, la paroisse Notre-Dame du Travail à Plaisance. Il a bientôt parmi ses vicaires, Emmanuel Chaptal, le futur évêque des étrangers, et Jean Viollet fondateur en 1902 de la société du logement ouvrier et de l'association familiale du Moulin-Vert, en 1908 de l'Ecole libre d'assistance privée, et en 1920 de l'Association du mariage chrétien.

D'autre part, l'Eglise catholique commence à prendre conscience de l'importance de Paris comme foyer intellectuel de réputation mondiale. Recteur des Facultés catholiques depuis 1907, Alfred Baudrillart (1859-1942), ancien normalien, historien apprécié, développe une institution qui attire des professeurs renommés et s'ouvre de plus en plus aux jeunes filles et aux étrangers. Enfin, l'évolution favorable au christianisme des milieux littéraires doit beaucoup à l'apostolat d'un prêtre humble, discret et très épris de littérature, Arthur Mugnier, « aumônier général de nos Lettres » (Maurras), « desservant de cette paroisse sans frontière qui se donnait comme le monde » (Mugnier).

Le Centre, de la Bourgogne à l'Auvergne

Des plateaux de l'est du Bassin Parisien à l'Auvergne s'étend une zone où la vitalité religieuse se maintient mieux dans les régions élevées et paraît d'autant plus faible qu'on se rapproche du centre de la cuvette. Le tableau ci-après suggère l'existence de quatre secteurs différents.

La pratique religieuse reste élevée en Auvergne ; elle est moyenne, mais assez faible chez les hommes en Bourbonnais et en Saône-et-Loire ;

elle est faible chez les hommes et moyenne chez les femmes en Nivernais, en Haute-Marne et en Côte d'Or. Enfin, à la veille de la guerre, elle s'est fortement effondrée depuis vingt ans en Berry, avec une dichotomie des sexes qui reste très accentuée.

	Pascalisants			
Diocèses	Dates	Hommes	Femmes	Deux sexes
Clermont-Ferrand	1903-05	41,6	83,0	59,5
Moulins	1904	23,4	61,0	42,6
Autun	1906-14			41,0
Dijon	1921			25,0
Langres	1926-27	10,2	39,0	25,0
Nevers	1909-10	15,0	43,0	28,0
Bourges	1885-93	11,4	60,8	36,0
	1909-13	4,2	28,0	16,0

Les bourgeois anticléricaux encadrent une population qui continue à fréquenter les églises. En Bourgogne, les sociétés de Libre-Pensée se multiplient dans les villes après 1880. En 1905, sur 53 députés représentant la Bourgogne, le Berry, le Bourbonnais ou l'Auvergne, 45 votent la Séparation, 7 s'y opposent et 1 s'abstient. Le radicalisme ne cesse de progresser jusqu'à la Séparation, puis doit faire face à la concurrence socialiste. Les « nouvelles couches » — professions médicales et commerciales, fonctionnaires, assureurs, régisseurs, instituteurs — sont gagnées à l'idéologie du progrès.

Les paysans bourbonnais décrits par Emile Guillaumin dans *la Vie d'un Simple* (1904) sont théistes, vénèrent un Dieu maître des éléments, prient un peu matin et soir, vont irrégulièrement à la messe et respectent les rites agraires christianisés : buis des Rameaux, petites croix d'osier bénies en mai, aubépines des Rogations, bouquets d'herbes de saint Roch qui préservent les animaux des maladies. Les Berrichons eux-mêmes font presque tous baptiser leurs enfants : 1,4 % de non-baptisés seulement en 1900. En Nivernais, le conformisme saisonnier est à peu près universel, mais une forte minorité de femmes pratique régulièrement, et 7 000 d'entre elles adhèrent à la Ligue patriotique des Françaises, « ce qui est

considérable » pour cette province (Guy Thuillier). Les catéchistes volontaires ne manquent pas et les jeunes noélistes sont actives comme en
témoignent les rapports du quatrième congrès diocésain en 1910. A la
veille de la guerre, trois congrès eucharistiques successifs ravivent la
ferveur d'une minorité. En Bourgogne, le réveil régionaliste est l'œuvre
de tout un monde d'ecclésiastiques, de professeurs, de propriétaires
fonciers, d'hommes de loi qui fréquentent les sociétés savantes locales.

Le Limousin, les Charentes, la Guyenne

Le Limousin, les Charentes et la Guyenne deviennent-ils des *déserts
spirituels* ? La statistique oriente dans cette direction. Le nombre des
prêtres en activité est inférieur à la moyenne nationale (13,5/10 000
habitants en 1904) dans cinq diocèses sur huit, dont La Rochelle 11,
Bordeaux 10, Limoges 9, taux le plus faible de France pour un diocèse
rural. Dans ces trois diocèses, les taux d'ordination — respectivement
34,39 et 27 — sont de beaucoup en dessous de la moyenne française
de 52. Encore, appel est-il fait à des séminaristes ainsi qu'à des prêtres
du dehors : à la fin du XIXe siècle en Gironde, ils sont quarante de
Tarbes, onze de Bayonne, neuf de Dax, neuf de Saint-Flour... La pratique
pascale descend à moins du quart en Gironde en 1907. Pour les hommes
elle tourne autour de 5 à 10 % à Limoges, Tulle, La Rochelle, Bordeaux,
Angoulême, où l'industriel Henri Lagarde est le leader très actif de la
Libre-Pensée. Celle des femmes est encore majoritaire dans la plus grande
partie de la Corrèze en 1900, mais la situation est inversée quelques
années plus tard. Agen, Périgueux — parfaitement stable pour les hommes
entre 1855 et 1906, au dessus du tiers — et surtout Aire dans ses
paroisses méridionales, comptent deux-tiers de femmes à Pâques, ce qui
est considérable. Pour le Limousin, L. Pérouas vient de prendre en
compte tout ce qui est quantifiable depuis 1880. Dans huit cantons de
la Creuse les pâques d'hommes sont nulles, inférieures à 1 %. L'assistance
à la messe est très faible, une cassure s'étant produite vers 1906. La
demande de services pour les défunts régresse, les hommes ne pénètrent
pas dans l'église lors des funérailles. Les ruraux commencent à se détacher

des rites de passage, la Séparation accroît, semble-t-il, le nombre des non-baptisés. L'anticléricalisme masculin dominant est entretenu par de nombreux patrons, tels les Codet, mégissiers à Saint-Junien, « pour dévier sur les curés le mécontentement des classes pauvres » (G. D. Vuillemin).

Toutefois les religions de substitution, tels l'évangélisme protestant ou la Libre-Pensée, se heurtent aux résistances d'une religiosité populaire toujours vivace et dont témoignent, par exemple, les ostensions septennales de reliques, dont les cortèges restent autorisés au Dorat, à Saint-Junien ... malgré les options politiques des municipalités (A. Perrier). Anticléricaux, les ruraux du Limousin continuent d'exprimer des attentes religieuses, comme le montrent bien les œuvres de Martial Chaulanges, Claude Michelet ou Georges-Emmanuel Clancier, fidèle aux souvenirs de sa grand-mère, née en 1870, et vivant dans les faubourgs de Saint-Yriex. Des œuvres qui disent la situation culturelle de ces pays pauvres, en retard pour l'alphabétisation, où l'on entre « en condition » avant même la première communion que certains ne préparent pas sinon à la veille du mariage, si celui-ci a lieu à l'église. Les prières sont apprises en patois à l'orée des années 1880 et sans doute longtemps après (*Le pain noir*, 1956).

Cependant, même en Limousin, le réveil catholique qui précède la Grande Guerre est perceptible. L'abbé Desgranges, qui, en 1910, a soutenu la grève des ouvriers boulangers de Limoges contre le travail de nuit, parvient à rassembler 500 jeunes Creusois à Aubusson en 1913. A Limoges, « capitale régionale de la Libre-Pensée » (L. Pérouas), les mariages civils régressent de 48,5 % en 1907 à 39,5 % en 1914, et de même les obsèques civiles. Au lycée, en classe de philosophie, Aimé Forest découvre Pascal, Bergson et Blondel. Né en Haute-Vienne en 1898, ce fils d'instituteurs sortis des Ecoles normales, se souvient de la foi profonde de sa mère, au sein d'une famille où la prière est récitée en commun, le mois de Marie célébré avec ferveur. « Nous allions ensemble à la messe de notre paroisse, assez éloignée de notre village, non tous les dimanches, mais de façon habituelle. Papa venait avec nous dans un esprit de religion droite, sobre, mesurée. Je sais maintenant l'effort que demandait cette pratique à des instituteurs très respectueux de la laïcité », *Nos promesses encloses*, Beauchesne, 1985. A Bordeaux le congrès diocésain de 1908 amorce une organisation des œuvres qui s'épanouira après la guerre. L'influence du catholicisme social se manifeste dans les Landes avec l'essor d'un syndicalisme chez les résiniers englobant plus de 4 000 adhérents en 1908, Ph. Gratton.

Les chrétientés des hautes terres méridionales

De Bayonne à Viviers un ensemble le plus souvent homogène de onze diocèses constitue les *chrétientés des hautes terres* des Pyrénées et du Massif central. Ici l'encadrement sacerdotal est toujours largement supérieur à la moyenne nationale. Il est compris entre 17 et 35 prêtres pour 10 000 habitants. Il est à l'image d'un recrutement surabondant jusqu'en 1904, encore considérable jusqu'en 1914 au moins pour Bayonne, Cahors, Rodez, Viviers et Mende (285, France 31). En 1913 l'évêque de Châlons-sur-Marne signe une convention avec celui de Mende qui s'engage à entretenir dans ses séminaires vingt et un jeunes Lozériens qui se destineront au diocèse de l'Est.

A ce recrutement pour le clergé diocésain s'ajoutent les vocations religieuses. Entre 1850 et 1914, de l'Aveyron, sortent 155 lazaristes, 98 pères de Picpus, 94 prêtres des Missions étrangères de Paris, 75 pères blancs (ils ont un noviciat à Saint-Laurent d'Olt), 65 pères maristes... 664 frères des Ecoles chrétiennes (en 1914 12 % des frères sont des Rouergats), 243 clercs de saint Viateur, 134 marianistes. Bien entendu les vocations féminines sont très nombreuses : 1 442 sœurs de la Sainte Famille, 1 058 de Saint Joseph (6 congrégations diocésaines), 458 du Saint Cœur de Marie, 452 sœurs de Saint Joseph de Cluny (J. M. Périé).

La pratique pascale concerne au moins la moitié des hommes, souvent beaucoup plus, et environ neuf femmes sur dix. Ne sont pas rares les paroisses où il n'y a aucune abstention. Les villes abaissent ces proportions, notamment les chefs-lieux, là où se trouvent les fonctionnaires, les « étrangers », comme les cheminots : Cahors ne compte que 10 % d'hommes à Pâques quand il y en a de 45 à 60 % dans des villes ouvrières comme Millau, Decazeville, Mazamet ou Annonay. Une exception, Carmaux, 12 %, où verriers et mineurs accusent le clergé de trop bien s'entendre avec le marquis de Solages, lequel dispute à Jean Jaurès la représentation de la circonscription. Vers 1910 il est fréquent que les instituteurs publics soient signalés parmi les pratiquants : n'accompagnent-ils pas parfois leurs élèves aux offices, de crainte que le curé n'ouvre une école libre concurrente ? L'absolution différée est encore courante : « Nous nous contentons d'une visite [au confessional] s'il le faut » note le vicaire général Poumarel à Cahors en 1913. L'assistance à la messe est presque toujours majoritaire si ce n'est sur les marges. L'observance des rites de passage est quasi unanime, rares sont les baptêmes au delà des huit jours qui suivent la naissance. La prière en famille est fréquente ou généralisée. La préparation à la première communion est sérieuse, les catéchistes volontaires nombreuses (1 500 dans l'Aveyron en 1912, 850 en Lozère) : « Il est clair que les générations montantes connaissent et pratiquent mieux leur religion que celles qui naissaient à la vie vers 1850 ou 1860 » lit-on dans un rapport du concours des catéchismes à Albi en 1914. Ici les progrès de la scolarisation ont favorisé la christianisation. En pays mixte l'émulation joue plus que jamais.

La religion populaire est vivante, fortes sont les traditions. Toutefois la fécondité des foyers est inégale, elle reste forte en Lozère, Haute-Loire, Aveyron, diminue vers le sud-ouest. En 1913 Mgr Cézerac, évêque de Cahors, reprend à son compte les inquiétudes du cardinal Mercier concernant les devoirs de la vie conjugale. L'autorité morale du clergé est soit acceptée soit activement soutenue. En témoigne la résistance efficace aux deux crises de laïcisation puis de Séparation. Elle surprendrait dans les diocèses aux ressources matérielles médiocres si l'on négligeait le poids massif du soutien populaire.

Ceci ne signifie pas, pour autant, que ces diocèses mieux protégés des courants de la modernité leur soient totalement fermés. L'effort considérable entrepris en faveur de la scolarisation depuis 1830 et qui permit un rattrapage remarquable au début du XXe siècle, compte tenu de l'obstacle important que représente toujours une fréquentation scolaire irrégulière — il y a des bêtes à garder et les difficultés du climat et du relief — cet effort témoignait des capacités d'innovation d'une société paysanne où l'esprit d'entreprise est stimulé par le nombre et par la pauvreté. La question des migrations a franchi le cap des doléances et les problèmes sont abordés avec réalisme. En 1894 est fondée l'Union aveyronnaise de Paris. A la différence de ce qui s'est passé pour le Limousin, les Rouergats sont invités à se regrouper : à Paris, leur réseau amicaliste, par canton sinon par paroisse, maintient de solides liens avec le pays. Il n'est pas rare vers 1914 que le curé fasse un voyage annuel pour la fête de l'amicale des « Parisiens ». Dans plusieurs paroisses de Paris et de la banlieue, ces Aveyronnais constituent des noyaux à partir desquels se fonde une action pastorale de reconquête : ainsi à Notre-Dame Auxiliatrice de Clichy, à Suresnes... Au Congrès diocésain de Saint-Flour en 1908 ce problème est abordé de façon précise. Sur le plan économique, un orateur des Semaines sociales, Maurice Anglade, fonde en 1905 une Union des associations agricoles du Plateau Central qui contribue à la modernisation de l'économie de montagne. Dans d'autres domaines, le clergé se divise. Les uns préconisent la défense religieuse et s'appuient sur Rome. Les autres, tel l'abbé Louis Birot à Albi et son archevêque Mgr Mignot, désirent que les catholiques ne restent pas « en dehors du mouvement général de leur temps », souhaitent les voir entrer dans tous les partis pour en être des « modérateurs ». Ces prises de position suscitent des controverses et sont en partie compromises par le modernisme et la condamnation du Sillon. Il faut souligner combien ici les réactions sont avant tout guidées par l'intérêt religieux, l'influence des notables monarchistes étant plus faible. Les votes politiques ne sont pas l'expression réelle des consciences. Dans l'excellent monographie qu'il consacre en 1905 au diocèse de Cahors, l'abbé Calvet en fait la remarque : « Nos paysans qu'une terre fatiguée ne peut plus nourrir appartiennent à qui les fait vivre », ce qu'Anatole de Monzie nomme, lui, « la politique de la clientèle ». Il est toutefois des opiniâtres qui soutiennent des candidats de la droite, en particulier de l'Action libérale populaire. Les Reille dans le Tarn incarnent une politique inspirée du catholicisme social et développent un populisme prenant appui sur le syndicat des délaineurs de Mazamet. Un Gailhard-Bancel dans l'Ardèche se situe dans la même ligne.

L'action proprement religieuse suscite de grands rassemblements d'hommes dans les sanctuaires mariaux : Lourdes, où se retrouvent en 1912 12 000 hommes du diocèse de Tarbes ; Notre-Dame de Ceignac dans l'Aveyron, Roc-Amadour, La Louvesc, Notre-Dame de Queyzac en Lozère. Une organisation des laïcs se met en place, avec des directions des œuvres. L'un des premiers évêques nommés après la Séparation, Charles de Ligonnés, dont Pie X disait « Questo e un santo », favorise les regroupements dans le diocèse de Rodez. Il veut des associations puissantes d'hommes, de jeunes gens, de femmes, les jeunes filles viendront plus tard. Des Hautes-Pyrénées à l'Ardèche une Jeunesse catholique diocésaine se met en place à partir de 1902 et multiplie les congrès cantonaux après 1910, le congrès de l'A.C.J.F. à Albi en 1905 ayant donné une forte impulsion. Elle traduit ce réveil d'avant 1914, époque où le lycée de Rodez devient « le plus florissant des petits séminaires de la région » (Hadrien Bousquet, *Ce siècle qui m'a vu naître*).

Deux portraits de simples fidèles représenteront la foule immense des anonymes qui font l'histoire. Madeleine Pradalès, née à Fantou (Lot) en 1891, a appris à prier en regardant prier les siens : elle a fréquenté l'école des sœurs, participé à la vie paroissiale où la confession fréquente a affiné sa conscience. Elle se souvient de son père disant qu'il allait à confesse le samedi saint et s'avançant le lendemain vers la Table sainte. Pour la Fête Dieu, il porte le dais. On dit en famille les mois de Saint Joseph, de Marie et du Sacré Cœur. Les processions des rogations entraînent aux limites de la paroisse. Celles-ci sont franchies pour les pèlerinages du doyenné, du diocèse ou de Lourdes. Il lui donnent l'idée « d'un corps immense où les mérites de chacun profitent à l'ensemble ». Ses lectures ? Le missel, les Evangiles, l'Imitation « qu'elle savait par cœur », le dimanche *La Croix du Lot*, *Le Pèlerin*, les *Annales de la propagation de la foi*, mais aussi les livres de la Bibliothèque paroissiale. Les pauvres sont secourus. Mais Madeleine n'est « ni dame d'œuvres, ni bigote, ni militante. Une chrétienne dans la paroisse. Pas plus. Pas moins » (Jean Peyrade).

En Cévennes, Augustine Rouvière est née en 1883 à Sainte-Croix-Vallée-Française. Le dimanche elle accompagne ses parents au culte. Tous les soirs le père dit la prière en français, alors que le patois est la langue maternelle. La communion est faite à 14 ans : « Des jours et des jours à l'avance je m'y préparai avec sérieux et gravité... je me trouvais tous les défauts et point de qualités... Le grand jour arriva. Je portais une longue robe blanche et un voile dans les cheveux... La première chose que je vis en entrant dans le temple et qui me saisit d'émotion, ce fut la table de communion... Nous étions dix garçons et filles. J'avais fait pendant notre instruction religieuse, la meilleure rédaction sur un passage de l'Ecriture sainte et j'avais été choisie par le pasteur pour réciter devant toute l'assemblée les vœux de notre baptême... C'étaient tous les « ministres au désert rassemblés, que je vis en lui dans l'instant où enlevant la serviette qui couvrait le pain blanc, il le rompit et bénit la coupe ». Dans l'atmosphère « sereine d'un protestantisme vivant » l'arrivée d'un jeune pasteur donne un élan nouveau. Il fonde une Union chrétienne de jeunes filles dont la femme du médecin devient la présidente. Bientôt les adhésions affluent des environs. Avec l'argent de la « vente » annuelle, a lieu la sortie-pèlerinage à la Can de l'Hospitalet : on y chante « La Cévenole », « notre Marseillaise à nous ».

La région Rhône-Alpes

La *région Rhône-Alpes* appartient à ce *terrain disputé* où les « menées cléricales » sont toujours à craindre. A peu de distance le contraste des mentalités peut être radical. Aux portes de Lyon, dans les Monts du Lyonnais, dans la Loire, il existe de solides chrétientés rurales : en 1908 plus de la moitié des paroisses de ce vaste diocèse comptent 90 % de femmes à Pâques. Dans le Puy-de-Dôme, il en est de même dans l'est, aux confins de la Loire. De même aussi pour une grande partie de la Savoie et des zones montagneuses des diocèses de Grenoble et surtout de Gap et de Digne. Le protestantisme drômois semble assoupi, rongé par « la politique » qui détourne les hommes des temples, mais il s'agit souvent d'une simple apparence, l'avenir le démontrera. Dans sept diocèses, le taux des ordinations est très en-dessus de la moyenne nationale : Belley, Annecy, Chambéry, Moutiers, Saint-Jean-de-Maurienne, Gap et Digne, où il atteint 145. Mais seul le diocèse d'Annecy souffrit peu de la Séparation, 141 prêtres y furent ordonnés entre 1904 et 1914. L'encadrement pastoral est partout satisfaisant, si l'on excepte le diocèse de Lyon, mais celui-ci est particulièrement riche en religieux. Toutefois dans les vallées, dans les sites industriels et dans les principales villes, la situation s'inverse : les pâques d'hommes tombent à 10 ou 20 % (15 % à Saint-Etienne en 1908), celle des femmes et jeunes filles sont comprises entre 30 et 60 % (51 % à Saint-Etienne, ce qui est très considérable pour une ville ouvrière). Dans le diocèse de Clermont, la pratique fléchit sous le choc de la Séparation, il en est probablement de même dans d'autres diocèses. A Lyon cependant on ne compte que 11 % d'enterrements civils

Louis **DURAND**

Président de l'Union des Caisses rurales et ouvrières.

L'ESPRIT

DES

Œuvres Sociales

Conférence donnée au premier Congrès Diocésain de Mende

(19 SEPTEMBRE 1908)

ÉDITION DE L'"ACTION CATHOLIQUE"

5, rue Bayard, Paris

en 1911, ils diminuent ensuite. En 1906 95 % des enfants sont baptisés, et 85 % dans les premiers jours. Mais la vigueur de l'anticléricalisme témoigne à elle seule des obstacles que lui oppose la résistance de nombreux catholiques. Le réseau des écoles libres est l'un des plus important de France. L'expulsion des religieux suscite de l'effervescence et divise la gauche : ainsi pour les chartreux du Reposoir et de la Grande Chartreuse.

Le passage d'une religion populaire en déclin — en 1910 en Haute-Savoie, les confréries sont en pleine déroute — à des formes plus modernes de regroupement des laïcs s'effectue plus ou moins bien, plus précocement à Lyon, où une direction des Œuvres est créée en 1907, et à Grenoble, où Mgr Henry est un organisateur : essor de l'A.C.J.F. en 1906, Fédération Bayard pour coordonner les patronages (1910), premiers syndicats féminins. Des Ecoles normales libres, des Cercles d'études, des bulletins paroissiaux naissent après la tenue de nombreux congrès diocésains. Des diocèses suivent avec un temps de retard.

L'une des manifestations les plus réussies de la défense religieuse et sociale associée à des formes neuves d'intervention, c'est l'Union du Sud-Est des syndicats agricoles. L'initiative est partie de la Drôme, où, dès août 1884, Anatole de Fontgalland fonde le syndicat des agriculteurs de Die. En décembre, Hyacinthe de Gailhard-Bancel, jeune avocat revenu à la terre, fait de même à Allex. Le mouvement fait tâche d'huile grâce à la collaboration de plusieurs grands propriétaires exerçant leur ascendant social dans leur commune et leur département. Le dynamisme économique est « résolument novateur » et c'est là l'une des conditions du succès (Gilbert Garrier, *Le Mouvement Social*, 1969). En 1913 plus de 500 syndicats ont été formés, ils regroupent près de 125 000 syndiqués sur les 800 000 foyers d'agriculteurs de la région, cela malgré la violente campagne des radicaux contre eux. Le chef est Emile Duport, ancien élève des Chartreux de Lyon. Ce syndicalisme s'occupe d'enseignement agricole, de coopération, de crédit, d'assurance (incendie, bétail), de rentes pour les vieux travailleurs, de bibliothèques gratuites, de consultations juridiques et de tribunaux d'arbitrage. Il traduit dans les faits l'orientation catholique sociale de plusieurs de ses dirigeants.

La forte influence de Lyon se manifeste aussi bien dans le sens du radicalisme anticlérical, avec la diffusion du *Progrès*, que dans celui de la défense religieuse. Sur la colline de Fourvières, devant la Vierge noire, bien des serments sont échangés qui renvoient à une tradition mystique sachant allier la contemplation à l'action. Les figures de proue du premier XIXᵉ siècle continuent d'imposer leur présence, les Vianney, Querbes, Jean-Claude Colin, Marcellin Champagnat, Coindre, Pierre-Julien Eymard, l'abbé Noirot, les Ozanam, Pauline Jaricot, Thérèse Couderc... Le haut enseignement ecclésiastique a repris depuis 1869 chez les « chartreux » ; les jésuites, le Tiers Ordre dominicain au collège d'Oullins, forment des laïcs. L'esprit de la vieille bourgeoisie lyonnaise est présentée ainsi dans la *Grande Revue* : « Pas de luxe extérieur, nulle ostentation. Une foi austère avec quelques restes de traditions jansénistes. Des familles nombreuses. Des relations sociales limitées ... des habitudes d'économie, parfois excessives, tempérées par le génie de la charité » (16 novembre 1906). Nul mieux que Joseph Rambaud (1849-1919) qui soit capable de donner chair à ces impressions. Né d'une famille enrichie par le commerce, élève des jésuites à Mongrée, membre de la Congrégation des Messieurs, volontaire dans les Zouaves de Charette en 1870, marié deux ans plus tard — il aura douze enfants — il a fait son droit, et occupe, à partir de 1876, une chaire à la Faculté catholique. Il y enseignera rapidement l'économie politique qui le rattache à l'Ecole libérale d'Angers. En 1879 il prend la tête du *Nouvelliste* qui, avec *L'Express de Lyon* (1883), dispute au *Progrès* la clientèle régionale. A côté de lui mais différents, Edouard Aynard, catholique libéral, président de la Chambre de commerce, député en 1889, Lucien Brun, juriste monarchiste intransigeant. Joseph Rambaud, un homme d'affaires qui « détestait les spéculations boursières » (L. de Vaucelles), est très pénétré des devoirs impartis aux classes dirigeantes. C'est avant tout l'homme de la défense religieuse. Eloigné de toute mondanité, assistant tous les jours à la messe dans les vingt-cinq dernières années de sa vie, il visite les pauvres à domicile et se montre généreux pour les œuvres. Il incarne, après la génération des Camille Rambaud et des Antoine Chevrier, une troisième génération de mystiques lyonnais qui précède celle de la *Chronique sociale* à laquelle il s'oppose.

Le Midi

La vivacité des comportements dans le Midi invite à opposer un *Midi rouge* à un *Midi blanc*. Dans le vrai, la réalité est infiniment plus complexe. Entre 1880 et 1910 il est certain toutefois que la radicalisation des opinions s'effectue et, massivement, en faveur de la gauche. Toulouse, avec la *Dépêche*, est devenue le symbole même du radicalisme. La révolte des viticulteurs en 1907 est perçue, à tort, comme une insurrection des travailleurs de la terre, rassemblés derrière le docteur Ferroul, maire socialiste de « Narbonne la rouge » (P. Guidoni). Marseille a un maire socialiste en 1892. En 1914 l'extrême gauche est fortement implantée dans le Gard, les Bouches-de-Rhône et le Var.

Depuis les pays où l'on parle encore le gascon, dans le Couserans (ouest de l'Ariège) jusqu'à ceux dont le parler maternel est le nissard, il est peu de régions de France qui aient été affectées par d'aussi intenses brassages de population, l'exode rural dans les départements les plus pauvres, l'attraction de la vigne, cette « culture peuplante » dans les plaines, et le développement, de l'agglomération marseillaise. On ne négligera pas ici le rôle précoce de la promotion sociale par le diplôme et l'attrait de la fonction publique. Les aléas de la production viticole constituent un sommet dans une instabilité économique fort étrangère aux autres régions rurales françaises. Prospérité et crises se succèdent, il en résulte un va-et-vient continu des populations, des Gavachs qui viennent et qui repartent, des Italiens qui commencent à les remplacer. Cette instabilité, ces écarts entre l'enrichissement des uns et la paupérisation relative des autres, ce développement anarchique de Marseille où s'entassent les migrants, ce prestige de la Science au village, n'ont pu rester sans conséquence sur les disciplines religieuses. Dès 1860, par exemple, l'enrichissement s'accompagne d'une limitation volontaire des naissances qui, dans l'Hérault ou le Var, provoque des excédents annuels de décès quelle que soit la conjoncture. Comme l'écrit le curé d'Argeliers (Aude) en 1875 : « Depuis que le vin leur fournit tant d'argent, les hommes n'assistent plus aux offices, fréquentent de plus en plus le café... les voyages à la ville qu'ils réservent habituellement au dimanche... contribuent beaucoup à la démoralisation du grand nombre ».

. Jusqu'en 1904, des douze diocèses concernés, cinq ont un taux d'ordination supérieur à la moyenne nationale, deux d'entre eux dépassant 80, il s'agit de Pamiers et d'Ajaccio, c'est-à-dire des régions les plus pauvres. Marseille, Fréjus et Nice sont au-dessous de 40. Entre 1909 et 1913 seul Nîmes résiste bien, mais c'est l'effondrement à Avignon, Aix, Fréjus, Nice et Ajaccio. Les indications concernant la pratique pascale, pour fragmentaires qu'elles soient, conduisent à constater combien les hommes fréquentent peu les sacrements, moins de 20 %, de 15 %, voire de 10 %, si l'on excepte une grande partie du Gard où il existe des minorités imposantes, y compris dans le bassin minier (30 à 40 %). On saisit ici les effets stimulant du protestantisme proche. Le contraste avec les femmes est partout fortement accusé.

Les trois diocèses pour lesquels on dispose de données complètes le montrent bien :

	Hommes	Femmes
Pamiers (1912)	21 %	58 %
Montpellier (1911)	10 %	33 %
Avignon (1913)	14 %	43 %

A la différence du Limousin ou des Charentes, les enfants non présentés au baptême sont peu nombreux, moins de 4 % à Marseille en 1901, la ville de Béziers serait l'une des exceptions. Les obsèques civiles, bien étudiées dans l'Ariège par F. Fau, ne dépassent nulle part 10 % en 1914, et ceci malgré l'engagement du sénateur Delpech du côté de la Libre-Pensée : le Delpéchisme consiste à refuser des subventions aux communes rétives dans la lutte anticléricale. En pays pauvre une part de l'inversion du conformisme trouve là son explication.

La tournée que Jules Ferry entreprit en 1879 révèle la vigueur de l'anticléricalisme dans certaines villes du Midi. A Perpignan, la nuit tombée, c'est une marche triomphale « à travers le flot délirant de 20 000 fanatiques des lois Ferry criant joyeusement de leur 20 000 poitrines le vocable de l'article 7 ... car c'est désormais un saint populaire que l'article 7 » (contre les congrégations non autorisées). A Béziers il lui faut « haranguer une foule immense. A Cette parcourir les canaux au bruit de l'article 7 ... J'ai évidemment touché la corde la plus vibrante du pays ». Lorsque la croix de mission est abattue en mars 1881 à Carcassonne, au chant de la *Marseillaise*, répond celui du *Parce Domine*. Lors de la mission de Béziers en 1886, les Oblats font état de « l'hostilité très vive contre la religion ». La *Dépêche* d'un côté, le *Petit Méridional* de l'autre, exercent leur influence sur tout le Languedoc. Louis Lafferre,

A. DELPECH
SÉNATEUR DE L'ARIÈGE

Le Syllabus,
L'Encyclique

ET

LA DÉCLARATION DES DROITS DE L'HOMME

Prix: Vingt Centimes.

PARIS

ÉDOUARD CORNÉLY, ÉDITEUR
101, RUE DE VAUGIRARD, 101

—

1901

député de Béziers, dignitaire du Grand Orient défend les fiches. L'Hérault vient en tête des adresses de félicitations municipales à Combes en 1904 avec 228 conseils, devant la Charente-Maritime 219 (mais c'est le département du président), le Gard 201, mais beaucoup de conseils y sont dirigés par des protestants d'origine, la Creuse 176, l'Aude 134, l'Yonne 133, le Var 127, les hauts lieux de l'anticléricalisme. A Marseille dès 1866, *Le Peuple* de Gaston Crémieux et Gustave Naquet, appuyé sur une dizaine de loges, mène le combat. Le 13 octobre 1870, Esquiros expulse les jésuites. A la fin du siècle, les tournées de Sébastien Faure obtiennent un vif succès, le mouvement anarchiste, bien étudié par René Bianco y apporte sa contribution.

Une partie des aspirations religieuses qui se détournent du catholicisme trouve un temps dans le spiritisme une alternative. Le *Médium évangélique* (1864) connaît un certain succès dans la bourgeoisie républicaine de Toulouse. De nombreux cercles s'ouvrent, un proscrit du 2 décembre, Valentin Tournier, auteur de *La philosophie du bon sens* (1900) y joue un grand rôle dans l'Aude. Ferroul est spirite. Le spirite « lo que fa parlar los morts » se substitue à l'*armier*, le messager des âmes, et prend ses distances vis-à-vis de la métaphysique chrétienne. Des brochures ont nom *Comment faire pénétrer le spiritisme dans les campagnes*. Vers 1890 les points forts sont le Carcassonnais, le Narbonnais et le Biterrois. A Marseille en 1887 Marie Adrien est la gérante de l'hebdomadaire *Le Journal des morts*, avant de fonder en 1895 avec son compagnon, ouvrier typographe, *Le Christ anarchiste*.

Il serait imprudent pour la période précédant 1914, d'interpréter les progrès électoraux du socialisme dans le Midi comme ceux d'une mutation culturelle. Sans doute à « la vieille foi chrétienne » Jaurès entend, le 25 août 1895 à Narbonne, « substituer la science supérieure au dogme et la foi socialiste qui assurera le triomphe de la république démocratique et sociale », mais, comme l'ont montré les récents travaux de J. Sagnes, le socialisme est ici plus électoraliste que doctrinal, il n'assigne aucun rôle particulier à la classe ouvrière, s'adresse aux petits propriétaires, aux artisans. En 1910 le succès de plusieurs de ses candidats au second tour s'explique en partie par le report de voix catholiques hostiles aux radicaux : Ellen Prévot est élu à Toulouse car il défend la liberté de l'enseignement, et Barthe dans l'Hérault pour des raisons analogues. Faut-il croire le curé de Lattes (Hérault) lorsqu'il constate en 1911 « qu'il faut se proclamer bien haut socialiste, mais pas essentiellement antireligieux. Je connais de fervents socialistes qui viennent à la messe, ils ne sont pas sectaires » ?

Le Midi rouge comporte des minorités de blancs qui représentent essentiellement le parti de la fidélité, quelques familles nobles, surtout des artisans et des paysans héritiers de traditions séculaires. De traditions politiques plus sans doute que de profondes convictions religieuses, à l'inverse de la mentalité des hautes terres. Il existe une *Vendée provençale* autour de Barbentane, Maillane, Saint-Rémy, des terres blanches en Cévennes et quelques « Petites Vendées » dans le Gard, l'Hérault — Pignan étudié par L. Secondy — la Salanque. Quelle figure plus représentative de ces blancs du Midi que celle du cardinal-évêque de Montpellier, Mgr de Cabrières (1874-1921). Issu d'une vieille famille du Gard, il hérite d'une opposition à la Réforme et à la Révolution. Elève du P. d'Alzon, il sait, tout en gardant une fidélité sans faille au passé monarchique de la France, échapper aux classifications sommaires : cet ultramontain zélé, attaché aux démonstrations extérieures de la foi, fait passer les intérêts de la religion avant ceux de la politique, mais il souffre du ralliement imposé par Léon XIII. Proche du peuple fidèle dont il parle et défend la langue, ami de Mistral, il manifeste son attachement aux libertés communales et provinciales. Il est attentif au problème social et fait appel aux classes dirigeantes afin qu'elles exercent « le glorieux protectorat de la richesse ». Il admet la libre recherche dans ce domaine, et celle-ci s'exprime à travers la *Sociologie catholique* (1892-1908), une revue de vulgarisation de l'encyclique *Rerum novarum* bientôt dirigée par des démocrates-chrétiens comme l'avocat Jean Coulazou (Michel Fourcade). En 1907 « l'évêque des gueux » acquiert une popularité durable en faisant ouvrir les portes des églises de Montpellier aux viticulteurs venus pour manifester. Mais, partisan d'un « christianisme sans alliage ni diminution » (1892) il est intransigeant sur la doctrine, il combat le modernisme et met en garde contre le Sillon. En 1913 il défend Maurras à Rome.

A la veille de la Grande Guerre, dans plusieurs diocèses du Midi, les catholiques s'organisent, les congrès se multiplient, le clergé est incité à regrouper les fidèles afin de mieux faire face au déclin des associations anciennes, tels les Pénitents. Mais ce mouvement catholique est plus ou moins actif. Il semble s'être peu manifesté dans des diocèses profondément désorganisés par la Séparation, Pamiers, Perpignan, Avignon, Fréjus, Ajaccio. Dans la plaine viticole le mouvement coopératif qui s'amorce s'effectue sous l'égide des socialistes, alors qu'en Lauraguais, dans le Toulousain, comme dans une partie de la Provence les syndicats agricoles avec Ambroise Rendu, les marquis de Laurens Castelet ou de Villeneuve-Trans sont rattachés à la rue d'Athènes. Toulouse fait figure de métropole religieuse, Montpellier, Nîmes nourrissent également un catholicisme vivant. C'est autour d'Alès que la Jeunesse catholique du Gard se développe le plus (R. Pech) ; à Nice Mgr Chapon se montre très actif.

Les attentes religieuses demeurent par-delà les affrontements. Le 6 février 1909 à Marseille, lors d'une conférence de Sébastien Faure, le peintre Maurice Chanmal déclare que l'homme a en lui, malgré tout, des aspirations qui tendent vers un but divin : « Il est applaudi d'une grande partie de l'auditoire » (R. Bianco).

Le rayonnement des missions extérieures

En 1900, les deux tiers des prêtres catholiques exerçant en pays de mission sont français, 4 500 sur 6 500. Les fonds versés à la Propagation de la Foi pendant son premier siècle d'existence entre 1822 et 1922 proviennent pour moitié de France, ceux donnés à l'Œuvre de la Sainte Enfance entre 1843 et 1923 ont la même origine pour les 9/20ᵉ, ceux confiés à l'Œuvre française d'Orient soutiennent depuis 1856 les écoles catholiques au Levant. Cette prépondérance contribue à expliquer que sous Léon XIII, malgré les désirs d'indépendance du pape, le Saint-Siège ne puisse éviter de reconnaître en 1888 et 1891 les protectorats français sur les missions instaurées dans l'empire turc et en Chine par des traités internationaux antérieurs. Face à la puissante London Missionary Society, la part des protestants français groupés essentiellement dans la *Société des missions évangéliques* de Paris, présidée par le pasteur Alfred Boegner de 1882 à 1912, est plus modeste, mais plusieurs réalisations missionnaires ponctuelles des réformés restent originales et neuves.

La chronologie de l'expansion outre-mer oblige à distinguer deux périodes. Avant 1880, date où les Européens commencent à partager systématiquement entre eux le monde et où l'expansion coloniale se généralise, le missionnaire précède très souvent le colonisateur. Pionnier de la foi, explorateur, linguiste, ethnologue, protecteur des indigènes, il peut tenter des expériences apostoliques variées, mais affronte des climats meurtriers et risque le martyre. Après 1880, les dangers subsistent, mais les troupes et les administrateurs coloniaux accompagnent l'envoyé de Dieu dans sa progression. Les nations européennes supportent mal les missionnaires étrangers sur les terres qu'elles administrent ou convoitent. Ainsi, en Tunisie, les pères blancs, amenés par le cardinal Lavigerie, se substituent aux capucins italiens. A Madagascar, pour contrecarrer l'influence des missions protestantes anglaises, Galliéni fait appel à la fois aux jésuites, aux Frères des écoles chrétiennes et à la Société évangélique des missions de Paris. L'administration française fait venir également les protestants français en Nouvelle-Calédonie pour relayer les Anglais en 1897.

La République opportuniste protège généralement les missionnaires qui répandent la culture et la civilisation françaises : elle considère avec Gambetta et Ferry que l'anticléricalisme n'est pas un article d'exportation et entretient de bonnes relations avec Léon XIII dans ce domaine. En revanche, après 1902, la République radicale poursuit outre-mer son rêve de francisation totale et de laïcisation intégrale des esprits : elle engage le combat contre les langues indigènes parlées par les missionnaires, et contre les écoles privées des missions. En expulsant les congrégations, le combisme les incite certes à étendre leur champ d'action missionnaire — c'est le cas notamment pour les dames du Sacré-Cœur, les sœurs de Saint Joseph du Puy —, mais menace gravement leur recrutement comme l'indique la statistique des départs des Missions étrangères :

Départs des missions étrangères pour l'Outre-Mer	
1820-30 : 45	1871-80 : 400
1831-40 : 67	1881-90 : 452
1841-50 : 145	1891-1900 : 608
1851-60 : 182	1901-10 : 519
1861-70 : 208	1911-34 : 442

Les Européens, après une brève période de doute sur l'utilité de l'aventure coloniale, se persuadent qu'ils apportent le progrès et la civilisation aux peuples colonisés. Les récits des missionnaires qui paraissent régulièrement dans les *Annales de la Propagation de la Foi* et dans les multiples publications spécialisées contribuent à affermir leur conviction. Le monde laïque partage le même sentiment. Dans *Les Châtiments*, Victor Hugo, célébrant le martyr Jean-Louis Bonnard, religieux de la Société des Missions étrangères, lui prête ces paroles :

> « *Il a dit : « C'est le Dieu du progrès et d'amour ...*
> *Puisqu'il est mort pour nous, je veux mourir pour lui* » ...
>
> « *Il s'est dit qu'il est bon d'éclairer dans leur nuit,*
> *Ces peuples égarés loin du progrès qui luit.* »

La croisade contre l'esclavagisme des vingt dernières années du XIXe siècle renforce la bonne conscience des Européens. « Le plus sûr agent de la civilisation, c'est le missionnaire », proclame le pasteur Bonat-Maury en 1908. Sur place, le colon, peu soucieux de préparer l'indigène à gérer ses propres affaires et désireux de le maintenir indéfiniment en tutelle, influence le missionnaire qui n'envisage guère, avant 1914, l'émancipation des églises locales, à quelques exceptions près chez les protestants et même chez les catholiques dans certains territoires, comme en témoigne l'Œuvre du clergé indigène fondée à Caen en 1895. A l'opposé de la période précédente, plus ouverte sur les civilisations indigènes qu'on

Missionaires catholiques français à l'étranger en 1900		
	Sans les Alsaciens-Lorrains	Avec Alsaciens-Lorrains
Missions étrangères	1 313	1 358
Jésuites	774	
Lazaristes	229	261
Oblats de Marie Immaculée	400	453
Pères du Saint Esprit		530
Missions Africaines		287
Pères Blancs		350

respecte pour faciliter les conversions, une mentalité « prédatrice » à l'égard des croyances religieuses, des coutumes locales, des rites funéraires prévaut entre 1880 et 1914 (Jacques Gadille).

Un tableau des ordres ayant plus de 200 missionnaires vivant à l'étranger à la fin du XIXe siècle peut être utilement dressé (v. p. 220).

Tandis que les trois premières congrégations existent depuis le XVIe ou le XVIIe siècle, les quatre dernières ont été créées ou réorganisées au XIXe siècle. Parmi celles-ci, les oblats de Marie-Immaculée, fondés par Mgr de Mazenod (1816), se sont surtout tournés vers le Nouveau Monde ouvrant à l'évangélisation l'Ouest puis le Grand Nord canadien, tandis que les trois dernières se sont consacrées essentiellement à l'Afrique. Les pères du Saint-Esprit réorganisés par Libermann (1848) évangélisent le Sénégal et l'Afrique Centrale. Les Missions Africaines de Lyon de Mgr de Marion-Brésillac et du père Planque (1856) abordent les rivages du Golfe de Guinée. Les pères blancs de Mgr Lavigerie (1868) sont présents en Afrique du Nord, et en Afrique équatoriale et orientale. Tandis que les Missions étrangères évangélisent un immense domaine en Asie, de l'Inde au Japon, les jésuites et les lazaristes sont plus dispersés : on les trouve en Asie, au Levant, à Madagascar, en Amérique.

A ces prêtres, il convient d'ajouter 2 600 frères enseignants dont 1 200 Frères des Ecoles chrétiennes présents dans les vieilles colonies, en Asie, en Afrique, et 576 maristes nombreux en Océanie. Enfin, sur les 10 000 religieuses de 47 congrégations différentes, 40 % sont des Filles de la Charité (2 658) ou des sœurs de Saint-Joseph de Cluny (1 408) fondées en 1807 par Anne-Marie Javouhey. Les filles de la Charité sont présentes partout. Tandis que les dames du Sacré-Cœur de Madeleine-Sophie Barat évangélisent l'Amérique, les sœurs de Saint-Joseph de Cluny, les sœurs bleues de Castres, et les sœurs de Saint-Joseph de l'Apparition ont surtout essaimé en Afrique. Les sœurs de Sion fondées en 1848 par Théodore Ratisbonne, se trouvent en Terre Sainte et en Amérique, les sœurs blanches aident les pères blancs et les Auxiliatrices du Purgatoire, créées par les jésuites, sont nombreuses en Chine. Les contemplatives elles-mêmes viennent prier en terre de mission : ainsi en 1861, le carmel de Lisieux a fondé celui de Saïgon et ce lien mystique fait mieux saisir pourquoi Thérèse Martin a été désignée comme patronne des missions en 1927.

De leur côté, les Missions évangéliques de Paris ont à travers le monde, en 1912, 95 missionnaires dont 22 institutrices répandus dans 7 champs de mission. Les dons recueillis ont quadruplé entre 1879 et 1912 atteignant à cette date la somme de 931 000 francs. Cet élan s'est maintenu malgré de lourdes pertes : en trente ans, 38 missionnaires et 30 de leurs épouses sont morts de maladies tropicales. L'épreuve du climat est rude également pour les catholiques : les religieux des Missions africaines sont décimés par les épidémies ; sur 900 spiritains morts en terre d'Afrique des origines à 1934, 530 n'avaient pas atteint leur quarantième année.

Comment se recrutent ces missionnaires ? Toutes les régions de France en ont fourni au XIXe siècle, car l'appel à la mission lointaine a été entendu partout. Cependant, la part des régions ferventes est considérable car le missionnaire part sans esprit de retour et risque le martyre. Comme le montrent les cartes dressées par le père Joseph Michel et par Jacques Gadille, les régions rurales pratiquantes sont les viviers de la mission lointaine. Gadille commente ainsi sa carte des diocèses d'origine des 642 évêques missionnaires recensés entre 1802 et 1962 : « Ressortent clairement le grand bloc breton, la diagonale qui va des Basses-Pyrénées aux départements rhénans en passant par la bordure orientale du Massif central, la région lyonnaise, les deux Savoies, enfin secondairement la Moselle et le Nord-Pas-de-Calais ». Goyau note en 1933 : « Lyon, Le Puy, Rodez, Besançon, Rennes, voilà depuis deux siècles et demi les cinq pépinières où le séminaire des Missions étrangères a trouvé le plus grand nombre de ses recrues ». Il évoque les noms d'une vingtaine de martyrs célèbres de cette congrégation : parmi eux, six Lyonnais, quatre Franc-Comtois, trois Lorrains, deux Poitevins, deux Aveyronnais, un Vellave, un Savoyard, un Angevin. Le chanoine Knittel signale que, de 1848 à 1952, 1 030 Alsaciens ont fait profession chez les spiritains, 737 pères et 293 frères, et que le premier directeur du Séminaire français de Rome est un spiritain alsacien. Entre 1879 et 1900, le tiers des effectifs des Missions africaines de Lyon s'est recruté en Alsace. La part de la Bretagne est impressionnante, comme les travaux du père Michel l'ont montré. En 1913, le diocèse de Nantes compte 11 évêques mis-sionnaires et plus de 500 missionnaires, et le *Petit Messager des missions* diffusé à plus de 3 000 exemplaires y popularise avec verve les aventures et les exploits des envoyés de Dieu, mais évoque aussi leur vocation au martyre (Marcel Launay). En Basse-Bretagne, deux bulletins analogues sont publiés en breton. Le Nord-Pas-de-Calais apporte son concours aux spiritains qui ouvrent un collège à Merville en 1876 et aux pères blancs avec un postulat à Lille en 1882 (Paul Catrice). Cette dernière congrégation a un noviciat dans le Rouergue à Saint-Laurent-d'Olt. Le diocèse d'Albi voisin de celui de Rodez, est le berceau de deux congrégations missionnaires féminines, les sœurs de Saint Joseph de l'Apparition fondées par la gaillacoise Emilie de Vialar, et les sœurs bleues de Castres. Enfin, le diocèse de Lyon est une pépinière de missionnaires avec ses Missions africaines, ses maristes, ses petits frères de Marie et plusieurs congrégations féminines.

Les missions d'Amérique du Nord ont une grande importance car, par leur précocité, elles constituent un banc d'essai pour les diverses congrégations auprès des immigrés et des indigènes : sulpiciens qui forment les prêtres catholiques américains, jésuites et oblats qui évangélisent indiens et esquimaux. En Amérique latine, les implantations missionnaires se multiplient pendant la seconde moitié du siècle. La langue française fait des progrès considérables avec l'ouverture de nombreux établissements scolaires par les congréganistes que Combes a chassés de France. Grâce à ceux-ci, les diplomates d'Amérique latine auprès de la Société des Nations purent apprécier l'éloquence de Briand au cours des années vingt.

L'Asie fut longtemps le continent où les missionnaires trouvèrent le martyre, notamment en Corée, en Chine, en Indochine ; parmi les victimes, les lazaristes Jean Gabriel Perboyre (1840) et Ferdinand Montels, originaires d'Aquitaine Orientale. Lorsque Pierre Charrier, qui avait subi divers supplices chinois et qui avait été sauvé *in extremis* par un officier-négociateur français, enseignait au séminaire de la rue du Bac, il avait pour étudiants six futurs martyrs dont Théophane Vénard (1861). Dans cette « école polytechnique du martyre » (Mgr Touchet), on vénérait les reliques des bienheureux.

Lorsque l'Extrême-Orient s'ouvre aux Européens, les travaux linguistiques prennent une grande ampleur pour faciliter l'apprentissage des langues locales. D'après un bilan datant de 1923, les pères des Missions étrangères ont publié six dictionnaires des langues et dialectes de l'Inde, trois de Malaisie, seize de l'Indochine, huit de la Chine, un du Thibet, un de la Corée, deux du Japon. Tandis que le lazariste Savino rédige sept dictionnaires des langues monosyllabiques du Tonkin, le jésuite Léon Wieger (1856-1933) acquiert une réputation internationale dans la dialectologie chinoise. Les lazaristes Régis Huc (1813-1860) et Armand David (1826-1900) se sont rendus célèbres respectivement par leurs explorations et par leurs recherches botaniques et zoologiques.

Les jésuites, soucieux de promouvoir la recherche scientifique dans un pays de vieille civilisation, fondent en 1873 l'observatoire de Zi-ka-wei et ouvrent en 1903 l'Université de l'Aurore à Shangaï. A l'autre extrémité de l'Asie, au Levant, ils créent l'Université Saint-Joseph de Beyrouth en 1875-1881. Les missionnaires expérimentés sont portés à respecter les usages locaux. Ainsi, Jean Chouzy, vicaire apostolique lazariste au Kouang Si, donne en 1892 de sages conseils aux nouveaux missionnaires : « La fonction de l'ouvrier évangélique est de christianiser et non d'européaniser les Chinois, et il doit à l'exemple de saint Paul se faire tout à tous pour les gagner tous à Jésus-Christ. Pourquoi ne pas se soumettre aux usages nationaux qui ne blessent ni la conscience ni les bonnes manières quand surtout la conduite contraire risquerait d'attirer la risée, sinon d'aliéner les esprits ? »

Les religieux ouvrent des séminaires et des prêtres indigènes sont ordonnés. Les missions étrangères en ont 512 en 1900. Le nouveau vicaire apostolique de Nankin en 1900, le jésuite Prosper Paris en trouve 45 dans son diocèse. Surtout les religieuses indigènes sont déjà nombreuses en Inde et en Annam, où les amantes de la Croix constituent une congrégation locale de carmélites. Si les missionnaires conservent jusqu'en 1914 toutes les fonctions d'autorité, une relève progressive de certains d'entre eux par les autochtones devient possible.

Les civilisations océaniennes posent d'autres problèmes : concurrençant activement les catholiques jusqu'à l'affaire Pritchard en 1844, les missionnaires anglais sont brutalement expulsés de Tahiti à cette date, et ne sont remplacés qu'en 1862 par des pasteurs français qui trouvent une population en majorité protestante. En Nouvelle-Calédonie, le pasteur Philadelphe Delord relaie les Anglais en 1897 auprès des populations chrétiennes des petites îles, et en 1902 le pasteur Maurice Leenhardt commence à évangéliser les Canaques animistes du « caillou ». L'action anti-alcoolique de la Croix bleue et les prédications concurrentes des pères maristes et des pasteurs permettent aux Canaques de survivre aux ravages de l'alcoolisme et de se convertir à l'une ou à l'autre des Eglises.

L'expansion catholique en Afrique est influencée par les fortes personnalités de Charles Lavigerie (1825-1892) et de Prosper Augouard (1852-1921). Successivement professeur d'histoire ecclésiastique à la Sorbonne, auditeur de Rote, évêque de Nancy à 38 ans, Charles Lavigerie, intellectuel, diplomate et homme d'Eglise avant tout, renonce à ce siège à 42 ans pour devenir archevêque d'Alger en 1867, recevoir du Saint-Siège la délégation apostolique du Sahara et du Soudan et fonder en 1868 les Missionnaires d'Afrique (pères blancs) qui doivent s'adapter à l'existence et à la mentalité des Africains et qui sont assistés par les sœurs blanches à partir de 1869. Lavigerie tente alors de convertir des musulmans, mais échoue à cause de la résistance des intéressés et de l'opposition de l'administration française. En 1877, il créé avec ses pères blancs le séminaire grec-melkite de Jérusalem qui doit élever les Orientaux dans l'estime de leur culture et de leurs traditions. Il reçoit la délégation apostolique d'Afrique équatoriale en 1878 et l'administration du vicariat apostolique de Tunisie en 1881. Cardinal l'année d'après, il est archevêque de Carthage et primat d'Afrique en 1884. A la demande de Léon XIII, il lance en 1888 une vigoureuse campagne contre l'esclavage qui aboutit deux ans plus tard à la Conférence des grandes puissances à Bruxelles sur ce sujet et à la création de l'Œuvre anti-esclavagiste. Enfin, sollicité également par le pape, il promeut le Ralliement. Son secret : un projet d'internationalisation du Saint-Siège, solution à la question romaine et signe visible de la vraie catholicité. Ce grand serviteur de l'Eglise et de la France a cent ans d'avance dans plusieurs domaines (X. de Montclos).

Prosper Augouard s'engage à 18 ans dans les zouaves de Charette, combat sur la Loire, entre au grand séminaire de Séez et est saisi par l'appel missionnaire lancé par le père Horner, apôtre de Zanzibar. Religieux de la congrégation du Saint Esprit, le voici au Gabon en 1877. Dès 1890, à 38 ans, il est le premier vicaire apostolique de l'Oubangui et du Haut-Congo. Explorateur et apôtre, il négocie avec les chefs indigènes, remonte le fleuve Congo sur ses bateaux, successivement « le Léon XIII » et « le Pie X », fonde onze postes de mission, dresse deux grandes cartes des rives du Congo, affronte les tribus anthropophages. A la fin de sa vie, considéré comme « le roi du Congo », il participe à la négociation de traités internationaux, et célèbre des offices dans des églises trop petites pour contenir la foule des chrétiens.

D'autres missionnaires s'illustrent dans les travaux intellectuels indispensables qui, pour les spiritains, passent « avant les mortifications et
les pratiques surérogatoires de piété ». Mgr Kobès s'impose comme
lexicographe (1855) et grammairien (1869) de la langue ouolof au Sénégal,
et Mgr Le Roy par ses recherches sur l'ethnographie africaine. Le jésuite
Jules Torrend (1861-1936), missionnaire en Afrique du Sud et au Zambèze,
rédige en anglais une *Grammaire comparative des langues bantoues*
(1891) en attendant un *Dictionnaire des dialectes bantous* (1931) qui
donne toutes les nuances des trois principales langues. Le jésuite François
Callet (1822-1885), recueillant les récits des conteurs malgaches, écrit une
remarquable *Histoire des rois* et une véritable encyclopédie sur Madagascar.

En dehors de la mission du Gabon, rendue célèbre plus tard par
la figure du docteur Schweitzer, où les protestants français succèdent à
une mission presbytérienne américaine, les réformés français font deux
expériences originales en Afrique du Sud. Installés dès 1833 au Lesotho,
ils convertissent le chef basotho Moshoeshoe. Les pasteurs E. Casalis, Th.
Arbousset, et C. Gosselin aident ensuite celui-ci à résister aux tentatives
de domination des Boers et lui conseillent de se placer directement sous
le protectorat britannique, ce qui permettra au Lesotho de ne pas être
intégré dans l'Union sud-africaine et d'acquérir finalement son indépendance en 1966. Entre 1883 et 1914, l'Eglise protestante française connaît
un grand développement malgré la concurrence des missions catholique
et anglicane. Regroupant la communauté majoritaire, elle est perçue
comme l'Eglise « nationale » du Lesotho. Les pasteurs indigènes sont
associés aux tâches et à la gestion, mais la « conférence des missionnaires »
conserve le pouvoir de décision.

Formé au Lesotho, le pasteur François Coillard (1834-1904) circule
avec sa femme et une escorte indigène une dizaine d'années dans le
Nord avant de fonder en 1887 la mission du Zambèze. Il convertit au
christianisme, mais non à la monogamie, un chef indigène, il modifie
les mœurs des anthropophages, et le Barotseland devient un pays chrétien.
Le récit de ses aventures figure dans toutes les bibliothèques des paroisses
et des familles protestantes du début du XXᵉ siècle.

Au milieu de nombreuses péripéties dues aux rivalités des missions
catholique et protestante et aux oscillations des politiques malgache et
française, quelques figures de missionnaires émergent à Madagascar.

Touché dès 1820 par l'évangélisation de la London Missionary Society, le protestantisme avait connu un développement important surtout depuis 1869, date de la conversion de la reine Ranavalona II. D'origine essentiellement britannique avec quelques 454 000 adeptes et 137 000 élèves en 1897, le protestantisme malgache s'identifiait à l'Angleterre aux yeux des indigènes, comme le catholicisme s'identifiait à la France. Lors de la conquête française, les journaux protestants français se déclarèrent partisans d'un protectorat avec le maintien de la dynastie hova, solution abandonnée en août 1896 lors du rattachement direct à la métropole. De là à les accuser d'anglophilie, voire d'incitation à la révolte et à la trahison, il y avait un pas qui fut vite franchi par la presse nationaliste. Aussi, les pasteurs français Kruger et Lauga envoyés en mission exploratoire en février 1896 par la Société des Missions de Paris et tombés en plein drame avec la révolte des Fahavalos sont-ils accusés de complicité avec « les ennemis de la domination française ». En réalité, comme Jean Bauberot l'a montré, le protestantisme a joué un rôle de bouc émissaire à propos des difficultés de la conquête puis de la pacification. Malgré la modération de Galliéni sur le plan religieux, et son souhait de voir les missionnaires protestants français remplacer leurs homologues anglais, la situation se normalisera lentement entre 1897 et 1911, car la persécution contre les écoles missionnaires et les temples engagée par le gouverneur combiste Victor Augagneur ne la facilite pas.

Les catholiques profitent de la conquête et des bonnes dispositions de Galliéni pour étendre leurs missions. Madagascar est divisé en trois vicariats. L'évêque jésuite Cazet, qui administre celui du centre, ouvre un petit séminaire malgache en 1908 et laisse à sa mort en 1918 dans cette région centrale 1055 églises et 180 000 catholiques. Le lazariste Jacques Crouzet, vicaire apostolique du Sud (1896-1933), apporte à cette contrée moins développée missions, écoles, ateliers professionnels, assistance médicale : « Pour le moment, les lazaristes nous livrent chaque année tout un lot de petits interprètes, de télégraphistes, de secrétaires formés à leurs écoles parlant français et pensant français... » Sortent également des écoles des ouvriers menuisiers, ébénistes, « qui n'existaient pas dans le pays et auxquels chacun s'adresse aujourd'hui » (Lyautey). Les lazaristes tiennent également une léproserie à Farafangana avec cinq villages de lépreux soignés par les sœurs de Saint Vincent de Paul.

La collusion entre mission et colonisation peut paraître accentuée en Afrique. Dans un continent où l'Evangile n'a pas encore été prêché partout — il atteindra vraiment le Tchad lors des années vingt — on ne songe guère à une relève des missionnaires avant 1914. Pourtant des congrégations indigènes de femmes existent déjà à la Réunion, au Sénégal, en Ouganda, au Dahomey. En revanche, au cours du XIXᵉ siècle, en 1845, en 1883, en 1893, la papauté multiplie les instructions pour qu'en Inde et en Chine soient créés des séminaires pour les autochtones auxquels des responsabilités seraient confiées. Mais ses recommandations se heurtent à des résistances de la part des missionnaires qui admettent plus facilement une certaine pratique conciliaire, encouragée par Rome pour résoudre les problèmes locaux : en Inde, en Chine après 1883, en Afrique Orientale en 1912, des assemblées d'évêques ont lieu.

Dans l'euphorie du partage du monde, congréganistes et pasteurs, menacés en France par les vexations anticléricales, eurent un temps l'impression d'être mieux compris outre-mer par des administrateurs et des militaires dépourvus de préjugés jusqu'au jour où la persécution antichrétienne les y rejoignit. En effet, sous la République radicale, notamment à Madagascar et en Afrique occidentale, l'administration accepte mal l'usage de la langue autochtone dans la catéchèse catholique et dans la liturgie protestante ; elle engage parfois la guerre scolaire et favorise éventuellement l'expansion de l'Islam. Certains missionnaires catholiques et protestants prennent alors plus nettement le parti des indigènes et n'hésitent plus à dénoncer les abus de la colonisation, la surexploitation de la main d'œuvre, les excès du portage, les trafics d'alcool et de drogue, la corruption, la prostitution que l'administration tolère trop facilement. Cependant, ces missionnaires, soucieux de donner aux indigènes une meilleure image de la France, n'en restent pas moins convaincus de la supériorité de la civilisation européenne qui dispense alors ses bienfaits par leur intermédiaire au moyen de l'école et de l'assistance médicale, et ne séparent pas le christianisme qu'ils s'efforcent de répandre et cette civilisation qui est la leur.

Deuxième partie

L'impact de la guerre

Pesanteurs et novations
(1914-1930)

Hécatombe, reconstruction, prospérité retrouvée, ainsi peut-on carac-tériser sommairement les quinze années qui suivent la déclaration de guerre, le 2 août 1914.

La victoire de 1918 est chèrement payée. Les destructions matérielles sont considérables dans toute la France du Nord-Est : Alfred Sauvy en estime le montant à 28 MM de francs-or. Il en résulte certains dépla-cements industriels, l'essor de Toulouse par exemple. Les pertes humaines s'élèvent aux alentours de 3 millions : aux 1,4 million de morts, il faut ajouter l'important déficit des naissances, à l'origine du phénomène des « classes creuses ». La France, déjà peu prolifique, perd encore de sa vitalité. Dans certaines régions rurales la désertification gagne. Les colonies compteront bien peu de « colons » métropolitains. L'inflation remet en cause le rôle traditionnel de l'épargne : « nouveaux pauvres », beaucoup de rentiers doivent renoncer à leur existence bourgeoise. Il y a là l'une des raisons fondamentales de la course au diplôme chez les jeunes filles, l'autre raison étant la nécessité de combler le déficit en hommes dans les professions où le recours à la main d'œuvre étrangère est inopérant. A l'inverse quelques « nouveaux riches », ayant tiré profit des circonstances, font un usage de leur fortune qui contraste fort avec les traditions de réserve d'une fraction considérable des classes dirigeantes traditionnelles. Le choc n'en est que plus amer pour les démobilisés qui rentrent.

La République sort affermie de l'épreuve. Le rôle de l'Etat s'est accru : aux débats idéologiques succèdent des problèmes techniques de plus en plus difficiles à résoudre, accusant l'absence de formation en ce domaine de la classe politique française.

Les liens familiaux se sont relâchés. En 1919, la rage du bal et du football emporte une partie de la jeunesse. Mais, dans la France entière, les robes noires des veuves ou des mères, voire des sœurs, témoignent pour des décennies de l'ampleur du sacrifice. Les « Gardiennes » (E. Perrochon) sont plus que jamais celles qui ont à charge de transmettre la tradition, alors même que le retour des hommes provoque la crise de reconversion des activités des années 1919-20.

Au nationalisme exalté des uns, entretenu par les associations d'Anciens combattants qui se constituent (A. Prost), s'oppose le pacifisme des autres : lors du congrès national des instituteurs, en 1919, Anatole France encourage ce tournant qu'éclaire la grande lueur venue de l'Est ; une partie des militants du mouvement ouvrier et des intellectuels placent leurs espérances dans la IIIᵉ Internationale communiste.

Difficile est la reconstruction. Les grèves révolutionnaires ont contribué à porter au pouvoir par réaction la coalition du Bloc national. La tentative de grève générale des cheminots, en mai 1920, échoue. Le parti communiste, né du Congrès de Tours en décembre 1920, n'attire à lui qu'une minorité d'ouvriers syndiqués, qui constitue la C.G.T.-U en 1922. L'instabilité monétaire ne favorise pas la paix sociale, mais les énormes besoins de main d'œuvre qui ne sont satisfaits que par le recours massif à l'immigration étrangère, garantissent, eux, le plein emploi. Pour quelques années « le calme règne dans les usines » (A. Prost), alors que la politique sociale balbutie, malgré le retour des Alsaciens-Lorrains et, avec eux, d'une législation particulariste en avance sur tout ce qui existe à « l'intérieur ».

Les années 1920-1930 ne sont dominées ni par la question religieuse — malgré les radicaux l'anticléricalisme n'est plus mobilisateur — ni par la question ouvrière. Ce sont les relations franco-allemandes et les problèmes financiers qui s'imposent, les secondes étant liées aux premières par l'épineuse question des réparations, à laquelle la France entend subordonner le règlement d'une dette extérieure qui s'élève à 35 MM de francs-or en 1919. L'opinion se divise : aux maximalistes, derrière Poincaré, s'opposent, derrière Briand, ceux qui entendent privilégier la concertation, et, dans le cadre de la S.D.N., aboutir à un règlement général du contentieux né de l'application des traités de paix.

Si la politique de Poincaré connaît un relatif échec sur la question des réparations, ponctuée par l'occupation de la Ruhr en 1923, elle réussit, après l'intermède du Cartel des gauches, à rétablir la confiance dans le franc, redevenu une monnaie forte. Alors que la crise débute aux Etats-Unis, la France connaît la prospérité retrouvée ; l'année 1929 est celle des meilleurs indices depuis 1913. L'Etat, sous l'influence d'une droite plus moderniste entraînée par André Tardieu, entreprend de liquider les séquelles de la guerre — retraite du combattant en 1930, vote de la construction de la ligne Maginot en 1929 — et de corriger quelques unes des inégalités sociales les plus criantes : lois sur les Assurances sociales en 1928 et 1930, loi Loucheur sur les H.B.M. en 1928. En 1930 le centenaire de l'Algérie, en 1931 l'exposition coloniale, semblent témoigner de la solidité d'une plus grande France au rayonnement international retrouvé.

6

La Grande Guerre

L'Union sacrée et la fraternité des tranchées

Dans les années qui précèdent le conflit, les catholiques les plus conscients acceptent l'idée de la guerre, et le pacifisme chrétien de Vanderpol, qui a le mérite de rappeler que la théologie de la juste guerre s'applique mal aux conflagrations modernes, n'obtient qu'une faible audience. En fait, les manifestations de l'impérialisme allemand à Tanger (1905) et à Agadir (1911) ont réveillé une génération. Cette renaissance du patriotisme affecte certes les protestants, mais atteint plus particulièrement les catholiques, qui considèrent que leur religion fait partie du patrimoine de la France. Le lieutenant Psichari découvre cette réalité sur le sol d'Afrique : « en face du croissant de l'islam, la France, "cette puissance dont il porte le signe" lui est apparue comme "celle qui traîne l'immense croix sur ses épaules" » (A. Latreille). Cependant, malgré la lecture des romans nationalistes, malgré dans un autre domaine la fréquentation des sociétés de gymnastique et de tir, ce patriotisme reste le plus souvent défensif, sans agressivité, comme en témoigne la belle prière pour les patries de Philippe Gonnard, professeur de lycée à Lyon parue au printemps 1914 dans le *Bulletin* du très patriote Joseph Lotte : « Ô Dieu qui avez voulu que l'unité humaine fut celle d'esprits différents, convergeant vers la vérité, celle de cœurs différents réunis par la charité, vous avez voulu distinguer des nations et donner à chacune une part de vos dons ; et vous avez voulu qu'aucune ne fut complète afin qu'aucune ne put se passer des autres, et que se donnant et s'empruntant tour à tour, elles soient rachetées par une affection et un respect mutuel ».

Mais lorsque l'Allemagne eut déclaré la guerre le 3 août 1914 et envahi la Belgique et la France, Gonnard pense que l'une des patries a outragé l'humanité et que son crime doit être puni. Dès le 15 août, sous le titre Gloire à la France éternelle, *la Revue du clergé français* définit la guerre en termes de conflit de civilisation : « Nous combattons pour défendre contre les barbares agresseurs la terre sacrée de nos pères. Nous combattons pour le droit et la civilisation... La France ne peut périr ». Les catholiques partageront cet état d'esprit pendant toute la guerre, à quelques exceptions près, comme celle de l'abbé Mugnier qui note dans son journal le 11 août : « il n'y a pas de cause assez juste pour valoir tant de sang répandu ». Les jeunes protestants de la Fédération des étudiants chrétiens, attirés avant-guerre par un idéal de paix et d'entente internationale, réagissent comme les catholiques. « La France est attaquée, elle subit l'agression la plus odieuse que l'histoire ait jamais enregistrée ; une partie de son sol est soumise au pillage et à la dévastation... Il faut par la force répondre à la force » (Charles Grauss, *Le Semeur*, avril 1915).

L'évolution de l'ensemble des Français ne diffère pas de celle des intellectuels. La mobilisation se déroule dans la tristesse comme J. J. Becker l'a prouvé. Les ruraux sont surpris par la guerre, stupéfaits, consternés, angoissés. Dans les campagnes du pays de Caux, « beaucoup de soldats avant leur départ tiennent à saluer leur curé et à faire visite à l'église » (Nadine Chaline). Les villes de la France profonde ne pavoisent pas, comme l'indique le journal de l'abbé Poulin, curé de Saint-Désiré à Lons-le-Saunier. Les églises se remplissent, les hommes viennent en grand nombre se confesser avant de partir. Les mobilisés sont inquiets — la question « Reviendrons-nous ? » est sur toutes les lèvres —, mais ils se montrent décidés « à faire courageusement leur devoir » (abbé Poulin). Au moment du départ, « malgré les pleurs des femmes, les adieux déchirants dans certains cas, l'atmosphère est dominée par la résolution, le sens du devoir » (J. J. Becker). Un combattant, l'historien Marc Bloch observe : « Les hommes pour la plupart n'étaient pas gais, ils étaient résolus, ce qui vaut mieux ». Un profond patriotisme inspire ce comportement fondé sur un raisonnement très simple : puisque la France pacifique a été agressée, elle doit se défendre. Les socialistes et les syndicalistes se ralliant à la défense nationale, la guerre est donc acceptée par la presque unanimité des Français.

Face à l'ennemi, les Français communient dans la religion du patriotisme. Cette unanimité inspire dès le 4 août au Président de la République, Raymond Poincaré, sa célèbre formule : « l'Union sacrée ». Celle-ci a frappé les esprits car elle englobe les deux contre-sociétés, qui s'étaient constituées à l'intérieur de la République laïque : catholiques et socialistes rejoignent les officiels pour participer à l'effort de guerre. Ainsi, dès le 7 août à la Sorbonne, pour fonder un comité de secours national, « sous la présidence de Paul Appell, doyen de la Faculté des Sciences, on voit là côte à côte Ernest Lavisse, Gabriel Hanotaux, Melle Déroulède, sœur du défunt président de la Ligue des Patriotes, Mgr Odelin, représentant l'archevêque de Paris, Dubreuilh, secrétaire de la S.F.I.O., Jouhaux, secrétaire général de la C.G.T., Maurice Pujo, de l'Action française » (J. B. Duroselle). A Nancy, un comité constitué par le préfet réunit catholiques, protestants, israélites et libres-penseurs. Tandis que le Grand Orient adresse au Frère Viviani, président du Conseil, « l'assurance de son entier dévouement au gouvernement de la République », les juifs étrangers résidant sur notre sol s'engagent par milliers dans l'armée française.

L'Union sacrée, qui va durer toute la guerre, connaît vite des limites. Ainsi le très anticlérical ministre de l'Intérieur Malvy a certes accepté le 2 août de suspendre l'application des lois de 1904 sur la fermeture des écoles congréganistes et sur l'expulsion des enseignants congréganistes, mais le 26 août, au moment où deux socialistes Jules Guesde et Marcel Sembat deviennent ministres, il s'oppose catégoriquement à l'entrée au gouvernement d'un membre de la « droite cléricale », en l'occurence Albert de Mun ou Denys Cochin, alors que le nouveau ministère comprend neuf franc-maçons. D'autre part, les polémiques idéologiques reprennent très vite : de nombreux catholiques voient dans la guerre un châtiment de Dieu, qui veut purifier et ramener à la foi un peuple infidèle, ce que les anticléricaux ne peuvent admettre.

L'histoire religieuse de la Grande Guerre connaît trois phases. Pendant la première année du conflit (été 1914-été 1915), tandis que les populations retournent vers les autels, les catholiques s'engagent activement dansl'effort de guerre. Bien qu'ils ne fassent pas partie du gouvernement Viviani, qui comprend un protestant, Gaston Doumergue, ils multiplient les initiatives dans des domaines variés. Ensuite, à partir de l'automne de 1915, c'est l'installation dans la guerre longue. Si les catholiques sont représentés au gouvernement Briand d'octobre 1915 par Denys Cochin, les déceptions se succèdent, les divisions et les querelles renaissent, le mouvement religieux retombe. Face à l'offensive anticléricale d'une gauche inquiète pour la laïcité et majoritaire au Parlement, Denys Cochin démissionne en août 1917. Pourtant, comme le constate Jacques Piou, « on viole l'union sacrée contre nous, mais nous y restons fidèles ». Avec la grande majorité de l'opinion, les catholiques soutiennent le gouvernement Clemenceau constitué en novembre 1917 sur des bases restreintes mais décidé à terminer la guerre par la victoire. De son côté, la Fédération protestante de France rappelle en février 1918 que les soldats français meurent pour la libération de leur pays et pour « le rétablissement total du droit », et que tout projet de conférence religieuse commune en vue de la paix est prématuré.

Prêtres, pasteurs, rabbins, séminaristes sont mobilisés avec leurs classes d'âge. L'engagement massif des ecclésiastiques dans la guerre constitue un fait nouveau que Barrès salue à sa manière : « Les prêtres-soldats sont un des caractères les plus importants de nos armées de 1914 et une de leurs plus saisissantes beautés ». Conséquence de la loi anticléricale de 1889, « les curés sac au dos », mais aussi aboutissement logique du mouvement du clergé vers le peuple, la participation active des ecclésiastiques à la guerre est vite appréciée des combattants, mais suscite de nombreux débats. Les clercs catholiques qui prennent les armes sont normalement frappés d'une irrégularité canonique ; cependant, dès 1912, la Sacrée Pénitencerie, constatant que l'incorporation dans le service armé était le résultat d'une contrainte, a suspendu les effets de cette irrégularité pendant la durée d'un éventuel conflit. Certains évêques n'oublient pas cette contrainte, et l'opinion publique espagnole, travaillée il est vrai par la propagande allemande, en est scandalisée.

Cinq cents pasteurs et plus de 25 000 prêtres et séminaristes sont mobilisés en 1914. Ils relèvent de trois statuts différents. Les plus jeunes, ceux des classes 1905 et suivantes, sont des combattants qui deviennent souvent officiers ou sous-officiers. Ceux des classes 1889-1905, qui avaient fait partie des Églises concordataires, sont versés dans le service de santé, en application de la loi du 15 juillet 1889. Les prêtres plus jeunes classés dans le service auxiliaire s'ajoutent à eux, ce qui fait que beaucoup d'ecclésiastiques servent comme brancardiers ou infirmiers. Les anticléricaux profiteront de cette situation pour les accuser d'être « embusqués » (J. M. Mayeur).

Enfin, une troisième catégorie d'ecclésiastiques sert aux armées, les aumôniers militaires. Ils se répartissent en deux sous-groupes, les aumôniers titulaires et les aumôniers volontaires. Les premiers nommés en vertu du décret du 5 mai 1913 ne sont guère plus d'une centaine en 1914, et cent cinquante et un en novembre 1915. En 1916, il y a déjà soixante-huit aumôniers protestants et, en 1918, quarante-six aumôniers israélites. Affectés aux ambulances du corps d'armée et de la division, ils reçoivent une solde, font partie du corps des officiers, mais restent le plus souvent loin du champ de bataille. Chaque corps d'armée a également son pasteur et son rabbin, ce qui suscitera dès 1914 des contacts fructueux entre les confessions. Pour mieux répondre aux besoins religieux des soldats catholiques, des volontaires, ou « aumôniers de Monsieur de Mun », s'enrôlent après un accord passé entre le célèbre député et le président du Conseil Viviani le 11 août 1914 : accrédités par une lettre ministérielle, après un tri des candidatures effectué par le « bureau Monsieur de Mun », ils sont dirigés sur les groupes de brancardiers opérant sur la ligne de feu ; ils ne reçoivent pas de solde et sont subventionnés par le produit d'une souscription ; le 12 novembre 1914, une circulaire de Millerand, ministre de la Guerre, régularise la situation de ces 395 volontaires en leur accordant le droit au grade et à la solde de lieutenant, tandis que Geoffroy de Grandmaison dirige leur administration à la place de De Mun, décédé en octobre.

En plus de ces aumôniers officiels, sur les suggestions de certains ecclésiastiques aux armées, et sur l'initiative de quelques chefs de corps, des aumôniers bénévoles sont désignés parmi les prêtres combattants ou membres du service auxiliaire. Ils sont mieux répartis auprès des unités d'infanterie que de celles d'artillerie, trop dispersées. Cependant, ils dépendent de la bonne volonté du commandement, car le gouvernement, influencé par la majorité anticléricale du Parlement, refuse de les reconnaître. La circulaire du 26 juin 1916 stipule : en dehors des deux catégories d'aumôniers (titulaire ou volontaire), « il n'y a pas lieu de retenir une troisième classe d'aumôniers dits bénévoles ».

Les ecclésiastiques, accueillis parfois avec circonspection dans les premières semaines, sont en très grande majorité acceptés et sollicités. Ils partagent la vie des soldats, le froid, les travaux, la souffrance, la peur, le risque de la mort. Sur leur passage, les visages des hommes s'ouvrent les uns après les autres, et bien des préjugés populaires tombent. L'ecclésiastique n'est plus différent des autres. Dans la fraternité des tranchées, il est l'égal de tous et il peut devenir l'ami de tous (Jacques Fontana).

La mobilisation massive des ecclésiastiques perturbe la vie des paroisses puisqu'elle atteint entre le tiers et la moitié du clergé selon les diocèses. Mais elle incite parfois les laïcs à suppléer les clercs dans les limites possibles, et elle n'entrave pas le mouvement spirituel qui se manifeste pendant les premiers mois de la guerre. Les fidèles se pressent dans les églises aux messes dominicales, voire quotidiennes, aux saluts du soir, ils viennent prier pour les mobilisés, communient plus nombreux les premiers vendredis du mois. Les sanctuaires populaires sont très fréquentés : le Sacré-Cœur, et Notre-Dame des Victoires à Paris, Notre-Dame de Bon Secours à Rouen, Fourvière à Lyon, Paray-le-Monial en Bourgogne, Notre-Dame d'Orcival en Auvergne, Notre-Dame de Lourdes, et des centaines de pèlerinages locaux. Le mouvement spirituel retombe au bout de quelques mois comme le suggèrent les trop rares résultats connus de l'enquête de 1915 sur l'état des diocèses que les évêques déçus n'ont jamais publiée. Pourtant l'élan religieux de 1914 laisse des traces : chez des minorités, la montée de la ferveur, dont témoigne la progression des communions dans nombre d'églises, prolonge le renouveau de l'avant-guerre : la religiosité populaire reste durablement affectée par le conflit : distribution de médailles protectrices aux soldats, multiplication des ex-votos dans les sanctuaires, affluence dans les lieux de pèlerinage, essor du culte des saints nationaux Michel, Martin, Louis, Anne, Geneviève, la bienheureuse Jeanne d'Arc et la petite sœur Thérèse de Lisieux dont le procès de béatification est en cours. Claudel évoquant la victoire de la Marne exprime à sa manière le sentiment du peuple chrétien : « cette bataille que nous avons livré avec Geneviève à notre gauche et Jeanne à notre droite ». En effet, les prières de la France et le secours des saintes patronnes Geneviève et Jeanne ont été pour quelque chose dans cette victoire, selon Mgr Tissier, évêque de Châlons-sur-Marne et théologien estimé. Et Mgr Julien, après avoir précisé l'utilisation du mot miracle et écarté ce terme dans son sens strict, dira joliment plus tard : « La Marne est un chef d'œuvre militaire de notre race auquel Dieu a souri ».

Dans un contexte différent, cette renaissance de la religion populaire est observée également par les protestants. En juin 1915, le pasteur Raoul Allier note que les offices et les conférences dans les temples à Paris et dans le Sud-Est sont bien suivis et que la proportion des hommes présents augmente malgré l'absence forcée des mobilisés ; et, songeant aux combattants, il pense que « ceux qui auront retrouvé le respect des choses religieuses ne perdront pas ce respect du jour au lendemain ». L'affluence aux offices religieux est plus grande également chez les israélites, et les enfants suivent plus nombreux les cours de religion.

Beaucoup de civils chrétiens épargnés par la mobilisation veulent servir leur patrie et s'engagent à fond dans des activités caritatives ou hospitalières : hommes âgés ou réformés, femmes dont les époux, les frères ou les fils combattent, sans oublier des milliers de religieuses et les groupes d'adolescents qui animent les patronages. Les croyants des régions envahies ou menacées sont mis à l'épreuve : parmi les premiers civils cités à l'ordre du jour au J.O. du 15 octobre 1914, on relève trois citoyens de Vitry-le-François, l'archiprêtre Nottin, le président du comité paroissial Paillard et l'instituteur public Fourau qui ont su pendant l'occupation allemande négocier avec l'ennemi, organiser les secours à d'innombrables blessés, enterrer les morts, pourvoir aux besoins des Vitryats restés sur place mais terrorisés, tous les membres du conseil municipal ayant quitté les lieux. Plus au nord, pendant ces semaines où le front n'est pas fixé tandis que la bataille se développe autour d'Arras, madame Colombel, mère de famille et infirmière volontaire, reste dans la ville sous les obus pour soigner les blessés (*Journal d'une infirmière d'Arras*, 1916).

Le 14 septembre 1914, Maurras écrit dans l'*Action française* sous le titre Récits des Temps Mérovingiens : « Lorsque les représentants du pouvoir central et les magistrats municipaux se dérobaient devant l'ennemi, alors se levaient les évêques ». Et le récit des gestes des modernes défenseurs de la cité commence. Dans sa ville épiscopale de Meaux, en pleine bataille de la Marne, du 4 au 9 septembre, Mgr Marbeau prend en mains l'organisation de la salubrité, des subsistances, des soins aux blessés. A Soissons, pendant une occupation de douze jours, la ville est administrée par un comité dont font partie l'évêque, un adjoint et une femme, et chaque matin, dans la chaire de la cathédrale, Mgr Péchenard donne des nouvelles. Mgr Lobbedey refuse d'abandonner les Arrageois éprouvés par les bombardements, les visite, s'enquiert de leurs besoins, participe à l'organisation des secours. L'ouvrage *La guerre en Artois* qu'il patronne, a pour complément le livre encore plus étonnant *La guerre en Champagne* dirigé par Mgr Tissier. Ce dernier évêque, bon orateur, écrivain réputé, négocie en septembre 1914 avec le prince héritier de Saxe et obtient un allègement considérable de la contribution de guerre imposée au département : elle diminue de 30 millions à 500 000 francs. Félicité par le sénateur radical de la Marne, Léon Bourgeois, quelques jours après la victoire, est cité à l'Officiel avec le comité municipal provisoire qui comprenait trois conseillers municipaux et trois ecclésias-tiques.

Le modèle de ces prélats particulièrement affectés par le conflit reste le cardinal belge Mercier, qui dans sa lettre de Noël 1914 intitulée « Patriotisme et endurance », proteste contre les exactions allemandes, rend hommage à l'armée belge et déclare : « la religion du Christ fait du patriotisme une loi, il n'y a point de parfait chrétien qui ne soit un parfait patriote ». A Nancy, le « primat de Lorraine », Mgr Turinaz lui fait écho en février 1915 : il dénonce les « prétendus surhommes », qui massacrent les vieillards, les femmes et les enfants et cite des crimes de guerre qui ont eu lieu dans son diocèse. Les évêques les plus libéraux sont souvent les plus scandalisés et tiennent les propos les plus vifs. Ainsi, Mgr Mignot, archevêque d'Albi, le 28 décembre 1914 : « A voir ce qui se passe sous nos yeux on se croirait revenu au temps des Sargon, des Sennacherib, des Nabuchodonosor et autres épouvantables tyrans de l'Assyrie et de la Chaldée, ou, si vous trouvez ces temps trop éloignés, à ceux d'Attila, de Tamerlan, de Mahomet II ». Mgr Gibier, évêque de Versailles, s'en prend au luthéranisme : « Non l'Allemagne luthérienne et prussifiée n'est pas, ne peut pas être dans le monde la servante et la messagère de la civilisation chrétienne » (Carême 1915). A Pâques 1918, ses propos sont encore plus violents : « Au nom de l'Evangile maculé de sang et piétiné par les affreux disciples de Luther et au nom de l'univers indigné, je dis : Honte au Kaiser ! Auprès de lui, Néron n'était qu'un apprenti : Guillaume II continue et dépasse Attila son ancêtre. Honte à l'Allemagne. Elle se retranche elle-même du monde civilisé. Elle n'est plus qu'une basse province du monde barbare. »

A l'arrière, un vaste élan de solidarité se manifeste pour aider les combattants, panser leurs blessures, soutenir leur moral, et pour accueillir et loger les réfugiés. L'Eglise des œuvres est bien placée pour y prendre part. Paul Delay dans *Les catholiques au service de la France* (1916-1917) insiste sur l'intense activité des Ligues féminines. A Lyon, les dames de la Ligue des femmes Françaises tiennent à la gare de Perrache une permanence qui distribue boissons chaudes et repas aux soldats qui passent dans les trains et aux blessés. Une œuvre du « Petit paquet » envoie du linge aux soldats. La Ligue patriotique des Françaises met à Marseille onze secrétariats au service des démunis, des réfugiés, des blessés. Elle possède plusieurs ouvroirs dans chacune des grandes villes où elle est implantée ; elle en a trente-trois à Paris qui emploient et rémunèrent 30 000 femmes travaillant pour les blessés et les soldats et recevant des commandes de l'Intendance militaire. L'Action sociale de Seine-et-Oise, organisée par Mgr Gibier, rend d'innombrables services. Elle envoie des colis aux combattants et aux prisonniers, distribue près d'un million à 5 000 orphelins sous forme d'allocations mensuelles, en place 300, procure du travail à domicile aux veuves de guerre ... Les croyantes se dévouent en très grand nombre dans les hôpitaux comme infirmières volontaires ou aides soignantes. Il y a parmi elles 12 000 religieuses. 335 de ces sœurs trouvent la mort dans la zone des combats ou en soignant les blessés. De leur côté, les dames protestantes et juives se montrent très actives, et facilitent les liaisons avec les organismes charitables anglais ou américains. Les femmes de pasteurs se distinguent par leur dévouement en s'efforçant de remplacer au mieux leurs maris mobilisés. Les civils juifs soutiennent également les combattants. Edmond de Rothschild patronne la fondation de l'Œuvre des orphelins israélites de la guerre en 1915. L'Union scolaire dans son bulletin de 1915 demande de l'aide pour expédier des colis et des secours aux soldats. En 1916, des étudiants sionistes de l'Union amicale de la jeunesse juive envoient aux poilus de confession israélite des livres où l'on exalte le nationalisme juif en Palestine et la renaissance de la langue hébraïque.

Les intellectuels chrétiens sont eux aussi mobilisés à la demande du gouvernement français, pour s'engager au service de la propagande à l'étranger. Les protestants français ont été très choqués par la lettre qu'adressa le 15 septembre 1914 le pasteur Von Dryander, prédicateur à la cour de Berlin, au pasteur français Charles Babut. Dryander compare la France, la Grande-Bretagne et la Russie à « trois hyènes altérées de sang », affirme que l'Allemagne combat avec « une douceur dont l'histoire universelle n'offre peut-être pas d'exemple jusqu'ici », et fait observer à propos de la Belgique que « quand on lutte pour la vie, on ne se demande pas si l'on enfonce dans le combat le portail de son voisin ». D'autres textes suivent signés en majorité par des protestants allemands : celui des 93 intellectuels, celui des 22 recteurs, celui des professeurs des universités et des écoles supérieures, l'appel des sociétés missionnaires qui « épousent totalement les vues du gouvernement allemand » (André Encrevé). Pour répondre à ces attaques et pour contrer l'influence qu'elles peuvent avoir chez les neutres, un comité protestant de propagande française se constitue sous la présidence d'André Weiss. Il publie en 1915 une *Réponse à l'Appel allemand aux chrétiens évangéliques à l'étranger*, et la même année, Emile Doumergue stigmatise les théories allemandes dans l'*Empire de la Kultur*.

La mobilisation des intellectuels catholiques s'effectue sur une grande échelle sous l'égide de Mgr Baudrillart, après que le gouvernement français, inquiet des résultats obtenus par la propagande allemande chez les neutres, l'a sollicitée par l'intermédiaire du ministre Delcassé et du consul Paul Claudel. Fondé en février 1915, le Comité catholique de propagande française à l'étranger comprend onze évêques, huit membres de l'Académie Française, quatre sénateurs, sept députés, et une quinzaine d'autres personnalités. Placé sous le patronage des cardinaux Amette et Luçon, dirigé par Baudrillart, il a pour sous-directeur François Veuillot, pour secrétaire l'abbé Griselle et pour trésorier Francisque Gay, ancien sillonniste et co-propriétaire des éditions Bloud et Gay qui publient les ouvrages du Comité. Le premier d'entre eux, *La Guerre allemande et le catholicisme*, diffusé à 100 000 exemplaires, paraît en avril. Il comprend notamment une dénonciation des méthodes allemandes de « Guerre aux églises et aux prêtres », une série d'études sur la vitalité de la religion dans l'armée française, un discours de Benoit XV, des extraits de lettres pastorales des évêques, une réponse des professeurs de l'Institut catholique de Paris au manifeste des intellectuels allemands, deux listes d'ecclésiastiques, l'une de 69 non combattants français ou belges victimes de l'ennemi, l'autre de 350 aumôniers, infirmiers ou combattants tués à l'ennemi en huit mois de guerre. Il est accompagné d'un album de photographies d'églises belges et françaises bombardées, dévastées, profanées par les Allemands, et de diverses manifestations de piété des soldats français. Ces publications obtiennent un certain succès mais ne parviennent guère à modifier les sympathies pro-germaniques des catholiques espagnols et sud-américains, convaincus que les Allemands sont les instruments du châtiment divin qui s'abat sur la nation frivole, impie et décadente. Le Vatican se montre réticent, et les catholiques allemands répliquent par un manifeste très vif.

Un deuxième ouvrage du comité, *L'Allemagne et les Alliés devant la conscience chrétienne*, paraît à la fin de 1915. Destiné à un public plus instruit, il contient un article d'Edmond Bloud, « le Nouveau Centre et le catholicisme », qui marque la rupture des catholiques français avec un Zentrum, longtemps admiré mais rallié aux thèses du pangermanisme. Bloud tente de démontrer que les catholiques français sont plus romains que ceux d'Allemagne. Un troisième livre, *La vie catholique dans la France contemporaine*, qui comprend des contributions de Mgr Tissier, d'Etienne Lamy, d'Henri Joly, du père de Grandmaison, de Fortunat Strowski, d'Henry Cochin ..., dresse un bilan plus intéressant pour l'histoire du mouvement religieux que pour celle de la guerre elle-même.

En revanche, les 142 volumes à 60 centimes de la collection *Pages actuelles*, édités par la librairie Bloud et Gay concernent en grande partie la guerre et connaissent un large succès : Bergson, Camille Jullian, Emile Mâle, Imbart de la Tour, le cardinal Mercier, le cardinal Amette et Léon Daudet y collaborent. Le comité catholique organise des tournées de conférences à l'étranger : Mgr Baudrillart effectue deux voyages en Espagne en 1916 et 1917 ; Mgr Touchet et Mgr Batiffol visitent l'Irlande en 1916 ; les abbés Flynn et Thellier de Poncheville font des conférences en Amérique ; Mgr Baudrillart fait trois voyages en Italie où agissent des amis du comité, Maurice Vaussard sous-directeur de l'Institut français de Milan et Victor Bucaille, vice-président de l'A.C.J.F., qui accomplit une série de missions auprès des membres de la Curie et des dirigeants de la Jeunesse catholique italienne. Enfin en Espagne, Francisque Gay parvient à faire évoluer l'opinion catalane en notre faveur grâce à la *Revista Quincenal* éditée à Barcelone. A la fin de la guerre, la librairie Bloud et Gay fonde des succursales à Barcelone et à Dublin.

Les diverses familles spirituelles dans le conflit

A la fin de l'année la plus sanglante, après l'échec des offensives d'Artois et de Champagne, pendant l'hiver 1915-16, la France s'installe dans une guerre longue, interminable. Tandis que la lassitude contribue à ressusciter certaines querelles — la « rumeur infâme » est répandue par la *Dépêche de Toulouse* le 13 février 1916 — des écrivains méditent sur la signification profonde de l'Union sacrée et sur l'extraordinaire richesse spirituelle de la France. Barrès écrit alors son plus beau livre, *Les diverses familles spirituelles de la France* (1917), composé essentiellement de lettres de combattants et souvent de victimes de croyances différentes : catholiques, protestants, israélites, socialistes, traditionalistes. Il insiste sur la complémentarité des diverses familles et sur leur unanimité profonde : en défendant la France, elles défendent leur foi particulière. Barrès évoque des gestes « œcuméniques » avant la lettre : ainsi les catholiques prennent part au deuil du pasteur nîmois Babut qui vient de perdre son fils, en allant écouter son sermon ; l'aumônier juif Abraham Bloch apporte un crucifix à un soldat catholique mortellement blessé le 29 août 1914, avant d'être lui-même atteint et assisté dans ses derniers moments par un père jésuite. Surtout les préjugés contre les juifs reculent. Peu avant de mourir lui-même, un jeune homme d'Action française écrit : « que de jeunes juifs auxquels je refusais absolument la solidarité française sont tombés au champ d'honneur après s'être héroïquement comportés ». Une extraordinaire émulation dans le courage caractérise les élites de cette « malheureuse génération qui ne trouve la gloire qu'en perdant la vie » (Barrès).

A ce moment là, Barrès n'enjolive pas la réalité, car témoin de la qualité humaine des héros qui tombent, il accepte de plus en plus mal la mort des Français, comme le montrent les propos confiés à ses *Cahiers*. Pourtant les croyants se trouvent confrontés à des épreuves terribles dont les survivants ne peuvent faire état immédiatement pour ne pas démoraliser ceux de l'arrière. Une certaine « autocensure » fonctionne souvent ...

Dans le flot de littérature publié alors, avec le recul de l'historien, Jacques Fontana a trié les témoignages, retenant plus particulièrement ceux qui sonnent juste. Il faut d'abord rappeler l'horreur de certains combats : « Personne ne l'ayant vu ne peut se faire une idée de l'intensité de cette bataille », note Henri Bazire présent à Verdun en 1916. Un jeune protestant, Charles Grauss, lui fait écho : « Personne n'a jamais pu et ne pourra jamais décrire l'incroyable et infernale réalité ». Et un autre protestant Robert Casalis précise : « Il y a de quoi devenir fou. Ceux qui n'y ont pas été ne pourront jamais se faire une idée de ce qui se passe ici ... J'entendais encore un jeune aspirant mc dire : "Cette guerre est la faillite du christianisme". Et bien, non, elle n'est pas la faillite du Christ, elle est la faillite du chrétien. » Le 2 mai 1916, deux jours avant sa mort, à Verdun, l'abbé Chevoleau écrit : « C'est horrible, absolument horrible, inénarrable ... Priez pour moi, qui ne puis guère entre les éclatements d'obus qu'envoyer quelques phrases vers le ciel ». Face à l'horreur, le scandale est immense. Comment un Dieu bon permet-il cela, se demandent certains. D'autres, du fond de leur misère, se rapprochent de Lui.

Résigné, « le soldat se bat par honnêteté, par habitude et par force » (Jacques Fontana). Il aime la vie, il espère survivre, mais il accepte non sans peine de mourir comme tous ceux qu'il a vu tomber. « C'est vraiment la difficulté suprême de consentir à disparaître dans la mort, fût-ce pour la plus belle des causes et sur le plus magnifique des théâtres » (Pierre Teilhard de Chardin). Ce que le soldat appréhende le plus, c'est « d'être disloqué, écartelé, réduit en bouillie » : « j'ai fait comme les pauvres loqueteux de l'Evangile, j'ai demandé de ne pas mourir si bêtement, moi et mes pauvres biffins qui étaient à moitié fous, les yeux ronds, ne répondant plus quand je leur parlais » (capitaine Augustin Cochin).

Le soldat tient à son corps. Il veut qu'après sa mort on puisse enterrer sa dépouille dans un cimetière où les honneurs lui seront rendus, où ses proches pourront se rendre et mieux garder son souvenir. Aussi, beaucoup d'hommes risqueront-ils leur vie pour aller chercher le corps d'un camarade tombé entre les lignes. Lorsqu'en juillet 1915, la Chambre des Députés émet le vœu de faire incinérer les cadavres tombés sur les champs de bataille, la protestation est générale. Exprimant la mentalité des terriens, *La Croix de la Lozère* réagit vivement : « Nous sommes contre l'incinération obligatoire des cadavres de nos soldats décidée par la Chambre des Députés, mais que le Sénat refusera. Les familles françaises veulent pouvoir prier sur les tombes habitées par les restes de ceux qui leur furent si chers, l'agenouillement sur les tombes est un geste sacré de l'humanité » (11.7.1915). Chez les combattants, le culte des morts fait l'unanimité. Et peu avant de tomber, Philippe Gonnard compose une prière dans laquelle il pense aussi aux victimes ennemies : « Seigneur, ayez pitié des morts — de tous les morts ».

Les messes militaires, où le souvenir des morts est constamment présent, sont suivies avec ferveur, et la piété des soldats s'exprime souvent sans respect humain. Les aumôniers savent trouver les mots qui les touchent. Henri Bazire rapporte ainsi une allocution de Noël 1915 dans une caverne sur le front de l'Oise : « le prêtre compare les assistants aux premiers adorateurs de la Crèche. Et en effet, au milieu de ces humbles, humiliés dans cette grotte de catacombes, l'Enfant de Bethléem doit se retrouver chez lui ». Est-ce à dire que les soldats reviennent à la pratique ? En réalité, il faut tenir compte de leurs régions d'origine : les Bretons, les Savoyards, les Ardéchois se signalent par leur ferveur. En revanche, dans certaines unités, l'ignorance religieuse profonde des troupiers frappe les aumôniers. L'un d'eux observe ainsi leur évolution : « L'hostilité à l'égard de la religion a presque entièrement disparu ... Il n'y a pas de conversions en masse, mais il y a d'assez nombreux retours à des degrés divers : retour à la prière, retour à la messe, retour aux sacrements » (*La Croix*, 1.7.1915).

Les croyants les plus ardents témoignent de leur foi chacun à sa manière. Ils ont souvent un bon contact avec leurs camarades ou leurs subordonnés et trouvent de nombreuses occasions de manifester leur dévouement, leur courage, leur esprit de sacrifice. Barrès évoque les instituteurs socialistes Alfred Salabelle, Albert Thierry, qui meurent pour leur idéal de fraternité, les juifs d'Algérie qui combattent par milliers dans les régiments de zouaves, les juifs immigrés qui s'engagent nombreux à côté des juifs français de vieille souche qui ont été mobilisés. Il admire l'ardeur patriotique des jeunes protestants qui est comparable à celle des jeunes catholiques de l'A.C.J.F. ou de l'Action française. Comme l'a montré Rémi Fabre, les jeunes protestants « volontaires du Christ » apprennent à mieux connaître les catholiques et abandonnent l'idée de convertir la France au protestantisme. Ils partagent les mêmes convictions qu'eux sur la culpabilité de l'Allemagne et sur la justesse de la cause française, convictions que les juifs expriment également. Ils consentent au sacrifice de leur vie en union avec le sacrifice du Christ : « Etre tellement unis avec le Christ que par nous la folie rédemptrice se répandra dans le monde », tel est le désir exprimé par Alexandre de Faye qui sera tué en 1918. De leur côté, les aumôniers des diverses confessions nouent des relations amicales qui auront quelques prolongements, tels l'abbé Liénart et le pasteur Nick, qui sont reçus à la table du major juif de leur régiment.

Cependant, si le conflit facilite certains rapprochements, il ranime aussi des préjugés, des incompréhensions, fait apparaître des divergences. Ainsi, les juifs fraîchement immigrés qui s'engagent par milliers dans la Légion étrangère meurent nombreux pour le pays qui les a accueillis, mais beaucoup d'entre eux s'expriment en yiddish, langage trop proche de l'allemand pour ne pas susciter la méfiance, voire la suspicion de leurs compagnons d'armes. D'autre part, les juifs d'origine turque, traités en ressortissants d'un pays ennemi, pâtissent du nationalisme français, et la bienfaisance juive parisienne les ignore. En revanche, Robert Hertz, juif intellectuel, d'origine allemande mais assimilé, déclare : « je considère cette guerre comme une occasion bien venue de "régulariser la situation" pour nous et pour nos enfants. Après, ils pourront travailler, s'il leur plaît, à l'œuvre supra et inter-nationale, mais d'abord, il fallait montrer par le fait qu'on n'est pas au-dessous de l'idéal national ... Si je tombe, je n'aurai acquitté qu'une toute petite part de ma dette envers le pays ». Et il est tué en 1915.

Protestants et catholiques se différencient ou s'opposent à propos de deux débats. Face à l'horreur de la guerre qui scandalise les croyants, peut-on la présenter comme un châtiment envoyé par Dieu pour punir les Français et leur faire expier leurs fautes ? Quelques pasteurs protestants et du côté catholique plusieurs évêques et bon nombre de prédicateurs en sont persuadés. Si certains, tels le pasteur Pfender ou Mgr Dubois, se contentent d'évoquer le châtiment divin, d'autres sont plus précis : « C'est une conséquence de la guerre à Dieu » (Mgr Marty). « La France est gravement coupable » (Mgr Maurin). « Si la France est envahie, c'est un juste châtiment » (Mgr Catteau). Après deux ans de conflit, une lettre collective de l'épiscopat soutient une position plus réservée : « Dieu, qui n'aime pas la guerre, la permet comme une conséquence de la liberté qu'il a donnée aux hommes ». Le pasteur Raoul Allier évite de rendre Dieu responsable du déchaînement du mal : « Ce père qui nous aime est en même temps le Dieu de Sainteté, le Dieu que les hommes affligent par cette guerre ... Il est lui aussi le grand éprouvé de l'heure ... Il a besoin lui aussi de ses enfants qu'on lui tue chaque jour par centaines et par milliers, et dont tant avaient décidé d'être ses serviteurs ».

Surtout catholiques et protestants s'opposent à propos de la mise en cause du luthéranisme vivement dénoncé par les premiers qui croient trouver chez Luther les origines de la « barbarie allemande ». Pour eux, la France catholique affronte l'Empire protestant, le luthéranisme qui a ouvert la voie au modernisme (J. M. Mayeur). Analysant *le rôle de l'Allemagne dans la philosophie moderne*, Jacques Maritain critique vivement la doctrine de Luther qui justifierait d'avance les mensonges et les massacres (*La Croix*, 20.1 et 3.2.1915). L'Action française, qui dénonce le pangermanisme issu selon elle des philosophie de Kant et de Fichte, prétend démontrer que, par le schisme luthérien, l'Allemagne s'est définitivement coupée de l'Europe civilisée. A la France imprégnée de culture classique, Maurras oppose l'Allemagne luthérienne et barbare qui devra être démembrée si l'on veut faire régner la paix en Europe. Cette idéologie influence assez largement les milieux catholiques. La maison Bloud et Gay édite en 1915 un ouvrage critique de l'abbé Paquier, sur *le Protestantisme allemand, Luther, Kant et Nietzsche*, et, en 1917-18, à l'occasion du IVe centenaire de la Réforme, les jésuites des *Etudes* publient sept articles sur Luther et le caractère de sa race. Les pasteurs protestants John Viénot et Henri Bois tentent de dégager Luther de toute respon-sabilité dans des conférences faites en 1915-16, et le pasteur Charles Wagner fait l'exégèse des textes luthériens disputés dans divers articles parus en 1917 et 1918.

Les polémiques entre catholiques et anticléricaux prennent des proportions plus vastes. *La Dépêche de Toulouse* ranime la querelle anticléricale dès octobre 1914 en relevant les excès de langage de certains prêtres qui menacent la France des châtiments divins et ouvre en février 1915 une rubrique « En marge de l'Union sacrée », où les propos virulents des « cléricaux » et les actes de pression religieuse dans les hôpitaux sont signalés. Elle attaque le pape Benoit XV qui prêcherait une neutralité hypocrite et garderait le silence sur la barbarie allemande. D'autre part, des bruits circulent accusant les ecclésiastiques d'être responsables de la guerre et de collecter des fonds pour les « Prussiens » ou pour Guillaume II. En décembre 1915, *le Bonnet Rouge* déclare qu'il y a

12 580 curés embusqués. Et le 13 février 1916, polémiquant avec Barrès, *la Dépêche de Toulouse* lance cette petite phrase : « Je mets au défi n'importe quel poilu (mais un vrai alors !) de dire qu'il a vu monter la garde aux tranchées à un curé ou à un millionnaire ». Dans le même numéro, Paul Adam dénonce le « complot infâme » des cléricaux disposés, selon lui, à trahir la France.

Les catholiques ripostent avec vivacité. Plus de 200 journaux parmi lesquels *la Croix*, *l'Echo de Paris*, *l'Action française* manifestent leur indignation, plusieurs évêques protestent contre la « rumeur infâme », des parlementaires interviennent. Le gouvernement Briand désavoue la rumeur, et, pour éviter un procès dont la menace Barrès, *la Dépêche* doit insérer des listes de religieux tués et décorés. Si *la Dépêche* devient plus prudente dans ses assertions, les anticléricaux ne relâchent pas leur pression sur la Chambre des députés qui vote le 3 février 1917 l'amendement Sixte-Quenin, modifiant les lois militaires de 1889 et de 1905 qui versaient les ecclésiastiques des classes 1889-1905 dans le service auxiliaire, et prévoyant qu'ils pourraient être dorénavant employés dans tous les corps de troupe. « Cette rupture scandaleuse de l'Union sacrée » (*La Croix*, 6.2.1917), suivie de divers incidents mineurs, mais révélateurs d'un réveil de l'anticléricalisme, explique la démission de Denys Cochin du cabinet Ribot le 17 août 1917.

A cette persistance de l'anticléricalisme répond une certaine agitation religieuse de type millénariste autour de la montée de la dévotion au Christ souffrant sous la forme du culte du Sacré-Cœur. Un acte collectif des évêques consacre la France au Sacré-Cœur en 1915. Les effectifs de l'Archiconfrérie de prière et de pénitence du Sacré-Cœur de Montmartre se gonflent de 300 000 nouveaux adhérents pendant la guerre. Surtout une campagne pour une consécration publique de la France au Sacré-Cœur avec apposition de son emblème sur le drapeau national prend une certaine ampleur avec le soutien de plusieurs évêques, dont le cardinal Andrieu, et de journaux comme *la Croix* et *le Pèlerin*, qui font état des révélations de la Bienheureuse Marguerite-Marie Alacoque. Cette agitation inquiète les anticléricaux et indispose les officiels, les préfets et le Conseil d'Etat devant intervenir pour règlementer l'utilisation du drapeau national. Les jésuites des *Etudes* et les milieux romains expriment des réserves sur l'exploitation des révélations privées, et l'intransigeant cardinal Billot condamne une « nouvelle forme de millénarisme » qui « donne le change sur une dévotion admirable » (J. M. Mayeur).

La crise de 1917 fait réapparaître les vieux clivages. Le cardinal Amette, soutenu d'ailleurs par Benoit XV, minimise les conflits et contribue au maintien de l'Union sacrée. Les campagnes de l'Action française contre le *Bonnet Rouge* et la mise en accusation par Clemenceau pour pacifisme de deux anticléricaux notoires, Caillaux et Malvy, font bientôt diversion. En décembre 1917, comme le montre la manifestation de Notre-Dame et l'écho qu'elle rencontre, l'opinion catholique qui ne se différencie guère alors de celle du reste des Français, est unanime derrière Clemenceau.

Le pape de la paix contesté

Pie X meurt le 20 août 1914, très affecté par le drame qui vient d'éclater. Il a refusé de donner sa bénédiction aux armées autrichiennes qui l'avaient sollicitée. Cependant, son secrétaire d'Etat, Merry del Val, n'est pas intervenu pour tenter d'empêcher l'Autriche d'attaquer la Serbie, décision qui est à l'origine de la guerre mondiale. Selon l'historien autrichien Friedrich Engel-Janosi, la Secrétairerie d'Etat impute à la Russie schismatique la responsabilité du déclenchement en chaîne des hostilités à travers l'Europe. La Triple Entente composée de la Russie orthodoxe, de l'Angleterre protestante et de la France anticléricale n'attire pas les sympathies du Vatican. Pendant la guerre, la sauvegarde de l'Autriche-Hongrie, puissance catholique, reste une constante de la diplomatie vaticane, et l'on sait qu'un esprit indépendant et lucide comme Lyautey pourra écrire le 9 décembre 1918 : « on a commis la faute irréparable de laisser s'effondrer l'Autriche qu'il eut fallu inventer ».

Le 3 septembre 1914 l'élection du cardinal della Chiesa, salué par les romains comme le pape de la paix, est accueillie favorablement dans les deux camps, mais les Français n'ont guère le loisir de la commenter car leur capitale est menacée et ils luttent pour leur existence. Cette

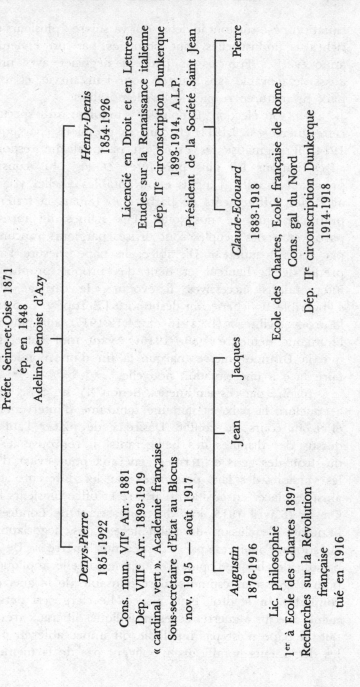

FAMILLE COCHIN

Pierre-Augustin
1823-1872
Le Correspondant
C.A. Cies Orléans et Saint Gobain
Préfet Seine-et-Oise 1871
ép. en 1848
Adeline Benoist d'Azy

Denys-Pierre
1851-1922

Cons. mun. VIIe Arr. 1881
Dép. VIIIe Arr. 1893-1919
« cardinal vert ». Académie française
Sous-secrétaire d'Etat au Blocus
nov. 1915 — août 1917

Augustin
1876-1916

Lic. philosophie
1er à Ecole des Chartes 1897
Recherches sur la Révolution
française
tué en 1916

Jean

Jacques

Ecole des Chartes, Ecole française de Rome
Cons. gal du Nord
Dép. IIe circonscription Dunkerque
1914-1918

Claude-Edouard
1883-1918

Henry-Denis
1854-1926

Licencié en Droit et en Lettres
Etudes sur la Renaissance italienne
Dép. IIe circonscription Dunkerque
1893-1914, A.L.P.
Président de la Société Saint Jean

Pierre

situation pèse sur tout le débat qui va suivre : plusieurs provinces françaises riches et industrielles sont occupées par un ennemi qui rêve de les annexer. Les Français ne peuvent négocier avec une carte de guerre aussi défavorable sans danger pour leur survie, et toute propagande de paix prématurée risque de les démoraliser.

Dès son élection, Benoit XV s'inquiète du « spectacle monstrueux de cette guerre » (8.9.1914) et, dans sa première encyclique, le 1ᵉʳ novembre 1914, il stigmatise les excès du nationalisme responsables du conflit : « Des nations les plus puissantes et les plus considérables sont aux prises ; ... munies d'engins épouvantables ... elles visent à s'entredétruire avec des raffinements de barbarie ... Jamais la fraternité n'a été moins pratiquée que de nos jours. Les haines de races sont portées au paroxysme ; les peuples sont divisés par leurs rancunes encore plus que par leurs frontière. » D'emblée, le pape mesure l'ampleur du drame, prend de la hauteur et tient des propos prophétiques. Lors de ses interventions successives, il évoque « le carnage affreux » (22.1.1915), « l'horrible boucherie qui déshonore l'Europe » (25.5.1915), « le suicide de l'Europe civilisée » (4.3.1916 et 24.12.1917), « la plus sombre tragédie de l'humaine démence » (30.7.1916). Avant tout autre, il prend conscience que la Grande Guerre marque la fin d'un monde et que l'Eglise doit faire face à une situation nouvelle.

Inspiré par ces sentiments, Benoit XV ne cesse d'exhorter les peuples à conclure la paix, et fait une quinzaine d'interventions publiques à cet effet au cours du conflit. Désireux de placer l'autorité pontificale au-dessus des disputes des belligérants, il réprouve les diverses violations du droit des gens en termes généraux pour éviter d'avoir à opter entre les versions des faits présentées par les différents adversaires. Il espère ainsi se placer en position d'arbitre et offre plusieurs fois ses bons offices. Or, le 26 avril 1915, lors du traité secret de Londres, l'Italie obtient de l'Entente l'exclusion du Saint-Siège « des négociations de paix et des questions soulevées par la présente guerre ». De plus, la neutralité pontificale choque l'opinion française car elle implique un traitement égal pour l'agresseur, estimé seul responsable de la guerre, et la victime, qui combat pour le droit et la justice. Le clergé est persuadé que la France mène une juste guerre, et les catholiques libéraux très patriotes rappellent que le pape n'est pas infaillible ou impeccable en politique et que tous les documents pontificaux n'obligent pas de la même manière (Julien de

Narfon, *Le Figaro*, 16.8.1917, cité par J. M. Mayeur). Accusé par les anticléricaux d'être « inféodé à la politique allemande » (*Dépêche de Toulouse*), appelé par Clemenceau « le pontifie du Saint Empire », le pape voit ses propos en faveur de la paix censurés sur ordre du président du Conseil en janvier 1915. Et le cardinal Amette croit bon de préciser que « la paix que le Saint Père nous invite à implorer de Dieu est l'œuvre de la justice, la paix qui suppose le triomphe et le règne du droit ».

Un incident révélateur éclate le 22 juin 1915, avec l'interview du pape rapportée par le journaliste Latapie dans la *Liberté*. Benoit XV semble refuser de condamner sans réserve et au moins sans enquête approfondie, la violation de la neutralité belge, les crimes de guerre, le bombardement des églises et explique pourquoi il a tenté de s'opposer à l'entrée en guerre de l'Italie. Face au scandale, le cardinal Gasparri, secrétaire d'Etat, qui traite Latapie en privé de « vulgaire menteur », rédige des mises au point d'après lesquelles la pensée du pape a été « complètement défigurée ».

Lorsqu'en septembre 1915, Mgr Baudrillart, qui possède à la fois la confiance des milieux politiques français et celle de Gasparri, est chargé par celui-ci d'une mission d'information sur l'opportunité d'une démarche du Saint-Siège auprès du gouvernement français en faveur de la paix, il ne reçoit que des réponses négatives, et le cardinal Amette lui déconseille d'insister.

Un journal s'efforce alors de dépasser cette incompréhension réciproque, c'est *l'Action française* qui partage avec la doctrine catholique la thèse de la guerre juste, et avec les théologiens du XIXe siècle, tel Taparelli d'Azeglio, la conviction que la Révolution française a transformé la guerre limitée d'Ancien Régime en une guerre totale au caractère monstrueux. Pour Maurras, la papauté est la seule institution encore vivante capable de refaire l'unité de l'Europe. Aussi tente-t-il d'expliquer à ses lecteurs les diverses interventions pontificales dans des articles réunis dès août 1917 en un volume intitulé *le Pape, la guerre et la paix*, qui constitue une véritable défense de l'institution pontificale. La papauté exerce un « ministère international », et à travers elle s'exprime « la voix qui prolonge l'ancien esprit civilisateur en Europe ». De cette époque date la gratitude profonde d'une large part de l'opinion catholique à l'égard de l'Action française. Cependant, Maurras ne pourra suivre le pape lorsque celui-ci croira pouvoir offrir une paix blanche dans la phase la plus critique de la guerre (J. Prévotat).

En 1917, au moment où la lassitude des belligérants est grande et où diverses propositions de paix sont discutées notamment par les socialistes, Benoit XV adresse aux gouvernements une note rendue publique le 16 août. Il insiste sur le respect du droit, souhaite l'institution d'un arbitrage international, suggère la renonciation aux réparations, la restitution réciproque des territoires actuellement occupés et l'examen avec des dispositions conciliantes des questions territoriales en tenant compte des aspirations des peuples. Les Etats de l'Entente ne répondent pas à cette note, que le gouvernement allemand rejette poliment, et dont la diplomatie austro-hongroise ne sait pas profiter pour tenter de sortir de la guerre. L'opinion publique française se montre nettement hostile aux suggestions du pape, qui a « gravement manqué à la justice » pour Pertinax (*Echo de Paris*). L'Action française, qui a défendu le pape jusqu'à présent, refuse de le suivre et rejette toute initiative de paix avant la victoire. Les commentaires des évêques eux-mêmes se caractérisent par « le refus, la dérobade, la déférence réticente, l'interprétation libre de la pensée pontificale » (Pierre Renouvin).

Peu après la constitution du ministère Clemenceau a lieu le 10 décembre 1917 une cérémonie religieuse et patriotique à Notre-Dame en présence du cardinal Amette et de madame Poincaré. Le père Sertillanges, chargé de prêcher en faveur du troisième emprunt pour la victoire, déclare : « Très Saint-Père nous ne pouvons pour l'instant retenir vos appels à la paix ... Nos ennemis sont restés puissants, l'invasion ne les a pas touchés ... Nous sommes des fils qui disent parfois : Non, Non ! comme le rebelle apparent de l'Evangile ; mais quand vous, l'Evangile vivant, vous dites aux peuples : justice, fraternité, liberté, respect, qui donc vous répond ? ... Convertissez Saint-Père ceux dont l'homme de la Maison Blanche a fini par désespérer.» Cette fois le père Sertillanges, approuvé sans réserves par l'Action française, provoque un scandale dans les milieux romains qui parviendront à le sanctionner durement plus tard. Mais, au début de 1918, le cardinal Dubois peut constater que le président Wilson et Lloyd George «reprennent peu à peu dans les mêmes termes les principes posés il y a quelques mois par le pape, et (que) tout le monde applaudit ».

Certes, Benoit XV a échoué : ses tentatives de paix n'ont pas abouti, l'Autriche-Hongrie s'est effondrée, le Saint-Siège n'a pas été invité à participer à la Conférence de la paix. Mais le Vatican sait tirer les leçons de ses échecs : il cherche à reprendre des relations diplomatiques avec deux puissances victorieuses, la France et l'Italie. Surtout la condamnation prophétique de la guerre totale exprimée par le pape ouvre la voie à une nouvelle politique de lutte contre les nationalismes, mais de respect pour les nationalités. Dès 1919, l'encyclique *Maximum illud* sur les missions en est une illustration. A partir de 1922, un nouveau pape Pie XI, appliquant avec fermeté mais souplesse cette politique, parviendra à rétablir le prestige du Saint-Siège.

Des forces religieuses et morales revalorisées

Le bilan est très lourd : 42 pasteurs et 49 étudiants en théologie, soit pour ces derniers un sur trois. 3 101 prêtres et séminaristes et 1 517 religieux. 14 % des prêtres et religieux mobilisés sont morts : les jésuites avec 20 % de victimes approchent les proportions atteintes par les officiers et les instituteurs, ce qui contredit la rumeur qui les prétendait « tire au flanc ». Le renouvellement du clergé est menacé puisque 1 300 séminaristes ont péri. Chez les jeunes laïcs, l'hécatombe est terrible qu'il s'agisse de la Fédération des étudiants protestants ou de l'A.C.J.F. Celle-ci déplore officiellement 15 000 morts, mais les comptages locaux montrent que ce chiffre est sous-évalué puisque les seules fédérations des diocèses de Lille et de Viviers ont chacune plus de mille morts. L'un de ses plus illustres anciens dirigeants, Henri Bazire, meurt en 1919 le corps rongé par les gaz : « Bazire avocat, journaliste, sociologue, chef des jeunes visait à rapprocher Dieu d'une société qui croyait s'en être séparée plutôt qu'elle n'en était effectivement détachée » (G. Goyau). Le massacre laisse un grand vide, la génération d'après-guerre est orpheline de ses aînés et les survivants en ont fortement conscience : « La guerre n'allait plus cesser de marquer nos travaux et nos jours, et ceux qui n'avaient pas été choisis pour être des victimes savaient sans hésitation possible qu'ils étaient appelés à être des apôtres » (Henri Massis). Artistes et penseurs chrétiens sortent de la guerre profondément transformés : un Georges Desvallières chef de bataillon de chasseurs alpins, convaincu qu'il existe un rapport profond entre le sacrifice de l'homme-soldat et celui de l'homme-Dieu, fait le vœu au cours d'une reconnaissance de ne plus peindre que des sujets religieux. La vision cosmique de Pierre Teilhard de Chardin est née de ses méditations en plein champ de bataille sur le Christ assumant l'indicible souffrance des hommes (Jacques Gadille).

L'hécatombe laisse des traces durables, mais toutes ses conséquences n'apparaîtront pas immédiatement. La France profonde est en deuil pendant « les années folles », on l'oublie parfois. Les monuments aux morts, édifiés le plus souvent entre 1920 et 1925 jusque dans les plus humbles communes, rappellent alors à tous l'absence définitive d'êtres proches. Dans des régions déjà menacées par le déclin démographique, les vides sont très durement ressentis. La guerre fait prendre conscience à un large public de la menace permanente qui pèse sur la France en raison de sa faible natalité, face à une Allemagne prolifique. Dans une conférence de carême en 1915, l'abbé Calvet cite un journaliste allemand : « quand même le canon français vaincrait le canon allemand, le dernier mot restera aux mères : la mère allemande vaincra la mère française ». L'année suivante dans un cantonnement du front, le capitaine de Blic intitule sa conférence sur la crise démographique : « Nous les aurons. Mais après ? ». Pendant la bataille de Verdun, René Bazin présente le « dossier de la natalité » dans l'*Echo de Paris*. Henri Lavedan, Etienne Lamy consacrent divers écrits à faire l'éloge des familles nombreuses, encore fréquentes chez les catholiques. Le sociologue Paul Bureau crée une « Ligue pour la vie » et un industriel du Nord réfugié en Bretagne, Albert Glorieux, fonde en octobre 1915 l'association de « La plus grande Famille », qui recrute dans les milieux patronaux catholiques. Les croyants participent nombreux à l'animation d'un mouvement familial multiforme.

Que subsiste-t-il de l'Union sacrée à la fin de la guerre ? La question a été posée par Julien de Narfon dès 1916. L'euphorie de la victoire avec la libération des régions occupées, le retour à la France de l'Alsace-Lorraine prolonge un temps le consensus national. Dans le Nord, le clergé a soutenu le moral des populations, et les héros chrétiens, Louise de Bettignies et Joseph Willot, morts en captivité, entrent dans la légende.

En Alsace-Lorraine, des populations attachées à leurs diverses confessions — catholique, luthérienne, réformée ou israélite — redeviennent françaises. Certes, la guerre n'a pas modifié le statut des cultes et la laïcité de l'Etat a été maintenue fermement malgré les sollicitations des cardinaux Sevin, Andrieu et Mercier, qui, à divers moments, ont demandé des prières publiques. Mais dans les « provinces recouvrées », le gouvernement respecte le statut local religieux et scolaire, et considère que le Concordat de 1801 y est toujours en vigueur. S'il est excessif de dire que « l'anticléricalisme a péri dans la boue des tranchées » (Victor Diligent), certaines manifestations agressives de l'irréligion commencent à se démoder, et l'action du prêtre qui a versé son sang sur les champs de bataille suscite moins d'hostilité qu'auparavant. « J'offre ma vie pour que se dissipent les malentendus qui existent entre le peuple de France et les prêtres » avait écrit l'abbé Ligeard peu avant d'être tué. Un nouveau type d'ecclésiastique naît de la guerre. « Sorti des sacristies, il a été baptisé dans le réel » (Teilhard de Chardin). Les prêtres ou les pasteurs anciens combattants sont des personnalités actives, qui ont le contact facile avec les hommes. L'ardeur missionnaire de beaucoup d'entre eux les porte à « défricher » les banlieues urbaines, où le Christ est méconnu ou, comme Gaston Courtois, à créer des mouvements répondant à des besoins nouveaux. Plusieurs religieux voient grandir leur influence, tels le père Brottier, l'un des fondateurs de l'Union nationale des combattants, le père Pupey-Girard, ou le père Doncœur. D'autres ecclésiastiques anciens combattants renouvelleront la figure du prêtre député, tels les abbés Bergey, Desgranges, Polimann. D'autres encore deviendront des évêques entreprenants qui influenceront durablement l'Eglise de France : ainsi les abbés Liénart, Feltin, Lamy, Rémond, Weber.

Catholiques, protestants, juifs ont montré que leur patriotisme ne pouvait être mis en cause. L'Etat laïque doit dorénavant compter avec des religions qui ne semblent pas prêtes à dépérir. « L'idée religieuse est rentrée dans la vie civique » (G. Goyau, 1922). Quelle influence cherche-t-elle à y exercer ? La réponse varie selon les confessions, les options politiques ou philosophiques. Les juifs français, survivants de la plus dure des guerres, ne sont guère séduits par le sionisme qui leur propose une autre patrie au moment où ils se sentent très fortement attachés à la France. En revanche, les jeunes protestants conscients que la guerre a produit une crise de civilisation, sont attirés par l'idéalisme wilsonien,

« Le Coq Gaulois »

fait place à

« Nos Chansons »

VOICI donc le dernier numéro du *Coq Gaulois !* Ceux-là seuls, mais tous ceux-là qui, depuis quatre ans et trois mois, en furent les collaborateurs dévoués, les amis infatigables, les lecteurs assidus comprendront la mélancolie avec laquelle je trace ces lignes.

Et d'abord, combien sont morts au cours de cette guerre affreuse, sur qui je m'étais appuyé avec tant de confiance et tant d'abandon ! Pierre Faraut, mon beau-frère et mon ami si cher, âme d'artiste, de musicien, qui donnait si joyeusement à mes chansons les accompagnements originaux et jolis que chacun sait ; J. Martin, dont les articles tant goûtés et d'une si rare tenue littéraire, furent pendant plus d'un an l'un des principaux attraits de notre petite feuille.

Et tant d'autres, tant d'autres, indulgents, enthousiastes et bons dont les lettres ardentes, aujourd'hui qui propose les bases d'une reconstruction, et par l'évangélisme des « volontaires du Christ » qui veulent faire le Christ roi de cette génération. Mais d'autres protestants, meurtris par la guerre, déçus par leur coreligionnaires d'Allemagne, évoluent vers une droite nationaliste, fait nouveau chez les réformés français.

Les catholiques en grande majorité « nationaux », conservateurs mais républicains (J. M. Mayeur), souhaitent prolonger l'Union sacrée qui réduit les divisions politiciennes. Ils admirent les généraux vainqueurs, notamment Foch et de Castelnau, que les chants des colonies de vacances glorifient au cours des années vingt. Mais ils n'ont pas de leaders politiques susceptibles de s'imposer. L'Action française, qui bénéficie du vigoureux patriotisme qu'elle a manifesté pendant la guerre, persiste dans son intransigeance monarchiste et refuse de porter la victoire au crédit de la République. A l'opposé, d'autres patriotes, démocrates chrétiens ou catholiques sociaux regroupent en 1918 autour du journal l'*Ame française* « ceux qu'animent ces trois sentiments : l'idéal religieux, la justice sociale, la fidélité confiante à la République » ; dès 1918, réfléchissant dans les tranchées de l'Amiénois et les bivouacs de la vallée de l'Oise, l'un d'eux, Paul Archambault, jeune officier de l'armée victorieuse, observe l'efficacité des démocraties et accueille favorablement le projet wilsonien de Société des Nations.

7

Patriotisme et nationalisme

Les croyants face aux problèmes de la paix

« Oui, la guerre est finie !... Le soulagement est incomparable. Le succès matériel, la libération de l'Alsace-Lorraine, la cessation de l'angoisse quotidienne pour ceux qu'on aime, la sécurité matérielle retrouvée. Mais demain ? Toutes les inconnues, et les plus troublantes. D'abord, cette chute universelle des trônes et de tout ce qu'ils symbolisent pour toi et moi. Le caractère de lutte de doctrines donné à cette guerre depuis la faillite russe et l'intervention américaine, fait de la victoire le triomphe non pas de telle ou telle nationalité, mais d'un principe contre un principe. Or, si je participe sans réserve au triomphe de la France, il en va tout autrement "du principe", tu me comprends » (Lyautey à Vladimir d'Ormesson, 9.12.1918).

Ces propos de Lyautey reflètent l'état d'esprit des croyants les plus lucides : joie d'appartenir à un peuple qui, en défendant une juste cause, vient d'écrire la page la plus extraordinaire de son histoire, fierté d'être Français, « allégresse et reconnaissance » (Raoul Allier) ; mais inquiétude devant les responsabilités écrasantes conférées par cette victoire, arrachée à un prix exorbitant, dans un monde où les relations entre les peuples se trouvent profondément bouleversées. Suzanne de Dietrich, prenant mieux conscience de la dimension du drame, fait partager son trouble à ses amis : « Paris avec ses foules joyeuses et bruyantes me fait l'effet de danser sur des cadavres et des ruines ... Je ne sais pourquoi j'ai tant d'angoisse au cœur. Maintenant que la guerre est passée, j'en saisis encore plus la monstrueuse folie. » Comment gagner la paix afin qu'on ne voie « plus jamais ça » ? « Nous ne voulons que d'une paix qui nous garantisse la paix », affirme *La Croix* (3.5.1919), reprenant à son compte les paroles de Maginot.

Entre l'armistice de Rethondes et le traité de Versailles, orateurs et journalistes débattent des conditions d'une paix durable. *La Revue des Jeunes* apporte une contribution notable en organisant dix réunions de janvier à mars 1919 dans la salle de la Société de géographie de Paris autour du thème « L'utilisation de la victoire ». Les présidents de séances sont des personnalités très connues : le cardinal Amette, Mgr Sagot du Vauroux, Mgr Gibier, Denys et Henry Cochin, Maurice Barrès, Jean Lerolle, Robert Pinot, Paul Bourget et le ministre belge Carton de Wiart. Chaque semaine, un orateur parle devant une salle comble : le père Sertillanges trace le programme d'une revue catholique moderne ; Victor Bucaille, vice-président de l'A.C.J.F., rappelle « l'héritage des jeunes » ; le père Gillet tente de remonter aux « sources de la pensée catholique » ; Robert Vallery-Radot évoque l'esprit nouveau dans les lettres françaises et note que Claudel, Jammes, Péguy ne sortent pas des sacristies mais des milieux païens ; Maurice Denis traite des nouvelles directions de l'art chrétien ; Henri Joly expose la Mission sociale des catholiques ; Léonie Zanta, docteur en philosophie, présente l'activité féminine de demain ; Charles Nicaise aborde les problèmes nouveaux posés par « l'organisation industrielle et l'organisation sociale », René Salomé se soucie de « l'Ordre dans la Cité », et Mgr Deploige conclut sur la « société chrétienne des nations », en présentant le projet de Ligue des Nations comme une société d'assurances contre le risque de guerre.

Si les problèmes spirituels, intellectuels et sociaux, autant que les urgences de la reconstruction retiennent l'attention des jeunes, la presse quotidienne suit fiévreusement l'évolution des négociations à la Conférence de la Paix. Wilson, encore qualifié de « moderne Moïse » par l'*Ouest-Eclair* le 30 janvier 1919, déçoit bientôt l'opinion catholique française qui ne se distingue guère de l'ensemble des patriotes inquiets d'une éventuelle renaissance du péril allemand. Celui-ci préoccupe fortement les habitants du Nord qui ont souffert de la guerre et de l'occupation et redoutent « la comédie de la démocratisation » (*La Dépêche* de Lille, 16.11.1918).

Six mois plus tard le *Journal de Roubaix* ne croit pas que les Allemands se soient convertis aux idées des démocraties : « l'Allemagne n'a rien appris ni rien oublié. Républicaine, elle conserve, frémissante et menaçante, les mêmes dogmes et presque les mêmes hommes que l'Allemagne impériale » (1.5.1919). Les journaux parisiens et les autres feuilles provinciales lus par les catholiques soutiennent généralement avec un ton plus modéré les revendications de Foch. « Sarrelouis et Sarrebruck doivent redevenir français. Il faut corriger l'odieux abus de force de 1815 », fait observer l'*Ouest-Eclair* (14.1.1919). *La Croix de Paris*, le 1er mars 1919, sous le titre « Les destinées de la rue des Prêtres », fait plaider la séparation de la Rhénanie catholique de Berlin par un spécialiste de l'Allemagne, Georges Goyau. *La Croix* propose une compensation des dettes, les Etats-Unis se substituant aux Alliés dans leur créance sur les Allemands (22.3.1919). Méfiante à l'égard d'une future Société des Nations, qui risque d'être à la fois trop contraignante et peu efficace, *La Croix* défend « le système éprouvé des alliances ». Parmi les alliés potentiels, la Pologne inspire confiance aux catholiques. Ce pays, dont *la Croix* évoque « le supplice entre l'Allemagne et les bolchevistes (sic) russes, comme le Christ entre les deux larrons » (30.1.1919), doit constituer « un fort Etat tampon entre Russie et Allemagne » (8.1.1919).

Finalement, comme beaucoup de Français, les catholiques acceptent le traité de Versailles avec un certain sentiment de résignation, en pensant qu'il n'était pas possible d'obtenir davantage. Certains voient dans les traités une paix maçonnique, parce que les francs-maçons, comme Léon Bourgeois, placent de grands espoirs dans la Société des Nations. Un député radical, le Frère Accambray, crée une Fédération maçonnique internationale pour la Société des Nations. Pourtant, le pape Benoit XV, qui a envoyé Mgr Cerretti comme observateur officieux à Paris pendant la Conférence de la paix, s'intéresse beaucoup à cette institution naissante. D'autres, frappés par l'ascension des pays anglo-saxons, parlent d'une paix protestante, mais les protestants français ont quelque peine à s'en persuader. Les uns, évoluant vers un patriotisme intransigeant, refusent de reprendre des relations avec les protestants allemands, qui ne semblent pas s'amender. A l'opposé, d'autres estiment que Wilson a dû accepter trop de compromis pour avoir des chances réelles de donner une impulsion neuve aux relations internationales à travers la Société des Nations.

Dans cette Europe mal stabilisée des années 1918-1921, un autre péril monte à l'Est, l'impérialisme révolutionnaire bolchevik qui se lance à la conquête du monde. La « République des Soviets est une chose horrible » proclame l'*Ouest-Eclair* le 26 janvier 1919, et les armées fran-çaises sont amenées à soutenir ceux qui résistent aux bolcheviks en Russie, en Hongrie, en Pologne. Dans le domaine religieux, l'athéisme militant et persécuteur provoque une réaction de rejet chez les catholiques français. A quelques exceptions près, ceux-ci ne se font aucune illusion. De Francisque Gay constatant en 1919 dans *Bolchevisme et démocratie* que les communistes suppriment toutes les libertés, à Georges Goyau expliquant en 1929 dans *Dieu chez les Soviets* que l'offensive anti-religieuse, brutale ou subtile selon les moments, est une composante fondamentale de l'idéologie marxiste-léniniste, et qu'en aucune façon, pour les dirigeants soviétiques, on ne peut être à la fois léniniste et croyant. Les récits des émigrés qui ont échappé aux massacres sont éloquents : au cours de la seule année 1922, 2 691 prêtres, 1 962 moines, 3 447 religieuses et d'innombrables laïcs ont été martyrisés ; quelques années plus tard, un goulag sur les bords de la Mer Blanche recevra jusqu'à 150 évêques ; au moment de mourir en 1925, le patriarche Tykon déclare : « la nuit sera longue, très longue ». Les exactions des « Sans Dieu » qui développent avec l'appui de l'Etat une campagne systématique contre toutes les formes de religion sont dénoncées lors des manifestations du mouvement protestant *La Cause*, dirigé par Freddy Durrlemann, pour qui les communistes sont des adversaires absolument irréductibles du christianisme. Tandis que les tableaux de missions bretons placent Lénine en Enfer, les vicaires de la banlieue rouge tentent de disputer les âmes des ouvriers au matérialisme communiste.

Pourtant, « la grande lueur à l'Est » (Jules Romains) a suscité un immense espoir dans une partie du monde ouvrier et chez quelques intellectuels séduits par une propagande organisée pour défendre le pays où s'est produite la dernière des Révolutions. Un normalien catholique, Pierre Pascal, officier détaché en Russie pendant la guerre, puis un temps compagnon de Lénine, a participé à l'élaboration de cette propagande qui situait la Révolution russe dans le prolongement de la Révolution française, avant de prendre ses distances avec le nouveau régime et de poursuivre des recherches très originales sur l'histoire religieuse du peuple russe. Tandis que les émigrés font découvrir à l'Occident la spiritualité orthodoxe, un *Cahier de la Nouvelle Journée* étant consacré en 1927 à l'Ame russe avec des contributions de Nicolas Berdiaef et Serge Boulgakov, quelques chrétiens isolés admirent un peu naïvement ce qui se passe à l'Est ; parmi eux le pasteur Henri Tricot, promoteur d'un Front commun des chrétiens révolutionnaires, et fondateur en 1927 des communistes spiritualistes, qui ont pour emblème la faucille et le marteau sur une croix. Il n'en reste pas moins qu'une fraction notable du peuple de France s'est laissé séduire par la Révolution russe plus que par le bolchevisme. La source de l'élan révolutionnaire qui s'est manifesté en 1920-1921 et qui a permis la constitution du parti communiste français, « c'est la prise de position contre la guerre » (Annie Kriegel) dans un prolétariat assez nettement détaché de la religion et parmi de jeunes anciens combattants désabusés.

La Révolution russe divise le Grand Orient : les uns ne veulent voir que « la victoire de la classe ouvrière » ; les autres protestent contre la disparition des libertés et le régime de terreur. Les obédiences manifestent leur solidarité avec leurs frères maçons, qu'il s'agisse de révolutionnaires menacés des tribunaux comme André Marty, « mutin de la Mer noire », ou bien de réfugiés politiques russes. L'interdiction de la double appartenance portée par le IVe Congrès de l'Internationale en 1922 jette un froid dans les relations, et entraîne l'exclusion du parti de quelques maçons connus comme L.O. Frossard, mais les loges françaises n'en souhaitent pas moins la reprise des relations diplomatiques avec le gouvernement des Soviets, vœu que réalisera Edouard Herriot.

Enfin, la Révolution russe a de multiples répercussions sur l'histoire du judaïsme. Les sinistres pogroms dont elle est jalonnée, qu'ils soient l'œuvre des révolutionnaires ou des contre-révolutionnaires, provoquent une émigration importante vers l'Europe occidentale et notamment la France. Surtout, le rôle joué dans la Révolution russe par une fraction de l'intelligentsia juive incite les esprits sectaires ou peu exigeants à trouver une explication commode à ce grand bouleversement : il contribue à expliquer le succès foudroyant d'un faux fabriqué par la police tsariste en 1905, les *Protocoles des sages de Sion*, dont la diffusion ranime l'antisémitisme en Occident. Traduit en français en 1920, il semble apporter la preuve de « la marche ascendante d'Israël vers la conquête de l'Univers ». Maurras croit trouver une nouvelle justification de son idéologie antisémite : « il y a plus qu'un péril juif : un règne juif »

(4.10.1920). Mgr Jouin, directeur de la *Revue Internationale des Sociétés Secrètes*, persuadé que le complot maçonnique explique la Révolution française, parvient à convaincre ses lecteurs que le complot juif rend compte de la Révolution russe, et dénonce sans relâche le péril judéo-maçonnique. Les frères Tharaud popularisent ce sentiment de rejet en décrivant les exactions et les crimes commis par les révolutionnaires juifs en Hongrie sous la dictature de Bela-Kun en 1920 dans leur livre *Quand Israël est roi* (1922). Pourtant, malgré cette propagande, les juifs continuent à trouver des tribunaux impartiaux en France. Lorsqu'en 1926, un juif russe, l'horloger Schwarzbad, dont toute la famille a été assassinée dans les pogroms, tue l'attaman Petlioura, massacreur de ses coreligionnaires, qui a trouvé refuge en France, le jury français entend, stupéfait, les récits des témoins et rend un verdict d'acquittement qui prend une valeur de symbole.

La gravité des périls potentiels, allemand et bolchevique, ne fait pas perdre de vue aux croyants les vastes responsabilités qu'ils doivent affronter avec des moyens réduits et pour certains d'entre eux un statut précaire. Les congréganistes qui, rentrés en France pour combattre, ont survécu, ne retournent pas à l'étranger, mais ils restent sous la menace d'une mesure d'expulsion. Ils apportent un appui d'autant plus précieux dans l'enseignement, la prédication, les missions, l'action sociale, que la guerre a creusé des vides dans les rangs du jeune clergé séculier. Beaucoup d'évêques ont alors la hantise de susciter des vocations, et le jésuite Joseph Delbrel, directeur de la revue *Le recrutement sacerdotal*, parvient à organiser à partir de 1925 plusieurs congrès nationaux du recrutement sacerdotal. On prie bientôt pour les vocations dans toutes les églises de France. D'autre part, des hommes mûris par la guerre, décident de se consacrer au service de Dieu : à l'automne de 1919, 68 officiers français récemment démobilisés sont entrés au séminaire d'Issy. Au cours des années vingt, un séminariste sur sept est issu de l'Association catholique de la jeunesse française qui apporte aux jeunes une solide éducation spirituelle.

Les croyants déjà sollicités par les pouvoirs publics pour répandre la propagande de guerre, le sont à nouveau au moment de la paix pour servir leur pays dans des contrées où leur présence s'avère utile. Mais l'idéologie officielle de la France laïque et jacobine est mise en cause par la victoire elle-même ; celle-ci nous fait recouvrer une Alsace-Lorraine qui a réussi à préserver son identité en restant passionnément attachée à son particularisme. Or, l'administration centralisatrice souhaite parvenir à appliquer la même législation sur tout le territoire de la République, malgré les promesses faites. La loi du 17 octobre 1919, votée par la Chambre élue en 1914, stipule que « l'Alsace et la Moselle continueront à être administrées selon les textes jusqu'à ce qu'il ait été procédé à l'introduction des lois françaises ». Dès 1919, le gouvernement limite l'enseignement de l'allemand à trois heures par semaine. Or, l'allemand est la langue liturgique des luthériens, et le dialecte alsacien est utilisé par les catholiques dans la prédication et l'enseignement du catéchisme. D'autre part, l'épuration des personnalités d'origine allemande dans la haute administration affecte les Eglises. Clemenceau obtient la démission des évêques de Strasbourg, Mgr Fritzen, et de Metz, Mgr Bendler, et se trouve obligé de négocier avec le Vatican l'investiture des deux ecclé-siastiques qu'il a nommés, Mgr Ruch à Strasbourg, et Mgr Pelt à Metz. Chez les protestants, d'assez nombreux pasteurs d'origine germanique retournent en Allemagne, d'autres ont été tués pendant le conflit, et deux postes pastoraux sur cinq se trouvent vacants au début des années vingt.

Les partis locaux qui se constituent en 1919, l'Union populaire républicaine (U.P.R.) en Alsace, et l'Union républicaine lorraine en Moselle, inscrivent dans leur programme la défense des libertés confessionnelles, scolaires, linguistiques, sociales et économiques de l'Alsace et de la Moselle. Ces deux partis catholiques présentent les candidatures d'ecclé-siastiques célèbres, les abbés Wetterlé et Hackspill, le chanoine Collin, et celle d'un jeune avocat, Robert Schuman. Les libéraux-démocrates alsa-ciens, qui recueillent les votes protestants, s'affirment moins particularistes que les catholiques, mais se joignent à eux dans le cadre du Bloc National, ce qui permet à la coalition U.P.R.-libéraux-démocrates d'enlever tous les sièges en Alsace tandis qur l'Union républicaine lorraine conquiert tous ceux de Moselle en novembre 1919.

La paix impose la reconversion du Comité catholique de propagande française à l'étranger en Comité des amitiés françaises à l'étranger. Présidé par Mgr Baudrillart, le nouvel organisme a pour secrétaire le chanoine Beaupin, un ancien sillonniste qui a coopéré en 1917 à l'Office pour les prisonniers de guerre créé par Benoit XV. Le Comité aide les institutions scolaires, culturelles et paroissiales à l'étranger; il suscite des missions de personnalités catholiques françaises qui sont reçues dans divers pays, notamment en Irlande, en Pologne, en Tchécoslovaquie, etc. ; il accueille en France les personnalités catholiques et les étudiants venant de l'étranger. Les voyages hors des frontières du cardinal Baudrillart ou du cardinal Dubois ont une portée diplomatique.

Les traités de paix accordent à la France un mandat sur la Syrie et le Liban, pays où elle entretient de nombreuses écoles en majorité catholiques. L'Œuvre d'Orient, très active au Proche-Orient, aurait désiré une internationalisation des Lieux Saints. Son directeur, Mgr Charmetant, proche des chrétiens orientaux et des Arabes, se déclare hostile à la fondation d'un foyer national juif que la déclaration Balfour du 27 novembre 1917 promet au mouvement sioniste. L'Association des amis de la Terre Sainte tente de « s'opposer avec énergie à toute constitution d'un Etat confessionnel (juif) en Palestine ». Benoit XV souhaite que les chrétiens exercent un contrôle sur les Lieux Saints.

Tandis que Clemenceau utilise un temps en 1918 le lazariste Portal et ses amis pour effectuer des démarches auprès des orthodoxes russes, le Vatican manifeste de son côté une grande activité en Orient. Tentant de promouvoir une vision des rapports entre les peuples qui soit plus catholique, plus universaliste, moins strictement latine, Benoit XV crée en mai 1917 la Sacrée congrégation pour l'Eglise orientale, et le 15 octobre 1917, l'Institut pontifical pour les études orientales : « L'Eglise de Jésus-Christ, dit-il, n'est ni latine, ni grecque, ni slave, mais catholique ». Profitant de l'effondrement des empires russe et turc, il espère obtenir l'union des Eglises, et encourage toute une série d'initiatives, mais celles-ci sont entravées par les tensions entre uniates de rite latin, et unionistes plus respectueux des rites orientaux. Pie XI, qui a été associé à cette politique comme nonce à Varsovie, la poursuit pendant un temps.

Les protestants qui ont tenté de lancer le mouvement œcuménique au lendemain de la guerre sont reçus par Benoit XV, mais ils trouvent un accueil plus chaleureux à Athènes et à Constantinople auprès des orthodoxes, qui établissent avec eux des relations durables. Benoit XV et Pie XI laissent se dérouler les conversations privées de Malines qui réunissent entre 1921 et 1926 des théologiens catholiques et anglicans autour des personnalités prestigieuses du cardinal Mercier, de Lord Halifax et de M. Portal. Ces rencontres connaissent un certain écho. Dans les années d'après-guerre, les Français participent à de nombreuses missions de caractère diplomatique et religieux. Ils sont parfois envoyés par le Vatican, ils agissent parfois pour le compte de la France, dans d'autres cas leur déplacement est encouragé à la fois par Rome et par Paris.

Rome adopte une attitude plus ferme dans le domaine des missions où elle prend en 1919 un véritable tournant en montrant son hostilité aux nationalismes européens avec l'encyclique *Maximum illud*, inspirée par le préfet de la Congrégation de la propagande, le cardinal rédemptoriste Van Rossum. Pendant la guerre, les options nationalistes antagonistes affichées par les périodiques missionnaires ont scandalisé Benoit XV. Le pape a dû accepter que dans les anciennes colonies allemandes, les alliés exigent le remplacement des missionnaires allemands — catholiques ou protestants — par des missionnaires anglais ou français. Influencé en partie par un ouvrage du chanoine français Léon Joly (1907) et surtout par le lazariste belge Vincent Lebbe, missionnaire en Chine, le texte de l'encyclique stigmatise le nationalisme missionnaire qualifié de « peste affreuse » et insiste sur la nécessité de recruter et de former des clergés indigènes capables d'encadrer et de diriger les Eglises locales. En 1926, l'encyclique *Rerum Ecclesiae* de Pie XI exige que l'égalité entre le clergé indigène et le clergé d'origine européenne soit respectée, et évoque l'éventualité d'une indépendance des colonies. Joignant les actes à la parole, Pie XI sacre en 1926 les six premiers évêques chinois, et en 1927, le premier évêque japonais. Tandis que le traité de Lausanne a aboli en 1923 le protectorat français sur les missions de l'ancien empire turc, le Vatican commence à supporter assez mal le protectorat français sur les missions en Chine, comme en témoigne la nomination de Mgr Costantini en tant que délégué apostolique du Saint-Siège auprès du gouvernement chinois en 1922.

La Chambre bleu-horizon (1919-24) et le second Ralliement

De 1919 à 1932, à l'exception d'une période de deux ans entre 1924 et 1926, les députés catholiques font partie, pour la plupart, de la majorité parlementaire qui soutient des gouvernements de centre-droit : ministères Clemenceau, Millerand, Leygues, Briand et Poincaré au temps du Bloc National, gouvernement Poincaré d'union nationale de 1926 à 1928, ministères Poincaré, Tardieu et Laval de 1928 à 1932. Certes la participation des catholiques au gouvernement reste très limitée. Aucun des rares ministres catholiques ni Auguste Isaac, ni Charles de Lasteyrie, ni Lefebvre du Prey, ni Auguste Champetier de Ribes n'est parvenu au premier plan. Cependant ces personnalités ont exercé une influence modeste dans un système politique dont l'idéologie officielle reste marquée par un positivisme hostile à leur foi. Surtout en apportant la preuve que des catholiques pouvaient participer utilement au gouvernement et à la législation dans un régime républicain, ils ont fait triompher définitivement le Ralliement, non sans difficultés, non sans tensions internes, car la génération, qui avait supporté tout le poids des conséquences d'une séparation radicale, se trouvait à la tête de l'Eglise de France.

Lorsque Robert Cornilleau pose en 1927 la question, *Le Ralliement a-t-il échoué ?*, c'est pour constater qu'il a enfin abouti. Le rêve de Léon XIII se réalise comme ce pape l'avait prévu, non par le truchement d'un parti catholique qui n'aurait pas été accepté en France, mais grâce à l'appui donné par les catholiques à un rassemblement de républicains modérés désireux de réaliser la pacification religieuse. La « rentrée de l'idée religieuse dans la vie civique » supposait, dans le prolongement de l'Union sacrée, une large entente des catholiques soutenue par Rome avec les républicains de gouvernement désireux de renouer avec le Saint-Siège.

L'initiative du rapprochement avec le Saint-Siège vient des milieux gouvernementaux laïques qui ont observé pendant la guerre les inconvénients de l'absence de relations diplomatiques avec le Vatican : difficultés pour contrecarrer les intrigues allemandes et autrichiennes à Rome ; contre-propagande auprès de l'opinion catholique dans les pays neutres ; défense mal assurée du protectorat français sur les missions catholiques en Orient et en Chine, qui se trouve menacé par la concurrence des autres nations ; nécessité de négocier le statut du culte catholique en Alsace-Lorraine. Briand et Denys Cochin envoient au Vatican une série de missions officieuses parfois confiées au vice-président de l'A.C.J.F. Victor Bucaille, et un conseiller d'ambassade, Charles Loiseau, est chargé de suivre au Palais Farnèse les affaires de l'Eglise catholique. Aussi en avril 1917, un sénateur israélite et radical, Lazare Weiler, attire-t-il l'attention du gouvernement français sur la nécessité de rétablir des relations officielles avec le Vatican. Le socialiste Marcel Sembat, les radicaux Joseph Reinach et Anatole de Monzie reprennent l'idée. En 1918 Anatole de Monzie publie un livre au titre retentissant : *Rome sans Canossa*. La France, dès qu'elle sera victorieuse et parce qu'elle le sera, pourra renouer utilement avec le Saint-Siège, sans avoir à faire amende honorable, à la différence de l'empereur Henri IV. La France pouvait d'autant moins continuer à bouder le Saint-Siège que le Vatican devenait un centre d'observation important : entre 1914 et 1919, la Grande-Bretagne, la Hollande, le Japon, le Portugal, le Brésil, le Pérou, la Pologne, la Finlande, l'Esthonie, la Tchécoslovaquie et la Yougoslavie avaient décidé de s'y faire représenter.

Du côté romain, l'effondrement des Empires incite le pape Benoit XV et le cardinal Gasparri à imaginer une politique nouvelle d'entente avec les jeunes nations d'Europe centrale et orientale, et au-delà avec tous les Etats qui acceptent de négocier, politique que l'internationalisation croissante du Saint-Siège facilite : il y aura quarante séminaires étrangers à Rome en 1924. Le gouvernement français n'étant pas disposé à conclure un nouveau concordat, le Vatican admet que l'apaisement religieux en France pourra être obtenu autrement. Dès 1917, Rome envoie aux évêques français des instructions de casuistique électorale fort conciliantes, qui sont reprises par l'Assemblée des cardinaux et archevêques du 19 février 1919. Plusieurs prélats au fait des préoccupations romaines, parmi lesquels Mgr Julien, le nouvel évêque d'Arras, parviennent à amender le texte de la « lettre collective de l'Episcopat sur la régénération de la France après la guerre », qui paraît le 7 mai 1919 de façon à ce qu'il ne choque pas l'opinion.

Il reste en effet indispensable qu'une volonté politique se dessine à travers une majorité parlementaire décidée à renouer avec le Vatican. La formation du Bloc National, et les élections du 16 novembre 1919 réalisent cette condition. Face aux lourdes responsabilités de la paix à promouvoir, à la menace du bolchevisme, aux exigences de la reconstruction, la majorité qui a soutenu Clemenceau se reconstitue en vue de ces élections autour du vieux mot d'ordre « ni réaction ni révolution ». Pour faire appliquer les traités de paix, pour couper court à l'agitation révolutionnaire en acceptant certaines réformes sociales et en proposant un projet de décentralisation, une conjonction des centres s'esquisse sous la direction de Clemenceau, qui personnellement reste défavorable à la reprise des relations avec le Vatican : cette coalition n'exclut ni les catholiques, ni les radicaux hostiles au collectivisme. Cependant son programme ne satisfait ni les tenants du laïcisme regroupés autour du nouveau président du parti radical Edouard Herriot, ni les catholiques intransigeants qui ne peuvent admettre le maintien des lois laïques. La proclamation des candidats du Bloc National de la Seine contient une formule prudente rédigée par Jacques Piou, approuvée discrètement par le cardinal Amette, et reprise par l'ensemble des candidats du Bloc : « Le fait de la laïcité de l'Etat doit se concilier avec les droits et les libertés de tous les citoyens, à quelque croyance qu'ils appartiennent ».

La Chambre « bleu-horizon » élue le 16 novembre 1919 comprend beaucoup d'hommes nouveaux qui gravitent autour de l'Alliance démo-cratique dont les trois groupes parlementaires rassemblent plus de 200 députés. L'un de ces groupes, l'Action républicaine et sociale, se montre soucieux de réalisations concrètes avec le démographe Adolphe Landry, et le pasteur Edouard Soulier, nouveau député de Paris. Un autre groupe, la gauche républicaine et démocratique, autour de Louis Barthou, est désireux de ne pas se couper des radicaux et rappelle volontiers le caractère intangible des lois laïques. A droite, l'Entente républicaine démocratique, forte apparemment de ses 183 députés, se trouve divisée entre conservateurs comme Louis Marin, catholiques sociaux comme Boissard ou Duval-Arnould, et surtout entre progressistes désireux, avec le lyonnais Auguste Isaac, de consolider la majorité parlementaire et cléricaux hostiles au *statu quo* sur l'école laïque et sensibles aux suren-chères d'une extrême-droite menée par Léon Daudet.

Un homme d'Etat tente de proposer un programme à cette majorité composite, s'efforce de lui insuffler un esprit commun, Charles Jonnart, sénateur du Pas-de-Calais, qui devint président du Parti républicain démocratique et social en 1920. Ce rassemblement issu de l'Alliance démocratique a vocation à accueillir sur sa gauche les radicaux anticol-lectivistes et sur sa droite une fraction des catholiques ; il tend à constituer un grand regroupement conservateur « hostile aux menées révolutionnaires de droite et de gauche » ; il proclame l'intangibilité de la République, désire promouvoir une politique fondée sur l'expérience et refuse de retourner aux clivages d'avant-guerre avec des étiquettes surannées. Même si l'imagination de ces grands bourgeois peut paraître un peu courte, notons qu'après les contraintes et les mutations dues à la guerre, ils souhaitent le retour à la liberté économique, la pacification religieuse sur la base des lois existantes et quelques mesures sociales concrètes.

Durant les premiers mois de 1920, la pacification religieuse semble progresser rapidement, mais des obstacles surgissent bientôt, et diverses oppositions feront traîner les négociations pendant quatre années. En janvier 1920, l'échec de Clemenceau à la présidence de la République élimine un adversaire du rétablissement des relations diplomatiques avec le Saint-Siège. Le vieil anticlérical conserve un mauvais souvenir du poids des ingérences romaines dans la vie politique française, et ne veut pas admettre que les temps ont changé. Son échec, peu glorieux pour les hommes politiques qui en sont responsables, est dû certes à l'hostilité de Blum, d'Herriot et de Briand, mais aussi au vote de nombreux parlementaires catholiques pour son rival Paul Deschanel, favorable à la réouverture de notre ambassade auprès du Vatican.

Le nouveau président du Conseil, Alexandre Millerand commence très vite la négociation avec Rome : il y envoie, dès mars 1920, un chargé d'affaires extraordinaire, Jean Doulcet, qui a pour mission l'étude les conditions de la reprise des relations diplomatiques ; en mai il profite des fêtes solennelles de la canonisation de Jeanne d'Arc pour y faire participer une délégation officielle imposante. La négociation Doulcet-Gasparri réussit fort bien puisqu'elle règle dès le 28 mai nombre de questions litigieuses : le protocole d'une éventuelle visite du président de la République au Quirinal et au Vatican, le projet d'échange d'un nonce et d'un ambassadeur, le protectorat des missions ; le Saint-Siège promet de s'employer à la pacification générale, et de ne pas demander à la France de changement dans l'immédiat à sa législation en matière de culte, d'enseignement et d'association. Des négociations ultérieures préciseront suivant quelles modalités le pape informera le gouvernement français de la nomination des évêques et pourra recueillir son avis.

Les fêtes de la canonisation de Jeanne d'Arc, le 16 mai 1920, témoignent publiquement de la réconciliation de la France et du Vatican. Un ambassadeur extraordinaire du gouvernement français, Gabriel Hanotaux, préside une délégation comprenant le général de Castelnau et 80 parlementaires. Tout le haut clergé français est présent, mais ses sentiments semblent mitigés. Il juge la réconciliation bien rapide, et les concessions du Saint-Siège humiliantes pour une Eglise qui a refusé d'appliquer la loi de Séparation à la demande du pape Pie X. Les cardinaux français expriment à l'unanimité « une résistance respectueuse » pour éviter que l'on accepte les associations cultuelles condamnées par Pie X ; ils pensent que la jurisprudence du Conseil d'Etat, favorable aux intérêts catholiques et intervenue depuis la Séparation, n'est pas une garantie suffisante. Du coup la négociation est reportée ; elle va durer trois ans et demi.

En effet les milieux hostiles à la réconciliation entre l'Eglise et la République agissent alors à Rome et en France : les amis de l'Action française tentent de faire échouer la négociation, et ils trouvent des appuis chez quelques cardinaux français intransigeants ou royalistes et chez certains cardinaux de Curie auxquels Benoit XV laisse de grands pouvoirs, car le pape ne parvient pas à mettre partout en place des hommes capables de mener la politique qu'il a choisie. D'où une cascade d'incidents, une série de surenchères et de demandes de garanties qui mettent en danger le second Ralliement et retardent sa réalisation.

La première difficulté surgit en septembre 1920 à propos de la succession du cardinal Amette. Au lieu de nommer à Paris un évêque décidé à faciliter la reprise des relations avec Rome — les noms de NNSS Baudrillart, Julien, Tissier, Touchet ont été avancés —, Benoit XV, arguant qu'il ne veut pas, en cette phase de la négociation, donner à la France un chapeau supplémentaire, décide de promouvoir dans la capitale le cardinal-archevêque de Rouen, Dubois, qui passe pour intransigeant, mais qui se révélera en fait docile aux suggestions romaines. Cependant en 1921, Rome grossit encore le nombre des cardinaux favorables à l'extrême-droite en accordant le chapeau au nouvel archevêque de Rennes, Charost.

De son côté le gouvernement français persévère dans sa politique de rapprochement : le 30 novembre 1920, par 391 voix contre 179, la Chambre des députés vote les crédits pour le rétablissement de l'ambassade de France auprès du Vatican. Cependant la ratification de cette ouverture de crédit par le Sénat, où les radicaux sont influents, n'est pas certaine. Pour contourner l'obstacle, le 17 mai 1921, Briand, président du Conseil nomme Charles Jonnart ambassadeur extraordinaire auprès du Saint-Siège. Celui-ci désigne deux jours plus tard Mgr Cerretti comme nonce à Paris. Le choix de Jonnart est habile, comme les travaux effectués par

Gérard Lesage et Jean Vavasseur-Deperriers l'ont montré : ce sénateur du Pas-de-Calais est un personnage considérable, un grand serviteur de la République qui lui a confié de hautes responsabilités en Algérie et en Grèce, et qui a été ministre des Affaires étrangères dans le gouvernement Barthou en 1913. Il préside alors le Parti républicain démocratique et social, qui fédère les groupes politiques les plus influents de la Chambre bleu-horizon. Modéré, libéral, mais pas modérément républicain, ce croyant non pratiquant et non clérical, qui a soutenu la politique de Waldeck-Rousseau et qui entretient maintenant d'excellentes relations avec les évêques conciliants comme Mgr Julien, est bien placé pour défendre les intérêts de la République auprès du Vatican. En acceptant de s'y rendre en mission extraordinaire, il veut démontrer à ses collègues du Sénat que l'ambassade est utile.

La méthode fera ses preuves à travers diverses péripéties que les adversaires du Ralliement contribuent à susciter. En mars 1921, le cardinal Andrieu interdit aux catholiques de participer au Congrès de la natalité qui doit se tenir à Bordeaux sous la présidence du ministre catholique Auguste Isaac. Le cardinal Merry del Val, préfet du Saint-Office, soutient le cardinal Andrieu sous prétexte que le Congrès est inter-confessionnel. Finalement après intervention de Jonnart et du cardinal Dubois, l'interdiction est levée. Le 15 juillet, la *Revue Universelle* de Jacques Bainville publie une étude très critique pour Jonnart et le « parti Jonnart ».

L'élaboration d'un nouveau type d'association apte à gérer les biens cultuels, en conformité avec les lois de 1901 et de 1905, et acceptable par le Saint-Siège et l'épiscopat français, demande du temps. Un premier projet d'association diocésain préparé par l'abbé Renaud et proposé par l'évêque de Nice, Chapon, fait l'objet de diverses réserves de la part de Mgr Boudinhon, recteur de Saint-Louis des Français, que Jonnart estime, et qui propose un autre projet. Pendant l'été de 1921, un texte est mis au point avec la collaboration de l'abbé Renaud, de Mgr Boudinhon, de Louis Canet et du doyen Beudant. Ce texte est approuvé par les autorités gouvernementales et juridiques puis remis au nonce Cerretti qui négocie quelques modifications avec le secrétaire d'Etat à l'Intérieur, Maurice Colrat.

Jonnart, qui peut faire état de quelques résultats obtenus à Rome à propos des missions, cherche à désamorcer une campagne de la gauche contre le péril congréganiste, et à obtenir l'aval du Sénat. En octobre, devant la commission administrative du P.R.D.S., il propose le maintien de la législation à l'encontre des congrégations enseignantes, et souhaite que les chambres examinent avec bienveillance les demandes des congrégations où se recrutent les missions. En décembre, après une interpellation hostile à l'ambassade, le Sénat accorde sa confiance au gouvernement par 169 voix contre 123.

Cependant la mission de Jonnart est loin d'être terminée. En janvier 1922, Briand est remplacé par Poincaré moins pressé d'aboutir, et Benoit XV meurt. Deux jours après cette disparition, le 24 janvier, Jonnart, maintenu à Rome par Poincaré, évoque dans une note les deux tendances du futur conclave, l'une fidèle à la politique de Benoit XV autour des cardinaux Gasparri et Maffi, l'autre, nostalgique de celle de Pie X, autour des cardinaux Merry del Val, Billot, et La Fontaine. Prévoyant que ces deux tendances risquent de se neutraliser, il fait l'éloge du cardinal Achille Ratti, archevêque de Milan, « qui paraît mériter notre plus sérieux appui ». Cerretti, consulté, dit grand bien de Ratti. Aussi le 26 janvier Poincaré télégraphie-t-il à Jonnart qu'il convient de faire échouer La Fontaine archevêque de Venise pour éviter le retour de Merry del Val au pouvoir, et que sans écarter Maffi, il fallait préférer Ratti. Jonnart agit prudemment, se gardant d'entreprendre les cardinaux français Andrieu et Maurin qui lui sont défavorables, mais intervenant en faveur du cardinal Ratti auprès des cardinaux Dubois (Paris), Bourne (Westminster) et Mercier (Malines) qui jouent un rôle notable dans l'élection le 6 février, après 14 scrutins, de l'archevêque de Milan qui prend le nom de Pie XI.

Pourtant pendant les premiers mois du pontificat de Pie XI, les rapports se refroidissent entre la France et le Vatican. Tandis que Poincaré, craignant d'irriter les radicaux, ne veut faire aucune concession sur les congrégations, Pie XI émet des réserves sur la politique allemande de la France, et fait transférer de Lyon à Rome la direction de l'Œuvre de la Propagation de la Foi. Les évêques français font de longues observations sur le projet des diocésaines, et la Congrégation romaine des Affaires extraordinaires, dominée par les adversaires de Gasparri, donne le 22 juillet 1922, un avis négatif qui entraîne le report du projet pour supplément d'information.

Jonnart parvient à relancer la négociation à l'automne 1922 en obtenant quelques concessions de Poincaré et de Gasparri. Sur sa demande, Pie XI enlève la direction de la *Documentation catholique* au père Salvien

Miglietti, lié à la « Sapinière » et considéré comme « le mauvais génie de l'Eglise de France », comme le cerveau de l'opposition aux diocésaines. Le pape maintient sa décision malgré l'intervention du cardinal Maurin, et fait bientôt remplacer le père Salvien par le père Léon Merklen, acquis à la pacification religieuse. De janvier à mars 1923, deux projets sont encore élaborés, l'un par le Saint-Siège, l'autre par le gouvernement français. Ce dernier est finalement retenu par les deux parties et déclaré conforme aux lois françaises par une commission de juristes le 6 avril 1923.

La demande pontificale de garantie par un acte officiel ou un débat parlementaire prolonge la négociation, car Poincaré ne tient pas à provoquer les anticléricaux. Le 24 juin 1923 une lettre de Pie XI au cardinal Gasparri émet des réserves sur l'occupation de la Ruhr, mais Jonnart, sachant se faire l'interprète des populations des régions dévastées, parvient à faire édulcorer la formule la plus désagréable pour la France, l'adjectif odieux étant remplacé par pénible. Mgr Rémond, aumônier général de l'armée française en Rhénanie, plaide habilement la cause de la France auprès du délégué apostolique, Mgr Testa, chargé d'enquêter en Allemagne sur les plaintes des catholiques allemands.

Au moment où Jonnart prend congé de Pie XI, le 12 décembre 1923, et où il va être remplacé par Doulcet, le Vatican admet de se contenter d'une approbation du Conseil d'Etat réuni en séance plénière. L'ayant obtenue, Pie XI publie le 18 janvier 1924 l'encyclique *Maximam gravissimamque* qui approuve les associations diocésaines et fait rentrer le statut de l'Eglise de France dans le cadre de la loi. Les associations diocésaines, qui ont la personnalité juridique en référence aux lois de 1901 et de 1905, ont pour but d'acquérir et de gérer les biens destinés à l'exercice du culte. Elles sont administrées par une assemblée générale de trente membres titulaires et un conseil de cinq membres, élus par l'assemblée générale sur une liste de huit présentés par l'évêque. D'autre part, voici comment le gallican Louis Canet définit en février 1923 l'intervention du gouvernement français dans la nomination des évêques : « Le droit de regard que le Saint-Siège nous transmet en cette affaire n'est en aucune façon de nature concordataire. Il s'agit uniquement d'un droit de haute police dont l'objet est de préserver l'ordre public et de contrôler l'ingérence d'un pouvoir étranger et souvent hostile dans l'administration d'une association qui comprend la majorité des citoyens français. »

Pour faire aboutir une pacification religieuse qu'il jugeait nécessaire dans un pays durement atteint par la guerre, Jonnart a manifesté beaucoup de ténacité et d'habileté. Par sa persévérance — il est resté deux ans et demi à Rome — il a infligé un démenti à ses adversaires de l'Action française qui, lors de son élection à l'Académie française contre Maurras en 1923, avaient prétendu qu'il n'était capable que d'écrire des lettres de démission.

La Chambre bleu-horizon où les anciens combattants se retrouvent nombreux, a pour originalité de faire éclater les clivages traditionnels. En matière familiale et féministe, les progressistes se situent à droite et au centre et les conservateurs à gauche. Etant donné la part prise par les femmes aux souffrances et aux travaux de la guerre et tenant compte d'un mouvement d'opinion qui affecte également la Grande-Bretagne, l'Allemagne, les Etats-Unis et la Pologne, la Chambre bleu-horizon vote à une énorme majorité le projet de loi conférant l'électorat et l'égibilité aux femmes, mais le Sénat dominé par les radicaux anticléricaux le rejette par vingt-deux voix seulement. Le Sénat s'oppose également au vote familial adopté par la chambre sur proposition de Roulleaux-Dugage. Il ne laisse passer que des mesures négatives à effet limité comme la correctionalisation de l'avortement en 1920, et que des projets de portée restreinte comme la réduction du service militaire pour l'aîné de cinq enfants ou la réduction des tarifs de chemin de fer. La loi Thibout du 2 juillet 1923 d'allocation nationale aux familles nombreuses de plus de trois enfants, dont le père n'est pas assujetti à l'impôt national sur le revenu, voit sa portée réduite par le Sénat, à cause de l'acharnement du sénateur anticlérical Debierre, qui fait baisser l'allocation annuelle au quatrième enfant de 360 F à 90 F. Néanmoins les problèmes familiaux sont étudiés sérieusement par le Conseil Supérieur de la natalité créé en 1920 et présidé par le ministre Auguste Isaac, père de dix enfants. Les natalistes et les catholiques sociaux du Bloc National ont ébauché une politique familiale neuve et audacieuse que les radicaux ont rejetée en attendant de la reprendre partiellement à leur compte quinze ans plus tard sous le gouvernement Daladier.

La position fragile de la majorité du Bloc National, mal assurée du soutien du Sénat, et menacée par un retournement électoral, inquiète les catholiques les plus lucides. Aussi ceux-ci préconisent-ils la relance du mouvement d'organisation et d'union qui avait marqué l'avant-guerre. Un livre du père Albert Bessières, préfacé par Mgr Gibier, *Pour l'unité des forces catholiques, l'union catholique*, paru au début de 1924, nous renseigne sur l'état du mouvement catholique avant les élections du 11 mai. Après un intéressant rappel historique sur l'avant-guerre, le père Bessières montre que le mouvement des hommes a repris selon deux tendances l'une du type confrérie, l'autre privilégiant l'action civique et sociale. Dans le premier cas, on demande aux hommes associés sous la présidence du curé d'assister régulièrement à la messe, de communier chaque mois, et de participer aux processions ; dans le second l'association se trouve dirigée par des laïques élus et conseillés par le prêtre dans le domaine religieux selon le « modèle » proposé par l'organisation de la jeunesse catholique. Le diocèse de Besançon où la pyramide des comités paroissiaux, cantonaux, diocésains a été réorganisée par Mgr Humbrecht en 1921 se rapproche plutôt du premier type, celui de Versailles du second. Quelques diocèses, Viviers, Lille, Lyon, Versailles, Paris — celui-ci avec ses 181 unions paroissiales et ses 100 000 hommes adhérents en 1922 — sont particulièrement organisés et dynamiques, mais d'autres, sous l'impulsion de leurs évêques ou à l'occasion d'importantes missions urbaines, ne restent guère en arrière : Rouen, Coutances, Vannes, Angoulême, Autun, Cahors, Perpignan. Dans beaucoup de diocèses, le président de l'A.C.J.F. et les présidents des œuvres d'hommes sont membres de droit du bureau diocésaine de l'Union.

Le père Bessières souligne d'autre part la différence de conception entre l'organisation lyonnaise où l'union diocésaine porte le nom de Ligue des droits des catholiques et adopte une position essentiellement défensive, et celle de Versailles, où Mgr Gibier rejette tout « but permanent négatif » limité à un terrain étroit de défense et de combat, pour préciser que les « services rendus » caractérisent l'esprit de son organisation diocésaine — mutualité, union des agriculteurs catholiques, Action sociale de Seine-et-Oise —, car « le clergé et les catholiques ne doivent pas s'exiler à l'intérieur, bouder et ignorer leur temps ». Enfin l'auteur rappelle que la première Semaine des écrivains catholiques en 1922 s'est préoccupée de l'organisation internationale des catholiques, passant en revue les initiatives en ce domaine.

Ainsi la renaissance du mouvement catholique chez les hommes avant les élections du 11 mai 1924 permet de saisir pourquoi cette fois le déferlement de la nouvelle vague anticléricale ne prendra pas au dépourvu les catholiques français qui vont se trouver en mesure d'imaginer et de réaliser pour la première fois une riposte mettant en action des centaines de milliers d'hommes.

Castelnau fait reculer le Cartel des gauches

La préparation des élections du 11 mai 1924 est caractérisée par un réveil de la gauche qui mène une offensive anti-nationaliste et pacifiste contre la politique allemande de Poincaré et une offensive anti-cléricale contre la politique d'apaisement religieux de la Chambre bleu-horizon. Les catholiques, qui ont soutenu Poincaré, sont particulièrement visés. Certes les plus intransigeants d'entre eux, nombreux hors des milieux parlementaires, ont provoqué leurs adversaires. Tandis que l'*Express du Midi* attaque grossièrement les instituteurs publics, que d'autres journaux, plus modérés, réclament la proportionnelle scolaire, les évêques demandent en janvier 1924 aux catholiques que « sur tous les terrains, dans toutes les régions du pays on déclarât ouvertement et unanimement la guerre au laïcisme et à ses principes, jusqu'à l'abolition des lois iniques qui en émanaient, et que pour réussir on se servît de toutes les armes légitimes ».

Face à ces menaces, la maçonnerie, dont les effectifs se renforcent — 30 000 membres en 1919, 38 000 en 1924, 50 000 en 1930 pour les deux principales obédiences —, croit nécessaire de s'engager nettement dans les prochaines élections. Par un manifeste diffusé en 1923 à 500 000 exemplaires, le Grand Orient invite les partis de gauche à s'unir contre la réaction. Des réunions préparatoires au Cartel des gauches se tiennent dans les locaux maçonniques afin de rapprocher radicaux, socialistes et divers gauche. La Ligue des droits de l'Homme, la Fédération des fonctionnaires de la C.G.T., le Syndicat national des instituteurs (S.N.I.) apportent leur concours. Ce dernier, qui rassemble alors les deux tiers des instituteurs et institutrices publics, manifeste constamment son hostilité à l'Eglise catholique et réclame la promotion de l'école publique et son emprise sur l'éducation de tous les citoyens au moyen de la revendication de l'école unique.

Une fois de plus, l'anticléricalisme est le ciment de l'entente entre radicaux et socialistes. Jonnart, désabusé, le note : « L'anticléricalisme, c'est leur programme, tout leur programme. La France a traversé de cruelles épreuves, elle a souffert, elle en sort meurtrie, éperdue. Pour la rassurer il n'y a qu'une question : gare à Rome. J'ai vu Rome : on y comprend toutes choses. » La presse anticléricale multiplie les attaques dès 1923. Dans la *Dépêche de Toulouse*, Arthur Huc s'en prend à l'ambassade auprès du Vatican, dont les crédits ont été votés par le Sénat, et prétend que ce vote annule les effets de la Séparation en sorte que l'Etat républicain « se trouve dans la situation du mari divorcé qui a repris sa femme pour maîtresse » (17.7.1923). Les programmes électoraux des listes du Cartel réclament l'expulsion des congrégations et la suppression de l'ambassade auprès du Vatican et de la nonciature à Paris ; quelques uns demandent l'introduction de la Séparation et de la législation laïque en Alsace-Lorraine.

Les élections du 11 mai 1924 sont très disputées, la participation des électeurs est considérable. La droite et le centre l'emportent en voix, mais leurs divisions leur font perdre des sièges. La prime majoritaire qui donne au cartel la majorité absolue, c'est-à-dire tous les sièges dans vingt-huit circonscriptions, « les inégalités de représentation qui favorisent la France cartelliste du Sud de la Loire » (J. M. Mayeur) expliquent que le Cartel domine ses adversaires par son nombre de sièges : 286 contre 233 sur 584. L'appoint majoritaire est fourni par quarante et un élus de la gauche radicale, hommes du centre gauche désireux de ne pas se couper des radicaux, mais susceptibles de promouvoir ultérieurement une concentration.

Dans sa déclaration ministérielle le 17 juin 1924, Edouard Herriot annonce la suppression de l'ambassade auprès du Vatican, l'expulsion des congréganistes qui sont rentrés en France, l'application de la loi de Séparation à l'Alsace-Lorraine. Ce jour-là, Robert Schuman exprime à la chambre l'opposition de presque tous les députés alsaciens et mosellans — vingt et un sur vingt-quatre — : « Poursuivre la réalisation d'un pareil programme serait, dit-il, non seulement contraire aux principes démocratiques si souvent invoqués dans la déclaration ministérielle, mais ce serait jeter dans notre région un trouble grave au sujet duquel nous déclinons toute responsabilité ». L'émotion est très vive dans le monde catholique. L'Alsace et la Moselle s'enflamment. Ici l'opposition est tout de suite politique et interconfessionnelle : pétitions populaires, motions de 675 municipalités et de conseils généraux, rassemblements dans les villages et les petites villes, grandes manifestations dans les principales cités. Trois jours après la suppression par Herriot du commissariat général de la République à Strasbourg, un grand meeting se tient le 20 juillet dans la capitale alsacienne, pendant lequel l'abbé Bergey, nouveau député de la Gironde, affirme : « Nous ne supporterons jamais les brimades même légales des disciples de Bismarck de quelque côté de la frontière qu'ils se trouvent ». En effet les Alsaciens-Lorrains sont confrontés à un nouveau Kulturkampf, car ils ont connu sous Guillaume II un régime allemand plus respectueux de leurs libertés que celui de la loi jacobine française imposée par Herriot. L'évêque de Strasbourg, Mgr Ruch, ancien aumônier du 20ᵉ corps, proclame que « la France et la civilisation chrétienne sont mises en danger par les nouveaux Barbares », et ordonne la récitation quotidienne de prières « contre les persécuteurs de l'Eglise ».

Dans le reste de la France, le modèle alsacien-lorrain inspire la protestation du monde catholique, et lors des grands meetings ultérieurs l'un des orateurs sera souvent un député d'Alsace ou de Moselle. L'A.C.J.F., seul grand mouvement masculin possédant une organisation nationale, réplique immédiatement. Un télégramme de son Comité général enjoint à toutes les Fédérations de lancer une campagne d'information contre les projets Herriot qui inaugurent « une nouvelle persécution religieuse ». Tous les meetings locaux du début de l'été offrent l'occasion de prises de parole : ainsi dès le 20 juin à Hazebrouck, Adolphe Delmasure rappelle à Herriot que le gouvernement ne pourra chasser les prêtres et les religieux qui sont morts pour la France ; le 23 juillet la Jeunesse catholique de Roubaix rassemble 2 000 personnes autour de l'abbé Desgranges pour protester solennellement. L'action de l'A.C.J.F. et de ses anciens qui animent souvent les unions paroissiales, et les unions diocésaines là où elles existent, est sensible dans beaucoup de régions notamment dans l'Ouest et en Franche-Comté. Les initiatives locales se multiplient : par exemple en octobre, une Union pour la paix religieuse se fonde dans le diocèse de Rouen, et le général de Castelnau organise une Ligue des catholiques rouergats ; les trois évêques de la province de Cambrai renouent avec la tradition d'avant-guerre en convoquant pour novembre le 40ᵉ congrès des catholiques du Nord et du Pas-de-Calais. De grands rassemblements d'hommes ont lieu à la Roche-sur-Yon, à Pau et à Bayonne le 5 octobre.

Au niveau national, dès le mois d'août, Dom Moreau et le père jésuite Doncœur fondent le mouvement pour la Défense des religieux anciens combattants (D.R.A.C.) qui reçoit l'appui de nombreuses associations d'anciens combattants. Le père Doncœur répand un slogan très simple : « Nous ne partirons pas ». Proférée par des hommes qui ont risqué leur vie pour la France, cette petite phrase fait apparaître la décision d'Herriot comme totalement inconsidérée et inspirée par un sectarisme étroit.

En août 1924, le général de Castelnau envoie à tous les évêques la brochure d'A.G. Michel, « La dictature de la maçonnerie en France », démontrant que le Cartel des gauches est dominé par les franc-maçons. Dès ce moment, de Castelnau est persuadé que, pour faire face à quelques dizaines de milliers de franc-maçons qui prétendent imposer leur loi à un pays divisé, la riposte la plus efficace consistera à mobiliser plusieurs centaines de milliers d'hommes dans un grand mouvement organisé et susceptible d'impressionner l'opinion et les milieux politiques. Et il donne l'exemple dans son département avec la Ligue des catholiques rouergats. Cet ancien combattant de 1870, ce général prestigieux de 1914-1918, qui a une grande audience dans le monde catholique, comprend que l'Europe est entrée dans l'ère des masses. En octobre 1924, l'Assemblée des cardinaux et archevêques lui demande d'unir et d'organiser les catholiques dans un rassemblement national. Les circonstances imposent la réalisation d'un regroupement que Paul Feron-Vrau avait souhaité avant 1914 et que l'existence d'un certain nombre d'unions diocésaines pouvait faciliter.

De Castelnau se met à l'œuvre immédiatement : dans trois articles de *l'Echo de Paris* parus entre le 31 octobre et le 8 novembre il pose les fondements du rassemblement à promouvoir. Pour empêcher la *déchristianisation* de la France poursuivie par la franc-maçonnerie, il présente un programme de défense religieuse, sociale et nationale ; citant en exemple l'organisation efficace des Alsaciens-Lorrains, il préconise la création d'une Fédération nationale catholique dirigée par un Comité national qui serait l'émanation des comités diocésains. Aussitôt les catholiques répondent. En quelques semaines visiteurs et courriers affluent au bureau national. Trente et un groupements diocésains déjà existants ont adressé leur adhésion à la date du 16 novembre, il y en a quatre-vingt-deux en janvier 1925 et l'Assemblée constitutive de la Fédération nationale catholique a lieu le 18 février.

Pendant cette élaboration de la Fédération nationale catholique entre octobre et décembre 1924, 392 réunions publiques se tiennent à travers la France. Mais les grands rassemblements d'hommes représentent alors les manifestations les plus impressionnantes : en Bretagne 20 000 personnes à Quimper, 50 000 au Folgoët en novembre, 30 000 à Saint-Brieuc en janvier ; dans l'Ouest intérieur 10 000 à Cholet, 12 000 à La Rochefoucauld, 14 000 à Flers. Le Midi bouge également : 12 000 à Bordeaux, 10 000 à Montauban, 12 000 à Montpellier, 10 000 à Nîmes. A l'occasion du 40ᵉ congrès des catholiques du Nord et du Pas-de-Calais, de Castelnau parle à Lille devant 7 000 personnes, et lance la F.N.C. dans la région septentrionale.

Durant les mois suivants, le mouvement s'amplifie ; en mars 80 000 personnes à Nantes, 50 000 à Angers, 45 000 à Rennes, en avril 45 000 à Vannes et 50 000 à Nancy où de Castelnau, ancien défenseur de la ville, parle devant un public enthousiaste. Même si ces chiffres sont excessifs, ils signifient qu'un très grand nombre d'hommes se met en mouvement pour protester, notamment dans l'Ouest.

La tension entre le gouvernement Herriot et le mouvement catholique atteint son paroxysme au début de 1925. Tandis que les cardinaux et archevêques, en mars, stigmatisent la législation scolaire qui « trompe l'intelligence des enfants, pervertit leur volonté et fausse leur conscience », le ministre de l'Instruction publique, François-Albert, dénonce « la croisade noire » et Herriot, qui a fait supprimer les crédits de l'ambassade auprès du Vatican par la chambre le 2 février, répond aux évêques le 20 mars en opposant le « christianisme des catacombes » qu'il respecte au « christianisme des banquiers » qu'il combat.

Cependant le ministère Herriot est renversé en avril à propos de sa politique financière. Painlevé fait sa déclaration d'investiture le 17 avril 1925 : il annonce qu'il maintiendra l'ambassade auprès du Vatican et que « l'assimilation législative des provinces recouvrées ne saurait être poursuivie qu'entourée de tous les conseils qualifiés dans le respect des droits acquis, dans un souci d'entente générale et d'unité nationale ».

Ainsi le général de Castelnau est parvenu à faire reculer le Cartel des gauches en fédérant le grand mouvement catholique en gestation depuis quinze ans et en lui donnant une ampleur qui a surpris les contemporains. Il a acquis en quelques mois une énorme autorité sur les catholiques français.

Les belles années de la Fédération nationale catholique commencent alors. Elles vont durer jusqu'à 1930 environ. Tirant profit de l'expérience des organisations nationales antérieures, l'A.C.J.F. et les Ligues féminines notamment, la F.N.C. ne modifie pas les structures des unions diocésaines existantes. Elle les coiffe, les multiplie et les dynamise.

Le comité directeur comprend quelques personnalités conservatrices, les deux vice-présidents François de Saint-Maur, sénateur de la Loire-Inférieure, H. Groussau, député du Nord, Xavier Vallat, député de l'Ardèche qui fait le lien avec les milieux de l'Action française sans que la F.N.C. leur soit inféodée — comme le prouve en 1925 l'échec de Léon Daudet candidat au Sénat en Anjou —. Quelques notabilités siègent également au comité, le populaire abbé Bergey, député de la Gironde, l'indispensable député d'Alsace, Weydmann, et enfin es-qualités les présidents de l'A.C.J.F., de la C.F.T.C. et de l'U.S.I.C. Dans l'entourage du général de Castelnau figurent encore les journalistes François Veuillot, en relation avec les milieux catholiques, et surtout André Pironneau, rédacteur en chef de *l'Echo de Paris* depuis la mort de Barrès en 1923. Le père dominicain Janvier, prédicateur de Notre-Dame et théologien connu pour ses positions anti-laïques, qui ont inspiré les lettres de l'Assemblée des cardinaux et archevêques en 1924 et en 1925, est délégué de cette Assemblée auprès de la F.N.C. Parmi les rédacteurs des brochures diffusées par le mouvement, relevons les noms d'A.G. Michel, l'adversaire de la franc-maçonnerie, de Jean Guiraud, de maître Toussaint, et des pères jésuites Bessières et de la Brière.

La F.N.C. se dote dès 1925 d'un presse militante : *Le Bulletin officiel de la F.N.C.*, mensuel de vingt pages, tiré à 50 000 exemplaires ; il est accompagné d'un supplément sur les problèmes sociaux intitulé « Le bien commun ». Le *Point de direction* est une feuille mensuelle de quatre pages adressée aux adhérents et atteignant bientôt 400 000 exemplaires. Enfin la *Correspondance hebdomadaire* est destinée aux Comités diocésains, aux comités cantonaux et à plus de 800 journaux. Le démocrate-chrétien Ernest Pezet est chef du service de presse de la F.N.C. de 1925 à 1928, date de son élection comme député du Morbihan.

L'activité de la F.N.C., intense pendant les années 1925-29, est caractérisée par ses conférences et par ses grands rassemblements. 14 814 conférences sont données en 1925-26 dans 5 073 paroisses, 17 639 en 1926-27 dans 8 722 paroisses. Les unions diocésaines forment leurs propres conférenciers : en 1927, Rodez en a 129, Quimper 60, Langres 50. Les conférences portent sur des sujets divers : elles critiquent la franc-maçonnerie, le laïcisme, les projets d'école unique, dénoncent la pornographie ; elles traitent des conditions concrètes de la liberté de l'enseignement, des problèmes familiaux, des grandes réformes prônées par le catholicisme social ; elles préconisent une organisation corporative ou mutualiste des assurances sociales instaurées par la loi de 1928. En novembre 1930, « l'union nationale des caisses familiales d'assurances sociales », constituée sous la présidence du général de Castelnau, regroupe plus de 700 000 personnes. Enfin la F.N.C. se préoccupe de diffuser la presse catholique, et de développer les bibliothèques paroissiales en liaison avec les ligues féminines.

Les grands rassemblements représentent les manifestations les plus spectaculaires. Ils attirent les foules au moins jusqu'en 1930. Dès 1926, des sommets sont atteints, semble-t-il, avec 100 000 hommes à Landerneau, 80 000 à Nancy, 75 000 à Marcq-en-Baroeul (Nord). Si l'on ne peut dresser actuellement une carte complète de la F.N.C. à son apogée, on sait où se situent la plupart des grosses unions diocésaines avec une organisation quasi-générale de l'association dans la grande majorité des paroisses en 1925-27 : la Bretagne, la Vendée, l'Anjou, la Normandie, la Picardie, le Nord-Pas-de-Calais, la Lorraine, l'Alsace, la Franche-Comté, l'Auvergne, le Rouergue, les Basses-Pyrénées.

La F.N.C., qui agit comme groupe de pression lors des élections, a un impact indiscutable sur celles de 1928 où 46 % des députés élus ont accepté son programme minimum comprenant « les libertés d'enseignement et d'association pour tous sans exception ». Aussi Pie XI, sensible à cette efficacité, déclare-t-il au général de Castelnau lors d'un pèlerinage à Rome en 1929 : « L'Œuvre de la Fédération, c'est l'œuvre même de l'Action catholique ». Peu après, à l'occasion du sacre du nouveau cardinal-archevêque de Paris, Mgr Verdier, le pape désigne le général de Castelnau comme le guide des laïcs français, en mesure de leur dire « comment le laïcat peut et doit participer à l'apostolat hiérarchique ». Et au début de l'année 1930, *la Correspondance hebdomadaire de la F.N.C.* s'intitule *Action catholique de France*.

Les événements de 1923-25 provoquent des clivages chez les protestants qui se répartissent sur un éventail politique largement ouvert. A l'extrême gauche, à part quelques compagnons de route comme André Gide et un romancier ancien-combattant admirateur de Staline, Henri Barbusse, on trouve surtout parmi les électeurs communistes des paysans du Gard détachés des Eglises et cherchant à être le plus à gauche possible. La Fédération du christianisme social créée en 1922 autour d'Elie Gounelle, de Wilfred Monod et de Charles Gide, cherche à se rapprocher du monde ouvrier. Plusieurs de ses membres désapprouvent l'occupation de la Ruhr. Une minorité pacifiste s'affirme à cette occasion avec les Chevaliers du prince de la paix animés par Etienne Bach, officier qui deviendra pasteur. Quelques protestants militent chez les radicaux ou chez les socialistes.

Plusieurs pasteurs chrétiens-sociaux ont évolué vers la droite pendant la guerre. Tandis que Freddy Durrleman anime le mouvement « La Cause », opposé au communisme et dénonçant la sociologie scientiste de Durkheim, et qu'Edouard Soulier, député de Paris de 1919 à 1936, affirme son hostilité au projet d'école unique, Louis Lafon, chroniqueur du *Temps*, inquiet de la politique du Cartel, ressuscite en 1925 l'hebdomadaire *La Vie nouvelle* qu'il dirigeait avant-guerre. Il prône un pouvoir exécutif fort, une politique extérieure d'exécution des traités, combat la franc-maçonnerie et le laïcisme, critique l'intervention de l'Etat en matière sociale. Fasciné par le modèle américain d'inspiration puritaine, il souhaite l'extension de la propriété privée, le développement d'un actionnariat ouvrier. Des protestants se rapprochent de Charles Maurras, et ce mouvement est facilité par la condamnation vaticane de 1926. Ils créent en 1930 l'Association « Sully » qui a pour penseur Noël Vesper — pseudonyme du pasteur Nougat —, qui voit dans le royalisme un retour aux origines de la nation française, analogue à ce que le protestantisme croit être pour le christianisme.

Protestants et catholiques sont affectés par une crise plus grave qui, pendant quelques années, atteint l'Alsace, et à un moindre degré la Moselle. L'opinion locale ne s'est pas remise du choc brutal éprouvé lors de la déclaration d'investiture ultra-jacobine d'Edouard Herriot qui a laissé le champ libre aux extrémismes, celui de l'Action française et surtout celui de l'autonomisme. On assiste en mai 1925 au lancement d'une revue *Die Zukunft* (l'Avenir), consacrée à la défense des droits ethniques, et en juin 1926 à la signature d'un manifeste par un comité de cent membres, le *Heimatbund*, qui réclame une large autonomie de l'Alsace-Lorraine. Parmi les signataires, des pasteurs, des prêtres, des maires, des membres des professions libérales, des personnalités du monde du travail. Laval, ministre de la Justice, engage des poursuites contre les rédacteurs du manifeste appartenant à la fonction publique : en conséquence, l'abbé Haegy est jugé à Colmar en avril 1927. Plus grave encore est le procès de mai 1928 aux assises de Colmar, qui condamne les dirigeants autonomistes dont deux députés et l'abbé Fasshauer. Le gouvernement supprime en 1927 une partie de la presse en langue étrangère, ce qui provoque une vive émotion. Aux élections législatives de 1928, plusieurs autonomistes sont élus — de nombreux protestants votent pour eux —, et en novembre 1928, le problème des libertés régionales fait éclater l'Union populaire républicaine. Un dialogue pathétique a lieu à la Chambre en janvier 1929 entre Poincaré, qui continue à poursuivre en justice les autonomistes, et Robert Schuman qui évoque en termes nuancés les sentiments de ses compatriotes. Poincaré considère son interlocuteur comme « un excellent Français » mais ne le comprend guère : « c'est le dialogue historique d'une génération à l'autre, entre le Lorrain de la Meuse qui a incarné la Revanche avant la Première Guerre mondiale et le Lorrain de la Moselle qui incarnera l'Europe réconciliée après la seconde » (Pierre Barral).

L'avènement du Cartel des gauches au pouvoir a une répercussion importante sur l'organisation du courant démocrate-chrétien avec la naissance en novembre 1924 du Parti démocrate populaire. Le journal l'*Ame française*, qui a eu pour secrétaires successifs Ernest Pezet et Raymond-Laurent, puis Jean Dagens et Robert Garric, enfin Maurice Eblé, avait de 1919 à 1924 répandu les idées des catholiques démocrates concurremment avec la feuille plus politisée de Robert Cornilleau, *Le Petit Démocrate*. Tandis que Marc Sangnier a reconstitué dès 1929 une *Jeune République*, qui critique bientôt avec vivacité la politique du Bloc National, les élus démocrates-chrétiens de la Chambre bleu-horizon, qui s'étaient dispersés dans diverses formations, jugent nécessaire de se rapprocher après l'échec de plusieurs d'entre eux aux élections de mai

1924. Encouragés par les catholiques sociaux du Bureau d'action civique fondé en 1922, ils constituent d'abord avec quelques nouveaux élus un groupe parlementaire de treize membres, et ils fondent le 16 novembre une nouvelle formation, sans référence confessionnelle, le Parti démocrate populaire (P.D.P.). Sa commission exécutive présidée par le docteur G. Thibout, ancien député, a pour vice-présidents E. Desgrées du Lou, directeur de *l'Ouest-Eclair*, Philippe de Las Cases, conseiller général de la Lozère, ancien de l'A.C.J.F., Paul Simon, député du Finistère, Michel Walter, député du Bas-Rhin, Léon Viellefon, syndicaliste C.F.T.C. Elle a pour trésorier J. Zamanski, dirigeant du patronat chrétien, pour secrétaire du groupe parlementaire Robert Cornilleau, et pour secrétaire général du parti Raymond-Laurent. En 1929, A. Champetier de Ribes succède au docteur Thibout à la présidence. Ce petit parti, gêné par ses options centristes dans les affrontements électoraux entre la droite et la gauche, ne parvient à faire élire qu'un nombre restreint de députés — dix-huit en 1928, principalement en Bretagne, en Alsace et en Lorraine —, et ne tient qu'une place modeste dans quelques gouvernements à partir de 1930. Cependant, il exerce une influence notable sur l'opinion par ses idées et sa presse.

Les idées du P.D.P., présentées dans le programme du parti et dans le *Manuel politique* publié en 1928 par Raymond-Laurent et Marcel Prélot, empruntent à l'Action libérale populaire, au Parti populaire italien de Don Sturzo et au catholicisme social. En matière politique, le P.D.P. préconise le referendum, le vote familial, la représentation des intérêts familiaux, économiques et sociaux par un conseil spécial, la décentralisation administrative. Dans le domaine social, il demande la journée de 8 heures, les congés payés, l'instauration des assurances sociales et des allocations familiales, la participation des travailleurs à l'entreprise, la lutte contre l'alcoolisme. En matière agricole, il réclame le remembrement des terres, le développement des coopératives, des mutuelles, des caisses de crédit, l'extension des baux à long terme, le versement d'indemnités de plus-value aux exploitants évincés, l'application des lois sociales aux travailleurs agricoles. Il préconise un apaisement du problème scolaire par l'extension des bourses au profit de l'enseignement public et de l'enseignement libre. Il préfère l'impôt progressif sur le revenu aux impôts indirects. Dans le domaine international, il se rallie en fait à la politique de Briand : confiance à la Société des Nations, efforts pour diminuer les armements, espoirs fédéralistes.

Ce programme, qui sera en grande partie réalisé dans les trente années à venir, est servi par une presse active et brillante : l'*Ouest-Eclair* et surtout à partir de 1932, l'*Aube* de Francisque Gay et Georges Bidault. Une revue de haut niveau intitulée *Politique* paraît à partir de 1928 sous la direction de Charles Flory et de Marcel Prélot.

Les affrontements politiques et sociaux à l'intérieur du catholicisme sont parfois très vifs au cours des années vingt. Tandis que l'influence du « parti blanc », longtemps soutenu par le cardinal de Cabrières, est difficilement contenue à Montpellier par le nouvel évêque Mgr Mignen — le Conseil d'administration de l'*Eclair* comprend encore onze nobles sur seize membres en 1931 —, un long conflit social qui sera évoqué plus loin affecte le Nord en 1924-1931. Surtout l'Ouest est marqué par l'opposition de deux grands journaux, l'*Ouest-Eclair* et le *Nouvelliste de Bretagne*, proches de l'*Action française* et encouragé par le cardinal Charost, archevêque de Rennes (1920-1930) ; cependant le syndicat des grands propriétaires fonciers protégé par l'archevêché, est concurrencé efficacement par le syndicat des « cultivateurs-cultivants » fondé en 1920 par l'abbé Mancel, soutenu par l'*Ouest-Eclair* et réunissant 15 000 adhérents en 1928.

A partir des accords de Locarno en 1925, la pacification internationale et le rapprochement franco-allemand occupent largement l'actualité, et la personnalité de Briand trouve dans le monde des croyants d'ardents supporters et des adversaires acharnés. Le Vatican s'engage nettement en faveur de la paix lorsque Mgr Ceretti présente les vœux du corps diplomatique au Président Doumergue le 1er janvier 1926 : le nonce salue « l'œuvre magnifique de Locarno » et constate que « le pacte de Locarno inaugure vraiment un esprit nouveau ».

Marc Sangnier a été le pionnier du rapprochement franco-allemand au temps du Bloc National. Il réunit à Paris en décembre 1921 le premier Congrès de la paix rassemblant des délégations de vingt et une nations, victorieuses et vaincues : « c'est le plus grand acte qui a été accompli depuis l'armistice » (Charles Gide). Les congrès suivants se tiennent régulièrement chaque année à Vienne, à Fribourg-en-Brisgau, à Londres et à Luxembourg. En 1925 le premier congrès de la jeunesse à Bierville lance l'idée des volontaires de la paix. Mais c'est en août 1926, dans une conjoncture internationale enfin favorable, qu'a lieu à Bierville le rassemblement de 6 000 jeunes appelé à avoir le plus grand retentissement. Les milieux officiels apportent leur appui à commencer par Painlevé, ministre de la Guerre ; Ferdinand Buisson et Mgr Julien y prennent la parole ; Mgr Gibier l'encourage, le Vatican envoie un télégramme de félicitations. Les congrès suivants se tiennent à Wurzbourg en 1927, à Genève et à Bierville en 1928. En 1929, c'est la croisade de la jeunesse et la fondation de la Ligue française des auberges de la jeunesse qui a notamment pour but de favoriser la compréhension internationale entre les jeunes.

Parallèlement à ces rencontres, mais avec le désir de faire avancer une réflexion plus réaliste, Maurice Vaussard, auteur de l'importante *Enquête sur le nationalisme*, en 1923, lance le *Bulletin catholique international* (1925-1933) bien étudié par Maurice Vaisse. Un comité directeur restreint dont font partie Charles Flory, président de l'A.C.J.F., et le père Doncœur, est aidé par des correspondants étrangers prestigieux comme Don Sturzo, le père Gemelli, Gonzague de Reynold ... Le *Bulletin* prend ses distances avec le nationalisme de l'Action française, comme avec le pacifisme de la Jeune République qui critique l'obligation du service militaire et envisage l'objection de conscience. Il préconise une nouvelle morale internationale, soutient la nouvelle politique missionnaire du Saint-Siège qui respecte les peuples dominés par les Européens, combat pour la Société des Nations et milite pour le rapprochement franco-allemand. Dans ce dernier domaine, les initiatives chrétiennes se multiplient alors : les Chrétiens-sociaux s'y intéressent ; Mgr Julien adhère au Comité franco-allemand d'information et de documentation créé par l'industriel luxem-bourgeois Mayrisch ; le Parti démocrate populaire établit des relations avec le Centre allemand ; l'abbé Rémilleux, curé de Notre-Dame de Saint Alban à Lyon, reçoit des personnalités allemandes parmi lesquelles l'abbé Franz Stock, compagnon de Saint François, et contribue à organiser à partir de 1928 des rencontres entre théologiens français et allemands sur les problèmes de la guerre et de la paix.

Tous ces efforts trouvent un écho à Rome. Le mouvement des volontaires du pape organise six conférences sur Pie XI en mai-juin 1928, et un grand pèlerinage de 5 000 jeunes en 1929. Entre la condamnation de l'Action française et le conflit avec le fascisme en 1931, le pontificat de Pie XI prend sa vraie dimension. Ayant réglé la question romaine par les accords du Latran en 1929, Pie XI n'en est que plus libre pour critiquer en 1930 « le nationalisme égoïste et dur », et en 1931 « l'impérialisme nationaliste qui fait de chaque peuple son propre Dieu ». Les seuls incidents entre le Saint-Siège et la France se produisent alors en Chine : ils sont provoqués par le nationalisme de nos missionnaires qui tentent de réaliser un projet malencontreux d'université catholique française à Pékin en 1926-28, et par le chauvinisme des journaux français locaux qui font échouer un projet de convention entre Rome et la Chine en 1929. A ces exceptions près, le nonce Maglione, nommé à Paris en 1926, entretient de bonnes relations avec le gouvernement français, et renouvelle progressivement l'épiscopat en faisant nommer des prêtres hostiles au nationalisme d'Action française. Le cardinal Gasparri, consulté sur le Ralliement par la *Croix* (4 mars 1928) déclare que la lettre de Léon XIII « Au milieu des sollicitudes » de 1892 est toujours applicable sans aucun changement. Pie XI publie alors coup sur coup ses grandes encycliques : *Rerum Ecclesiae* sur les Missions (1926), *Divini Illius Magistri* sur l'éducation chrétienne (1929), *Casti Connubii* sur le mariage chrétien (1930), *Quadragesimo Anno*, qui marque en 1931 une étape importante dans la réflexion sociale de l'Eglise. Enfin pendant ces années charnières 1928-31, le pape réoriente l'Action catholique.

L'Action française : de l'apogée à la condamnation

Le nationalisme sort renforcé de la guerre, l'Action française en tire parti et affirme que si la France a remporté la victoire, elle le doit bien davantage à la dictature de Clemenceau qu'à la débilité — irrémédiable — du régime. L'opinion s'accorde à reconnaître le rôle du mouvement nationaliste, et ne songe pas à le discuter, tant son emprise est devenue forte.

Plus que jamais, le quotidien est la force principale du mouvement. Son équipe de rédaction n'a pas changé : Maurras, Daudet, Bainville, Pujo en sont les chefs. Par rapport à l'avant-guerre, le tirage est plus élevé : 70 000 en 1919, c'est-à-dire plus du triple de celui de 1912 (22 000) et plus du double de celui de 1914 (31 000), mais moins que la pointe exceptionnelle de novembre 1917 (156 000).

Le premier congrès d'après-guerre se réunit en mars 1920 et rassemble, au dire du journal, 12 000 personnes à la séance d'ouverture. On compte certes beaucoup de curieux, attirés par la présence de Léon Daudet. Ses campagnes contre le *Bonnet Rouge* l'ont mis en vedette. Il vient d'être élu député de Paris en novembre 1919. Dans la Chambre bleu-horizon, le groupe des députés proches de l'Action française est relativement restreint : à peine une trentaine « moins de 5 % des 616 députés » (Weber). Il aurait pu être plus important si les candidats royalistes s'étaient montrés plus conciliants à l'égard des républicains nationaux. Malgré l'appui apporté par la *Croix* aux listes soutenues par l'*Action française*, les résultats modestes qu'elles ont obtenus confirment que l'électorat catholique vote en majorité pour la République.

Cependant, il n'est pas aisé de mesurer l'influence de l'*Action française* qui déborde largement le domaine électoral. Les lecteurs sont attirés par un style, un goût de la provocation et du scandale, sans doute, que leur excès même séduit dans la mesure où il simplifie, tranche et peut aider la conscience incertaine à prendre parti. Là n'est pas la seule raison. L'*Action française*, malgré ses imperfections, est un journal bien écrit, sérieusement documenté, qui alimente le goût pour l'opposition de l'adversaire de la République comme la réflexion du citoyen républicain. L'éditorial de Léon Daudet séduit et fait rire ; même rébarbative et interminable, la page politique de Maurras peut irriter mais ne laisse pas le lecteur indifférent ; quant à la page historique de Bainville, elle mobilise l'attention en raison de sa rigueur, à la fois dense et limpide. Le journal est varié, capable de répondre à l'attente des lecteurs : chronique littéraire, chronique théâtrale, chronique artistique et chronique sportive ont belle tenue. Bernanos n'est pas le seul auteur dont le succès a été favorisé grâce à la recension d'un livre effectué par Léon Daudet.

Enfin, l'*Action française* s'est rapprochée du régime pendant la guerre et a acquis, de ce fait, une certaine respectabilité. Eugen Weber, grand connaisseur du mouvement, va jusqu'à affirmer qu'« un grand nombre de politiciens et même, selon certains, tous les membres du Parlement lisaient l'*Action française* pour voir la prochaine affaire qu'on y lèverait ». L'intervention de Daudet à la tribune du Parlement en janvier 1922 contre la politique étrangère de Briand semble avoir effectivement contribué à sa chute et à son remplacement par Poincaré. Le *Temps* salue dans le député de Paris « une force » et, quelques mois plus tard, l'*Humanité* titre à la une « La République aux ordres du Roi » (28.7.1922).

Ce prestige est encore accru auprès de l'élite catholique parce qu'au lendemain de la guerre, l'Action française soutient fermement l'épiscopat dans sa lutte pour l'abrogation des lois laïques. Pour accroître son audience dans l'opinion catholique, l'Action française assure le service gratuit de son quotidien à tous les évêques ainsi qu'à quelques vicaires généraux, supérieurs de couvents ou de congrégations et à quelques institutions religieuses. L'alliance avec le catholicisme, esquissée avant guerre, semble devenue réalité.

L'Action française s'assigne à nouveau la charge de faire évoluer l'esprit des Français dans un sens contre-révolutionnaire, en apparaissant comme une sorte de Contre-Encyclopédie. La *Nouvelle Librairie Nationale* est très active et enrichit son catalogue de multiples titres, dont on peut retenir, en 1918, *l'Etat de la Natalité* du marquis de Roux. Pour mieux diffuser son enseignement, l'Institut d'Action française crée en 1923 la *Revue des cours et conférences d'Action française*. Pour gagner le milieu étudiant est créé en 1920 un mensuel *l'Etudiant français*, qui connaîtra une ample diffusion au quartier latin, lequel n'est pas pour autant entièrement dominé par « la seule Action française » (Ory-Sirinelli, *Les intellectuels en France, de l'Affaire Dreyfus à nos jours*).

L'influence de l'Action française est relayée par d'autres réseaux ou organes de presse. L'éditeur Arthème Fayard crée en mars 1924 l'hebdomadaire *Candide*, dont il confie la direction à Jacques Bainville. Il fonde également la célèbre collection *Les grandes études historiques* qui, sans être à proprement parler d'Action française, accueille des historiens proches du mouvement, tels Louis Bertrand, auteur d'un *Louis XIV* (1923) et Jacques Bainville, dont *l'Histoire de France* paraît en 1924. Cette collection devait proposer à ses lecteurs une lecture de l'histoire quelque peu idéologique.

Enfin, et surtout, la volonté de l'Action française de guider l'intelligence et de conduire les esprits s'affirme par la publication dans le *Figaro* du 19 juillet 1919 d'un texte intitulé « *Manifeste du Parti de l'Intelligence* ». Les signataires venus surtout du monde des lettres et des arts, Henri Massis, Pierre Benoît, Gaston Baty, Maurice Denis, Joachim

Gasquet, Henri Ghéon, Daniel Halévy, Francis Jammes, Edmond Jaloux, Louis le Cardonnel, Guy de Lamarzelle, Camille Mauclair, Jean Psichari, Joseph de Pesquidoux, Firmin Roz, René Salomé et Jean-Louis Vaudoyer entendaient répliquer à la menace bolchévique qu'impliquait le manifeste de *Clarté* paru dans *l'Humanité* du 10 mai précédent. Aussi invitaient-ils les intellectuels à se regrouper pour la défense de l'intelligence française dans le cadre d'une Europe placée sous l'égide de la France victorieuse et « gardienne de toute civilisation ». Dans la foulée, et pour renouer avec la *Revue critique des idées et des livres* d'avant-guerre, fut fondée en avril 1920 la *Revue universelle* sous la direction de Jacques Bainville et d'Henri Massis. Son tirage atteignait 4 000 exemplaires en 1924.

Ces périodiques et livres touchaient, au moins dans ses élites, une large partie du monde catholique. Les *Semaines religieuses* étaient sensibles à cette influence et beaucoup de catholiques accueillaient comme issues de leur propre patrimoine les idées diffusées par ces périodiques. Une presse de province conservatrice et multiple diffusait l'idéologie d'Action française. En 1924, « l'Action française pouvait aussi compter sur une cinquantaine de petites feuilles locales le plus souvent hebdomadaires » (P. Albert). Par ce biais, un maurrassisme ouvert ou insidieux pénétrait les élites du monde catholique. A la *Revue universelle*, la qualité de la chronique de philosophie tenue par Jacques Maritain rassurait : l'alliance entre catholiques et maurrassiens pour la cause de l'ordre temporel et éternel trouvait dans le « ciment » de la philosophie thomiste du professeur de l'Institut catholique une caution et une assise solide.

C'est au moment même où elle semblait le plus solidement établie, au début des années vingt, que l'influence maurrassienne allait commencer à subir les assauts les plus rudes, venant d'une opposition minoritaire mais déterminée. Plusieurs secteurs de l'opinion catholique refusent de se laisser embrigader. De vieux adversaires, venus des rangs des abbés démocrates, poursuivent la lutte entamée avant-guerre. L'abbé Jules Pierre, aidé par l'abbé Trochu, directeur de l'*Ouest-Eclair*, poursuit sa campagne de multiples pamphlets tandis que l'abbé Lugan fonde, en 1923, à Paris un mensuel, *Le Mouvement des faits et des idées*, dont le but clairement affirmé est de lutter contre l'Action française en ressuscitant contre elle « la tradition trop longtemps disparue » des Lamartine, Lacordaire, Ozanam et Montalembert. A la tête de la *Nouvelle Revue Française*, depuis 1919, Jacques Rivière s'aliène l'amitié des fondateurs en prenant clairement position contre le parti de l'Intelligence que soutenaient Henri Ghéon et Jean Schlumberger avec l'appui de Gide. Contre ce parti s'élève également la petite revue blondélienne, créée en 1914 par Paul Archambault, *La Nouvelle Journée*, qui publie *Le Procès de l'Intelligence* (1922). Maurice Blondel y prend la plume avec quelques collaborateurs (Maurice Brillant, Paul Gemaelhing, etc.), pour dénoncer l'étroitesse de l'intellectualisme maurrassien. Les *Cahiers de la Nouvelle Journée* prendront le relais. Leur rôle contribuera à détacher une partie de l'élite intellectuelle catholique de l'emprise de l'Action française.

Francisque Gay, ancien silloniste, fonde en octobre 1924 l'hebdomadaire *La vie catholique*. Dans l'esprit du fondateur, il s'agit d'un organe d'information ouvert à tous : dans la pratique, en donnant la parole à ceux qui l'avaient perdue sous Pie X, il desserre le monopole conservateur et porte indirectement atteinte à l'exclusivisme de l'Action française. De même, dans le domaine de la vie internationale, Maurice Vaussard lance en 1923 dans la revue *Les Lettres* de Gaëtan Bernoville une *Enquête sur le nationalisme*. Il emprunte dans son introduction une formule que l'abbé Van den Hout, directeur à Bruxelles de la *Revue catholique des Idées et des Faits*, avait lancée contre les excès du nationalisme flamingant en 1922 : « le nationalisme sera la prochaine hérésie condamnée ». L'auteur s'était toujours intéressé au phénomène nationaliste qu'il jugeait particulièrement virulent en France depuis l'affaire Dreyfus, notamment du fait de l'Action française. Il estimait le moment venu de rassembler les énergies hostiles à ce nationalisme exclusif. C'est dans ces conditions qu'après la parution en 1924 de son *Enquête sur le Nationalisme* (Spes), il se laissa persuader par les futurs abbés Guérin et Courtois, alors séminaristes, de fonder une revue, le *Bulletin catholique international* (juin 1925), dont l'intention première était d'appuyer les nouvelles orientations de la papauté en matière internationale.

Les dirigeants de l'Action française avaient compris que Benoît XV et Pie XI ne s'appuyaient plus sur les hommes auxquels Pie X avait accordé sa confiance ; ils savaient donc que leur influence à Rome était moins assurée. Un indice important de ce changement avait été le transfert en 1921 des nominations épiscopales de la congrégation consistoriale où s'exerçait l'influence intégriste proche de l'Action française grâce aux deux personnalités du cardinal de Laï et du père le Floch, supérieur du Séminaire français, à la congrégation des Affaires extraordinaires. Dès lors, le choix des évêques s'exercera dans une direction différente.

Benoît XV comme Pie XI entendaient favoriser en France, comme dans la vie internationale, une politique de réconciliation. Certes, exa-minant la question de l'Action française, Benoît XV avait comme son prédécesseur Pie X, jugé inopportun la promulgation du décret de la congrégation de l'Index de janvier 1914 bien que ses sympathies per-sonnelles fussent éloignées de l'école nationaliste et du courant intégriste. L'emprise excessive de celui-ci sur l'épiscopat français lui paraissait néfaste : elle avait contribué à retarder la reprise des relations diplomatiques entre la France et le Saint-Siège et avait fait avorter le projet d'un nouveau statut des biens d'Eglise, c'est-à-dire la création d'un nouveau type d'associations cultuelles. Aussi le successeur de Benoît XV, Pie XI devait-il décider, pour couper court aux oppositions, de se saisir personnellement du dossier en juillet 1922 pour aboutir, au bout de dix-huit mois, en janvier 1924, à la création d'associations diocésaines qu'il imposait à un épiscopat en majorité réticent. Quelques mois plus tard, le pape Pie XI devait également s'élever contre l'intransigeance excessive et à ses yeux inopportune de la déclaration de l'assemblée des cardinaux et archevêques du 10 mars 1925, qui était un appel à la révolte contre les lois laïques. L'épiscopat français semblait lui faire la leçon. Cette divergence de vues entre la papauté, son représentant à Paris, le nonce Cerretti et une notable part des élites dirigeantes du catholicisme français devait être source de difficultés et de tensions.

D'autant que dans le domaine international, Pie XI, comme son prédécesseur, invitait les catholiques français à assouplir leurs positions. Sa première encyclique (*Ubi arcano*, 23 décembre 1922) opposait au sain amour de la patrie, légitime et justifié, « le nationalisme immodéré », condamnable parce qu'il transgresse « les règles de la justice et du droit ». En juin 1923 (*Quando nel principio*), il infligeait aux Franco-Belges qui occupaient la Ruhr depuis janvier, pour contraindre les Allemands à payer les réparations, un quasi-désaveu en rappelant qu'il existait « d'autres garanties non moins efficaces et, à coup sûr, moins pénibles ». L'encyclique *Quas primas* (11 décembre 1925) reprenait un thème voisin. L'action de Pie XI est commandée par l'idée intransigeante qu'il se fait de la dignité et de la liberté du Saint-Siège, fondée sur la mission universelle de l'Eglise. Rien de neuf, sans doute, en ce langage, sinon le ton et la hauteur de vues avec lesquels il est affirmé. Il le dit un jour au père de la Brière : « Ce qui est surtout fâcheux et fréquent, c'est l'intrusion du nationalisme dans les questions religieuses. Voilà qui paralyse souvent l'action des missions et des missionnaires et qui gêne la liberté du Saint-Siège. Tous les pays veulent avoir, en certaines régions, des missionnaires de leur peuple et de leur langue, pour y favoriser l'influence politique de leur gouvernement. C'est un fâcheux oubli du rôle universel de la religion ... L'on ne comprend pas assez la catholicité de l'Eglise et l'universelle bienveillance du pape pour tous ses enfants. Le pape, en recevant les pèlerins de chaque nation, leur dit qu'il a pour leur propre pays, un grand et spécial amour : car c'est toujours vrai. Un père de famille dont le cœur est bien fait agira de même envers tous ses enfants » (audience du 1er novembre 1926). Ce langage est parfaitement limpide : la mission de la papauté n'est comparable à nulle autre, le mandat qu'elle a reçu l'oblige à demeurer, non pas étrangère et éthérée, au contraire proche et solidaire de toute humanité, mais fidèle à une vocation qui la place au-dessus et en-dehors de tous les partis pris politiques. La fonction du pape est une fonction religieuse. Les observateurs attentifs aux détails auraient dû remarquer la signification de la nomination en 1926 d'August Hlond comme primat de Pologne. Le pape, qui connaissait bien le pays pour y avoir été nonce, opérait un choix qui était un désaveu du mouvement nationaliste de R. Dmowski, « sorte d'Action française transférée en terre polonaise ». Le Saint-Siège voulait montrer que « l'Eglise et le clergé doivent demeurer au-dessus des partis politiques » (Jerzy Kloczowski, *Storia del cristianesimo in Polonia*).

Les adversaires de l'Action française n'avaient pas attendu les nouvelles orientations de la papauté pour manifester leur opposition. Fidèle à son attitude antérieure, l'A.C.J.F., encouragée par ses aumôniers, souvent jésuites, le père Emonet à Marseille et surtout le père Dieuzayde à Bordeaux, ainsi que le père Corbillé, aumônier général depuis 1911, s'opposait de plus en plus fermement à la possibilité de la double appartenance des jeunes gens à la jeunesse catholique et à l'Action française. Une orientation plus nouvelle en apparence qu'en réalité, mise au point par les présidents Alexandre Souriac, puis Charles Flory, gendre du philosophe Maurice Blondel, privilégiait davantage encore l'impératif de la formation civique et religieuse de préférence à l'engagement politique précoce. Plusieurs articles des *Annales de la Jeunesse catholique* présentaient cette orientation avec le souci visible de la démarquer nettement de celle de l'Action française. Le père G. Desbuquois, directeur de l'*Action populaire* et conseiller du pape, appuyait de toute son autorité, qui était considérable, cette orientation.

Cependant, malgré les dénonciations contre l'influence pernicieuse de l'Action française sur la jeunesse et les demandes de condamnation dont il fut saisi dès le début de son pontificat, Pie XI demeurait fermement opposé : « Je n'ai pas à intervenir, objectait-il. Maurras est monarchiste, c'est son droit ; il est athée, je n'ai pas à condamner l'athéisme ». Cependant, un peu plus tard, en 1924, il affirmait devant Charles Flory : « Pour être catholique, il faut d'abord être chrétien ». Ce propos semblait traduire une légère évolution du pontife.

Au cours de l'année 1925, le climat allait se transformer dans un sens défavorable à l'Action française. Deux événements d'inégale importance l'expliquent. Le premier fut, en mai-juin 1925, l'échec de la candidature de Léon Daudet à une élection sénatoriale dans le Maine-et-Loire par suite d'une division des forces catholiques. La *Fédération nationale catholique* et son chef le général de Castelnau, conseillé et soutenu par le père Desbuquois, prit parti pour un autre candidat, catholique modéré mais républicain, Manceau, qui fut élu. C'était un grave échec pour l'Action française qui voyait se renouveler contre elle l'opposition de candidats dont le langage rappelait celui de l'Action libérale populaire d'avant-guerre. A terme, il pouvait signifier l'abandon d'une partie importante des forces catholiques. Pour y parer, l'école nationaliste renforça ses menaces contre les candidats libéraux et accentua sa pression auprès de l'épiscopat, en vue des élections cantonales de juillet 1925. Le coup avait donc porté.

L'autre incident, beaucoup plus grave, provint d'une plainte que l'épiscopat belge déposait à Rome contre l'Action française. Celui-ci réagissait ainsi contre les résultats d'une enquête menée par les *Cahiers de la jeunesse catholique belge* auprès des jeunes gens des universités catholiques. A la question : « Parmi les écrivains des vingt-cinq dernières années, quels sont ceux que vous considérez comme vos maîtres ? », les résultats publiés en mai 1925 révélèrent que Maurras venait en tête avec 174 voix sur 460 suffrages ; le cardinal Mercier arrivait au dernier rang. Le Vatican s'émut et voulut connaître la situation française. Un rapport, demandé au père Corbillé et à Charles Flory, conclut que l'influence exercée par l'Action française sur la jeunesse était néfaste. C'est alors que Pie XI prit la décision d'étudier lui-même le dossier. Au début janvier 1926, indice des changements en cours, Georges Bidault, vice-président de l'A.C.J.F., lut devant le Conseil fédéral un rapport consacré au phénomène de la multiplication des ligues à tendances politiques. Derrière ce titre général, c'était l'Action française qui était visée : « toute une génération, observait G. Bidault, répète « *Politique d'abord* » ... en quelque sens qu'on l'entende, cette formule n'est pas la nôtre ».

Pour faire connaître son opinion, le pape recourut à un procédé classique : demander à un membre de l'épiscopat d'exprimer un avertissement à la jeunesse catholique. Après quelques déconvenues, le choix se porta sur le cardinal Andrieu, archevêque de Bordeaux, prélat très intransigeant et jaloux de son autorité, proche de l'Action libérale populaire de J. Piou et non de l'Action française, homme d'expérience qui s'était toujours signalé par une exemplaire fidélité à la papauté. Datée du 25 août, la lettre du cardinal Andrieu devait paraître dans *l'Aquitaine, Semaine religieuse du diocèse de Bordeaux*, du 27 août 1926. Le titre : « En réponse à une question posée par un groupe de jeunes catholiques au sujet de l'Action française » en indique bien les destinataires. Bien qu'elle ne fût pas un chef d'œuvre d'habileté, et qu'elle contînt quelques erreurs, la lettre ne méritait pas l'avalanche de critiques et de sarcasmes dont l'Action française et plusieurs historiens à sa suite, l'ont accablée. Elle avait le mérite de poser clairement le problème de fond : « l'Action française est une école », observait justement le cardinal. Cette école enseigne à ses disciples « un système religieux, moral et social erroné ». Elle s'ingère ainsi, sans mandat, dans un domaine qui dépasse sa stricte compétence politique (sur laquelle l'Eglise n'a pas à intervenir), domaine qui relève expressément du magistère ecclésiastique, seul qualifié pour se prononcer. L'essentiel était ainsi clairement marqué. La maladresse du cardinal consistait à confondre dans la même réprobation les maurrassiens et les autres catholiques qui suivaient Maurras, sans vraiment connaître son œuvre ni même l'avoir lue, dans la majorité des cas. Néanmoins, le cardinal Andrieu relevait avec justesse que les dirigeants de l'Action française qualifiaient Maurras de *Maître*, ce qui était indiquer une évidence : la prépondérance de son autorité intellectuelle au sein du mouvement qui le tenait pour un guide doctrinal.

En sanctionnant de son autorité, quelques jours plus tard, le 5 septembre 1926, l'avertissement de Mgr Andrieu, Pie XI définissait plus précisément encore l'enjeu du débat en cours, en félicitant publiquement le cardinal d'avoir condamné « des manifestations d'un nouveau système religieux, moral et social » teinté d'un « naturalisme » dont il fallait chercher les racines dans « cette école moderne et laïque empoisonneuse de la jeunesse », que les chefs de l'Action française « combattent souvent si ardemment ». Le pape replaçait ainsi dans la longue perspective traditionnelle de la lutte contre le libéralisme et le laïcisme la prise de position de l'Eglise. Il ajoutait, en même temps, qu'il avait conscience des difficultés de la question soulevée et des ambiguïtés auxquelles il pouvait se heurter en évoquant « un danger d'autant plus grave dans le cas présent qu'il touche plus ou moins directement, et sans qu'il y paraisse toujours, à la foi et à la morale catholique ».

La révolte de l'Action française et le trouble de l'opinion catholique

Nous n'avons pas à nous attarder sur les péripéties qui ont conduit à la condamnation de 1926. Le fait majeur est la résistance considérable de l'opinion catholique. Les adversaires politiques de l'Action française prirent immédiatement fait et cause pour le pape : l'*Ouest-Eclair*, de l'abbé Trochu, publia immédiatement la lettre du cardinal Andrieu ; la *Vie catholique* de Francisque Gay s'efforça tout d'abord à la modération mais, stimulée par la résistance de l'Action française, se lança dans une polémique trop agressive et exclusive pour pouvoir apaiser l'immense désarroi de tant de catholiques. Il est vrai qu'elle était presque seule, dans la presse catholique, à défendre le pape (E. Terrenoire). La *Croix* fut beaucoup plus indécise : elle attendit le 8 septembre pour publier la lettre du cardinal Andrieu que l'*Osservatore Romano* avait publiée la veille. Encore fit-elle suivre, par souci « d'équilibre », cette lettre des *Réflexions* de Charles Maurras, publiées dans l'*Action française* du

2 septembre. L'épiscopat ne montra guère plus de vigueur : sur quatre-vingt-six *Semaines religieuses*, trente-six seulement publièrent les documents au cours du mois de septembre ; cinquante autres préférèrent attendre : dans ce nombre, quarante-trois laissèrent s'écouler quatre à cinq semaines avant d'informer leurs lecteurs, et sept ne publièrent rien. En somme, 58 % des évêques se dérobent dans le mois qui suit la publication de la lettre du cardinal Andrieu. Les cardinaux Charost, archevêque de Rennes, et Maurin, archevêque de Lyon, deux prélats de haute autorité, essaient d'apaiser les esprits en défendant les mérites des catholiques d'Action française et en suggérant que le danger dont parle le pape n'existe pas. Dans sa *Semaine religieuse* (24 septembre 1926), le cardinal Maurin souhaite ouvertement que « l'affaire en reste là ».

Jusqu'au début de novembre 1926, une issue paraît encore possible. La situation se détériore ensuite. Le Vatican rejette la proposition de solution suggérée par Jacques Maritain dans sa brochure qui paraît à la fin de septembre 1926, *Une opinion sur Charles Maurras et le devoir des catholiques* : la création, au sein de l'Action française, de cercles d'études théologiques dirigés et contrôlés par l'autorité ecclésiastique. Par le biais de l'*Osservatore Romano*, des articles inspirés par le pape ou son secrétaire d'Etat, le cardinal Gasparri, rappellent avec fermeté les exigences du Saint-Siège. L'Action française se déchaîne peu à peu contre l'organe du Vatican en une campagne menée et orchestrée par Léon Daudet. Le pape est accusé de se laisser manipuler par l'Allemagne et d'être « le pape le plus allemand de l'histoire ». L'Action française justifie son attitude en affirmant sa soumission totale, absolue et déférente, en matière spirituelle ; en matière temporelle, elle revendique la liberté et l'autonomie nécessaire à l'indépendance du citoyen français. Tactique habile, car, sur le fond, elle était en harmonie avec la doctrine catholique la plus traditionnelle. Poussée à l'extrême, elle permettait à l'Action française de séparer totalement le domaine temporel du domaine spirituel et de déterminer elle-même la frontière entre les deux. Elle prêtait ainsi le flanc à l'accusation de libéralisme qui avait frappé Lamennais après la condamnation de l'*Avenir*. Vis-à-vis de Léon XIII et de Benoît XV, elle avait usé du même subterfuge.

Pie XI ne pouvait laisser passer sans réagir cette atteinte à son autorité spirituelle. Il fit connaître ses exigences dans l'allocution solennelle, *Misericordia Domini*, qu'il prononça le 20 décembre 1926 devant le consistoire, avec le souci manifeste de donner des consignes pratiques suffisamment claires pour empêcher dérobades et équivoques. Observant une fois encore que « dans la pratique courante de la vie, il n'est pas toujours possible de donner une réponse absolue, définitive et universelle », Pie XI exigeait néanmoins des catholiques une rupture définitive avec les dirigeants de l'Action française, et recommandait, comme son prédécesseur Pie X, l'union sur le terrain religieux, c'est-à-dire l'action pour la défense des libertés religieuses au sein de la Fédération nationale catholique. Il achevait son discours par une critique de la carence de l'épiscopat en suggérant que les équivoques et les fausses interprétations auraient cessé plus rapidement si les évêques avaient rempli collectivement les devoirs de leur charge en donnant de la volonté pontificale « l'explication et l'interprétation lumineuse et fidèle », que les catholiques français attendaient toujours de leurs pasteurs.

L'*Action française* répliqua de manière provocante en donnant en première page du numéro du 24 décembre, sur deux colonnes, le texte de l'allocution consistoriale, et, en regard, sur trois colonnes, le texte d'un article intitulé NON POSSUMUS et signé L'ACTION FRANCAISE. En jetant à la face de Pie XI le cri par lequel les apôtres Pierre et Jean avaient proclamé devant le sanhédrin l'impossibilité de taire leur foi (*Actes*, IV, 20), les dirigeants de l'Action française semblaient instituer leur propre magistère à côté de celui du pape et s'attribuer une infaillibilité qui pouvait remettre en cause celle de son légitime détenteur. Les plus « romains » parmi les membres de l'Action française estimèrent, sur le moment, que l'école nationaliste s'était engagée dans une voie sans issue. Nombreux furent les militants qui, le cœur meurtri, rompirent alors avec la ligue (*Etudes maurassiennes*, V, II, pp 636-641).

Ce qui devait surprendre l'opinion et provoquer, avec de multiples controverses, une incrédulité compréhensible, fut le fait que, quelques jours plus tard, le pape retrouvait à point nommé, dans les archives de la Congrégation de l'Index qui avaient été incorporés en mars 1917 à celles du Saint-Office, le fameux décret de Pie X du 29 janvier 1914, condamnant certaines œuvres de Maurras et la revue l'*Action française*. Pie XI pouvait ainsi opposer à l'argument principal de ses adversaires — l'opposition du pape régnant à son prédécesseur Pie X —, un démenti sans doute trop catégorique dans la forme, mais qui lui conférait une force indiscutable sur le fond.

Il saisissait cette occasion pour préciser davantage la déviation doctrinale qui était imputée à l'Action française. Celle-ci pouvait effectivement, compte-tenu de son combat acharné pour défendre l'encyclique *Pascendi* sous Pie X, se rebiffer contre cette accusation inattendue mais justifiée : « Pie X, notait Pie XI, était trop antimoderniste pour ne pas condamner cette particulière espèce de modernisme politique, doctrinaire et pratique, auquel nous avons à faire » (lettre au cardinal Andrieu, 5 janvier 1927).

La promulgation du décret de Pie X était donc décidée à la date où celui-ci l'avait fixée : 29 janvier 1914. Le pape ajoutait, à la date du 29 septembre 1926, la condamnation et l'inscription à l'Index du journal l'*Action française* « tel qu'il est publié aujourd'hui ». Le texte du décret précisait que la décision prise se référait « aux articles écrits et publiés ces jours derniers surtout et, nommément, par Charles Maurras et Léon Daudet, articles que tout homme sensé est obligé de reconnaître écrits contre le Siège apostolique et le Pontife romain lui-même ».

La mesure portait un rude coup à un mouvement dont le quotidien avait toujours été l'élément moteur. Elle était rare. Désormais, la permission de l'Index ou sa levée relevait de l'autorité pontificale. L'Action française payait cher la rançon de ses attaques contre le Saint-Siège. Quelques jours plus tard, Pie XI relevait comme cause essentielle de son attitude cette « absolue absence de toute juste idée de l'autorité du pape et du Saint-Siège et sur sa compétence à juger de son extension et des matières qui lui appartiennent ».

La presse catholique manifeste peu d'empressement à soutenir le pape. Soutenu par le nonce et l'archevêque de Paris, le cardinal Dubois, la *Vie catholique* poursuit sa campagne solitaire. *La Croix* croit prudent de ménager l'Action française en se retranchant derrière la publication stricte des documents officiels. La plupart des *Semaines religieuses* adoptent la même attitude. On peut évaluer à quatorze, au maximum, le nombre de celles qui joignent un commentaire explicite pour faire comprendre à leurs fidèles les motifs spirituels de la condamnation ; parmi celles-ci figurent celles de quatre archevêchés (Bordeaux, Paris, Sens, Toulouse) sur dix-sept (soit 24 %). Il fallut attendre le début du mois de mars 1927 pour que l'épiscopat, pressé par la nonciature, publie enfin une déclaration collective d'adhésion aux directives du pape. Encore trois signatures manquaient-elles : Mgr Marty, évêque de Montauban, Mgr Penon, évêque démissionnaire de Moulins, Mgr de Llobet, archevêque d'Avignon (*Etudes maurrassiennes*, V, I, pp. 373-395).

La lutte ouverte de l'Action française contre le Saint-Siège se poursuivait : « qui mange du pape en meurt » proclamait la *Vie catholique*. L'Action française se savait soutenue par une partie de l'opinion demeurée gallicane et exaspérée de l'intervention constante de Rome en toute cette affaire. Quoique très hostile à l'Action française, le conseiller pour les affaires religieuses au Quai d'Orsay, Louis Canet, gallican, n'était pas loin de partager cette opinion. Des anticléricaux, des protestants et des libre-penseurs, hostiles jusqu'alors au mouvement condamné, se découvraient des sympathies pour une Action française devenu anti-romaine. Le public catholique était encouragé à la résistance par de multiples consultations anonymes de maîtres en théologie qui recommandaient le devoir de désobéissance. Certaines étaient publiées dans l'*Action Française*. Le 14 janvier 1927, l'*Action Française* ouvrait une nouvelle rubrique dite de la *Fidélité Française* qui recueillait tous les témoignages des citoyens décidés à ne pas laisser livrer la mère patrie. Aussitôt Francisque Gay répliquait en ouvrant dans la *Vie catholique* la chronique de la *Fidélité catholique*. Il allait fonder quelque temps après, en 1929, avec son ami Etienne Baton, l' *Institut Pie XI* et le mouvement des *Volontaires du Pape* dont le but était de défendre le pape et de combattre les influences de l'Action française. Son développemnt allait entraver celui de l'école nationaliste.

Si importante soit-elle en effet, la résistance de l'*Action Française* ne doit pas être exagérée. Dans les rangs catholiques, la parole du pape avait jeté le plus profond désarroi. A côté des ligueurs dont le quotidien proclame la fidélité, il y a tous ceux dont on suit plus difficilement la trace, qui ont obéi au pape en abandonnant silencieusement la Ligue, en renonçant à leur abonnement ou en refusant de reprendre un nouvel abonnement. Il s'agit de prêtres, mais aussi de simples ligueurs dont il serait intéressant de connaître le nombre. Ces détachements semblent avoir été très progressifs. L'Action française connut d'abord un regain de vigueur (*Etudes maurrassiennes*, V, 1986, II, p. 677-678) puis, à partir de 1929 et les années suivantes (1930-1933), elle amorça un net déclin. La diffusion du quotidien qui atteignait 90 000 en août 1926 tomba en dessous de 40 000 ensuite.

Un nouveau chapitre de la crise s'ouvre au printemps 1927, lorsque Rome décide de recourir à des sanctions. Un rescrit de la Sacrée Pénitencerie apostolique, daté du 8 mars 1927, décide d'éloigner des sacrements et des œuvres catholiques les ligueurs obstinés, ainsi que les prêtres d'Action française qui continuent de les absoudre. Les sanctions, justifiées par le fait que l'autorité était atteinte par la résistance obstinée de ligueurs, étaient dures : elles éloignaient des sacrements des catholiques qu'une longue coutume comptait parmi les plus fidèles. Les sanctions transformaient les données du conflit : de doctrinal qu'il était alors, il devenait disciplinaire. L'*Action française* allait utiliser à son profit ces armes nouvelles de la persécution et du martyre. Dès la fin mars 1927, elle ouvrait la rubrique *Par la terreur?*, qui deviendrait en septembre *Sous la Terreur*. Avec méthode, elle y relevait tous les cas de persécutions. Le récit du « calvaire » des derniers royalistes devait trouver son chantre dans l'écrivain royaliste Jean de la Varende dont le livre *Les manants du Roi* (Plon, 1938) devait élever leur souffrance à la hauteur du mythe.

Les sanctions furent en réalité très diversement appliquées : pour quelques prélats ou clercs tatillons, voire acharnés, combien de prêtres indulgents et quasi-aveugles : dans le Pas-de-Calais où l'évêque Mgr Julien est adversaire de l'Action française, les sanctions sont appliquées avec une grande modération. Il en est de même dans la ville de Vienne (*Etudes maurrassiennes*, V, II, p. 477-489) ou dans la Loire-Inférieure. L'évêque de Nantes, Mgr Le Fer de la Motte, fort indulgent, ouvre son diocèse à des obstinés venus d'autres diocèses. Certes, on assiste parfois à des scènes douloureuses : pour éviter la mort sans sépulture religieuse d'un petit enfant, telle mère peut renoncer à lire le quotidien royaliste, quitte à se le procurer autrement. Le marquis de Kernier, maire pendant quarante-cinq ans de sa commune du Val d'Izé, en Ille-et-Vilaine, ancien député, ancien conseiller général, se voit refuser des obsèques religieuses. Le faire-part de décès indique : « Contrairement aux dernières volontés du défunt et au désir exprimé par la famille, le clergé de la paroisse s'abstiendra de participer aux obsèques » (Marius Faugeras).

Les sanctions ne furent pas limitées aux simples prêtres ou aux ligueurs. Elles s'étendirent à des personnalités dont la résistance fut manifeste. Aucun évêque français ne fut cependant sanctionné. Les deux cas les plus célèbres furent deux personnalités romaines : le père Le Floch, supérieur du Séminaire français de Rome, qui dut quitter la ville à la fin de l'année scolaire 1926-1927, à cause de ses sympathies trop marquées à l'égard de l'Action française et le cardinal de curie Billot, défenseur également acharné du mouvement condamné qui décida, fait rarissime, de démissionner de sa charge de cardinal en août 1927.

En France même, quelques mutations affectèrent ici ou là un petit nombre, vicaires généraux, prêtres professeurs de séminaires ou curés de paroisse. Dans presque tous les cas, l'évêque du diocèse devait exécuter des ordres venus de la nonciature. Il est sans doute peu de crises dans l'histoire religieuse de la France contemporaine où l'intervention personnelle du pape ait été aussi constante, aussi multiple et aussi insistante. On le voit particulièrement à propos des rapports du Vatican avec les curies générales des grands ordres religieux. Pour lutter contre l'inertie de certains supérieurs d'ordre, Pie XI prit l'habitude de mandater directement des religieux de la base en leur donnant mission de défendre sa pensée. Il imposa ainsi au père Gervais Quénard, supérieur général des assomptionnistes, le père Merklen comme directeur de la *Croix* à la fin de l'année 1927. Il décida le départ du père Bernadot (o.p.) de la province de Toulouse et son envoi dans la province de Paris pour créer la *Vie Intellectuelle* et les éditions du Cerf à Juvisy. Dans l'ordre des jésuites, son homme de confiance était le père Rosa, directeur de la *Civilta cattolica*. On comprend que ces dispositions inhabituelles aient provoqué parfois de vives tensions aussi bien entre la Curie romaine et les supérieurs généraux d'ordre qu'au sein même des congrégations religieuses. Lorsque parut en juillet 1927 le livre de Jacques Maritain *Primauté du spirituel*, qui expliquait dans un sens catholique le geste du pape, Pie XI exprima sa satisfaction, mais fit savoir qu'il regrettait que les jésuites n'aient pas pris l'initiative d'un tel livre. La Compagnie de Jésus, disait-il, n'a pas rempli tout son devoir en cette affaire. Et pourtant ce sont des jésuites qui avaient été les plus lucides quant aux dangers que présentait l'influence de l'Action française sur la jeunesse. A la fin de l'été 1927, encore insatisfait de constater qu'aucune réponse solide n'avait été apportée des rangs catholiques aux objections de l'Action française, le pape demanda à Maritain, par l'intermédiaire du nonce Mgr Maglione, de composer cette réponse. S'entourant en hâte de collaborateurs prêtres agréés par la nonciature (les P.P. Doncœur, s.j., Bernadot et Lajeunie (o.p.), les abbés Lallement et Maquart), Jacques Maritain put présenter au pape l'ouvrage achevé, *Pourquoi Rome a parlé*, dans la première quinzaine de décembre

1927. C'était le premier ouvrage qui apportait une étude doctrinale assez poussée. La réponse de l'Action française rédigée par Maurice Pujo, *Comment Rome est trompée*, ne parut qu'en 1929 dans un climat qui s'était modifié. Le groupe des défenseurs du pape riposta par une analyse approfondie du débat doctrinal intitulé *Clairvoyance de Rome* (1929).

Il n'est pas facile d'interpréter cette crise qui fut pour quelques minorités catholiques un véritable drame. Il n'est pas certain qu'une étude géographique serrée des incidents provoqués par les sanctions ou qu'une carte précise de la résistance de l'Action française suffirait à mesurer l'ampleur de la crise. Jusqu'à 1926, l'influence de l'Action française reposait évidemment sur les équipes de militants qu'elle était capable de mobiliser, mais sans doute beaucoup plus encore sur l'influence diffuse qu'exerçaient ses idées, son autorité, son action, le prestige de ses chefs sur une large partie du monde catholique. La condamnation lui fit perdre ce statut quasi-officiel et lui porta un coup fatal en donnant à d'autres forces l'impulsion qui leur manquait encore pour se manifester. La masse des catholiques gagnés de longue date à la République, relativement indifférents à la doctrine de l'école nationaliste mais sensibles à son patriotisme et à sa lutte pour la défense des libertés religieuses, bascula dans le camp opposé, ou trouva dans la Fédération nationale catholique le mouvement susceptible de rassembler les énergies. La création de la Fédération nationale catholique, proche de l'Action française par les aspirations de plusieurs des ses dirigeants, tel Xavier Vallat, est à bien des égards un coup porté à l'influence de l'école royaliste.

On comprend que la condamnation ait paru surprenante à beaucoup de catholiques attachés à l'Action française. La plupart, ignorant tout de l'œuvre de Maurras, avaient baigné dans un milieu sociologiquement catholique (paroisses, œuvres, patronages, évêchés) favorable à Maurras et à son action, et ne savaient comment expliquer « la volte face » de l'Eglise, qu'aucun document vraiment substantiel et explicite, analogue à l'encyclique sur le *Sillon*, n'était venu justifier. Beaucoup se persuadèrent que la papauté sortait de son rôle. En ce domaine, l'Action française sut manœuvrer avec une habileté consommée. L'idée d'un complot politique tramé pour l'abattre fit son chemin. Incapables d'esprit critique ou de recul, certains accueillirent positivement le bruit que de faux exemplaires de l'*Action française*, fabriqués pour la circonstance, avaient été fournis au pape pour obtenir la condamnation. Le triomphe, dépourvu de

CLAIRVOYANCE DE ROME, par V. BERNADOT, P. LON-COEUR, E. LAJEUNIE, D. LALLEMENT, F.-X. MAQUART, Jacques MARITAIN. — Un volume in-8° couronne, 12 fr.; franco, 13 fr. 20. (Editions Spes, 17, rue Soufflot, Paris Vᵉ).

Dans cet ouvrage, les auteurs de *Pourquoi Rome a parlé* exa-minent la réponse que l'Action Française, par l'organe de M. Pujo, a tenté d'opposer à ce livre; réponse où, malgré précau-tions et sophismes, M. Pujo manifeste lui-même, sans des for-mes particulièrement significatives, les principales erreurs qu'on doit reprocher à l'Action Française.

Bien qu'ils n'estiment pas que les violences dont regorge le livre de M. Pujo méritent une réponse, ils ont tenu à relever dans un *Avant-Propos* un certain nombre d'allégations grossière-ment sophistiques et à donner quelques exemples des procédés de M. Pujo.

Le premier chapitre montre que sur la conception même de l'obéissance, sur la souveraineté spirituelle du Pape dans ses rapports avec l'ordre temporel, sur la valeur des lois discipli-naires universelles et sur la façon dont l'Eglise est divine-ment assistée, l'Action Française a des positions contraires à la doctrine catholique.

Le second chapitre rappelle, — puisque la vaine apologie de M. Pujo y oblige une fois de plus, — que par toutes les erreurs qu'elles contiennent, concernant la connaissance des réalités suprêmes, les Saintes Ecritures et l'Evangile, le Christ et l'Eglise, et plus spécialement dans l'ordre de la philosophie politique, la nature humaine et la dignité de la personne, la nature de la science politique et des lois politiques elles-mêmes, les conceptions de M. Maurras sont, sur ces différents points, absolument incompatibles avec la doctrine de l'Eglise. M. Pujo, en s'efforçant, dans un livre destiné aux catholiques d'Action Française, de pallier et d'excuser quelques-unes de ces erreurs, et de justifier les autres (celles qui concernent la politique dans ses rapports avec la morale) apporte un nouveau signe de dan-gers prochains que présente pour des catholiques le principal intellectuel d'un chef incroyant.

Le troisième chapitre est entièrement consacré à la question centrale des rapports de la politique et de la morale. Il montre que sur les principes suprêmes de la philosophie politique, con-sidérée dans son rapport avec la morale; sur la nature de la société civile, qui ne sort ni d'un contrat arbitraire ni d'un simple fait de nature; sur la nature du bien commun temporel, sur les relations de l'objet spécificateur de la politique avec la justice et la moralité; sur la nature de la science politique elle-même, qui est de soi une partie de la science morale, non une science naturelle comme la botanique ou la chimie, et qui doit reconnaître dès le principe l'ordination de la créature rai-sonnable à Dieu sa fin dernière; sur la nature des lois politi-ques, qui se rapportent avant tout à des ordinations de nature, volonté humaine, non à de simples déterminations de nature, l'enseignement de l'Action Française est directement contraire à la doctrine catholique.

Le quatrième chapitre montre que l'enseignement politique de l'Action Française ne refuse pas seulement, d'une façon gé-nérale, la juste subordination de la politique à la morale, il refuse aussi la juste subordination, — requise également pour le bien public, — de la politique aux lois de l'Evangile et de la morale révélée; il ne méconnaît pas seulement, d'une façon générale, les valeurs morales impliquées dans l'objet spécifica-teur lui-même de la politique, dans le bien commun temporel; il méconnaît aussi la relation nécessaire de ce bien commun à la fin dernière surnaturelle de la vie humaine.

Ainsi s'est-on appliqué, en répondant à une grossière polé-mique, à approfondir des points de doctrine d'importance capi-tale. Les propositions erronées si nombreuses dans le livre de M. Pujo servent à faire mieux comprendre à quel point l'Eglise a été clairvoyante en condamnant l'Action Française, et à quel point étaient graves les erreurs dénoncées par S. S. Pie XI. « Ce ne sont pas seulement les erreurs d'ordre philosophique, moral et religieux répandues par les livres de M. Maurras, ce sont aussi les erreurs de sa philosophie politique que l'Eglise a condamnées. » Par là, l'Eglise maintient et sauvegarde des biens sacrés, elle proclame, dans un monde qui les oublie de plus en plus, et les droits souverains de Dieu sur la société civile, et les principes suprêmes qui, dominant la droite vie des peuples, peuvent seuls garantir la justice et la paix, et assurer le retour des nations à l'ordre véritable.

Cet ouvrage, que ses auteurs n'ont pas voulu publier sans faire hommage de leur texte au Souverain Pontife, est honoré d'une lettre de S. E. le Cardinal Secrétaire d'Etat.

modestie, d'adversaires démocrates ou anciens sillonnistes, contribua à accréditer la légende.

Or, cette façon de présenter les choses ne correspondait nullement ni aux intentions ni aux motifs de Pie XI. Lui attribuer des arrières-pensées politiques était invraisemblable et tout à fait inexact. En cette circonstance, Pie XI a agi en pape et n'a obéi — il l'a cent fois répété — qu'à des motifs d'ordre religieux. Le document le plus éclairant à cet égard est l'interview qu'il accorda le 1er novembre 1926 au père de La Brière et que celui-ci répandit à profusion, suscitant plus tard la colère de Pie XI. Il s'y exprimait sans aucune ambiguïté et de façon très cohérente. Pie XI confirmait ce que nous savons déjà : le refus qu'il opposa au conseil de ceux qui le pressaient de condamner l'Action française : « A proprement parler, expliqua-t-il au père de La Brière, il n'y a eu ni condamnation ni interdiction de l'Action française ... Nous n'avons pas cru devoir condamner. La question est complexe. Le motif de condamnabilité n'était pas si facile à caractériser. Diverses causes morales faisaient obstacle, et il fallait en tenir compte. Nous avons seulement donné une mise en garde et un avertissement. »

Pas plus que Pie X, Pie XI ne jugeait négativement toute l'œuvre de Maurras. D'une certaine façon, il aurait fait sien le mot de Corneille à propos de Richelieu qu'avait utilisé le père de Grandmaison pour expliquer un sentiment personnel à propos de Maurras :

> « *Il a fait trop de mal pour en dire du bien*
> *Il a fait trop de bien pour en dire du mal.* »

Bien qu'il se soit toujours défendu de porter un jugement sur l'œuvre politique de l'Action française, Pie XI ne cachait pas ses sympathies personnelles pour la monarchie : « Comme organisation politique, l'Action française use de la légitime liberté que l'Eglise reconnaît à tous ces enfants sur le terrain politique. Loin de la blâmer à cet égard, Nous pourrions dire à l'Action française que Nous serions Nous-mêmes plus royalistes qu'elle. » Et il ajoutait, en faisant l'éloge du combat de la Fédération nationale catholique contre les lois laïques, qu'il n'avait lui-même accepté les associations diocésaines qu'en renouvelant explicitement la condamnation formelle des lois laïques : « Volontiers, Nous ferions Nôtre la formule célèbre de l'un de vos Pères : "Le libéralisme est un péché". Qu'il n'y ait pas d'équivoque sur ce problème. Et quand il combat le libéralisme, Maurras a cent fois raison. » Est-on si loin du langage des catholiques intransigeants du début du siècle et de celui de Pie X ?

A la lumière de ces propos, on comprend mieux ce dont Pie X a voulu prémunir la jeunesse : il avait senti que peu à peu la tendance de l'Action française à privilégier l'action politique, si noble et haute fût-elle, pouvait conduire la jeunesse à se laisser absorber complètement par la préoccupation exclusive du temporel. A terme, le risque pouvait être de déposséder l'Eglise de son pouvoir spirituel. La tactique choisie par l'Action française pour se défendre et qui consistait à revendiquer farouchement l'autonomie du politique révélait de façon beaucoup plus éclatante que prévue de danger. A cet égard, Pie X a été tout à fait lucide. En revanche, trop confiant et peut-être irrité par la pression des adversaires de l'Action française, il a indiscutablement sous-estimé le danger qu'il avait pressenti. Le propre du maurrassisme est de politiser le religieux : sous prétexte de vastes synthèses, indiscutablement cohé-rentes, et où le politique interfère avec l'esthétique, le philosophique ou le théologique et les ramène à son niveau, l'Absolu cède en réalité insensiblement au relatif, qui devient progressivement seul maître du terrain. Là était, du point de vue religieux, le danger fondamental de l'Action française qui, poussée jusqu'à ses ultimes conséquences, atteignait les racines même du catholicisme. Quand Pie XI a compris l'erreur d'appréciation qu'il avait commise au départ et découvert l'ampleur du mal, il s'est ressaisi avec une fermeté parfois brutale, mais nécessaire, qui a pu contribuer à rassembler d'abord les ligueurs d'Action française derrière leurs chefs. Il était sans doute nécessaire que le conflit fût porté à ce point de tension pour se résoudre. Certes, on pourra toujours penser que si Pie X avait, en son temps, promulgué le décret de condamnation, la tâche de Pie XI eût été plus aisée. Vaine et anachronique remarque. Sous le pontificat de Pie X, la conjoncture politique et religieuse avait permis à la papauté de s'accommoder positivement de l'opposition de la doctrine maurrassienne et du catholicisme. Sous le pontificat de Pie XI, dans une conjoncture modifiée, la révolte de l'Action française contre l'avertissemnt modéré et nuancé du Souverain Pontife rendait tout accommodement impossible. Rien n'autorisait donc l'Action française à invoquer l'autorité de Pie X contre celle de Pie XI, sinon la logique d'un mouvement dont la doctrine excluait la maxime « catholique d'abord ».

Les débats intellectuels et l'évolution de la presse catholique

La renaissance intellectuelle catholique s'affirme au cours des années vingt, comme le constate l'abbé Calvet en 1927. A une génération d'hommes mûrs qui comprend Blondel, Le Roy, Claudel, Maurice-Denis, Sertillanges, Bremond, Lagrange, de Grandmaison, Goyau, s'ajoute celle des « jeunes maîtres » qui atteignent alors la quarantaine avec Gilson, Maritain, Mauriac, Bernanos, Massis, Archambault.

Le génie poétique de Paul Claudel commence à être enfin reconnu. Les romanciers catholiques, qui ne se contentent plus de récits moralisateurs et conventionnels, participent pleinement à « l'âge d'or du roman français » entre 1920 et 1940 avec Mauriac et Bernanos, dont les premières grandes œuvres datent respectivement de 1922 et de 1926. L'histoire des origines chrétiennes, durement confrontée à la crise moderniste et entravée par les censures d'une commission biblique excessivement prudente, bénéficie des travaux durables d'un Duchesne et d'un Lagrange en attendant ceux d'un Marrou et d'un Daniélou qui commencent alors leurs recherches. Aspiration à la sainteté et exigence de rectitude doctrinale animent respectivement les auteurs spirituels et les philosophes. Tandis que Brémond apporte un modèle avec sa grande *Histoire littéraire du sentiment religieux* qui traite de la spiritualité de l'âge classique, d'autres chercheurs se tournent vers l'histoire spirituelle du Moyen Age dont Gilson fait redécouvrir toutes les richesses philosophiques, ou vers les mystiques espagnols du Siècle d'Or que Jean Baruzi étudie. Le progrès des recherches exégétiques et historiques permet de mieux connaître la vie de Jésus-Christ auquel quatre ouvrages importants sont consacrés entre 1928 et 1932, par les pères Lagrange, de Grandmaison, Lebreton et Prat. Enfin, facilitant les recherches à venir, les grands dictionnaires religieux commencés le plus souvent au début du siècle progressent activement au cours des années vingt.

Cependant, c'est la philosophie qui brille alors du plus vif éclat. Tandis que Le Roy supplée Bergson, puis lui succède dans une chaire du Collège de France, Gilson et Lavelle enseignent à la Sorbonne, Blondel à Aix, Jacques Chevalier à Grenoble, Jacques Maritain à l'Institut catholique de Paris et Auguste Valensin aux Facultés catholiques de Lyon. Tous ces philosophes forment des disciples.

Parmi les institutions qui favorisent le renouveau regligieux dans les Lettres, l'une des plus importantes est la Semaine des écrivains catholiques qui a lieu chaque année à partir de 1921. Animée par Gaétan Bernoville, elle a pour conseiller spirituel le père Bessières, qui organise dès 1922 une retraite annuelle des écrivains catholiques : « les nationalités et les générations, les nuances extrêmes de l'arc en ciel politique des catholiques y fraternisent » (A. Décout). De 1923 à 1930 paraît le *Bulletin des écrivains et des artistes catholiques* auquel collaborent Maurice Vaussard et Henri Massis. Gaétan Bernoville dirige l'une des revues les plus actives et les plus brillantes, *Les Lettres* : il organise des controverses sur l'esthétique, sur Bergson attaqué par Maritain et défendu par J. Chevalier (1920) ;: Maurice Vaussard y lance son *Enquête sur le nationalisme* en 1923 ; puis la revue mène une enquête sur les Eglises chrétiennes et leur position face au problème de l'union.

Trois groupes ont alors un grand rayonnement. L'un d'eux se constitue autour de Jacques Maritain qui fonde en 1919 les Cercles thomistes dont les membres s'engagent à faire oraison chaque jour, et se réunissent tous les ans pour une retraite prêchée par le dominicain Garrigou-Lagrange qui rassemble jusqu'à 300 personnes. Dans leur maison de Meudon, les Maritain reçoivent des gens très divers, philosophes, écrivains et artistes. Ils manifestent une grande ouverture d'esprit sur les problèmes de l'Orient, le judaïsme et les questions esthétiques. En revanche, en matière philosophique, Maritain, conforté par l'intransigeant Garrigou-Lagrange qui sera toute sa vie un adversaire acharné de Blondel, tient plus qu'à tout au réalisme thomiste et disqualifie les philosophes idéalistes.

Le groupe de travail en commun fondé à Lyon et à Grenoble autour de Jacques Chevalier et Joseph Vialatoux est moins doctrinaire, mais tout aussi soucieux de vérité. Il a pour secrétaires successifs Léon Husson, Jean Guitton et Emmanuel Mounier. Plus qu'à saint Thomas, il s'intéresse à saint Augustin, à Pascal, à Newman, à Bergson, et à Blondel qui encourage leurs recherches. Une partie de ce groupe collabore au *Van*, revue mensuelle des idées et des livres, dirigée par Victor Carlhian, ancien sillonniste, ouvert aux problèmes du monde orthodoxe et de l'Orient, et adversaire de l'Action française.

Un troisième foyer, proche du précédent par les idées avant 1914, mais plus électique après 1919, est représenté par le groupe « tala » de l'Ecole normale supérieure qui se constitue autour de M. Portal (1855-1926), étudié récemment par Régis Ladous. Très frappé par la guerre puisque parmi les trente et un « talas » de 1913-14, quinze tombent en 1914 et 1915 et trois autres de 1916 à 1918, le groupe se reforme autour des survivants, souvent gravement blessés, et des nouveaux élèves : il comprend quarante-cinq membre à la rentrées de 1919.

Discret, réservé, très honnête intellectuellement, profond dans ses interventions, et optimiste, le lazariste Portal invite les talas à « se laisser travailler, façonner par Dieu ». Constatant le décalage existant entre la culture profane et les connaissances religieuses de trop de normaliens, il s'efforce de combler les lacunes de leur éducation chrétienne, refusant tout cloisonnement entre leur intelligence et leur foi et les invitant à vivre une relation personnelle avec le Christ. Il les encourage à entreprendre la reconquête scientifique du passé chrétien, et les prépare à leur mission d'intellectuels catholiques.

Les normaliens, influencés successivement par les fortes personnalités de Robert Garric et de Marcel Legaut, écoutent les conférences d'historiens comme Goyau ou Batiffol, de littéraires comme Victor Giraud ou Calvet, de paléontologues comme Breuil ou Teilhard de Chardin ; ils suivent les conférences d'exégèse de M. Mangenot, celles de philosophie de l'abbé Bottinelli, ou les retraites prêchées en 1924 et 1925 par le missionnaire lazariste belge Vincent Lebbe, dont les réflexions inspirent le développement du clergé indigène. Les normaliens du groupe « tala » écrivent volontiers dans les *Lettres* ou la *Revue des Jeunes*, et quelques uns d'entre eux dialoguent avec un lazariste aveugle, passionné des pères grecs et de Newman, M. Pouget (1847-1933), dont Jean Guitton nous a laissé un *Portrait* très vivant.

La dynamique *Revue des jeunes* dirigée par le père Sertillanges, puis par Robert Garric, accueille des articles assez variés. *La Revue universelle*, fondée en 1920 par Henri Massis et Jacques Bainville, partage l'idéologie de l'Action française et contribue à établir dans le monde des lettres

« le principat intellectuel de Charles Maurras ». Elle a pour philosophe Jacques Maritain auteur d'*Antimoderne* (1922) et de *Trois Réformateurs, Luther, Descartes, Rousseau* (1925), pamphlet qui ne fait pas avancer la cause de l'œcuménisme. Maritain attaque Blondel en 1923 dans deux gros articles de la *Revue philosophique*. Mais Blondel sait se défendre. Au *Manifeste de l'Intelligence* d'Henri Massis et Henri Ghéon (1919), les blondéliens ripostent par *Le procès de l'intelligence en 1922*, et à partir de 1924, *Les Cahiers de la Nouvelle Journée*, réunissant une brillante équipe d'amis de Blondel, animée par Paul Archambault, paraissent deux à trois fois par an : Bremond, Brillant, Flory, Jordan, Gemaëhling, André George, Pezet, Charles Pichon, Renaudin, Wilbois y collaborent. Blondel dirige lui-même deux débats, *Qu'est-ce que la mystique ?* (1925) et *Le problème de la philosophie catholique* (1932), tandis qu'un numéro est consacré à son œuvre philosophique par Archambault sous le titre *Vers un réalisme intégral* en 1928. Blondel collabore encore à un cahier sur *Saint Augustin* en 1930. En 1926, une livraison s'intitule *Qu'est-ce que la Science ?* avec la collaboration de Le Roy. Le *Figaro* lui fait écho par une enquête auprès des membres de l'Académie des Sciences, qui constatent tous que la science n'est pas opposée à la religion, ce que les instituteurs du S.N.I., marqués par le scientisme de l'époque précédente, n'admettent pas. Les problèmes de la cité sont traités en 1925 à propos des transformations du droit avec une contribution de Maurice Hauriou qui présente un « Essai de vitalisme social », et en 1926 à travers l'œuvre de Paul Bureau. Jean de Pange, Pierre Lyautey et Georges Hoog collaborent à un cahier sur *France et Allemagne* en 1928, et Don Sturzo traite du droit de guerre en 1931. La même année, Edouard Jordan dirige un cahier sur *Eugénisme et morale*.

Tandis que Massis dans *Défense de l'Occident* (1925-27) polémique avec Spengler et Keyserling qui sont conscients de la crise de la culture occidentale, et rejette « l'asiatisme et le slavisme », identifiant la latinité et le christianisme, Archambault lui réplique dans *Jeunes Maîtres* en 1926, et surtout dans deux *Cahiers* de 1927, l'un consacré à l'*Ame russe* avec des contributions d'auteurs spirituels russes renommés, l'autre traitant d'un *Grand débat catholique et français, témoignages sur l'Action française* avec une mise en cause du fameux principat intellectuel de Charles Maurras dont l'idéologie est critiquée par Vialatoux, Gallois, Hours et Bidault. A travers ses *Cahiers*, le blondélien Archambault a « le premier

posé les bases d'une doctrine à la fois personnaliste et communautaire »
(Raymond-Laurent).

Cette année 1927, qui se caractérise par un net recul de l'emprise
de l'Action française sur les catholiques français, voit aussi ceux-ci
s'intéresser à une meilleure connaissance du judaïsme. Tandis que les
Etudes inaugurent un *Bulletin du judaïsme français* confié au père
Bonsirven et font place à une étude du père de Grandmaison sur Aimé
Pallière, « témoin du Dieu unique », la Semaine des écrivains catholiques
consacre une journée, le 9 décembre, à la question juive sous la présidence
de Stanislas Fumet. On y entend le père Devaux, Alfred Poizat, Vaussard,
favorable au mouvement sioniste, E. Fleg qui insiste sur le caractère
spiritualiste de la tradition juive, Wilbois, partisan de l'émulation entre
religion aînée et religion cadette, et le père Jousse, qui appelle à une
collaboration entre écrivains catholiques et écrivains juifs, pour l'étude
des textes sacrés (P. Pierrard). Quelques mois plus tard, par décret du
25 mars 1928, le Saint-Office « condamne au plus haut point la haine
contre le peuple autrefois choisi de Dieu, cette haine qui aujourd'hui est
désignée d'ordinaire par le vocable d'antisémitisme ».

Cependant d'autres événements se produisent alors dans le monde
de la presse et de l'édition. La création de la *Vie intellectuelle* en 1928
par le père Bernadot, très proche de la pensée de Pie XI, et celle des
éditions du Cerf en 1929, marque une inflexion dans l'histoire de l'ordre
dominicain, influencé jusqu'ici par le thomisme très scolastique du père
Garrigou-Lagrange. Mais les vicissitudes de la *Vie catholique* de Francisque
Gay et l'évolution du journal *La Croix* ont une portée immédiate plus
considérable.

Francisque Gay, qui a créé depuis 1920 un Almanach catholique,
lance le 4 octobre 1924 un hebdomadaire la *Vie catholique* avec l'espoir
de réconcilier les catholiques entre eux. Soutenu par le cardinal Dubois,
il diffuse bientôt son périodique à 40 000 exemplaires. Ses principaux
collaborateurs sont Maurice Brillant et François Veuillot. Mais il fait appel
à « tout l'éventail des tendances de l'opinion catholique » (R. Rémond)
pour des articles occasionnels : les membres de l'Action française y sont
présents avec Robert Vallery-Radot, Henri Massis, Henri Ghéon, Maurice
Denis, Jacques Maritain. La C.F.T.C. y tient la chronique sociale par la
plume de Gaston Tessier. L'abbé Thellier de Poncheville collabore également à la page Vie sociale. Les découvertes de l'abbé Breuil et de P.

Teilhard de Chardin y sont évoqués. La *Vie catholique* s'intéresse aux recherches théâtrales de Jacques Copeau, de Gaston Baty, à la nouvelle architecture religieuse d'Auguste Perret, à la rénovation du chant grégorien. Mgr Olichon y décrit le renouvellement de l'esprit missionnaire sous Pie XI. Cette belle unanimité cesse avec la condamnation de l'Action française , car la *Vie catholique* devient alors un organe de lutte contre l'influence de Maurras. Avec l'aide de François Veuillot et du père Valensin, Gay entame le débat doctrinal avec Maurras. Reçu plusieurs fois par Pie XI, Gay s'engage à fond, entre en conflit avec des sympathisants de l'Action française comme Xavier Vallat, et s'oppose aux évêques qui soutiennent Maurras, pendant que la *Croix* reste en retrait dans cet affrontement.

L'évolution du journal *la Croix*, étudiée par René Rémond est significative, car, avec 177 000 exemplaires en 1926, c'est le seul quotidien catholique de diffusion nationale qui jouit d'un monopole auprès de la clientèle ecclésiastique. Au début des années vingt, dirigé en fait par le père Bertoye (« Franc »), l'homme de confiance des assomptionnistes et par Jean Guiraud, rédacteur en chef, le journal soutient le Bloc National, défend l'école libre et combat la laïcité, la franc-maçonnerie et le socialisme. Cependant il reste républicain, admet les tentatives d'organisation internationale, et apporte son appui aux syndicats chrétiens. La condamnation de l'Action française l'embarrasse, comme on l'a vu. Le père Bertoye et Jean Guiraud attendent avant de publier les documents pontificaux, minimisent l'affaire et évitent d'aborder le fond du débat. Aussi Pie XI impose-t-il à *la Croix* le 17 décembre 1927, un nouveau codirecteur, le père Léon Merklen, responsable de la *Documentation catholique* depuis 1923, Bertoye prenant bientôt sa retraite. Dès lors Merklen infléchit l'orientation du journal. Il explique les motifs religieux de la condamnation de l'Action française. La *Croix* manifeste une réelle sympathie pour la politique de Briand et s'intéresse à « la pénétration des masses populaires » par le christianisme.

8

La reconstruction
matérielle et spirituelle

Des Eglises symboles : le nouvel art religieux

En 1919, plus de 3 000 églises ont été détruites ou gravement sinistrées : le diocèse de Verdun en compte 319 sur 572 soit 56 %, celui d'Arras 240 ... Les « 3 000 soeurs cadettes de Notre Dame de Reims » (Henry Bordeaux) font appel à la solidarité nationale par l'intermédiaire des dommages de guerre, et à la charité chrétienne pour les secours d'urgence. Dès 1915 une œuvre de secours aux églises dévastées est créée à Paris par Mme Girod de l'Ain sous la présidence de Mgr Odelin, les cardinaux Amette et Luçon étant présidents d'honneur. Cette œuvre comprend une commission d'art liturgique. Elle construit et entretient des chapelles provisoires, procure aux églises vases sacrés, ornements, mobiliers liturgiques, contribue au relèvement des presbytères dévastés. Des coopératives diocésaines de reconstruction des édifices religieux se forment. A l'appel des dix évêques des diocèses envahis, elles se fédèrent en 1922 dans le groupement des sociétés coopératives de reconstruction des églises dévastées. Dans la Meuse, Mgr Ginisty, très proche de ses prêtres éprouvés, suit de près les travaux. Dans le Pas-de-Calais, Mgr Julien sait associer à l'œuvre de reconstruction des édifices religieux presque tous les maires concernés, qu'ils soient de droite ou de gauche.

D'autre part, l'effort de construction d'églises nouvelles, commencé depuis la Séparation pour mieux desservir les grandes villes et les banlieues ouvrières, reprend après la guerre. Un bilan par Goyau en 1922 fait état de quarante-neuf lieux de culte érigés depuis 1906 dans le diocèse de Paris sous l'impulsion du cardinal Amette et d'une quarantaine dans le diocèse de Versailles sous celle de Mgr Gibier. Depuis quinze ans, l'archidiocèse de Lyon a créé vingt paroisses et l'agglomération du Havre six lieux de culte. Pour le diocèse de Paris, le chanoine Couget évalue alors à une centaine le nombre de paroisses qui restent à fonder.

Un nouvel art religieux tente de répondre à ces besoins nouveaux. Il a pour principal théoricien le peintre Maurice Denis (1870-1943), qui a appartenu au groupe des « nabis » avec Bonnard et Vuillard, et a été influencé par le symbolisme, et par Puvis de Chavannes, Gustave Moreau, Cézanne, Gauguin, et les préraphaélites. Ce peintre, que l'on redécouvre aujourd'hui, pour qui l'art est la sanctification de la nature, est déjà célèbre par ses nombreux tableaux et ses décorations de l'église du Vésinet et du théâtre des Champs-Elysées, lorsqu'il écrit plusieurs articles et fait des conférences qui seront réunis en un volume sous le titre *Nouvelles théories sur l'art moderne, sur l'art sacré* (1914-1921). Dans le domaine religieux, il constate un décalage entre l'art et la pensée : « Nous ne voyons guère parmi les modernes d'œuvres plastiques qui correspondent aux formes de pensée d'un Léon Bloy, d'un Péguy, d'un Claudel, ou d'un Sertillanges ». Il indique quels sont les caractères du nouvel art religieux. D'abord celui-ci ne sort pas des sacristies, car le mauvais goût des prêtres et des fidèles entrave son éclosion et sa diffusion. Et Denis reprend à son compte les critiques de Huysmans dans les *Foules de Lourdes*, et celles d'Alexandre Cingria dans la *Décadence de l'art sacré* pour qui l'étalage de la laideur est un piège du démon. L'objet religieux est devenu « un article de bazar, fabriqué industriellement, clinquant, frelaté ». L'art de Saint-Sulpice, que quelques « sainteries » ravitaillent en sujets, donne « aux personnages sacrés un air niais, pommadé, des yeux blancs et la bouche en cœur ».

D'autre part le nouvel art sacré doit être résolument moderne : « C'est une farce que le démon a faite à nos pères du XIXe siècle de les persuader que les églises devaient être toujours gothiques ... La société des fidèles s'est transformée en une société d'archéologie respectueuse des vieilles formules. Au culte du Dieu vivant s'est substitué insidieusement le culte du passé, et surtout du Moyen Age, un Moyen Age légendaire et faux dont les productions, si l'on en croyait les pasticheurs seraient des monuments de fadeur et de niaiserie. » Le symbolisme néo-classique de Maurice Denis est donc en rupture avec le naturalisme qui néglige la vie spirituelle, et avec le romantisme qui la fausse. Le but de l'art est « d'exprimer avec le plus de clarté, d'humanité et de généralité la Beauté éternelle », et Denis déplore que « les catholiques ne comprennent pas le rôle apologétique ni même liturgique de la Beauté ».

Enfin le nouvel art religieux n'hésite pas à utiliser les techniques modernes : emploi du béton armé en architecture, renouvellement de l'art du vitrail, rénovation de la chasublerie importante pour la beauté de la liturgie, révolution dans l'imagerie avec un retour à la sobriété... En 1919, Denis et Desvallières, qui attachent une grande importance au métier, créent les Ateliers d'art sacré qui forment des artistes parmi lesquels le futur père Couturier. D'autres groupements, l'Arche, les Artisans de l'Autel se créent à la même époque pour répondre aux mêmes besoins. Mgr Batiffol préside les Amis de l'art liturgique. La Société de Saint Jean, plus ancienne, dirigée par Henry Cochin, veille à la qualité de l'art sacré. Expositions et salons permettent aux grands artistes Denis, Desvallières, Rouault de faire connaître leurs œuvres et les nouvelles tendances de leur art.

Hanté par la guerre qu'il vient de faire, Georges Desvallières (1861-1950), disciple de Gustave Moreau, peint en 1919 le Drapeau du Sacré-Cœur, décore en 1921 la chapelle de Saint-Privat près de Nîmes, où le sacrifice de la guerre et le sacrifice du Calvaire occupent deux panneaux symétriques, et peint en 1927-28 les vitraux pour l'ossuaire de Douamont. Rouault représente de façon saisissante le visage du Christ souffrant, exprimant les tendances profondes d'une époque marquée par le malheur des hommes et par la piété envers un Homme-Dieu qui partage cette déréliction. Denis, de plus en plus sollicité par les commandes officielles (coupole du Petit Palais, 1924, plafond du Sénat, 1928) décore Saint-Louis de Vincennes en 1927 et la chapelle des franciscaines de Rouen en 1930.

Cependant la révolution la plus spectaculaire est accomplie en architecture par les frères Perret avec l'utilisation du béton armé pour la construction de l'église Notre-Dame du Raincy en 1922. Le nouveau matériau modifie profondément la structure et donc le style de la construction : « plus de murs, mais un réseau de ciment enchassant des verres de couleur » (J. de Mahuet). De hautes et fines colonnes en béton soutiennent une voûte légèrement cintrée. De grandes verrières procurent à l'art du vitrail de larges espaces pour exprimer les symboles chrétiens.

Pourtant l'art nouveau ne s'affirme que dans une minorité d'églises. L'occasion qui se présentait à Lisieux n'est pas saisie, et la basilique Sainte-Thérèse est un bel exemple de la continuation des errements antérieurs. La décoration du béton n'étant pas au point, les architectes associent souvent ciment armé et briques pour donner plus de couleur et obtenir un rythme plus subtil : ainsi à Saint-Louis de Vincennes, à Saint-Dominique de Paris ou à Sainte-Jeanne d'Arc de Charleville, œuvre de Pierre Chirol. Parmi les disciples des frères Perret, qui édifient encore Sainte-Thérèse de Montmagny et projettent une Sainte-Jeanne d'Arc qui ne verra pas le jour, Pierre Tournon construit l'église d'Elisabethville-sur-Seine et la coupole de celle du Saint-Esprit à Paris, et Jacques Droz, architecte de Sainte-Jeanne d'Arc à Nice et du Christ-Roi à Huningue, édifie l'église du village français de l'Exposition des Arts décoratifs de 1925 financée par une souscription organisée par la *Vie Catholique*. Ce sanctuaire, décoré par les sculpteurs Charlier et Jacques Martin, les peintres Denis et Desvallières, le céramiste Daum, les maîtres-verriers Barillet et Valentine Reyre, se présente comme le manifeste du nouvel art religieux.

L'art nouveau est peu représenté parmi les nombreux monuments élevés pour commémorer les morts de la guerre. L'ossuaire de Douaumont fait exception : sa masse, sa faible élévation conviennent à une nécropole, mais ne donnent pas une impression d'écrasement grâce à la tour centrale ; d'immenses croix nous rappellent le caractère religieux du sacrifice des victimes. Mgr Ginisty a été l'un des fondateurs de l'Oeuvre de Douaumont ; le chanoine Noël, ancien aumônier militaire, a recueilli les restes des soldats tombés, a prêché et a quêté en France et à l'étranger pour obtenir les fonds nécessaires à la construction du monument. De même Mgr Julien fait édifier la basilique de Notre-Dame de Lorette en hommage aux morts des combats de l'Artois. Autour de l'église, sont rassemblées 20 000 tombes individuelles, et sept ossuaires contiennent les restes de 16 000 disparus.

« L'Eglise prend spontanément en charge le culte des soldats morts, car à cette époque elle ne distingue pas entre foi religieuse et patriotisme ... les souffrances endurées ont un effet purificateur plus ou moins immédiat et intègrent les morts au champ d'honneur à la cohorte des bienheureux »

(Monique Luirard). Très souvent des plaques sont apposées à l'intérieur des édifices du culte. De leur côté les municipalités, frappées par l'ampleur exceptionnelle du nombre des victimes, décident de construire des monuments aux morts.

Presque toutes les communes ayant subi des pertes, 30 000 monuments sont édifiés, le plus souvent entre 1920 et 1925. Certains d'entre eux reproduisent des symboles religieux : croix nue, Christ crucifié, Mater dolorosa. Beaucoup traitent de thèmes patriotiques. Des cérémonies officielles ont lieu régulièrement devant ces témoins du souvenir notamment à l'occasion des fêtes nationales, le 14 juillet, le 11 novembre ... avec le concours des associations d'anciens combattants. Lorsque le monument se trouve situé près de l'église, il renforce le pôle spirituel déjà existant. Lorsqu'il a été édifié près du cimetière ou de la mairie, il tend à constituer un pôle laïque relativement indépendant du clergé.

Bien que ces monuments ne soient pas le plus souvent des réussites esthétiques, leur édification suscite des débats qui attirent l'attention sur l'importance des symboles commémoratifs et sur le nécessaire renouvellement de l'art religieux qui commence dans cet après-guerre.

Jeanne, Thérèse et François

Jeanne et Marguerite-Marie en 1920, Thérèse en 1925, Bernadette en 1933 : pendant ce court laps de temps quatre femmes françaises se trouvent portées sur les autels. Ces femmes sont issues de la France profonde : deux filles du peuple de Lorraine et des Pyrénées, une petite bourgeoise normande, une fille de notaire bourguignon. Leurs cultes, objets d'importants pélerinages, attirent les foules. Paray- le- Monial et Lourdes sont des sanctuaires fréquentés respectivement depuis les XVIIᵉ et XIXᵉ siècles, mais nos deux nouvelles saintes s'effacent l'une devant le culte du Sacré-Cœur, l'autre devant celui de la Vierge. Il n'en est pas de même de Jeanne et de Thérèse : leurs cultes connaissent une popularité exceptionnelle dont témoigne la présence de leurs statues dans d'innombrables églises, sans compter les nombreux sanctuaires nouveaux dédiés à l'une ou à l'autre. Les lieux où elles ont vécu deviennent des centres de pélerinage : ainsi Thérèse à Alençon et surtout à Lisieux ; quant à Jeanne, héroïne nationale avant d'être une sainte catholique, son itinéraire se confond avec une page de l'histoire de France et recoupe en partie celui des champs de bataille de 1914-1918. Contestées par certains anticléricaux, louées par les poètes et les écrivains, inspirant les artistes, Jeanne et Thérèse intriguent et séduisent les historiens et les théologiens.

Une cinquième femme, Elisabeth de la Trinité, dont les *Souvenirs* publiés en 1909 sont alors traduits dans toutes les langues, et dont les bénédictins et les carmélites diffusent les écrits, n'exerce guère d'influence sur le peuple mais retient l'attention des spirituels. Parmi eux les jeunes séminaristes d'Amiens évoqués par Henri Peltier : « La carmélite de Dijon, plus nourrie de Bible et de théologie que sa sœur de Lisieux, semblait avoir davantage à leur donner à eux, jeunes et avides d'explorer les richesses du dogme chrétien ». Deux grandes spiritualités connaissent alors une large audience, ce que corrobore le témoignage de Jules Monchanin, celle de François d'Assise, et celle de Thérèse de l'Enfant Jésus et de Jean de la Croix, la franciscaine et la carmélitaine. Il convient donc de les privilégier ici, tout en rappelant que les autres spiritualités continuent toujours à rayonner : la bénédictine avec la grande diffusion des ouvrages de Dom Chautard, Dom Morin, Dom Marmion — *Le Christ vie de l'âme* a été répandu à 75 000 exemplaires en 1929 —, l'ignatienne et la dominicaine avec l'influence profonde exercée sur les jeunes par les jésuites et les dominicains, tandis que Brémond remet en honneur tous les grands spirituels du XVIIe siècle. La multiplication des revues de spiritualité suggère qu'elles trouvent une assez vaste clientèle : en 1919 les dominicains créent *la Vie spirituelle*, en 1920 les jésuites la *Revue d'ascétique et de mystique*, en 1921 les franciscains la *Vie franciscaine*, en 1930, le père Bruno de Jésus-Marie rénove les *Etudes carmélitaines*. 36 000 chrétiens, laics en majorité, fréquentent en 1929 les maisons de retraites spirituelles, et l'on ne peut compter par ailleurs avec précision les religieux, religieuses, prêtres séculiers et laïcs qui font par milliers retraite dans les monastères. La ferveur et la générosité d'un Antoine Martel (1899-1931) témoignent de la qualité spirituelle de cette génération.

Les mystères chrétiens et les vies de saints sont alors popularisés par le théâtre religieux, par les projections, et bientôt par le cinéma. Henri Ghéon fonde en 1924 avec Henri Brochet les *Compagnons de Notre-Dame* qui donnent en sept ans à travers la France 180 représentations inspirées de la Bible, de l'Evangile et des Vies de Saints. Henri Ghéon, célèbre dès 1920 pour son *Pauvre sous l'escalier*, fait jouer une *Vie profonde de saint François d'Assise* en 1926, un *Mystère du roi saint Louis*, en 1931, un *Triomphe de saint Thomas d'Aquin* ... De son côté Jacques Debout fonde en 1919 *Les Cahiers catholiques*, qui insistent sur la valeur humaine et l'influence sociale des saints, anime le groupe *Art et Foi* qui joue les pièces d'un théâtre chrétien dont il poursuit la création par des concours. En 1920, il compose *Les Voix de Jeanne d'Arc*, et à partir de 1923, il anime les Journées d'Art Sacré qui contribuent à populariser le théâtre de Ghéon et de Brochet. Ce théâtre religieux fait revivre comme au Moyen Age les mystères chrétiens dans certaines paroisses : à Saint-Joseph de Nancy, la *Passion* est jouée avec un millier d'acteurs bénévoles. Les jeux scéniques de Notre-Dame d'Epinal s'inspirent soit des Actes de Apôtres, *Sur cette pierre*, soit de l'Histoire Sainte dont ils présentent une vue panoramique, *l'Arbre de Vie* (Pierre Barral).

Le théâtre religieux fait parfois appel à des choeurs. La qualité du chant religieux s'améliore sous diverses influences : compositeurs de la Schola cantorum, bénédictins de Solesmes, maîtres de chapelle successifs des Petits chanteurs à la Croix de Bois fondés en 1909.

La canonisation de Jeanne d'Arc coïncide en 1920 avec l'instauration d'une fête nationale en son honneur sur proposition de Barrès, qui consacre deux de ses derniers livres à l'héroïne. « Jeanne est-elle la seule sainte dont les autels n'aient point chez nous d'athées ? » (Mgr Touchet, évêque d'Orléans). L'historien M. Agulhon observe que « Jeanne d'Arc doit certainement son caractère de personnage le plus statufié de France à ce qu'elle cumulait en sa personne l'appartenance au panthéon officiel et l'affiliation au culte catholique contestataire ». Pourtant en 1921, le Grand Orient fait placarder une affiche proclamant que Jeanne d'Arc fut « trahie par son roi, brulée par les prêtres ». En 1922, lorsque sa statue est inaugurée officiellement à Toulouse, la *Dépêche*, radicale, évite d'en parler, mais le *Midi Libre*, socialiste, distingue la fille du peuple qu'un socialiste peut respecter, et l'exploitation de son culte par ses bruyants thuriféraires, les conservateurs de l'*Express du Midi* en l'occurence. Surtout, en 1930, *l'Ecole libératrice*, organe du S.N.I., publie une série d'articles venimeux sur « l'idole de Donrémy et le sauvetage de la France par la solution miraculeuse d'un problème d'alcôve ». Il est vrai qu'en sens inverse les manuels d'histoire de l'école libre mettent alors l'accent sur le caractère miraculeux de la mission de Jeanne, interprétation compréhensible après les événements de 1914-1918, mais présentant l'inconvénient de diminuer la richesse humaine du personnage et d'obscurcir son rôle exact.

Jeanne d'Arc est perçue comme la sainte de la Patrie par l'ensemble des Français et aussi par Rome. Certes, selon le mot malicieux de Mgr Touchet, « notre sainte nationale aurait encore attendu si la France n'avait pas été victorieuse » ; il n'en reste pas moins que la Congrégation des rites croit bon de souligner la valeur patriotique de son culte en citant un texte de saint Thomas d'Aquin : « Après Dieu, l'homme est surtout redevable à ses parents et à sa patrie. En conséquence, de même qu'il appartient à la religion de rendre un culte à Dieu, de même, à un degré inférieur, il appartient à la piété de rendre un culte aux parents et à la patrie. » Et Pie XI, en 1922, complète l'œuvre de Benoit XV en déclarant Jeanne d'Arc seconde patronne de la France.

Or paradoxalement ce culte patriotique auquel on a reproché de ne pas être assez catholique, assez universaliste, attire les étrangers, et en premier lieu les Anglais, qui regrettent d'avoir brulé Jeanne, mais qui sentent confusément que cette héroïne est intervenue dans une option décisive de l'histoire des patries, l'existence d'une France, mais aussi celle d'une Angleterre. Les Anglais viennent nombreux en 1929 aux cérémonies officielles du Ve centenaire de la délivrance d'Orléans, en présence du président de la République, et en 1931 à celles du Ve centenaire du supplice à Rouen, où le cardinal Bourne, archevêque de Westminster, est légat du pape. Une congrégation américano-canadienne, les sœurs de Jeanne d'Arc, s'installe en France en 1928 pour garder le cachot de Jeanne à Beaulieu-les-Fontaines qui devient un lieu de pélerinage. Cecil B. de Mille a produit un film sur Jeanne dès 1917, et G.B. Shaw fait jouer au théâtre sa *Jeanne d'Arc*, à New York en 1923, et à Paris en 1925 par les Pitoeff.

En France la popularité de Jeanne est utilisée par la publicité dans de nombreuses enseignes de magasins et marques de produits et par la mode avec les coiffures à la Jeanne d'Arc. Mais la mode ne nuit-elle pas à l'art ? Jeanne n'est-elle pas représentée trop souvent en « écuyère de cirque ? » (Mgr Battifol). Pourtant Bourdelle, a montré au Salon de 1920 que l'on pouvait renouveler ce sujet périlleux. Et Maxime Réal del Sarte a su sculpter des Jeanne souffrantes sobres et expressives. Enfin Dreyer, conseillé par l'historien Pierre Champion, éditeur du procès de condamnation, donne au cinéma une inoubliable *Passion de Jeanne d'Arc* (1928).

La béatification de Thérèse par Pie XI en 1923 provoque l'essor du pélerinage, Lisieux recevant cette année-là 300 000 pèlerins. Ces cérémonies ne sont pas du goût d'Edouard Herriot : « Les saturnales religieuses de Lisieux, les prosternations collectives devant les tibias d'une pauvre fille (à toi le péroné, à moi la malléole) attestent les conquêtes de la sottise ». Pie XI passe outre aux critiques et aux réserves, et dès 1925, pendant l'année sainte, en présence de 500 000 personnes, porte sur les autels « l'étoile de son pontificat ». Deux ans plus tard, il la proclame « patronne principale des missions, à l'égal de saint François Xavier », affirmant par là le lien indisoluble entre prière et mission.

La popularité de Thérèse est immense, comme l'atteste dès 1915 la diffusion des ouvrages la concernant : 211 000 exemplaires de l'*Histoire d'une Ame*, 710 000 *Vie Abrégée*, 110 000 *Pluies de roses*. Si l'accent est mis d'abord sur certains aspects mièvres, ils ont contribué au succès du culte, mais dès les années vingt, de nombreux écrivains et artistes s'intéressent à Thérèse. En 1925, Gaétan Bernoville publie la première biographie dépouillée des conventions en soulignant l'acuité de certaines souffrances et le tragique de certains sacrifices.

En réalité à travers l'enseignement spirituel de sa petite voie vers Dieu, la petite sainte, « qui nous apprend à aimer plus qu'à redouter » (Mgr Mignen), tranche les débats contemporains sur le sens de la vie mystique. Celle-ci n'est pas réservée à une élite enfermée dans les cloîtres, mais se trouve accessible à tous les croyants qui prient et qui aiment dans le prolongement naturel de la vie de grâce.

Beaucoup de chrétiens, comme Jules Monchanin, comprennent alors que cette spiritualité d'abandon dans la simplicité est très proche de celle de François d'Assise qui se fonde plus explicitement sur l'immanence de Dieu présent dans sa création, comme en témoigne le *Cantique des créatures*. Le septième centenaire de la mort de François d'Assise est célébré en 1926. La biographie de François par Joergensen, converti à

Assise, connaît un grand succès. Les éditions Bloud et Gay publient une série d'ouvrages sur la spiritualité franciscaine. Gilson, après avoir restitué un saint Thomas débarrassé des gloses des scolastiques, fait redécouvrir la pensée de saint Bonaventure, montrant l'originalité de la recherche philosophique de ce franciscain. Parmi ses élèves, Paul Vignaux se spécialise dans la philosophie du Moyen Age.

Le Tiers Ordre franciscain reste très influent, notamment dans la France du Midi : en 1900, il comptait 27 500 membres dans la Province de Toulouse, 25 000 dans celle de Lyon et 8 200 dans celle de Paris. La mystique franciscaine continue à inspirer maintes initiatives du catholicisme social, telles celles du père Stéphane Piat, animateur du Secrétariat social de Roubaix-Tourcoing au lendemain de la guerre, aumônier-fondateur de la J.O.C. dans ces deux villes, fervent admirateur de saint François et de Thérèse de Lisieux. Joseph Follet, dont l'influence sera profonde dans le milieu lyonnais, découvre en 1922, à 19 ans, la mystique franciscaine à Assise ; il fonde les Compagnons de Saint François en 1927 pour ressusciter l'esprit de pélerinage et vivre une spiritualité de la route. Chaque année, les compagnons font un grand pélerinage de dix jours. L'esprit franciscain inspire les chansons qu'ils composent, et qui se répandent largement dans les organisations de jeunesse.

Les initiatives de la bourgeoisie chrétienne

Les progrès de la ferveur religieuse, sensibles chez les élèves des Grandes Ecoles avant la guerre, s'accentuent après 1918. En 1921, les trois cinquièmes des élèves de Polytechnique font leurs Pâques et un quart communie fréquemment. Les trois quarts des élèves de l'Institut agronomique sont des catholiques pratiquants. Les aumôniers des Grandes Ecoles, influencés par l'exemple du père Pupey-Girard, qui a organisé des retraites pour les élèves de l'Ecole Centrale dès 1892, ont une large audience auprès des jeunes. L'Union sociale des ingénieurs chrétiens (U.S.I.C.), issue de ces retraites, exige des ses adhérents la méditation quotidienne, la communion fréquente et la retraite annuelle. Elle rassemble dans l'entre-deux-guerres des milliers d'ingénieurs.

D'autre part le dynamisme démographique des grandes familles de la bougeoisie catholique, qui ont souvent une dizaine d'enfants, retient l'attention en un temps d'inquiétude pour la natalité. Dans trois articles de la *Revue des Deux Mondes* en 1917, sous le titre « La France qui ne doit pas s'éteindre », E. Lamy se réjouit de la fécondité d'un certain nombre de familles aristocratiques célèbres, les de Courson, de Castelnau, de Charette, d'Harcourt, Murat, de Broglie, de Lur Saluces..., et de celles de familles bourgeoises bien implantées dans la vie économique provinciale, comme les Bergasse à Marseille, les Aynard et les Isaac à Lyon, les Bernard, les Thiriez, les Motte, les Toulemonde, les Tiberghien à Lille-Roubaix-Tourcoing. Avec le concours de l'école libre et des cercles d'études, ces familles forment des chrétiens fervents et entreprenants.

Grâce aux travaux de l'Action populaire et des Semaines sociales, ces hommes sont maintenant munis d'une doctrine issue des documents sociaux du magistère et constamment mise à jour en tenant compte de l'actualité. Au cours des années vingt, les aspects économiques, familiaux et internationaux de cette doctrine sont mis en valeur. « Le rôle de la profession organisée contre l'injustice dans les relations économiques », tel est le thème traité à la Semaine sociale de Toulouse en 1921 par le père Desbuquois. L'année précédente à Caen, il avait déjà abordé ce problème en dressant le « bilan actuel des revendications du travail », où il se félicitait de la récente loi des huit heures et prônait la participation des salariés aux bénéfices de l'entreprise. En 1922, à Strasbourg, tandis que le père Desbuquois traite de la fonction régulatrice de l'Etat, le père Danset, évoquant « le mouvement de concentration de la grande industrie française depuis la guerre », note « le foisonnement subit des syndicats patronaux », signe d'éveil de la conscience corporative. En 1925, à Lyon, Danset, traitant de la crise de l'autorité dans l'entreprise, montre que l'organisation professionnelle permettra à l'entrepreneur de retrouver une vraie responsabilité, une fonction de chef, et qu'il aura avantage à consulter ses subordonnés.

La Semaine de 1923 à Grenoble est consacrée au « problème de la population ». Desbuquois réclame une économie réformée favorable à la famille : il faut « sauver la famille en perdition », parce qu'une « économie issue des faux dogmes du libéralisme a méconnu qu'un salarié doit normalement être un père, que la place de la mère et de l'enfant n'est pas à l'usine ». Une organisation professionnelle libre de toute dépendance doit permettre une bonne gestion des allocations familiales, selon le modèle réalisé dans la région de Grenoble par Emile Romanet.

Danset traite des thèmes d'actualité en 1924 à Rennes, en 1926 au Havre et en 1927 à Nancy : « la politique économique de la France ; la finance internationale : fantôme ou réalité ? », à l'époque du « mur d'argent » ; « la rationalisation du travail ». Conseiller ecclésiastique de la Confédération française des professions depuis 1926, il cultive le paradoxe en 1928 à Paris, en insistant sur « la charité dans la vie économique ». Enfin lors des Semaines sociales de Besançon et de Marseille en 1929 et en 1930, les problèmes d'avenir des relations internationales sont traités par le père André Arnou, membre du Bureau international du travail depuis 1926, avec des leçons sur « l'Industrialisation des pays neufs » et sur « Capitalisme et prolétariat aux colonies ».

Localement cet enseignement de l'Action populaire et des Semaines sociales est répandu par un certain nombre de relais. L'un des plus remarquables est l'Ecole sociale de Rouen fondée par Jean des Guerrots en 1920. La réunion d'ouverture rassemble 500 personnes, parmi lesquelles de nombreux protestants. L'école donne des cours sur la doctrine sociale de l'Eglise, et répartit ses travaux entre cinq sections d'études. Pendant la décennie, tous les grands problèmes sociaux y sont présentés par des spécialistes qualifiés.

Une structure unifiée est proposée aux patrons chrétiens à partir de 1926 : c'est la Confédération française des professions, née de la fusion de deux organisations précédentes, dirigées respectivement par deux amis, issus de l'A.C.J.F., Eugène Delcourt-Hayot et Joseph Zamanski ; la première, l'Union fraternelle du commerce et de l'industrie, avait été fondée par Léon Harmel en 1891, la deuxième, les Unions fédérales professionnelles de catholiques, avait été créée par Emile Dognin en 1896. Il s'agit de regrouper le monde patronal d'inspiration chrétienne, d'accomplir une tâche analogue à celle de la C.F.T.C. dans le monde ouvrier. La C.F.P. qui a 3 500 membres en 1926, mais qui en aura 16 000 en 1939, veut incarner les enseignements de l'Evangile, faire connaître la doctrine sociale chrétienne et créer les institutions sociales qui l'actualiseront. En 1929 un groupe de Jeunesses patronales catholiques est fondé ; il deviendra en 1938 le Centre des jeunes patrons. Enfin en 1930, Zamanski pose les jalons d'une Union internationale des Associations patronales catholiques.

La Confédération française des professions prend des initiatives en créant des services sociaux inter-entreprises, des institutions d'apprentissage, des organismes d'habitations ouvrières, mais surtout en organisant les caisses de compensation qui permettent l'extension des allocations familiales.

En effet la participation des chrétiens au mouvement familial s'avère considérable. Celui-ci a été lancé en 1896 par un organisme neutre, l'Alliance nationale contre la dépopulation. L'abbé Viollet a constitué dès 1903 des associations familiales de quartiers. Mais le mouvement prend une véritable ampleur avec la « Ligue populaire des pères et mères de famille nombreuse » créée en 1908 par un catholique, le capitaine Simon Maire et qui possède 1 500 sections en 1914. Les manifestations de la Ligue impressionnent le Parlement qui vote en 1913 les premières mesures d'assistance aux familles.

La guerre provoque une prise de conscience : la mort de centaines de milliers d'hommes jeunes, les « berceaux vides » (Mgr Gibier, 1918), les difficultés de l'existence aggravées pour les chefs de familles nombreuses. Tandis que des hommes d'affaires du Nord, Achille Glorieux, et de Lyon Auguste Isaac, créent en 1915 l'association « La plus grande famille », des intellectuels, Paul Bureau et Edouard Jordan, l'un et l'autre pères de dix enfants, fondent en 1916 la ligue « Pour la Vie ». Répondant aux demandes de ses ouvriers pères de familles nombreuses, Emile Romanet crée dans les Etablissements de grosse chaudronnerie Joya à Grenoble le sursalaire familial en 1916. Deux ans plus tard, il parvient à obtenir de l'ensemble de la profession la création d'une caisse de compensation des indemnités et allocations familiales et l'instauration de l'allocation de salaire unique. En 1920, la Caisse de compensation de la bonneterie est fondée à Troyes. La même année le Consortium de l'industrie textile de Roubaix-Tourcoing crée un système d'allocations familiales complété bientôt par diverses primes mais assorti de contraintes d'esprit paternaliste qui n'existent pas à Grenoble. Le Consortium prévoit que les allocations peuvent être retirées pour motif de grève.

Au lendemain de la guerre, le mouvement familial voit son audience croître : les congrès se succèdent, les associations se multiplient en province. En 1920, Auguste Isaac, député de Lyon, devient ministre, et préside bientôt un Conseil supérieur de la natalité. Il a réussi à fédérer les diverses associations dans un Comité central des Ligues de familles nombreuses. A l'occasion du Congrés de la natalité à Bordeaux (1921) où il parvient à créer la Fédération nationale des Associations de familles nombreuses, éclate le conflit entre « natalistes » et « familiaux ». Les premiers, dont fait partie Isaac, restent partisans de la neutralité du mouvement familial et prévoient la réalisation de réformes législatives ; les seconds, animés par Achille Glorieux et Louis Duval-Arnould, songent d'abord à une restauration morale et religieuse, et souhaitent une certaine confessionnalité des organisations et institutions familiales. Au milieu de ces controverses, l'abbé Viollet développe la Confédération générale des familles qui, née en 1919, refuse d'isoler les problèmes familiaux et tente de rapprocher les diverses organisations en proposant une action plus concrète.

Comme nous l'avons vu, les mesures familiales votées par la Chambre bleu-horizon qui se heurte à la mauvaise volonté du Sénat, ne sont pas négligeables, en matière fiscale, militaire, dans le domaine des réductions de transports. En revanche le projet de vote familial échoue au Sénat et celui-ci rogne les allocations prévues. La Chambre élue en 1928 tente de reprendre l'œuvre de celle de 1919. Jean Lerolle dépose, dès janvier 1929, un projet de loi rendant obligatoires les allocations familiales, qui aboutit à la loi du 11 mars 1932 : en effet le gouvernement prend à son compte un projet de loi sur le même sujet, qui, sous l'impulsion du ministre Landry, est efficacement défendu à la Chambre par Jean Lerolle et au Sénat par Ch. François-Saint-Maur.

Le Christ dans la banlieue, question sociale et syndicalisme chrétien

Les radios-sermons du jésuite Pierre Lhande et les trois ouvrages qu'il publia sous le titre *Le Christ dans la banlieue* (1927-1931), firent connaître au grand public la désaffection ouvrière vis-à-vis de l'Eglise, illustrant d'exemples concrets une situation qui se rencontrait aussi ailleurs. Dans *La Croix sur les Fortifs*, une image saisissante est présentée : l'*Eglise* est visible en banlieue, la croix des chapelles de secours en planches surmonte les maisons basses, mais là où se construisent les grands immeubles, on ne voit plus l'*Eglise*. Visitant le service Social des H.B.M. de Suresnes, municipalité socialiste, l'auteur évoque « un monde qui s'est organisé en dehors de nous et à côté de nous ». Il montre les taudis, la misère, l'immoralité à proximité des grandes usines et cette insécurité liée à l'existence prolétarienne. Il dit en même temps les efforts entrepris et il en souligne les limites, *Le Dieu qui bouge*.

De longs développements sont en effet consacrés aux œuvres. Ancien sergent des Mobiles, M. Enfert, le « jongleur du Bon Dieu », réunit en 1885 sur un terrain vague près de la Porte d'Italie, une trentaine d'enfants, à l'origine de « l'un des plus florissants patronages de Paris », Saint-Joseph-de-la-Maison-Blanche (1889) : il compte plus de 1 000 inscrits en 1930. Là comme pour d'autres paroisses, un réseau d'œuvres a été tissé et parfois « de Jules Ferry à Emile Combes ! ». Des figures de prêtres surgissent, vrais missionnaires « en pays païen » : Marcel Brongniard, préparateur au Muséum et dont la vocation est née, le cas est exemplaire, au contact d'un patro ; Pierre Piquet qui fonde en 1908 à Saint-Hipolyte-des-Malmaisons une coopérative de chiffonniers, l'abbé Patureau, curé de Saint-Pierre-de-Montmartre... Outre les frères et les religieuses, ces prêtres « couaqués » ont fait appel à des jeunes gens, des demoiselles, des dames — ici le catéchisme aux retardataires doit beaucoup aux vingt-cinq ans d'apostolat de la vicomtesse Fleuriot de Langle — des messieurs : c'est le « grand commandant », de la Société de Saint Vincent de Paul, qui introduit P. Lhande dans « l'une des hontes de Paris », la cité Jeanne d'Arc où sont encasernées 800 personnes.

Mais « les énormes quartiers ouvriers demeurent encore, pour une grosse part, le fief du paganisme et le foyer de toutes les turbulences sociales » : que sont, dans Belleville, « quelques douzaines de baptêmes d'adultes et de premières communions tardives chaque année, auprès de la masse ? ». Un tour d'horizon, précis, carte à l'appui, est fait des ensembles paroissiaux existant et à naître. S'il s'agit de baptiser, marier et enterrer, un lieu de culte tous les 1 000 mètres suffit, mais, pour atteindre les âmes « le latifundium paroissial est un abus ». Il faut que la paroisse se rapproche du peuple. Entre 1925 et 1930 les appels du

P. Lhande furent entendus : quatre-vingts terrains furent acquis, et cinquante-deux églises et chapelles construites ; quatre-vingt-dix locaux de patronages édifiés — ils précédaient souvent le lieu de culte — ; quarante dispensaires, douze écoles, huit jardins d'enfants, quatorze pouponnières inaugurées. Ceci avant l'ouverture des chantiers du cardinal ... Verdier, nommé en 1929.

Il y avait d'autres banlieues à conquérir : à la Croix-Luizet à Lyon, le curé bâtisseur installe en 1920 la chapelle dans une baraque Adrian avant d'édifier l'église en 1926.

Encore fallait-il changer les mentalités : Lhande évoque discrètement ces hommes, les socialistes réformistes, qui accepteraient peut-être « une Eglise de la démocratie » ; et faire un plus large appel aux laïcs.

L'historien est porté à rechercher des précédents, il met en question les ruptures chères à ceux qui en appellent à leurs souvenirs personnels : tout aurait commencé avec eux, c'est le piège bien connu des (précieux) témoignages oraux. Or il suffit de lire avec attention la revue qui servait de trait d'union aux anciens du séminaire français de Rome pour se rendre compte que la prise de conscience des problèmes missionnaires de la banlieue est antérieure à *France pays de mission ?* (1943) et aux sermons du P. Lhande. Sans remonter aussi haut que l'a bien fait E. Poulat, qu'il suffise de quelques témoignages concernant la période d'effervescence qui suivit la Séparation. Curé de Notre-Dame-du-Rosaire de Plaisance, M. Soulange-Bodin fut un précurseur soucieux de former des « apôtres » parmi les jeunes gens sortis des patronages. Il organisait des retraites fermées. Comme lui, à Notre-Dame-Auxiliatrice de Clichy, M. Fontaine, curé depuis 1902, s'appuie sur une grande œuvre masculine. Pour la mission qu'il fait donner en 1908, une invitation a été distribuée « depuis le marchand de vin aveyronnais du rez-de-chaussée jusqu'à la petite Bretonne perdue dans la mansarde », notation qui offre le mérite, involontaire ? de situer le vivier des « retours » au sein d'une diaspora aux fortes racines chrétiennes. M. Fontaine se méfie d'un patro qui ne ferait qu'œuvre de préservation : « Il juge que l'effort fait par l'enfant lui-même dans le milieu où il vit, est seul capable d'assurer une transformation de ses instincts. Que la séparation produit rarement un relèvement durable », Lucien Descaves, « Descente aux enfers », *l'Univers*, 21.1.1910. Ménilmontant, entre Belleville et Charonne, est « le cauchemar des vicaires de Paris », « une sorte de haine sauvage contre le prêtre

s'est perpétuée [depuis la Commune] dans certains foyers ». Jusqu'en 1893
le plus grand chagrin du curé de Notre-Dame-de-la-Croix « fut de voir
sa [monumentale] église vide ». Avec M. Blériot puis M. Poulin, la vie
chrétienne renaît. Le second n'a-t-il pas publié en 1902, *Le secret de la
vraie direction d'une paroisse moderne ?* Aidé de ses onze vicaires et de
deux prêtres auxiliaires, il fait de cette paroisse de 100 000 habitants,
une « ruche bourdonnante » où, lors des offices, toute l'assistance chante
le Credo ; où plus de cinq cents hommes sont associés à l'apostolat
« dans les usines et les ateliers, d'ouvrier à ouvrier ou petit patron ». On
a « beaucoup épilogué sur l'opportunité d'un tel concours … or la
collaboration des laïcs est absolument nécessaire à l'Eglise de France ».
Alors que la nouvelle église Notre-Dame-de-Lourdes va être ouverte, « un
colossal effort d'évangélisation populaire est tenté à Ménilmontant », *Les
Echos de Santa Chiara*, n° 59, 1909.

Après avoir expérimenté dans les tranchées la « fraternité de l'esprit »,
le normalien Robert Garric veut poursuivre un travail d'éducation populaire. Comme Frédéric Ozanam et ses amis de province en 1833,
Garric, qui est lui originaire du Cantal, prend conseil. M. Portal l'envoie
dans un patro à Reuilly. En 1919 naît la première *Equipe sociale*, proche
du *Sillon* par le désir de rapprocher les étudiants des jeunes ouvriers ;
proche des Universités populaires par la nature des activités proposées :
« Garric était personnellement catholique convaincu, mais il ne se proposait
aucun apostolat religieux, il y avait des incroyants parmi les collaborateurs » (Simone de Beauvoir, *Mémoires d'une jeune fille rangée*). Disons
qu'il s'agit de témoignage plus que de conquête et que le catholicisme
social démocratique inspire la démarche. En 1923 il y a cinquante équipes
à Paris, le mouvement a gagné la province et des équipes spécialisées
surgissent, pour les réfugiés, les travailleurs étrangers, les handicapés :
elles comptent 10 000 participants en 1929.

Dans *Belleville, scènes de la vie populaire* (Grasset, 1928), Garric dit
ses découvertes, les permanences, le changement. Des premières relèvent
la mentalité du quartier, l'anticléricalisme dominant, la solidarité ouvrière.
Du second, des notations plus finement analysées que dans les enquêtes
du P. Lhande. Niveau de vie et individualisme progressent : « Le temps
sordide des assommoirs est passé », un grand changement s'est fait dans
la tenue vestimentaire. L'engouement des jeunes va au sport et au cinéma.
Une élite d'ouvriers et d'employés, ayant reçu les bases solides que donne

alors l'instruction primaire, manifeste une passion de savoir : « aujourd'hui le peuple est tout livré au scientisme ». Et cependant le théâtre de Montehus, qui fait large appel au sentiment, galvanise la foule : « un souffle passe ». Pourquoi ? Parce que l'auteur exalte la fraternité des peuples ; qu'il en appelle des catholiques à Jésus-Christ, les premiers lui paraissant « en foule, du parti du garde-champêtre, hargneux, conserva-teurs, pharisiens »; le second lui permettant d'exalter l'esprit d'un Evangile dont il méconnaît la dimension verticale. « Il nous croit infidèles au message d'amour. Alors, c'est l'appel messianique à la révolution, au grand soir. » A la fin du *Prêtre en guenille*, « la salle debout et frémissante chante l'*Internationale* ». Pour Garric il existe un double malentendu. Le premier est déjà en partie levé dans la jeunesse : « pour une génération au moins le syndicat à visage violent de luttes de classes a vécu. S'il veut retrouver les masses ... il doit désormais s'occuper d'organiser la profession. » Les jeunes ouvriers confondent moins le vieux rêve de fraternité avec « la dictature que les disciples de Marx veulent établir », l'anarchisme convient mieux à beaucoup. Reste le malentendu avec l'Eglise. Que répondre à ce tourneur de 20 ans qui lui répond : « Vous êtes contre le progrès social, contre nous » ? Qu'il n'a pas lu *Rerum novarum* ... ou que, comme Garric le laisse entendre, les chrétiens dans leur masse n'ont pas répondu à l'appel de l'encyclique ? Robert Garric rejoint ainsi Pierre Lhande et, évoquant les premiers jocistes, oriente ses espérances vers une Eglise acceptant le fait démocratique.

Chez lui comme chez le P. Lhande ou d'autres contemporains — ainsi de Louis Lagrange président da l'A.C.J.F. en Saône-et-Loire, dans les *Annales de la Jeunesse catholique* en 1926 — on décèle à la fois une inquiétude et une espérance. Il faut en chercher les raisons dans le tour nouveau pris par la question sociale dans la décennie qui précède 1930 et dans le dynamisme d'une Eglise, forte des vocations nombreuses et mieux trempées issues de la guerre — une centaine de séminaristes par cours à Issy — et passant peu à peu de la défense à la conquête.

Entre 1921 et 1931, le nombre des actifs dans l'agriculture a diminué de 1 300 000, ce qui nourrit le discours sur l'exode rural : « Restez chez vous ! » dit aux jeunes ruraux un tract de l'Action populaire. Mais, dans le même temps, les *Journées* et les *Semaines rurales* se multiplient, l'*Enseignement agricole par correspondance* a de plus en plus d'inscrits, les Instituts d'agriculture d'Angers et de Purpan accompagnent le mouvement. Un jésuite, le P. Maurice de Ganay, aumônier national de l'*Union catholique de la France agricole* depuis 1920, attire l'attention sur la place de la femme dans la vie rurale, l'habitat, le prolétariat agricole. L'implantation rurale de l'A.C.J.F. est dense et l'évolution vers la spécialisation, à certains égards plus efficace, se dessine. Bien que diminuant, les actifs agricoles sont toutefois plus nombreux encore que ceux de l'industrie, 36 % contre 34%.

Mais si le nombre des ouvriers dans l'industrie ne varie guère, le nombre des femmes régressant fortement à partir de 1919, la localisation des entreprises et la nature des emplois connaissent des transformations très sensibles. L'essor industriel concerne le Nord et la Lorraine, la région parisienne, la région lyonnaise avec ses prolongements vers Montluçon et Clermont-Ferrand (pneumatiques) et, à l'opposé, Grenoble, Toulouse et, plus ou moins, tous les bassins miniers. Les progrès sont dus à la métallurgie, la chimie, les industries électriques et mécaniques. Entre 1921 et 1929 le nombre des hauts-fourneaux double. Les de Wendel, les Schneider dominent le lot encore que la concentration, même dans les industries de pointe, soit davantage un phénomène financier. La chimie rattrape une partie du retard accumulé au début du siècle, avec Kuhlmann, Saint-Gobain ou Péchiney. La C.G.E. et Alsthom entraînent l'électricité. Les contemporains sont frappés par l'essor de l'automobile. Il convient de le reduire à ses véritables proportions, très modestes par rapport à notre temps : 254 000 voitures construites en 1929, soixante constructeurs dont deux il est vrai, Renault et Citroën, se partagent la moitié de la production. Avec la fabrication en série se développe la parcellisation du travail et, avec elle, l'O.S., ouvrier spécialisé, formé en quelques jours et condamné à l'ennui dans le travail. C'est une dégradation pour l'ancien ouvrier professionnel, une promotion pour le manœuvre. L'aliénation dans le travail frappe le jeune théologien protestant Arnold Brémond qui mène pendant six mois une enquête à Ivry, « Une explication du monde ouvrier », *Christianisme social*, août-sept. 1927.

La contre-partie des progrès techniques, du rendement, donc des bénéfices, se retrouve-t-elle dans le mieux-être de l'ouvrier ? Le pouvoir d'achat s'améliore et le chômage est réduit, mais, comme il arrive à chaque époque de fort développement économique, l'écart s'accroît entre les profits et les salaires. Pour comprendre « une époque sans grand conflit » (Michel Branciard) il faut donc évoquer le grave échec des grèves

76   **49**

Ennemie des Ouvriers !...

CAMARADE,

Combien de fois n'as-tu pas entendu ce refrain, sans cesse répété par des ignorants, que l'Eglise est l'ennemie du peuple ?
*Ce sont **des mots**.*
*Juge **les faits** en lisant ce qui suit, et conclus en toute loyauté.*

Le première loi française sur le **Repos hebdomadaire** a été promulguée le 18 novembre 1814, par le gouvernement français, alors catholique.

La première loi protégeant le **Travail des Femmes et des Enfants dans les usines**, a été votée, le 22 mars 1841, sur l'initiative de catholiques : l'un d'eux est illustre : *Montalembert.*

La première **Coopérative de crédit** fut fondée à Poligny, en 1880, par un catholique, *M. Milcent.*

La première **Caisse rurale** de France a été créée par un curé de campagne, *M. l'abbé Raju.*

Les premiers **syndicats agricoles** ont été fondés par des catholiques, comme *M. Emile Duport* pour le Sud-Est, *M. de Villeneuve-Trans* dans les Alpes et la Provence...

Les premiers **syndicats féminins** ont été créés, à Paris, par le *P. du Lac,* jésuite ; à Lyon, par Mlle *Rochebillard ;* dans l'Isère, par Mlle *Poncet,* etc.

Les premières créations pour **logement ouvrier** — avant toute mesure législative — sont dues aux catholiques de « *la Grande Famille* », de Lyon, exemple suivi à Lille, Pantin, Miramas, etc... Leur plus actif propagandiste en France fut également un catholique : *M. Lardeur-Becquerel.*

Les premières **crèches pour les petits enfants des ouvriers** ont été instituées, vers 1840, par un grand chrétien, *M. Firmin Marbeau,* père de l'ancien évêque de Meaux. Il y en a maintenant plus de 500 en France.

Les premiers **Jardins ouvriers** ont été organisés à Sedan, en 1891, par une catholique, Mme *Hervieu,* et à Saint-Etienne, par le Jésuite *Volpette.* — A son Congrès de 1926, **la Ligue du Coin de Terre et du Foyer,** que présidait *l'abbé Lemire,* pouvait fièrement citer 180.000 jardins ouvriers.

Le premier **Ministère du Travail** d'Europe a été institué, le 25 mai 1895, par un gouvernement catholique, le gouvernement belge...

Les Caisses de compensation, d'où sont sorties *les allocations familiales,* ont été inspirées par une initiative catholique, celle de *M. Romanet,* directeur des usines Joya, à Grenoble.

révolutionnaires de 1919-1920, l'affaiblissement syndical et la division des organisations ouvrières qui ont suivi. Ainsi s'explique que l'occasion n'ait pas été saisie de combler le retard dans la législation sociale ni d'intégrer la classe ouvrière dans la nation, sans que soient négligés, certes, les obstacles nés d'un déracinement aggravé par l'immigration étrangère. En 1919 le Parlement a voté la journée de 8 heures et officialisé les conventions collectives. L'année suivante la personnalité civile a été reconnue aux syndicats. Mais un durcissement a suivi et la discussion sur les Assurances sociales s'est enlisée pendant plusieurs années. Les chrétiens sociaux, catholiques ou protestants, en ont pris acte. Leurs efforts, sans influence sur la plupart des hommes politiques ou des grands chefs d'entreprise, portèrent principalement, à côté des suggestions pratiques, sur l'éducation des esprits. Mais dans un pays qui continuait de tourner le dos à la grande industrie, c'était une entreprise ingrate. Ainsi de cette Université itinérante annuelle des Semaines sociales de France, présidée par le doyen de la Faculté catholique de droit de Lille, Eugène Duthoit, et dont les assises mériteraient une étude systématique. Elles mettaient en avant le primat de l'homme et, dans l'économie, la dignité du travailleur. Dans ce domaine, les interventions du législateur, sans être inexistantes, furent limitées dans leur portée.

Ainsi face à la crise de l'apprentissage, ni la loi Astier sur l'enseignement professionnel (1919), ni la création de la taxe d'apprentissage en 1925, n'apportèrent de vraie solution. L'enseignement technique destiné aux ouvriers continua d'être la Cendrillon de l'instruction publique (A. Prost).

La même carence est à souligner en ce qui concerne l'habitat populaire. Le P. Lhande attire justement l'attention sur la faiblesse de la politique d'urbanisme depuis les initiatives (privées) de 1886 jusqu'à la loi Ribot de 1908 et pendant les vingt années qui suivirent : « L'Histoire reprochera un jour à nos dirigeants d'hier d'avoir méconnu trop longtemps les problèmes d'ordre civique, social et religieux, créés par l'afflux subit de populations nouvelles et d'avoir gâché leur temps à faire de la politique — on sait laquelle — alors qu'il s'agissait de bâtir ». La loi Loucheur de 1928 représenta, de ce point de vue, une réelle rupture, mais les taudis dans la « zone », l'habitat insalubre des faubourgs, les courées du Nord, la chambre meublée dans des hôtels douteux, continuèrent d'exister, limitant considérablement les progrès de l'hygiène, donc de la santé.

L'insécurité face aux risques sociaux persista, alors même que les Alsacien-Lorrains bénéficiaient du régime d'assurances obligatoires concernant la maladie, les accidents, l'invalidité et la vieillesse. Les deux lois sur les Assurances sociales, votées en 1928 et 1930, représentèrent un progrès, mais tardif et incomplet. Elles ne concernaient ni le chômage, ni les accidents du travail, ni les allocations familiales, tout en ayant le mérite d'atteindre tous les salariés et en permettant aux sociétés de secours mutuel de gérer leurs ressortissants ; mais en 1931 ceux-ci ne représentent que les 3/8 des assujettis, ce qui invite à souligner le pas en avant accompli.

Pour les allocations familiales, elles dépendent de la bonne volonté des entreprises. Le système de compensation mis en place dans la métallurgie à Grenoble dès 1917 à l'initiative de l'ingénieur Emile Romanet, ne sera étendu par la loi à tous les patrons qu'en 1932 : l'idée que le travailleur a droit à un complément de salaire parce qu'il a des enfants, étrangère aux « milieux républicains et socialistes ..., est spécifique des catholiques sociaux » (H. Hatzfeld).

Les conventions collectives n'auront d'existence réelle que dans certaines professions à haut risque — les mines — ou bien organisées — le livre, la boulangerie —.

Le très grand nombre des patrons, leur importance respective très variable, constituait assurément un obstacle certain à toute politique visant à l'harmonisation, on s'en rendra compte en 1936. Inversement, la dispersion des entreprises, leur petite taille, maintenaient un enracinement toujours favorable aux anciennes solidarités familiales dans beaucoup de régions, même en ville. La faiblesse du syndicalisme, qui découle largement des facteurs précédents, est un autre handicap. La surenchère devait souvent compenser les résultats modestes. Les responsabilités propres à la C.G.T.U ne sauraient être minimisées. Il a manqué un syndicalisme puissant, et par là même réformiste, et, en l'occurence, un syndicalisme inspiré par des références chrétiennes.

Or le syndicalisme chrétien ne connut en France qu'un développement tardif et limité. Au Congrès de la Haye en juin 1920, 108 délégués s'expriment au nom de 3 367 000 syndiqués qui constituent l'*Internationale Syndicale Chrétienne*. Face à l'Italie et à l'Allemagne qui comptent chacune 1 250 000 adhérents, que représentent les 140 000 Français alors que les Pays-Bas sont forts de 243 000 syndiqués, la Hongrie de 170 000, la Belgique de 150 000 pour des populations ouvrières de beaucoup inférieures numériquement ? La France précède l'Espagne 60 000 et l'Autriche 59 000. Il est vrai que la C.F.T.C. vient de naître.

Les syndiqués chrétiens ont payé un lourd tribut à la guerre en raison de la forte proportion d'employés, et par conséquent, parmi eux, de nombreux gradés. Gaston Tessier, le seul dirigeant national réformé porta à bout de bras le S.E.C.I., la *Fédération nationale des employés* et les premiers syndicats ouvriers qu'un Fils de la Charité, le P. Anizan, avait formés. Un restaurant coopératif permet les rencontres, 5 rue Cadet, où se trouve à partir de 1916 le siège des syndicats.

La fin de la guerre impliquait du neuf, ne serait-ce qu'en raison du retour de l'Alsace-Lorraine, forte des traditions du syndicalisme de masse germanique. Le congrès constitutif de la Fédération se tint en novembre 1919, réunissant 350 délégués venant de la région parisienne, du Sud-Est, de Toulouse et de Bordeaux. A Lyon le rôle de Marius Gonin et de la *Chronique du Sud-Est* a été considérable et, de Macon à Marseille en passant par Saint-Etienne et l'Isère, le syndicalisme chrétien connut un développement précoce (Michel Launay).

A toute collaboration avec la C.G.T. les délégués ouvriers se montraient particulièrement hostiles, à la différence des employés, ces derniers entretenant des rapports de force qui leur permettaient sans doute d'éviter les avanies dont leurs camarades ressentaient la rigueur. Plus que les autres, les ouvriers souhaitaient s'afficher *catholiques*. Zirnheld pensait de même. Mais les Alsaciens, qui comptaient parmi eux des protestants, firent triompher la référence *chrétienne* : c'est-à-dire l'adhésion aux principes du christianisme social, la justice dans la charité ce qui excluait, comme moyen d'action, l'appel à la lutte des classes, remplacé par l'éducation et la collaboration de tous les éléments associés à la production. Pas de syndicats mixtes ni de corporations, mais des syndicats séparés, ouvriers et employés, patronaux, reliés par des organisations mixtes. Ainsi en 1926, huit jours après la constitution de la Confédération française des professions commerciales, industrielles et libérales (dont le conseiller ecclésiastique était le P. Danset) se tint la première réunion de la Commission mixte avec la C.F.T.C..

L'article 1 des Statuts faisait référence explicite à l'encyclique *Rerum novarum*, ce qui n'entraîna pas l'ingérence du clergé dans le fonctionnement du syndicat. Des liens furent noués avec l'Action populaire, qui contribua au recrutement et à la formation des militants sans aller au-delà. La C.F.T.C. considérait l'homme comme l'élément essentiel de la production et non pas la machine ou le capital. Un aspect à retenir dans l'organisation est l'importance accordée aux Unions régionales, dans la droite ligne de la réflexion du catholicisme social et des démocrates-chrétiens en particulier. Ces Unions ont joué un rôle fondamental en raison de la qualité de leurs dirigeants : Guérin à Lyon, Patois en Franche-Comté, Meck en Alsace-Lorraine, Charlemagne Broutin dans le Nord. A la tête de la Confédération un président, Jules Zirnheld, un secrétaire-général, Gaston Tessier, et une sorte de confrérie formée d'anciens de l'association Saint-Labre, ayant une « solidité doctrinale de granit » (Michel Launay). Par Alfred Michelin, des liens étroits étaient établis avec les Cercles catholiques, qui constituaient l'un des viviers où puisait la confédération, les patronages de filles jouant un rôle analogue.

Ce serait une erreur de penser que le jeune ouvrier catholique était incité à s'inscrire au syndicat. Grande restait la méfiance des milieux catholiques français vis-à-vis de ce genre d'organisation. Cette situation ne changera qu'aux environs de 1936. Il faut noter, en particulier, les réticences qu'opposaient des associations de type mixte poursuivant des objectifs religieux prioritaires, l'Union catholique des cheminots ou l'Union catholique des postiers par exemple. De même, la C.F.T.C. était loin de bénéficier de la confiance entière des patrons chrétiens alors que, sur la gauche, elle essuyait l'hostilité déterminée de la C.G.T. et de la C.G.T.U. En 1924 le président du Consortium du textile de Roubaix, le catholique Eugène Mathon, porta plainte à Rome contre la C.F.T.C. Il refusait de partager la gestion des Caisses d'allocations familiales qu'il avait créées, à la différence des Caisses de compensation mises en place dans l'Isère à partir des établissements Régis Roya de Grenoble, grâce à Romanet. La C.F.T.C. voulait ques les allocations familiales fussent légalement reconnues et obligatoires, « acte de socialisme d'Etat » pour Mathon. Le conflit rebondit et traîna ce qui fut préjudiciable à l'essor du syndicalisme chrétien. La Sacrée congrégation du Concile ne se prononça publiquement qu'en juin 1929 : elle félicite le Consortium d'avoir développé les allocations familiales mais rejette ses accusations contre la C.F.T.C., approuve les orientations de ce syndicat et admet sous certaines conditions les cartels intersyndicaux. Le nouvel évêque de Lille, Achille Liénart, soutient les aspirations à la démocratie du catholicisme social.

BIBLIOTHÈQUE DES CERCLES D'ÉTUDES

L'ENCYCLIQUE

RERUM NOVARUM...

"sur la Condition des Ouvriers"

NOUVELLE ÉDITION
avec divisions, notes marginales et commentaires

Précédée d'une allocution de SS. Benoit XV
sur l'opportunité de l'Encyclique

A L'USAGE DES CERCLES D'ÉTUDES

par

l'Abbé P. TIBERGHIEN

Aumônier de Jeunesse Catholique à Lille

1 Fr. 50

TOURCOING
J. DUVIVIER, Éditeur
—
1924

En 1925 ont été créées les Jeunesses syndicalistes chrétiennes, raison pour laquelle la C.F.T.C. ne vit pas d'un très bon œil le développement de la J.O.C. Des Ecoles normales ouvrières ont été ouvertes à Lille et près de Lyon, la formation des militants était exemplaire. La C.F.T.C. militait pour les commissions mixtes, ce qu'elle obtint parfois dans le textile, la couture, la banque, pour les conventions collectives dans les mines, les contrats de travail. Il fallait organiser le travail pour prévenir les conflits et ne se mettre en grève qu'en dernier recours. Dès 1921 elle avait vigoureusement défendu la création des Assurances sociales dont elle souhaitait le financement par les salariés, les employés et l'Etat. La C.F.T.C. en appuya aussi le principe, alors que la C.G.T.U. se montrait tout à fait opposée, le régime obligatoire lui paraissant « une collaboration avec l'Etat bourgeois », un moyen de consolider le capitalisme. La loi de 1928 fut dénoncée par elle comme un « bluff démagogique ». Contre la « loi fasciste » de 1930, elle organisa grèves et manifestations. Il est juste de souligner combien la ligne de C.G.T.U. ne favorisait alors en rien l'établissement d'une législation sociale en France alors même que celle-ci suscitait tant de réticences dans le camp opposé.

Vers 1930 la C.F.T.C. comptait 210 000 membres ce qui était loin d'être négligeable, bien que le nombre des cotisants réels fût plus faible, face à une C.G.T. qui plafonnait autour de 500 000 (après avoir dépassé 1 200 000 en 1920) et une C.G.T.U. en recul, autour de 275 000. Les points forts étaient le Nord, l'Alsace, Paris et la région lyonnaise ; les employés, les cheminots, le textile, les mineurs. En 1930, le slogan était « Il faut se syndiquer et dans un vrai syndicat, ni jaune ni rouge mais … vraiment professionnel » … qui ne se laisse « ni capter par les puissances d'argent, ni entraîner par les passions du jour ». La même année, le jeune évêque de Lille, Mgr Lienart fut fait cardinal, « Ce chapeau vaut une encyclique ! », aurait dit le cardinal Gasparri au P. Danset (P. Droulers).

L'encyclique vint l'année suivante alors que sévissait la crise mondiale : ce fut *Quadragesimo Anno*. Pie XI y dénonçait la règle du jeu économique : « Ceux-là restent seuls debout qui sont les plus forts, … les moins gênés par les scrupules de conscience … On ne peut attendre du libre jeu de la concurrence l'avènement d'un régime économique bien ordonné … C'est de cette illusion que sont sorties toutes les erreurs de la science économique individualiste. » Il indiquait le rôle de l'Etat qui « dans certains cas » et en vue du « bien commun » peut « exiger que la collectivité se réserve la propriété de certains biens susceptibles d'être monopolisés ». Il distinguait le communisme du socialisme qui avait évolué depuis Léon XIII. Des socialistes repoussent « le recours à la force ». « La lutte des classes ... si elle renonce ... à la haine mutuelle, se change peu à peu en une légitime discussion d'intérêts ». Entre l'Etat et l'individu il faut des associations, « des syndicats librement créés dans la profession organisée, un corporatisme d'association ». Tout cela était différent du corporatisme d'Etat dans lequel certains commentateurs voulurent enfermer le texte, alors que l'un de ses objectifs était de prendre ses distances vis-à-vis du fascisme italien.

La religion et les migrants étrangers

Le déracinement est facteur d'érosion de toutes les traditions, y compris religieuses : « Le déraciné, par le seul fait d'être arraché à son milieu, à ses habitudes, à sa parenté, perd sa pratique religieuse. On l'a observé pour le Breton ... pour les Italiens, pour les Espagnols qui viennent travailler en France. Pratiquants chez eux, ils ne le sont pas au loin », chanoine Couget, *L'évangélisation à Paris et les associations provinciales*, *Le Correspondant*, 25 déc. 1912. Ce texte a le mérite de dire à partir de quel critère est apprécié le détachement religieux : la pratique. Il évoque l'origine du migrant sans établir de distinction formelle entre les migrations de l'intérieur et celles qui proviennent d'un autre ensemble national. Il affirme, sans nuances, que les déracinés sont « pratiquants chez eux ».

Si l'existence de missions particulières à une population de migrants est ancienne — qu'il suffise de rappeler que la mission catholique polonaise a été créée en 1836 et, peu après, installée au 263 bis rue Saint-Honoré près de l'église de l'Assomption offerte par Mgr Affre — les dimensions du problème deviennent tout autres dès lors que le flux migratoire connaît une importance sans précédent au lendemain de la Grande Guerre.

Au XIXe siècle, pour l'essentiel, les migrations sont intérieures et, comme l'ont bien établi des études récentes, celui qui quitte son village le fait souvent par étapes, gagnant la plaine ou une ville moyenne avant d'aboutir dans la grande ville. Paris recrute dans le Bassin Parisien, l'Auvergnat, cher à Balzac, y est encore, statistiquement parlant, l'exception vers 1890. Quant aux étrangers au pays, mis à part le cas des refugiés politiques et de Paris dans une certaine mesure, ils prolongent l'exode rural à travers les frontières, Italiens en Provence, Belges dans le Nord, même si se dessine, dès avant 1914, un recrutement plus large tel celui des Italiens du Bassin de Briey (S. Bonnet).

Une action pastorale visant à assurer aux migrants ouvriers l'appui d'un réseau plus ou moins étoffé d'œuvres, se manifeste ici et là, selon les initiatives locales. A Paris, sur le modèle des missions flamandes et allemandes — ainsi de la mission luthérienne aux Buttes-Chaumont soucieuse de l'éducation des enfants — l'évêque de Limoges a encouragé l'ouverture en 1867 du Cercle des ouvriers maçons et travailleurs de pierre. Le comité de direction, composé de maçons, prend appui sur un comité de patronage selon la formule qui sera celle des Cercles catholiques d'ouvriers. La gamme des services rendus va s'étendre en fonction de besoins précis : la détente, le placement, les consultations médicales ou juridiques, le secours mutuel, des cours du soir, la messe mensuelle... Une organisation plus élaborée existe avec les paroisses bretonnes dont le premier Cercle n'ouvre, Boulevard Montparnasse, qu'en 1897. Dix ans après, les associés sont au nombre de 15 000. Versailles, Chartres, Clichy, Plaisance se sont ajoutés au noyau primitif. Un journal, un pardon annuel à Notre-Dame-des-Champs, visent à atteindre le grand nombre. Une action contre la prostitution a été engagée à l'initiative de l'abbé Cadic, qui veut faire des associés des « apôtres ». Parmi les domestiques, il recrute ainsi plus de quarante visiteurs d'hôpitaux. Nombreux sont alors les congrès diocésains où l'on souligne, comme à Aurillac en 1908, le « fléau » de l'émigration vers Paris : « presque tous les enterrements civils de nos paroisses accusent un émigré ». Dans le Paris d'avant 1914, l'amicalisme — où excellent les Aveyronnais — commence à jouer un rôle efficace mais une proportion d'autant plus considérable de migrants se perd dans la masse que l'identité culturelle de chacun est plus faible.

On sait peu de choses, à dire vrai, des missions anglaise, belge, italienne, polonaise, espagnole et maronite alors établies. A Saint-Etienne en 1910, Jacques Valdour note que les Italiens ont pour seule lecture « l'anticléricale *Stampa* » et les Espagnols en Languedoc *El Liberal*. Une proportion importante de migrants ouvriers, en grande majorité encore des hommes célibataires, se tenait, de fait, éloignée d'une vie religieuse régulière.

Or, ce qui restait marginal en 1914 a pris vers 1930 une extension qui atteint à une majorité de départements. Les étrangers au pays sont passés en 20 ans (1911-1931) de 1,1 million à 3 millions, auxquels s'ajoutent 361 000 naturalisés. La France a accueilli des réfugiés politiques : en 1931 on recense 65 000 Arméniens, 72 000 Russes — « toute l'élite intellectuelle » (A. Kniazeff) a transité un temps par la France — 20 000 Italiens anti-fascistes. Bien plus nombreux sont les migrants économiques venus pour la reconstruction et qui contribuent à l'équilibre démographique du pays : 800 000 Italiens, 500 000 Polonais, 350 000 Espagnols, 250 000 Belges, 100 000 Nord-Africains ... Sont fortement concernés, Paris, 460 000 étrangers soit 9 % de la population, les régions du Nord et du Nord-Est, les bassins miniers, le Rhône, l'Isère et plus encore le littoral méditerranéen, de Perpignan à Nice, ainsi que la Corse. L'appel à la main-d'œuvre agricole accroît et la dispersion — dans le Tarn-et-Garonne le nombre des étrangers est passé de 500 à 11 000 — et la mobilité en raison de la nature de l'embauche.

La tragédie des progroms russes avait provoqué, d'autre part, l'exode de juifs souvent très religieux, de l'Europe centrale et orientale. Cette population fuyait à la fois la persécution religieuse et la misère économique des ghettos ou de leur village. Elle ne connaissait de la France que sa réputation de pays libre et accueillant. Certains n'y faisaient qu'étape, prolongeant leur migration vers les U.S.A. ; d'autres tentèrent d'y trouver leur place. Ces migrations ne cessèrent pas de 1880 à 1914 et reprirent en 1919 à cause des bouleversements politiques qui s'accompagnèrent d'antisémitisme dans l'après-guerre.

De plus de 100 000 individus à la veille de la Première Guerre mondiale, la population juive passa à près de 200 000 vers 1930. Près des trois quarts vivaient à Paris, le reste s'éparpillait dans les grandes villes de province. Le retour des Alsaciens et des Lorrains ne suffit pas à expliquer une telle augmentation. Les diverses sources statistiques s'accordent toutes pour mettre en évidence l'infériorité numérique de la communauté autochtone.

Parmi ces immigrés, les Polonais constituaient la majorité, à peu près la moitié, suivis de loin par les Hongrois, les Roumains, les Baltes. Venaient également s'installer en France des juifs du Proche-Orient qui redoutaient les désordres et les violences provoqués par la transformation de l'Empire ottoman, après la guerre. Des juifs de Salonique, de Smyrne, de Palestine arrivaient, souvent moins démunis que leurs coreligionnaires d'Europe. D'autres encore, en petit nombre, quittaient l'Afrique du Nord. Ces deux dernières migrations grossissaient une communauté séfarade qui, dans son mode de vie et sa religion, ne se retrouvait ni dans la communauté française plus ou moins assimilée, ni dans la communauté ashkénase venue d'Europe centrale dont les rites leur étaient peu coutumiers.

Les antisémites et les xénophobes forgeaient leurs slogans à partir du spectacle de ces arrivants et les juifs français leur reprochaient de se distinguer dans la société. Ils se reconnaissaient très mal dans ces immigrants, fussent-ils des coreligionnaires ; en fait, ceux-ci étaient des ostjuden et eux se disaient des Français israélites. Aucune affinité sociale — les juifs orientaux exerçaient de petits métiers artisanaux peu rémunérateurs — ou culturelle ne pouvait permettre à ces deux communautés de se fondre en une seule. La religion ne servait même pas de trait d'union. L'assimilation avait fait perdre aux juifs de France leurs habitudes religieuses, or la plupart des juifs orientaux appliquaient scrupuleusement et ouvertement toutes les prescriptions religieuses, aussi n'accordaient-ils aucune confiance aux prières récitées différemment, aux synagogues encombrées d'orgues et aux rabbins prêchant en français et préféraient-ils prier entre eux, dans des oratoires à eux et avec leurs rabbins. Dans le Nord de la France, la petite communauté polonaise qui se fixa à Lens dans les années 1920, s'organisa indépendamment de la communauté lilloise en grande partie originaire d'Alsace-Lorraine. Très vite les juifs lensois furent en mesure de respecter les interdits alimentaires, obtinrent un cimetière particulier et construisirent un mikweh, bain rituel, que jamais les Lillois ne possédèrent et qui, encore actuellement, est le seul mikweh de la région. A Paris, les immigrés se regroupaient en sociétés de juifs venus des mêmes régions ou villes (les landsmannschaften) mais ces associations échappaient plus ou moins au contrôle des consistoires ce qui renforçait l'hostilité des Français.

Dans leur grande majorité cependant les migrants étaient nés dans le catholicisme. De quelles intentions étaient animés à leur égard leurs co-réligionnaires français ? Nul doute qu'il n'y ait eu, comme chez les juifs, des attitudes de refus. Toutefois les réactions de défiance étaient contre-balancées par des considérations soit proprement religieuses soit nationales. Au plan des principes, les catholiques étaient mis en garde contre les théories extrêmes tirées de l'origine différentes des races humaines. On peut lire dans le célèbre *Cours d'instruction religieuse* de Mgr Cauly : « Si les hommes n'ont point d'ascendant commun, c'en est fait de la fraternité humaine ; l'égalité n'est plus qu'un vain mot et la liberté devra disparaître dans le triomphe de l'espèce la plus forte et la mieux douée » (1912) ou dans *La Croix* : « Le citoyen français n'a pas de couleur spécifique », 9 août 1923. Ce quotidien est le seul qui depuis 1919, recommande le recours à l'immigration. Plus que d'autres, les catholiques sont sensibles à la repopulation du pays. Tout en souhaitant que la famille française ait de nombreux enfants, ils admettent que, du point de vue démographique, les migrations puissent présenter des aspects positifs. « Mieux vaut assurément l'immigration que l'invasion », L. Duval-Arnould, *Semaine sociale*, 1926. « Une nouvelle race française sera rajeunie et vivifiée », J. R. L'apostolat auprès des étrangers : la mission polonaise, *Dossiers de l'Action populaire*, 10 février 1925.

Ralph Schor, dans l'ouvrage de synthèse qu'il vient de consacrer à l'opinion française face aux étrangers, constate que « ce furent certainement les milieux catholiques qui poursuivirent la réflexion la plus approfondie sur ... une certaine philosophie de l'immigration ». Celle-ci est un droit « naturel » et non étroitement utilitaire comme le concevaient beaucoup d'employeurs. L'immigration familiale est vigoureusement défendue. Les aspects matériels — logement, santé, égalité des salaires, lois sociales, scolarisation — retiennent tout autant l'attention. Bien entendu se manifeste la préoccupation de permettre la pratique de la religion. La plupart des migrants étant catholiques, l'assimilation sera rendue plus facile : « La prière devant les mêmes autels, la communion à la même table sont essentielles pour cette œuvre d'union qui, là comme ailleurs, doit être l'incessant souci du chrétien », écrit Alphonse Dupront au terme d'une enquête de l'A.C.J.F., *Annales de la jeunesse catholique*, n° 64, 1926. Il faut des prêtres, mais quels prêtres ? Ici des divergences se manifestent autour des moyens propres à contourner l'obstacle de la langue. Faut-il admettre des « aumôniers de l'émigration » venant du peuple migrant lui-même ? La réponse est souvent affirmative et montre combien la tendance naturelle des Français à l'assimilation rencontrait un frein chez certains catholiques.

C'est entre 1920 et 1922 que se met en place à Paris une adminis-tration diocésaine de l'immigration. Le cardinal Dubois en confie la charge à un évêque auxiliaire, ce qui revient à en souligner l'importance. Mgr Emmanuel Chaptal (1861-1943), descendant du ministre de Napoléon est le fils d'une mère juive russe. Il a commencé une carrière diplomatique avant d'être ordonné à 36 ans en 1897. Dans la paroisse Notre-Dame-du-Travail à Plaisance, il a rencontré des ouvriers étrangers. Il parle plusieurs langues. « Evêque des étrangers » il lui revient de contrôler les prêtres étrangers, définis comme « auxiliaires » du clergé français lors de la conférence épiscopale franco-polonaise de 1924 au cours de laquelle chaque évêque polonais s'engage à envoyer un prêtre en France ; de faire la visite canonique des missions ; de suivre la question des conversions éventuelles. Il devient l'un des principaux animateurs de la Commission nationale d'aide aux migrants. Il suscite la naissance des missions catholiques russes, arménienne, ukrairienne, syrienne, celle-ci entraînant la conversion de tous les monophysites immigrés. Dès 1923 il offre une église aux autres communautés, 33 rue de Sèvres. Il soutient des œuvres sociales, y compris étudiantes, et fonde en 1926 la revue *L'Etranger catholique en France*, qui informe et qui combat la xénophobie.

Des évêques appuient cette action : en 1930 à Lyon, l'église Saint-Pierre-des-Terreaux devient paroisse des étrangers. Avec l'aide du comité des Forges, deux séminaristes de Nancy partent chaque année à Rome. L'obstacle de la langue était primordial, les manuels de confession n'y palliant que dans une très faible mesure. La participation à la messe posait moins de problème grâce au latin, comme le rapportent les frères Zaneti venus de Vénétie en 1924. Le « grand étonnement » des paysans de Blanquefort (Gers) « ils l'ont eu quand ils nous ont vus, le dimanche, aller à la messe et chanter avec toute la voix que nous avions dans la gorge. Eux, le dimanche, ils le passaient au café ... Seuls les femmes et les enfants fréquentaient l'église ... Ils n'en croyaient ni leurs yeux ni leurs oreilles. Le curé ... nous a cités en exemple. Dès lors il a été notre ardent défenseur » (J. Anglade). En 1926 Mgr Chaptal recense dans Paris quatre prêtres sachant l'italien quand il en faudrait vingt. Le recrutement de fils de migrants dans les petits séminaires, précoce à Arras, Nancy, Autun, et dans plusieurs diocèses du Midi, ne donnera des résultats qu'à long terme. Il fallait donc utiliser des prêtres étrangers.

Prêtres italiens, dont plusieurs attachés à l'*Opera Bonomelli* fondée en 1910 par l'évêque de Crémone. Mais l'œuvre, qui diffuse *La Patria*, ou même des publications régionales comme *L'Italiano nel Var*, n'a envoyé qu'un fort petit nombre de prêtres et ceux-ci « sont loin d'avoir une influence comparable à celle du clergé polonais » (G. Mauco). Prêtres espagnols : l'un d'eux à Beziers, à partir de 1913, cherche à résoudre la question des mariages : la mairie refuse l'extrait de baptême, pièce officielle en Espagne, et exige un extrait de naissance souvent impossible à obtenir étant donné l'introduction récente de l'Etat-civil. Les retards, les frais ... encourageaient un concubinage nullement volontaire. L'association *San Rafael* fonde quelques sections et diffuse des publications, *Nuestra emigracion, El hogar patrio* et reçoit les encouragements du cardinal Segura venu dans le Midi en 1928-29. Celui-ci est l'auteur d'un mémoire au roi demandant la création de « casas » de mission. Des foyers, le *Solar* à Bordeaux (1920), à Marseille, sont nés d'initiatives privées comme celle de l'abbé Suc, « le curé espagnol » d'Albi. Les Tchécoslovaques ont eu un temps un prêtre très actif à Paris, l'abbé Dvornik ; les Yougoslaves ont un aumônier à Lens, un autre à Liévin ... Ces mentions, bien que lacunaires, attestent d'une présence sans commune mesure avec les besoins.

Ce fut la mission polonaise, dirigée à partir de 1922 par M. Szymbor, lazariste, qui répondit le mieux à ce qu'attendait la diaspora. En quelques années son rayonnement s'étendit sur trente départements desservis par cinquante prêtres sédentaires, autant de séminaristes itinérants et des filles de la Charité. L'hebdomadaire *Polak We Francji* est diffusé dès 1923. La mission qui entretient des relations plus ou moins délicates avec les entreprises et le clergé français est reconnue par les services de l'ambassade de Pologne. Elle s'appuie surtout sur une religion populaire pour qui l'Eglise incarne l'idée nationale, la défense de la langue, et dont la collaboration avec les prêtres est vécue facilement à travers le réseau des confréries. Elle s'appuie enfin sur la richesse d'une vie associative multipliant les sociétés de secours mutuels, les Sokols, le scoutisme ou les groupes culturels. Elle organise de grands rassemblements locaux et régionaux : pèlerinages et congrès, le premier à Metz en 1924, avec une partie religieuse et une partie culturelle. Ces manifestations pour lesquelles, comme lors des processions, on sort les bannières et les costumes régionaux sont considérées comme du folklore par maints prêtres français alors qu'elles représentent une véritable force de résistance.

La C.G.T. ne s'y est pas trompée qui, au nom de la solidarité ouvrière, accuse le clergé polonais d'entretenir les mineurs « dans le fanatisme et le chauvinisme », pas plus que la C.G.T.U. dont le délégué de la Moselle, lors du troisième Congrès de 1923, suggère d'empêcher « par la violence s'il le faut » le déroulement des fêtes polonaises et italiennes : le migrant est admis dans la mesure où il accepte de devenir un élément dans la stratégie pour la lutte prolétarienne. Or l'influence des aumôniers dépend souvent de leur combativité. Jean Stapinski, mineur à Ostricourt (Nord), montre toute la colonie accueillant son prêtre à la gare en 1925. Intermédiaire dans plusieurs domaines, celui-ci « soutenait farouchement les revendications de nos compatriotes » concernant le salaire, les pauses, le logement ; « bientôt, lui et sa soutane furent la bête noire de la Compagnie » qui obtint son rappel. Son successeur fut « plus mordant encore » (J. Anglade). Ce serait donc une erreur que de se représenter les aumôniers polonais comme les « chiens de garde » des Compagnies parmi lesquelles celle d'Aniche, jouant la carte de l'assimilation, refusa au surplus la Mission. Beaucoup se montrèrent plus exigeants que « les chefs syndicaux français », au dire des Compagnies minières (J. Ponty).

Si les catholiques polonais furent favorisés, avec un prêtre pour 10 000 des leurs en 1928, ils le doivent en grande partie à leur volonté propre, à leur cohésion. Ce qui ne veut pas dire que l'influence du milieu français, les conditions de vie, l'isolement de certains d'entre eux, n'aient pas provoqué des abandons, sinon de la foi du moins de la pratique. L'affirmation d'une identité culturelle polonaise n'est au surplus jamais allé sans une lutte constante vis-à-vis de l'opinion française. Mgr Chaptal insistait pour que les enfants fréquentent les catéchismes français. L'Eglise de France ne pouvait voir que d'un mauvais œil la chapelle — comme ce fut le cas à Ostricourt — se construire à côté de l'église. Comme le rappelle F. Delpech, lorsqu'en 1914 fut inaugurée la première synagogue polono-russe, « aucun membre du Consistoire Central ne jugea bon de se déplacer ».

C'est en récompense du sacrifice de beaucoup des leurs durant la Grande Guerre que les musulmans obtinrent la construction de la mosquée de Paris (1922-1926). L'association lyonnaise d'aide aux migrants, animée par le pasteur Brès, ne parvint pas aux mêmes résultats.

Parmi les communautés orientales, il faut citer les Arméniens. Les rescapés du génocide ordonné par le gouvernement ottoman en 1915 débarquent par milliers à Marseille à partir de 1922. Deux facteurs interviennent dans ce choix : d'une part, les liens historiques avec la France depuis les croisades et le rôle de puissance mandataire alors exercé par celle-ci en Syrie et au Liban ; d'autre part, le besoin aigu de main-d'œuvre chez les industriels français au lendemain de la guerre. Fiers de leur conversion précoce au christianisme (le baptême du roi Tiridate — 301 — précède de deux siècles celui de Clovis), trempés par leur résistance séculaire aux pressions de l'Islam turc, forts des milliers de martyrs tombés au tournant du siècle, ces migrants dont l'intégration ne pose aucun problème sérieux, au témoignage des rapports de police, ont le souci d'assurer la pérennité de leur culte.

Les Arméniens dits « apostoliques » sont la grande majorité : tout en restant fidèles aux trois premiers conciles œcuméniques, l'Eglise armé-nienne avait rejeté les conclusions du concile de Chalcédoine (451) qui lui avaient été rapportées sous une forme tronquée. Elle se constitua en Eglise autocéphale dès le VIe siècle. Elle dispose bientôt à Paris de l'église Saint Jean-Baptiste construite à l'initiative de Mantacheff, le magnat du pétrole. A Marseille, grâce à la générosité d'un autre donateur, Vartan Khorassandjian, l'église des Saints-Traducteurs est inaugurée en 1931 par Monseigneur Balakian, âme de sa communauté pendant toute cette période. Les deux évêchés arméniens de Marseille et de Paris jouent un rôle pionnier pour le développement religieux et culturel des Arméniens de France.

Mais les minorités catholique (8,5 %) et évangélique (1,5 %) — proche des méthodistes — sont, elles aussi, actives. Le père Kédidjian dirige la Mission arménienne catholique de Paris qui dispose d'une chapelle, rue Thouin (c'est le siège de l'actuel exarchat) et bénéficie du soutien de l'Œuvre d'Orient. Il y a également des prêtres à Lyon et à Marseille, en attendant un évêque. Le collège des pères Mekhitaristes, fondé à Sèvres en 1846, poursuit son œuvre éducatrice.

Quant aux Eglises évangéliques arméniennes de France, elles se sont constituées avec l'aide initiale de L'Action chrétienne en Orient, mission qui avait été créée en Alsace en 1922 par le docteur Berron. Les pasteurs Ghazarossian à Marseille, J. Barsumian à Lyon (bientôt d'autres à Paris) donnèrent l'impulsion initiale : un premier synode évangélique se tint à Lyon en 1927 ; la première chapelle sera inaugurée à Marseille en 1933.

La contribution de la communauté arménienne à la vie religieuse de sa nouvelle patrie se situe sur deux plans : celui du témoignage, avec la présence de personnalités comme Mgr Bahabanian, évêque catholique qui avait été, pendant les massacres, un authentique confesseur de la foi ; celui de la liturgie, puisque les cérémonies dominicales et les concerts périodiquement organisés à Paris font connaître des chants caractérisés par leur perfection mélodique, leur sereine gravité et leur dimension contemplative.

Une autre communauté est à mettre à part, celle des Russes orthodoxes. Mgr Chaptal et le cardinal de Paris, ce dernier avec plus de maladresse que le premier, semblaient espérer un proche retour à l'Eglise romaine. Le rite catholique « n'est ni latin, ni slave, ni grec... les réfugiés appartiennent à un rite vénérable entre tous » Mgr Chaptal, *D.C.* 7 avril 1923. Il fallait se garder de les traiter de « schismatiques ». Une collaboration s'esquissa mais échoua, après que quelques conversions et l'ouverture par les dominicains du Séminaire Saint-Basile à Lille, eussent alarmé une partie de la diaspora. Une vive campagne de presse éclata en 1925. Les papistes furent accusés de distribuer des secours pour acheter les âmes. Bien que Mgr Chaptal ait trouvé des défenseurs, l'œcuménisme était encore à venir.

D'ailleurs le réveil religieux né dans l'intelligentsia s'intensifia avec l'émigration. C'est en 1922 que se fixa à Paris le métropolite Euloge, l'église de la rue Daru, Saint-Alexandre-Nevsky, étant érigée en cathédrale. Des paroisses surgirent dans des caves, des garages ou des appartements. En 1924 la première église de banlieue fut ouverte à Clamart dans la propriété des princes Troubetzkoï. La même année, grâce à l'aide des protestants américains (John Mott), la communauté orthodoxe achète aux Buttes-Chaumont ce qui devint l'Institut Saint-Serge, ouvert à vingt-neuf séminaristes en 1926, dans une atmosphère qui n'est pas sans rappeler la réouverture des séminaires en France après la Révolution. L'Institut avait la lourde charge d'assurer la relève des Académies de théologie fermées par les Soviets. Mais il se mit au service de l'ensemble de l'orthodoxie. Parmi ses premiers professeurs, Serge Boulganov, revenu à la foi chrétienne après avoir été marxiste, prit une part très active au mouvement œcuménique, menant une action solitaire afin de démontrer aux protestants le bien-fondé théologique de la vénération de la Mère de Dieu chez les orthodoxes. Les groupes de l'Action chrétienne des étudiants russes s'engagèrent au service de l'Eglise comme moniteurs dans les camps pour la jeunesse, en formant des catéchistes ou en aidant les paroisses pendant la semaine sainte en province. *Les Feuillets Saint Serge* diffusaient tous les mois petits articles, vies de saints ou extraits des Pères et des prédicateurs.

C'est en 1928 que Paul Evdokimov passa sa licence en théologie. Ancien élève du lycée de Stavropol, Serge A. Roubakine, posait des rails à Clermont-Ferrand en 1927 avec 250 de ses compatriotes qui avaient formé une chorale et participaient à la messe avec ferveur. Devenu chauffeur de taxi à Paris, il se souvient de l'affluence aux offices dans « le quartier russe de la rue Daru » et de la longue file des pénitents pour la confession pascale : « la religion est pour nous le symbole des anciennes valeurs » (J. Anglade).

Les déracinés n'ont-ils gardé qu'une vague religiosité, la francisation scellant leur détachement ? On se garde bien aujourd'hui de réponses aussi simples. Et tout d'abord parce que l'éloignement religieux pouvait être antérieur à l'arrivée en France, si même il n'en avait pas été pour quelques-uns l'une des causes ? On pense notamment aux milieux anarchistes ou socialistes italiens et espagnols. Ces militants anticléricaux sont présents à Grenoble, à Marseille, à Toulon... bien avant 1914 (J. P. Viallet, P. Milza, R. Bianco). En 1888 est publié à Sète *El Pabellon... periodico republicano anticlerical y fracmasonico* ; en 1912 à Marseille *Brisas libertarias*. En 1909 l'évêque de Nancy fait part au cardinal de Milan de quelques observations concernant les Italiens de son diocèse. Il distingue ceux du Piémont et de Haute Italie « ils ont généralement des principes religieux », de ceux qui viennent de Romagne et « font profession d'incrédulité et d'impiété ». Connaître la région d'origine est essentiel pour les Belges, les Italiens, les Espagnols... Au début du XXᵉ siècle, Madrid compte moins de pascalisants que Paris et Bologne plus de mariages civils ; l'Andalousie, la Catalogne sont les hauts lieux de l'anticléricalisme. F. Peiro, *El apostolado seglar*, Séville, 1933. Parmi les

Italiens des années vingt — ils seraient 12 000 à la C.G.T.U. sur 16 690 étrangers en 1930 — les lecteurs de l'*Unita* et de *L'Avanti* ne manquent pas.

On pense aussi à ces artisans juifs d'Europe centrale qui se réclamaient de leur appartenance au prolétariat. C'est en Pologne qu'ils avaient eu leur premier contact avec une idéologie révolutionnaire. Au moment de l'affaire Dreyfus, plusieurs revendiquent une origine juive mais non religieuse. En 1898 était écrite une « Lettre des ouvriers juifs de Paris au parti socialiste français » où ils se disaient frères de misère de tout prolétaire et reconnaissaient appartenir à une nationalité juive ne reposant sur aucune base religieuse, le texte se terminant par un appel à la déjudaïsation : « A vous (les socialistes) de nous venir en aide pour travailler ensemble à la déjudaïsation et à la déchristianisation des peuples.»

Sans être nécessairement hostiles à l'Eglise bien des migrants catholiques ne pratiquent pas. Ils imitent en cela les Français ou sont victimes de leurs conditions de travail. En pays viticole l'ascension sociale est au prix du travail du dimanche : « en règle générale, les Espagnols ne tiennent aucun compte du dimanche », Assignan (Minervois 1914). La mobilité est bien sûr une autre cause d'abstention d'ordre économique. Pour beaucoup de régions rurales on peut appliquer à l'immigration cette notation du curé de Bessan en 1921 : « Nous avons dans le Biterrois de fortes colonies espagnoles qui échappent presque totalement à l'action du prêtre. Ils font baptiser leurs enfants, se marient à l'église et font enterrer religieusement leurs morts, mais ne fréquentent guère les cérémonies religieuses.» On soulignera aussi les difficultés à fréquenter le catéchisme. Mais la région d'accueil a son importance. Intégrés en nombre relativement restreint dans les chrétientés comtoises ou du sud-est du Massif central, bûcherons et maçons italiens adoptent les comportements majoritaires et, mariages mixtes aidant, il sera difficile de les distinguer des autochtones.

Les immigrés, où qu'ils s'installent, contribuent au maintien, voire au réveil, de diverses formes de religiosité : le port des médailles, l'usage du chapelet, les images de piété ..., bien des Italiens font bénir leur maison durant le temps pascal. Ils suivent volontiers les processions et vont en pèlerinages. « Ils adorent la Sainte Vierge et attribuent à son intervention immédiate tous les événements heureux de leur existence » affirme à propos des Espagnols l'auteur de la *Monographie agricole de l'Hérault* en 1929. Le culte de Notre-Dame-del-Pilar est établi dans plusieurs paroisses. Saint Roch est plus populaire en Italie et en Espagne qu'en France, saint Côme et saint Damien connaissent une faveur nouvelle.

Il est des fervents qui contribuent au réveil des paroisses françaises. Le curé de Montigny-Marlotte (Seine-et-Marne) « est fort heureux d'avoir des Slovaques dans sa paroisse car ce sont les seuls hommes qui osent encore fréquenter l'église » (1926). Un comportement qui, de façon plus massive, est celui des Polonais, des Frioulans, Vénitiens et Bergamasques ... auquel la remontée masculine dans le Sud-Est et le Sud-Ouest doit être en partie attribuée, y compris pour les vocations. A Paris en 1926 le secrétaire du groupe A.C.J.F. de Saint-Ambroise est un Italien. A Clermont-l'Hérault en 1932 le seul vrai militant A.C.J.F. est un ouvrier espagnol de 20 ans qui sent déjà la nécessité de la J.O.C.

Dans les années 1930, l'intégration de l'immigration italienne et espagnole progresse rapidement, la médiation des cultures catalane, languedocienne et provençale étant essentielle. Elle aide à passer du dialecte d'origine au parler français. Cette intégration peut ou non se faire dans un climat favorable à l'Eglise. Le syndicalisme y joue son rôle. Les isolats polonais constituent des noyaux durs qui demeurent plus longtemps imperméables aux influences extérieures. On ne peut donc dire qu'à elle seule l'immigration soit la cause du détachement religieux des migrants, et moins encore qu'elle joue toujours dans le sens du détachement de l'ensemble. Comme les Aveyronnais ou les Bretons à Paris, les Flamands et les Polonais ont pu s'agréger à ces noyaux à partir desquels le renouveau par les mouvements se manifesta.

9

La jeunesse
explore des sentiers nouveaux

La Grande Guerre a modifié les rapports entre les sexes et entre les âges. La longue absence des hommes, une absence souvent définitive, favorise l'émancipation et la valorisation de la femme et de l'adolescence dans tous les milieux.

Le travail au dehors durant la guerre, les responsabilités accrues, la scolarisation croissante, l'érosion des dots, l'importance du célibat, le grand nombre des veuves, autant d'éléments qui contribuent à modifier bien des horizons féminins. La guerre de 14-18, du point de vue de la promotion de la femme compte plus que la Seconde Guerre mondiale. Plus encore qu'hier, dans le domaine culturel, la femme est la « gardienne », dépositaire des valeurs familiales et communautaires. Les traditionalistes, et ils ne sont pas que catholiques, comptent sur elle pour le relèvement moral du pays. Mais il faut aussi préparer la jeune fille à ses responsabilités nouvelles, en particulier sur le plan professionnel. Peu à peu une nouvelle image de la femme se dessine.

Parmi les membres des organisations de jeunesse les pertes ont été particulièrement lourdes, ils appartenaient aux classes d'âge dans lesquelles un homme sur trois ne revint pas. Ceci entraîna, indépendamment d'une désorganisation plus ou moins prolongée sinon même d'un arrêt total des œuvres de jeunesse, une profonde coupure entre les générations. Ce sont des hommes âgés qui, plus encore qu'avant 1914, sont aux postes de commande, dans la politique et dans d'autres secteurs de décision. Les perturbations dans la jeunesse prirent diverses formes. Chez les uns, le désir de conserver une autonomie acquise, suscita une poussée d'invidualisme ; chez d'autres la formation de communautés dans lesquelles il serait possible d'exprimer « des aspirations jusque là non reconnues » (A. Coutrot). L'engouement pour le bal, bien que traditionnel, marqua aussi la volonté de réagir contre la tristesse et les contraintes de la guerre et de ses séquelles. L'engouement pour le sport, que le contact avec les Anglo-Saxons stimula, était plus neuf, surtout chez les ruraux : sa démocratisation contribua au redressement rapide des patronages, préparés, pour une grande part, à l'accueillir : « Le patro ... c'est le grand nombre ... et, pour cela le transformer en sociétés sportives » (abbé Bergey 1914). Mais ce qui traduit le mieux la spécialisation par l'âge et l'innovation pédagogique propre à l'époque, c'est sans doute l'essor du scoutisme, véritable phénomène de génération. Il combina à la fois l'inspiration anglaise, le besoin d'évasion et de dépense physique, et la recherche d'une discipline qui serait librement consentie. La guerre avait permis d'expérimenter son apport et l'attribution aux Eclaireurs unionistes de la médaille de la Reconnaissance française en fut le symbole.

La fraternité des tranchées favorisa le désir de « mêler les rangs », à l'ordre du jour dans beaucoup d'organisations. Il ne faut pas s'y méprendre, cela constituait un changement et suscita donc des résistances, dans un pays où régnait le traditionnel « respect des rangs » (R. Thabault). Mais l'essor urbain, les aspects nouveaux de la croissance industrielle ont joué, dans le même temps, en un sens inverse : celui de la prise en compte de problèmes spécifiques à un milieu social donné. Il est naturel que cette requête surgisse à Paris, dans le Nord ... et qu'au niveau des organisations de jeunesse, elle ait suscité les premiers jocistes. La spécia-lisation des mouvements de jeunesse provoqua des controverses, et pas seulement chez les catholiques. Les progrès de l'école, qui démocratisait peu à peu la société, permirent de dégager des élites dans tous les milieux.

Pour une nouvelle image féminine

C'est sur le terrain pratique plus qu'au niveau de la réflexion que des réponses chrétiennes furent apportées, dès le début du XX° siècle, à un mouvement féministe ultra-minoritaire, porté à dénoncer dans l'emprise religieuse l'une des causes de l'infériorité sociale de la femme. Conduites avant 1914 par quelques éléments précurseurs, les initiatives, qu'il s'agisse d'éducation, d'ouverture à des professions nouvelles ou de vie civique, se multiplièrent dès les lendemains de la guerre, celle-ci ayant mis en avant bon nombre de femmes dont le rôle obscur dans les œuvres était considéré comme traditionnel, ce qui ne signifie pas qu'il fut secondaire. On se bornera à un seul exemple parisien, celui d'Albertine Duhamel, née David-Nillet. Eduquée sévèrement par un oncle, elle n'était autorisée qu'à se rendre à la messe le dimanche. Ce n'est qu'à partir de son mariage, en 1890, qu'elle put se consacrer à l'Œuvre des patronages de Sainte Clotilde fondée pour donner une instruction religieuse aux enfants des écoles laïques (1893). Ayant le génie de l'organisation, du bon sens et une énergie indomptable, elle contribua à l'essor des patronages parisiens s'occupant d'en prolonger l'influence par les colonies de vacances. On la voit fonder aussi en 1900 l'Œuvre des repas populaires, s'occuper de préventoria et de maisons de repos (1905), du Théâtre François Coppée (1910). Itinéraire de dame d'œuvres couronné par la responsabilité des 3 400 patronages, rattachés au Secrétariat national de l'Archiconfrérie des patronages de jeunes filles et la vice-présidence de la Sauvegarde de l'enfance à Paris. La guerre survint et, avec elle, l'ouverture , dès 1914, d'une école de rééducation des mutilés fondée par L. Barthou et M. Barrès : madame Duhamel et son mari vinrent vivre là avec les soldats, jeunes pour la plupart et logés sur place ; « le soir ils jouaient aux dominos avec eux ». A partir de 1918 elle est vice-présidente de l'Office des pupilles de la nation, au nombre de 80 000 dans le seul département de la Seine. A la tête des patronages elle suit avec inquiétude les premières expériences du scoutisme féminin mais devient Chef-Guides (1923-1934), un chef dans le sens complet, voulant être au courant de tout, trouvant dans le scoutisme, « basé sur la discipline et le sens de la hiérarchie, le climat qui lui convenait le mieux » (Marie Diemer). N'est-elle pas digne de figurer à l'égal des fondatrices de congrégations, cette forte femme selon la Bible ? On la voit assumer un rôle de transition qui n'est pas sans mérite et qui fut, en tout cas, bénéfique au scoutisme féminin catholique pour qui une telle caution fut une condition de succès.

Eduquer les jeunes filles, c'était, dans les classes aisées, élever le niveau des connaissances aussi bien religieuses que profanes, mais, et le consensus sur ce point fut longtemps quasi général, sans préoccupation professionnelle. L'enseignement secondaire des jeunes filles, créé par la loi Camille Sée en 1880, donnait à l'éducation laïque les moyens de surpasser, sur le plan intellectuel, et grâce à la qualité de ses enseignants, des pensionnats pour lequel le brevet simple suffisait. Mère Marie du Sacré-Cœur entreprit de fonder une Ecole normale supérieure destinée aux ordres religieux. Elle publia *Les religieuses enseignantes* avec l'imprimatur de l'archevêque d'Avignon (1898). Mais, malgré l'appui de dix-huit évêques, elle fut victime d'une violente campagne, et ce n'est qu'en 1906 que s'ouvrit la première Ecole normale catholique. Dans les pensionnats, plus longtemps que dans les lycées, on se refusa à préparer le baccalauréat. Il faut mettre à part toutefois les initiatives de madame Daniélou à Sainte-Marie de Neuilly : elles anticipaient sur l'enseignement public (Françoise Mayeur). Par contre les jeunes juives et protestantes, qui fréquentaient les lycées de l'Etat et qui leur fournirent une proportion considérable de professeurs et de directrices, prirent une avance qui ne fut que partiellement comblée dans les années 1930. Pourtant, dès 1922, dans un dossier de l'Action populaire consacré aux carrières féminines, on pouvait lire que « la cause du baccalauréat féminin, après tout, n'est pas si mauvaise. ».

Nées en 1902 d'une revue de la Bonne Presse, les Noëlistes, dont les groupes se constituent à partir de 1903, entendent tout à la fois préparer des jeunes filles de pensionnat à jouer un rôle dans leur paroisse et promouvoir la culture féminine. Doté de deux publications de qualité en 1914, *L'Etoile noëliste* pour les cadettes et *Le Noël* pour les jeunes filles, ce mouvement qui mériterait d'être mieux connu, comptait en 1920, 20 000 *militantes*, le mot est de Pie XI, sur 200 000 adhérentes. A partir de 1925 se constituent des Unions diocésaines, les dirigeantes deviennent l'un des piliers des Fédérations de jeunes filles. *Le Noël* contribue alors, avec un succès certain, à l'approfondissement de la culture religieuse et profane.

Eduquer les jeunes filles sans les couper des racines religieuses, c'était chercher à maintenir une influence dans les établissements de l'Etat et, surtout chez les catholiques, améliorer le niveau de l'enseignement libre. Le premier objectif est partiellement confié aux aumôniers des différents cultes, dont l'enseignement est le plus souvent bien suivi dans les lycées. C'était créer des groupes ou des cercles de lycéennes puis d'étudiantes.

L'expérience de la guerre a fortement marqué les dirigeantes de la branche féminine de la Fédération française des Associations chrétiennes d'étudiants. Elles ont encadré des lycéens, elles ont été les interlocutrices des combattants fédératifs : un Charles Grauss soutient contre les anciens de l'arrière, tel le président Raoul Allier, leur volonté d'indépendance. Née dans une famille d'industriels alsaciens, ingénieur dès avant 1914, Suzanne de Dietrich va faire beaucoup pour faire reconnaître aux femmes l'égalité intellectuelle, consacrant sa vie à ce mouvement de jeunesse et à l'œcuménisme. Sous l'impulsion des ses dirigeantes, le mouvement compte, en 1920, quarante-six groupes dont trente-quatre de lycéennes, avec un effectif de 700 membres qui reste stable ensuite. Dès 1916 à l'initiative de Suzanne Bidgrain, les cercles se sont ouverts à des non-protestantes. A la rue d'Ulm, à Sèvres, la prière en commun est faite avec l'autorisation de l'archevêque de Paris. Cette première forme d'œcuménisme débouche en 1925 sur *l'Amitié*. Mais des conversions au catholicisme suscitant des remous, au congrès de 1925, le président Marc Boegner, malgré l'avis des responsables féminines, fait adopter une déclaration réaffirmant la filiation protestante du mouvement. C'est la fin de l'œcuménisme de fusion, les contacts se feront désormais d'organisations à organisations. Par contre des immigrées russes se sont intégrées dans les groupes fédératifs.

Chez les catholiques il semble que les premiers groupes d'étudiantes se forment à Lyon en 1914, Bordeaux en 1915, Montpellier en 1916. La Fédération française des Associations d'étudiantes catholiques naît à Aix en 1923, Augustine Fliche en ayant favorisé la création. Elle se dote de conseillers ecclésiastiques, les abbés Petit de Julleville, puis Gabriel Brunhes. Le recrutement se fait à partir de cercles de lycéennes et parmi les jeunes filles des pensionnats. L'objectif est de mettre la culture religieuse au niveau de la culture profane. Grâce aux congrés annuels de *Pax Romana*, les contacts internationaux vont élargir considérablement l'horizon de ces étudiantes qui, par ailleurs, participent en nombre aux Semaines sociales, fréquentent des retraites fermées et constituent, à partir de 1928 des conférences féminines de Saint-Vincent-de-Paul. En mars 1923, une géographe Myriam Foncin avait lancé sur Paris les Equipes sociales féminines dans le même esprit que leur homologue masculin. On doit à la Fédération la progression considérable du nombre des professeurs catholiques dans les lycées et collèges.

Malgré les difficultés nées de la laïcisation, les congrégations féminines enseignantes, dont le recrutement reste important, améliorent la formation de leurs membres, les Ursulines ayant, semble-t-il, joué un rôle précurseur à côté des Dames-du-Sacré-Cœur, des religieuses de l'Assomption ou des Dames-de-Saint-Maur... Dans l'enseignement élémentaire, à côté des religieuses, des maîtresses laïques furent formées dans des Ecoles normales diocésaines sans qu'existe une véritable coordination nationale. Quant à la présence d'institutrices catholiques dans l'enseignement public, bien que fort difficile à revendiquer, elle se manifesta avec la revue *Aux Davidées* (1916) et le *Bulletin Vert* (1920). Mais c'est l'époque où dans les Ecoles normales publiques triomphe le scientisme et est introduit l'enseignement de la sociologie selon Durkheim : or, pour lui, la société seule est à l'origine de la religion.

Beaucoup plus sans doute que dans le domaine culturel — où les résultats sont nécessairement différés — c'est l'engagement des femmes sur le terrain social qui constitue l'aspect le plus visible du changement à partir de 1914. En 1906 Geneviève Hennet de Goutel a rencontré le Sillon, puis elle participe au Noël. Infirmière durant la guerre, elle meurt victime du typhus en Roumanie en 1917. Sa vie devient l'un des modèles proposés en idéal aux jeunes filles de l'entre-deux-guerres.

Le travail social est l'un des secteurs où la femme peut le mieux réaliser ce que les temps nouveaux lui demandent et ceci dans la continuité avec ce qu'ont fait, des décennies durant, des milliers de sœurs des hôpitaux, gardes-malades ou polyvalentes en milieu rural. En 1896, le marquis Costa de Beauregard ayant publié une étude sur *La charité sociale en Angleterre*, Marie Gahéry, dont la vocation est de travailler à la réconciliation sociale, ouvre le premier « settlement » français à Popincourt, 36 rue du Chemin Vert. Des difficultés surgissent mais les Maisons sociales s'enracinent avec des fondations à Ménilmontant, Montrouge, Montmartre, Levallois. En 1907 Marie Gahéry ouvre l'Ecole pratique de formation sociale. L'année suivante, l'abbé Jean Viollet crée l'Ecole libre d'assistance privée ; en 1911 Andrée Butillard l'une des promotrices des syndicats féminins, fonde l'Ecole normale sociale, à l'origine des assistantes sociales. Madame Alphen Salvador a ouvert en 1900 la première Ecole d'infirmières de France, les infirmières laïques naissant inévitablement

dans un contexte d'opposition aux religieuses que beaucoup de municipalités souhaitent remplacer. Cependant, à Plaisance où son frère est
curé, Léonie Chaptal, qui a fondé un dispensaire anti-tuberculeux et passé
son diplôme d'infirmière, ouvre en 1905 une Ecole privée d'infirmières
formées aux visites à domicile. En 1913 c'est le pasteur Doumergue qui
crée l'Ecole pratique de service social. La même année Renée de Montmort
et Marie Diemer créent l'Association des infirmières-visiteuses de France,
le but étant la lutte contre la tuberculose à domicile.

Cette action dont les promoteurs ont été des protestantes, des
catholiques ou des spiritualistes, est à la fois une réponse aux persécutions
dont sont victimes les congréganistes et un mouvement vers le peuple
dont on ne doit pas ignorer que l'impulsion vint en partie de Rome.
En 1904 recevant Mgr Delamaire, Pie X recommande l'action sociale aux
femmes : « Il ne suffit pas qu'elles s'enferment dans des œuvres de
bienfaisance proprement dites, où toujours l'on sent l'écart des rangs, la
hauteur de celui qui donne et l'infériorité de celui qui reçoit. Non ... je
leur demande d'aller au peuple ... selon l'esprit évangélique lui-même ».
Ainsi le mot d'ordre de mêler les rangs, si difficile à passer dans les
faits, est venu de ce pape, ancien curé de campagne, dont l'antilibéralisme
ne doit pas masquer l'ouverture sociale, deux domaines bien séparés.

Avec la guerre, tout se précipite. Les besoins sont urgents. La mission
Rockfeller, les militantes des Y.W.C.A. américaines, contribuent à accli-
mater l'idée des carrières sociales féminines. Les vocations d'infirmières
se multiplient. En 1921 L. Chaptal présente un rapport sur la nécessité
de réglementer l'exercice de la profession. En 1917 R. de Montmort
fonde les premières surintendantes d'usine auxquelles s'intéressent Michelin, Peugeot ... Elle ouvre l'*Ecole Pro Gallia* de formation des assistantes
sociales. Marie Diemer organise avec l'aide de la Croix rouge américaine, les
premiers cours de Visiteuses de l'enfance.

Après le vote de la loi Astier, A. Butillard obtient des patrons de
la haute-couture l'organisation de cours pour leurs apprenties. Melle de
Demandolx les mit sur pied en 1922. Deux ans après, les premières
Guides de France se recrutent chez Worth, Patou, Molineux et Paquin.
Inspectrice du travail à Rouen, Melle Charrondière fonde en 1923 les
Auxiliaires familiales pour « l'assistance morale des mères » avant d'ouvrir
à Paris une Ecole de service social rattachée à l'Institut catholique (1923).
Les auxiliaires, qui essaiment vite, préfigurent les Instituts séculiers.

En 1931 l'organisme le plus représentatif (7 500 adhérentes) des professions sociales est l'Union catholique des personnels des services de santé, fondée en 1922 par une militante de la Ligue patriotique des Françaises, infirmière au front en 14-18, Marie de Liron d'Airolles, qui suscite en 1931 au sein de la C.F.T.C. le Syndicat national des infirmières et travailleuses sociales. « Il n'y a pas de plus grande erreur économique et sociale que la lutte des classes qui ruinerait à la fois patrons et ouvriers » écrit l'une d'elle, Céline Lhôte, *Essaims nouveaux*, 1931. Profère-t-elle « une énormité », comme une relecture de l'histoire du travail social le suggère ? D'aucuns penseront qu'elle avait peut-être raison avec un demi-siècle d'avance ?

La transition avec la vie consacrée est nettement perceptible. Le travail social est une vocation, non un métier. Ces femmes sont pour la plupart célibataires. Elles ne mesurent ni leur temps ni leur peine, ce qui put donner lieu à des abus. L'apport massif du scoutisme féminin, de toute obédience, est déjà perceptible. C'est en 1932 qu'est créé le Guidisme d'extension, destiné aux malades et aux infirmes. La vocation sociale des jeunes filles est admise par un nombre grandissant de familles bourgeoises.

Les Semaines sociales de Nancy furent consacrées en 1927 à *La femme dans la société*. Des leçons furent données sur « La femme et la profession » : quelles professions ouvrir aux femmes ? Comment les y orienter ? Max Turmann traita de « La protection de la femme dans l'industrie et le commerce » ; d'autres leçons portèrent sur « La femme dans la cité », la question des droits politiques fut évoquée. Le suffrage féminin existait en Angleterre (1917), Allemagne (1920), Pologne (1921). Benoît XV avait déclaré en 1919 : « Nous voudrions que les femmes soient électrices partout ». La Chambre bleu horizon avait voté le projet de loi à une énorme majorité, mais le Sénat le renvoya en 1919, 1922 et 1932. Ni le Cartel ni le Front populaire n'osèrent soulever une question qui divisait la gauche. Dès 1910 le congrès Jeanne d'Arc, émanation de la revue *Le féminisme chrétien* de Marie Maugeret, s'était prononcée pour le vote municipal comme première étape. En 1920 à l'initiative de catholiques se constitua une Union nationale pour le vote des femmes à laquelle la L.P.D.F. adhéra. En 1925 A. Butillard fonde l'Union féminine civique et sociale et le périodique *La femme dans la vie sociale*. Il fallait préparer à l'exercice du droit de vote et obtenir des progrès de la législation en de nombreux domaines. On doit en grande partie aux interventions de l'U.F.C.V. la capacité civile de la femme mariée, le congé de maternité, la réforme du régime matrimonial, la répression de l'abandon de famille. A partir de 1930 la campagne pour « la femme au foyer » veut faire reconnaître « le rôle irremplaçable de la présence domestique ». Nul doute que ces thèmes étaient populaires dans presque tous les milieux alors même que la revendication proprement politique se heurtait au manque d'intérêt « de la plupart des femmes » (M. Dogan, *Les Françaises face à la politique,* 1965). Lors des Etats Généraux du féminisme, organisés en 1929 par le Conseil national des femmes, une organisation laïque présidée par madame Brunschwicg, le point de vue des féministes chrétiennes fut présenté dans un rapport sur « L'unité de la morale » : « Dans notre société actuelle le préjugé masculiniste sanctionne indirectement un statut d'inégalité. »

Les organisations qui firent évoluer en profondeur les mentalités dans les milieux chrétiens furent, outre le scoutisme, chez les protestants la Fédé pour les intellectuels et les Unions Chrétiennes de jeunes filles ; chez les catholiques, les Fédérations diocésaines de jeunes filles. Les U.C.J.F. avait une revue mensuelle, *Le journal de la jeune fille,* avant même de constituer une Alliance nationale en 1894. L'objectif est triple : évangéliser par les études bibliques, l'aide aux missions, le monitorat des Ecoles du dimanche ... ; préserver en mettant en garde contre le « monde », la toilette, le bal, les mariages mixtes ; pour y parvenir susciter des activités attirant les jeunes filles, œuvre du trousseau, caisse de dotation, visite des asiles de vieillards, arbres de Noël pour les enfants pauvres. On sait que des pasteurs ont, semble-t-il les premiers, introduit les arbres de Noël dans la France de l'intérieur à partir de 1865 mais que ceux-ci constituaient encore une innovation en bien des paroisses vers 1890. Des *Foyers de la jeune fille* sont ouverts avant 1914 ainsi que des dispensaires dans des quartiers populaires en partie détachés du catholicisme. Le troisième objectif est d'éducation populaire au moyen de causeries, conférences, cercles d'études, bibliothèques. A Nîmes, comme à Paris, les U.C.J.F., très actives, organisent des cours de sténodactylo, de comptabilité et introduisent avec prudence des activités sportives. Vers 1925 un uniforme apparaît avec cravate et béret bleu marine. Les Unionistes sont soit membres actives soit associées. En 1929 15 000 jeunes filles sont rattachées aux 450 Unions aînées et aux 200 Unions cadettes :

79 **95**

Le vote des femmes

I. — Les Faits

Nous allons au suffrage féminin

à plus ou moins brève échéance, mais nous y allons, c'est un fait.

1° PRESQUE TOUTES LES NATIONS L'ONT DÉJA,

soit total (ou à peu près) : Angleterre et ses Dominions, Allemagne, Hollande, Etats-Unis, Canada, Suède, même la Chine ! etc. ; soit partiel : Belgique, Espagne, Italie, Grèce, etc.

Seules, en Europe, les femmes françaises, suisses et bulgares ne votent pas.

Cent cinquante millions de femmes votent dans une trentaine de pays.

La Conférence de la Paix admet, en 1919, les femmes à tous les postes de la Société des Nations et du Bureau International du Travail.

2° LA FRANCE, A SON TOUR, FINIRA PAR L'AVOIR.

En 1919, **la Chambre**, sur l'intervention de MM. Briand et Viviani, adopte, à une énorme majorité, le projet L. Dumont et Jean Bon (un nom sympathique aux ménagères), conférant l'électorat et l'éligibilité aux femmes comme aux hommes. En 1922, le Sénat renvoie, par 22 voix seulement de majorité, le projet à la Chambre. Un homme d'esprit résume les arguments des radicaux opposants : François Albert, Alex. Bérard, etc., par cette boutade : « Le vote des femmes aux femmes dévotes serait un danger radical ; cheveux longs, idées courtes, ainsi se définit la femme. » La boutade elle-même est tuée par la mode...

En 1925, **la Chambre** du Cartel revient à la charge, se bornant pour l'instant, afin de ménager le Sénat, à admettre les femmes aux conseils municipaux et départementaux.

Les élections de février 1927 pour les *Chambres d'Agriculture*, appellent des milliers de femmes aux urnes.

Malgré la loi, **les Communistes** présentent déjà leurs candidates, tandis que les **Socialistes**, escomptant une prompte décision du Sénat, prescrivent à leurs adhérentes de retirer leur carte d'identité.

Tous les partis de Gauche préparent leurs cadres, créent des Revues, multiplient les Conférences en vue du vote des femmes.

En février 1927, le groupe parlementaire du Suffrage universel se déclare à nouveau partisan du vote des femmes. — Mais le 21 mars 1929 **le Sénat**, de nouveau, écarte le projet de la Chambre !

« Je vous assure, disait Mⁿᵉ Brunschwicg, en une séance du *Comité national d'Etudes*, le 1ᵉʳ juillet 1929, que, pour nous Françaises, il y a quelque humiliation à nous trouver avec des femmes de la Chine, de la Jamaïque et de l'Inde pourvues des droits qu'on nous refuse. »

La campagne continue. On peut être sûr qu'elle aboutira.

(Compte rendu, n° 403, p. 5.)

II. — L'attitude des Catholiques

1° Parfois divisés, au point de vue théorique, sur l'opportunité du vote des femmes, les catholiques comprennent généralement l'urgente nécessité de se préparer pour n'être pas surpris.

S. E. le cardinal Andrieu publie une Ordonnance « sur la préparation des femmes françaises à l'exercice du droit de suffrage ». *(La Croix, 26-1-26.)*

La Semaine Sociale de Nancy (1927), *L'Union d'Études des Catholiques Sociaux* mettent à leur programme la « Préparation des femmes françaises à l'extension prbbable du droit de suffrage ».

Nos grandes LIGUES CATHOLIQUES FÉMININES : Ligue Patriotique des Françaises, Ligue des Femmes Françaises, Union Féminine civique et sociale, Union Nationale pour le Vote des femmes, se préoccupent toutes d'intensifier la formation civique et sociale des femmes de France, les préparant à manier « cette arme redoutable qu'est le bulletin de vote ».

2° D'AUTRES VONT PLUS LOIN, SALUANT DANS LE SUFFRAGE FÉMININ UNE MESURE DE TARDIVE JUSTICE. Ils se rappellent que la femme opprimée par le matérialisme païen, fut *émancipée par le Christianisme ;* que, dès le plus haut moyen âge, *jusqu'à la Révolution,* le rôle civique de la femme française fut bien plus ample qu'il ne l'est aujourd'hui ; qu'un grand Canoniste du XIIᵉ siècle, LE PAPE INNOCENT IV, reconnaît le droit électoral aux femmes, comme aux hommes, à partir de 14 ans révolus.

le développement de ces dernières est la grande nouveauté des années 1920 sous l'impulsion de Marthe de Védrines et de Madeleine Ythier. L'atmosphère de piété dans les Unions continue de baigner dans la lumière du Réveil.

En 1931 il existait des Fédérations diocésaines de jeunes filles dans plus de deux-tiers des départements français. L'histoire des organisations féminines avant le guidisme et l'Action catholique spécialisée est encore fort peu connue. Le socle est constitué par les congrégations mariales, d'autant plus fournies que la pratique religieuse est élevée, échouant là où « la jeunesse préfère les bals », par les chœurs de chant, les patronages, les catéchistes volontaires, les Noélistes, les branches jeunes des deux grandes ligues féminines (1926). C'est au lendemain de la guerre que le rapprochement des œuvres et des classes prit de l'ampleur. Jeune vicaire à Rodez, l'abbé Carnus ouvre un cercle de jeunes filles en 1919. Voulant « mêler les rangs », il est taxé de « démagogue » (G. Bonnefous). La ségrégation d'alors réservait les patros, dirigés par une religieuse, une dame ou une demoiselle, aux classes populaires. Les jeunes filles qui poursuivaient des études fréquentaient de préférence la congrégation de leur pensionnat ou un groupe noéliste, avant les premiers cercles de lycéennes puis les Guides. Ainsi s'entretenait « le respect des rangs ». Les cercles paroissiaux constituent une étape dans le rapprochement des unes et des autres.

En 1922 Pie XI réorganisa l'Action catholique italienne sur un modèle unitaire qui repose sur quatre piliers : les femmes, les jeunes filles, les hommes, les jeunes gens, tous milieux confondus. La *Gioventu femenile cattolica* comptait plus de 300 000 membres en 1925. Ce modèle fut imité en Pologne, en Espagne, en Autriche, en Belgique ... et partiellement en France par les jeunes filles. Il était d'autre part dans la logique de la hiérarchie de favoriser des regroupements dès lors que la politique de défense religieuse faisait appel aux femmes. Les plus anciennes Fédérations remontent à l'avant-guerre : Autun (1909), Châlons-sur-Marne (1911), Tours et Nancy ; mais si l'on met à part Dijon (1920) et Chambéry (1923), c'est à partir de 1925-1926 que le mouvement prit toute son extension du fait de l'impulsion pontificale et de la résistance au Cartel des gauches.

La greffe ne fut pas aussi facile qu'il semblerait. Le particularisme était grand, le curé maître dans sa paroisse, la plupart des parents fort peu soucieux de voir leurs filles en dépasser le cadre. Nommé évêque de Viviers en 1924, Mgr Hurault, qui arrive de Châlons, constitue l'Union Jeanne d'Arc en quelques semaines. Respectant les œuvres qui existent, elle s'adresse aussi aux isolées, âgées de 15 ans au moins. Il y eut 8 000 adhésions. A Rodez une première tentative, en 1923, échoue devant l'opposition de la présidente des Catéchistes volontaires. Il faut l'arrivée de Mgr Challiol, instruit par la nonciature, pour que naisse la Jeunesse féminine catholique aveyronnaise en 1926.

Que les Fédérations soit un regroupement ou un quasi mouvement, l'unité désirée est visible par le nom, la devise, l'insigne, le chant, le drapeau, l'uniforme, bérets blancs, roses, bleus ... Les *Féales suivantes de Notre-Dame* sont à Arras ; *Marguerites* et *Paquerettes* dans l'Oise ; *Fleurs* (Rennes) ou *Bruyères* (Vannes) *d'Arvor* en Bretagne. Besançon a ses *Ruches de l'Est*, Le Jura et le Gard leurs *Vaillantes*, Dijon ses *Plus Vaillantes*, Autun et Belley leurs *Semeuses*, Montauban les *Croisées de la Vierge*, Albi les *Céciliennes*, Rodez les *Rayonnantes*, Montpellier les *Geneviève*, on n'oubliera pas les *Myrtes corses* ...

Les comités diocésains sont recrutés parmi « les filles de notables, d'une certaine culture, d'une piété indiscutable et qui avaient des loisirs » (Jacqueline Roux). Mais dans beaucoup de paroisses rurales les sessions de dirigeantes préparent à la J.A.C.F. de demain.

Le programme est emprunté à la jeunesse masculine « Piété, étude, action », adapté aux contraintes locales. C'est le bulletin mensuel qui est le lien le plus solide entre les groupes, qu'il porte le nom de la Fédération ou présente moins d'originalité : *La Gerbe* à Coutances, *Le Trait d'Union* à Chartres, *La Jeune Fille d'Alsace*, *L'Etoile du Foyer* à Annecy, *L'Etendard* à Tulle, *Notre Bulletin* à Bordeaux, *Fides* à Agen, *Les Fleurettes de Notre-Dame* à Pamiers, *Le Rayon* d'Aix, *Servir* à Valence, *La Voix de Sainte Germaine* à Marseille ...

Sous ces influences gagne une piété plus éclairée, plus christocentrique, mais débarassée du Petit Jésus, et fortement mariale. L'usage du paroissien est prôné « Peut-on dire son chapelet pendant la messe ? — Non », *Geneviève*, février 1927. La communion mensuelle est de règle, l'initiation liturgique une préoccupation, les retraites fermées ne s'adressent plus aux seules catéchistes ou institutrices libres. Le bulletin véhicule un véritable enseignement de théologie morale : des cas de conscience sont discutés ; le commentaire d'Evangile est introduit. Des dirigeantes reçoivent la *Revue de la jeune fille* (1919), où sont évoqués des sujets alors peu abordés, ainsi la préparation au mariage grâce à l'Association du mariage chrétien de l'abbé Jean Viollet. L'horizon social et culturel de la jeune fille est élargi par-delà le simple souci de préservation toujours présent : toilette, radio, cinéma, danses : « Doit-on admettre celles qui dansent ? » *Geneviève*, 1928. On chuchote beaucoup que cela se fait dans les villes. La question du sport demeure très controversée. Les jeunes filles sont invitées à agir dans leur milieu familial, de travail, de loisirs, dans la paroisse. Les cercles d'études nourissent l'ambition de donner une culture religieuse, littéraire, scientifique et sociale. Des sessions d'enseignement ménager sont très suivies (Hélène Bruneau).

Les rassemblements constituent un autre attrait, « une nouveauté joyeuse » (J. Roux) en certains endroits. Les pèlerinages sont de tradition, mais il faut toute la prudence épiscopale pour préparer aux congrès de canton, de zone, voire diocésains : « La mobilisation des jeunes filles hors de chez elles pour assister à une fête commune paraîtra peut-être au début un peu inattendue », elle n'en a pas moins son « utilité » (Mgr Hurault, 5 décembre 1924). Des jeunes filles y lisent des rapports, s'expriment en public. Les défilés enthousiasment : qu'on juge de la traversée de Rodez, le 15 juin 1929, par 12 000 bérets blancs, derrière leurs bannières « véritable voie lactée mystique ». Car les effectifs sont impressionnants. Toujours plus de 1 000, le plus souvent 4 à 8 000, fréquemment beaucoup plus de 10 000, comme à Rodez, Marseille, Metz, Nancy, Cambrai, Lille, Arras, Vannes, Autun ... Peut-être 300 000 vers 1930, pépinière où puiseront les mouvements spécialisés et la Ligue féminine d'action catholique. Un secrétariat national est alors constitué, confié à Anne Leflaive. Le bilan semblait partout très positif. Un esprit commun émergeait, la foi était approfondie, le témoignage donné d'une amitié qui transcendait les différences de culture et de statut social. Prétendre que toutes les adhérentes avaient intériorisé l'impulsion donnée serait en vérité inexact, mais tout autant de réduire à quelques démonstrations extérieures le travail accompli.

L'essor du scoutisme

Que vont retenir les Français de ce que propose dans *Scouting for boys* (1909) cet officier colonial britannique, réformateur social et spiritualiste, Baden-Powell ? Comme Lyautey, il est de ceux qui, rentrés au pays, s'inquiètent de ne plus retrouver les grands espaces favorables à l'esprit d'initative. Comme Lyautey, pragmatique plus que théoricien, il cherche une méthode d'éducation ne négligeant pas de former le caractère. Il faut retrouver la nature. Celle de l'adolescent et des 5 % de bon à faire fructifier en lui par la formation à la loyauté, à l'esprit de service. Retrouver la nature dans le plein air et l'aventure, le camp, loin de la ville et de ses artifices. A partir de ces principes simples, une méthode s'élabore qui fait appel au jeu collectif visant cinq objectifs : le développement du caractère et de l'intelligence ; la santé et la vigueur physique ; l'habileté manuelle ; le service du prochain et de la cité ; le bonheur. Les règles du jeu doivent être intériorisées, les idées-forces sont positives, elles tournent le dos aux interdits ; B.P. est foncièrement optimiste. La méthode repose sur la patrouille, cellule essentielle qui répond au goût inné que l'homme éprouve à former de petites sociétés dans la grande. Le système de progression, les badges, est individuel, écartant l'esprit de compétition. Pas de scout sans B.A., donnant le réflexe du service d'autrui ; armature morale qui n'est pas sans expliquer le succès à venir de tentatives d'auto-gestion animées par des anciens du scoutisme.

Le scoutisme devait séduire en France les milieux partageant les mêmes préoccupations tout en se heurtant à des obstacles plus difficiles à vaincre que dans le monde anglo-saxon.

Il faut s'arrêter aux circonstances un instant : la montée des nationalismes avant 1914, l'impact de la guerre, le culte des héros (Guynemer) dans l'immédiate après-guerre. Elle donne au scoutisme français, entre autre, une connotation patriote, voire militaire, qui, tout en favorisant l'implantation, suscitera par la suite des tensions. Des officiers s'intéressent tout de suite au scoutisme, comme d'autres à la gymnastique et aux sports et pour les mêmes raisons ; des universistaires, comme Lavisse, et ceux qu'inquiètent l'affaiblissement du sentiment national, des réforma-teurs sociaux, laïques ou non. Mais dès le début, le côté spiritualiste divise : un Coubertin prend ses distances, se retrouvant isolé.

Comme la méthode vient d'Angleterre il n'est pas étonnant qu'elle rallie d'abord une opinion protestante qui, au début du XIXe siècle, s'était aussi passionnée pour le *Monitorial system* de Lancaster, l'école mutuelle, qui n'est pas sans analogie avec le scoutisme. Georges Gallienne, pasteur méthodiste, se rend à Guernesey observer un camp scout. Devenu directeur d'une œuvre d'évangélisation populaire à Grenelle, il tente la première expérience en octobre 1910. Il va intéresser à la méthode deux de ses coreligionnaires, le général du Pontavice et le colonel de Rochefort.

En mars 1910 dans *L'Espérance*, journal des Unions Chrétiennes, un article de Terrier donne une première information. Le secrétaire général des U.C.J.G., qui comptent alors environ 7 000 membres, est le pasteur Samuel Williamson, venu à l'Union par la gymnastique en 1893. Il favorise l'éclosion d'une troupe à l'Union de Paris au printemps 1911. Il y en aura 10 en octobre, et 110 en 1914 avec 3 000 Eclaireurs. Ils donnent un sang neuf aux Unions cadettes qui se transforment peu à peu en unités d'Eclaireurs Unionistes. Le succès rapide dans les Unions a une autre raison : le « campisme » y existait depuis 1903 ; Louis Partridge avait essayé la première tente « éclaireur » avant la lettre. Henri et Charles Bonnamaux furent parmi les pionniers du mouvement. En 1920 toutes les Unions cadettes passèrent aux Eclaireurs, non sans remous « Il s'agissait, écrira J. Beigbeder, Commissaire national E.U., de prendre congé des U.C. à la Conférence nationale du Havre en novembre 1920 ». Une majorité des troupes existantes s'était d'ailleurs constituée en dehors de l'organisation unioniste. En 1927 on compte 204 troupes, 93 meutes de louveteaux, environ 5 000 membres. Le camp-école de Cappy, commun avec les E.D.F. est ouvert en 1923. S'il n'est pas chef à 16 ou 18 ans, l'Eclaireur revient à l'U.C.J.G. ou, s'il fait des études, entre à la Fédé s'il n'y est pas déjà.

L'impulsion donnée par Jacques Guérin-Desjardins, Commissaire na-tional de 1924 à 1936 et apôtre de la fidélité absolue à Baden Powell, a été capitale pour structurer le mouvement. La réflexion des jeunes chefs fut orientée vers la psychologie « cultivée sur le fond piétiste hérité des Unions » (J. Pellegrin). En 1923 un chef éclaireur, Jean Beigbeder, soutient la première thèse sur le scoutisme, à la faculté de droit de Paris, *La formation du futur citoyen.* Le commissaire Breittmayer publie *Sois un chef,* ouvrage qui contribua à motiver sérieusement les cadres ; l'ambiance religieuse des camps est une des caractéristiques les plus nettes des E.U. Le besoin de redécouvrir l'Eglise est stimulée chez les jeunes, alors que la restauration néo-calviniste (A. Lecerf, P. Maury) offre une base doctrinale plus ferme. Les E.U. profitent indirectement du retard pris par le scoutisme catholique et des difficultés des E.D.F. En 1927 sur cent E.U. on compte soixante et un protestants, trente catholiques, quatre autres religions (quelques orthodoxes, des israélites en Alsace), cinq indifférents. La répartition dans trois régions retient l'attention sans pour autant surprendre.

Les Eclaireurs de France, branche non confessionnelle du scoutisme sont nés du pasteur Gallienne, de militaires, de pédagogues, tels Georges Berthier, Lorrain et patriote, catholique ayant milité au Sillon, directeur de l'Ecole des Roches en 1903. Il fonde une troupe d'Eclaireurs en 1911. Mais la Ligue d'éducation nationale, née cette même année, enregistre des divergences sur la place à accorder à la religion et c'est faute d'accord que les E.U. naissent le 22 novembre suivis le 2 décembre des E.D.F. Durant la guerre la militarisation de ces derniers est très marquée, ce qui suscitera une crise interne. Le 4 décembre 1918, le Directeur de l'enseignement primaire, P.O. Lapie, dans une circulaire aux recteurs, signale que « le scoutisme est un adjuvant précieux pour le développement intellectuel de l'enfant, il met en pratique la morale qui est enseignée à l'école ». Malgré cet appui, les E.D.F. ont du mal à recruter des cadres. Les milieux laïques sont loin d'être favorables. Pour beaucoup d'enseignants, l'école ne se suffit-elle pas à elle-même ? Les normaliens, déjà peu nombreux à s'engager dans les patronages laïques, le sont moins encore devant un mouvement qui reste spiritualiste. Le commissaire

Régions	T	Protestants		Catholiques		Autres cultes		Indifférents	
Paris-Seine	1161	585	50 %	405	35 %	66	6 %	105	9 %
Alsace	364	249	68 %	85	23 %	27	7 %	3	0,8 %
Cévenole	323	271	84 %	43	13 %	4	1 %	5	1,5 %

général André Lefebvre est tertiaire franciscain. Ces chrétiens se condamnent au silence de leur foi. Mais ils sont respectueux des croyances et résistent aux sollicitations laïcistes qui auraient sans doute élargi le recrutement des chefs.

Le succès du scoutisme jusqu'aux années trente, et même au-delà, est fort relatif si on compare le nombre de jeunes atteints aux effectifs du monde anglo-saxon. Des freins existent en effet. Le principal est sans doute l'existence d'une France où, même dans les villes moyennes, la nature est encore toute proche. Quasi absent dans l'Ouest, le scoutisme se développe à Paris, dans la France plus industrialisée du Nord-Est et sur le littoral provençal, au réseau urbain ancien. Mais il faut aussi évoquer les tendances individualistes qui, le Nord et l'Alsace mis à part, constituent un obstacle permanent à toute vie associative et signaler encore, selon les régions, la force de la contre-société socialiste ou communiste, défavorable à un mouvement dont on souligne le caporalisme ou le confessionalisme. De même la tradition universitaire et scolaire qui n'accorde qu'une place marginale aux activités physiques. Le mépris des jeux et des sports est caractéristique ; les premiers sont relégués parmi les « puérilités », de là leur place reconnue à l'école maternelle ; on appréciera la filiation qui va de l'Inspectrice générale Pauline Kergomard au Commissaire E.D.F. Pierre Kergomard. A la J.E.C. on sera volontiers condescendant vis-à-vis du scoutisme qui détournerait des études. Joue aussi, dans la bourgeoisie, l'opposition des familles closes. Joue encore la résistance des organisations concurrencées, des patronages à l'A.C.J.F. : et l'on dénoncera, là, la tendance « élitiste » d'un mouvement qui se soucie peu du « tout venant ».

Il faut en venir enfin, mais l'obstacle fut vite surmonté, aux réticences de l'Eglise catholique : « Tous les journaux anticatholiques ont prôné les avantages du scoutisme... avec une ardeur trop soutenue pour n'être pas intéressé... dans la pratique le scoutisme détourne de Dieu la jeunesse, en ne lui laissant pas le temps d'accomplir ses devoirs religieux », abbé Cabanel, Congrès diocésain de Montpellier, 1914. En 1913 dans les *Etudes*, le P. Cayes le considère « au moins mal comme un jeu d'enfants, au pis comme l'anticipation de la caserne ». Il redoute un certain naturisme.

Pourtant des expériences ont été tentées dès 1911. En avril à Nice, l'abbé d'Andréis crée les *Eclaireurs des Alpes*, avec l'appui de Mgr

Chapon. Mobilisé à Nîmes, il fonde en 1915 des *Eclaireurs catholiques* qui ont même une troupe de filles. On saisit dans cette ville un aspect de l'émulation confessionnelle. Des sections sont créées à Marseille, Montpellier, Arles. Il y eut d'autres essais à Notre-Dame-du-Rosaire, au Creusot, avec la *Milice Saint Michel* en 1912, etc.

Les Scouts de France naissent de la rencontre de deux prêtres. Le chanoine Cornette, qui s'est laissé persuader en 1916 par deux adolescents revenant d'Egypte, Paul et Marcel Coze, de créer les *Entraîneurs de France*, à Saint-Honoré-d'Eylau. Le P. Sevin, jésuite, qui a fait des études en Angleterre, a rencontré B.P. et expérimenté le scoutisme à Mouscron en Belgique pendant la guerre. De retour à Lille il fonde, en 1919, une association régionale de S.d.F. Des discussions entre Cornette et Sevin naît, le 25 juillet 1920, la Fédération des Scouts de France. L'appui de l'Action populaire n'a pas été inutile. Le premier chef scout, le général de Maud'huy, meurt peu après, remplacé par le général Guyot de Salins. Lui et le chanoine Cornette, aumônier général, iront convaincre les évêques un à un. On a formulé l'hypothèse qu'au scoutisme naissant comme à la J.O.C., fut plus facilement abandonné un « front pionnier », grandes villes, zones industrielles, où les autres organisations réussissaient moins. Jusqu'en 1932 les S.d.F. ont ainsi davantage de troupes en milieux populaires (P. Laneyrie).

Les affiliations se font nombreuses à partir de 1922, année où paraît la revue *Le Chef* et *Le scoutisme*, ouvrage dans lequel le P. Sevin adapte le scoutisme anglais : « les S.d.F. placent la barre sensiblement plus haut que ne le font les autres mouvements » (P. Laneyrie). A côté de « la promesse, la loi et la B.A. » les trois principes sans lesquels il n'est pas de vrai scoutisme, Sevin développe le thème du scout chevalier des temps modernes « avant tout conservateur dans le bon sens du mot. Le scout reconnaît et accepte ... Dieu, la religion, la patrie, la société, la famille, les maîtres » ; le devoir du scout « commence à la maison », ce que Claude Lenoir commente ainsi : « c'est bien parce qu'il s'est montré sous ce jour traditionaliste qu'il a pu se concilier l'Eglise si longtemps hostile aux innovations pédagogiques ». Le P. Sevin insiste sur les moyens pauvres, un ascétisme que les anciens conserveront souvent dans leur style de vie : la pyramide hiérarchique est stricte du Q.G. au chef de groupe et à la base.

En 1922 au sud-ouest de Paris, dans le parc de Chamarande a lieu le premier camp qui rassemble 600 scouts et 25 louveteaux, ceux-ci principalement encadrés par les cheftaines, issues de familles très chrétiennes et de milieux aisés. Leur rôle fut considérable dans la spiritualité du mouvement. Le pape Pie XI accorde son appui au scoutisme catholique lors du pèlerinage international de 1925. En 1926 les S.d.F. sont au nombre de 8 000 dans 60 diocèses. Ils n'évitent pas pour autant la suspicion. En 1927-29 le P. Dieuzayde, de Bordeaux, les dénonce à Rome pour « laïcisme », les chefs seraient trop indépendants par rapport aux aumôniers, et pour « comtisme positiviste », en raison des sympathies Action française de plusieurs dirigeants.

En 1930 avec le maréchal Lyautey comme président d'honneur et un comité de patronage où l'on rencontre R. Bazin, G. Goyau, J. Brunhes, E. Duthoit, Charles Flory, des industriels, Tiberghien, H. de Wendel, Renandin, le président de la Société des agriculteurs de France le marquis de Vogüé, le député de la Moselle Robert Schuman, avec des commissaires de province comptant de nombreux officiers supérieurs et des représentants des élites sociales de tradition, au moment même où ce milieu d'hommes d'œuvres donne moins aux autres mouvements de jeunesse, les S.d.F. ont réussi une greffe parfaite sur le corps du catholicisme français, dont ils deviennent une composante essentielle. Leur influence est déjà perceptible dans le renouveau biblique et liturgique, dans la réconciliation du christianisme français avec le corps, cette guenille pour le rigorisme jansénisant, mouvement amorcé dans les patronages et les sections de gymnastique.

En octobre 1922, Robert Gamzon qui, à 16 ans, a l'idée de constituer des *Eclaireurs Israélites* dans le patronage le *B.L.É.* qu'il fréquente. « Ma mère m'avait dit : il veut faire des boys-scouts juifs, vas-y... Après tout, son grand-père était le Grand Rabbin de France Alfred Lévy, il doit être qualifié au point de vue juif — Au point de vue juif, c'était déjà ça... parce qu'au point de vue scout ! » A. Kanter, *E.I.F.* février 1929. Malgré l'existence de troupes scouts dans d'autres organisations juives et grâce à l'apport technique de jeunes juifs de Transylvanie, les Chomerim — qui apportent aussi une dimension sioniste — Gamzon réussit à créer en 1927 les *Eclaireurs israélites de France* qui essaiment tout d'abord en Alsace. Les rabbins sont peu favorables, ils trouvent que les Eclaireurs ne sont pas assez observants. Mais des notables les encouragent, le poète

Edmond Fleg, le général Geismar qui devient Président. Un badge sioniste est créé en 1928 mais les E.I.F., comme les autres organisations scouts, évitent tout engagement politique (A. Michel).

L'ascèse de la route qui fait redécouvrir à l'homme sa condition de pèlerin, inspire l'élite des routiers. Le premier clan S.d.F. date de 1924, cinq ans plus tard il y a 300 routiers E.d.F., 600 S.d.F. Chez les catholiques l'impulsion vient du P. Doncœur. En 1922 au Katholikentag de Munich, il rencontre Romano Guardini. Celui-ci a fondé le Quickborn, rameau catholique de la Jugendbewegung. Le jésuite français est définitivement conquis l'année suivante au troisième congrès international de la jeunesse catholique. Il veut fonder les Cadets mais se heurte à l'épiscopat et remet à plus tard. Avec le P. Forestier il lance alors la Route qui devient la branche aînée du scoutisme. La dure pédagogie des camps itinérants est essentielle. Doncœur conduit les routiers à Rome en 1926, en Pologne en 1930, ranime le pèlerinage de Chartres en 1931. Des Noëls, émergent en 1930 les *Comédiens routiers* formés par un ami de Jacques Copeau, Léon Chancerel. Plus tard le chant donnera naissance à la chorale *A Cœur Joie* de César Geoffray. La même ascèse inspire les *Compagnons de Saint François* (1926) dont les pèlerinages majeurs (dix jours) commencent en 1927 à Sainte-Odile en Alsace. Ainsi le pèlerinage médiéval ressuscite : marche à pieds, méditation à l'aube, repas frugal, chapitre tenu l'après-midi, véritables cercles d'étude, feu de joie le soir dans les villages. Dans l'équipement figure le carnet de chants (J. Folliet est chansonnier général) le missel et le chapelet. Dans la promesse, l'engagement de se dévouer à une œuvre d'Action catholique. Des « bandes » se constituent à Paris, dans le Nord, en Lorraine, en Bretagne, dans le Sud-Est. *L'appel de la Route* contribue à développer une spiritualité exaltant le mariage comme vocation divine, et la famille où se pratique la joie chrétienne « Où ... la joie franciscaine peut-elle mieux fleurir que dans un foyer nombreux ? », 1930.

En 1930 près de 40 000 jeunes sont atteints par le scoutisme (25 000 S.d.F., 8 000 E.d.F., 5 000 E.U., 1 200 E.I.F. ...). La méthode de formation permet au garçon de prendre la mesure de ces capacités, développe en lui les sentiments de responsabilité et de loyauté. Du point de vue religieux le scoutisme prolonge la persévérance et va beaucoup plus loin pour quelques-uns. Que les dimensions sociales de la loi ne soient pas suffisamment mises en valeur est une certitude. Le scoutisme incline-t-il pour autant à vivre « hors du réel ... dans un monde quelque peu mythique » (A. Dansette) ? Non, car il éduque les jeunes à l'habileté manuelle et au service des autres. Il les invite à se débrouiller, à s'adapter dans la vie.

La mixité est alors inconnue dans les mouvements de jeunesse si ce n'est, plus ou moins timidement, dans des associations où il y a des étudiants. Il existe donc un scoutisme féminin, il est en plein essor en 1930. Pourtant les résistances ont été et restent encore, toujours très vives, qu'il s'agisse des familles ou des Eglises. L'uniforme, le sac-à-dos, le camp suscitent effroi ou sarcasme : « A Montmartre les gamins nous poursuivaient de quolibets » (A. Butte, 1917).

Mais, selon le précieux témoignage d'Antoinette Butte (1898-1986), le scoutisme était dans l'air : « De quoi étions-nous saturées ? D'une époque victorienne bien pensante, d'un bourgeoisisme raide et pharisien, dont les indéniables vertus devenaient pesantes ... dans la société, l'art, la religion, bref ... de la Belle Epoque ». Si le scoutisme ne fut pas contestataire, il fut émancipateur et surtout pour les filles.

Les premières expérimentations remontent à 1912 (Melle Fuchs au Foyer de la rue de Naples), mais la première unité « conforme à la vraie doctrine » date de 1917. Le pasteur S. Diény envoie les sœurs Antoinette et Hélène Butte à la Mission populaire (Montmartre) où l'on manque de monitrices. Là, il leur est demandé de créer une troupe d'Eclaireuses, « il fallait inventer ... je rédigeai le premier manuel ». Au lycée Victor Hugo où elle est inscrite, A. Butte crée une section : « dans notre esprit elle devait fournir des cheftaines pour les quartiers populaires et faire sortir les bourgeoises de leur milieu ». Ceci est bien dans l'air du temps, mêler les rangs, ce qui est encore plus difficile pour les filles.

De leur côté Reine Walther et Renée Sainte-Claire Deville travaillent à ce qui devait être plus tard la méthode des *Petites Ailes*. En 1918 est créée une Comission nationale des Eclaireuses Unionistes, indépendante des U.C.J.F. Le mouvement naît au congrès de Lyon en 1920. L'année suivante, à Epinal, est constituée la Fédération française des éclaireuses, avec trois branches, Unioniste, Laïque et Libre, cette dernière pour les catholiques : elle disparaîtra lors de la fondation des Guides, la troisième branche sera maintenue mais pour les Eclaireuses israélites. La promesse fait référence à Dieu, à « l'idéal » pour la branche laïque. La vie des unités est autonome, mais les camps nationaux rassemblent toutes les

Eclaireuses : « à l'heure religieuse quotidienne on se séparait en trois groupes pour la méditation ... on entendait curieusement chanter en latin chez les protestantes, et des cantiques protestants chez les catholiques » (A. Butte). Dans la FFE l'influence prépondérante des Unionistes donne une allure « un peu symboliste et biblique qui ne messied pas aux jeunes filles » (C. Lenoir). La préparation au rôle futur de mères de famille n'exclut pas l'ouverture vers d'autres horizons.

La directrice du patronage catholique de Saint-Hippolyte termine ainsi son rapport en 1920 : « Il semble qu'il y aurait, pour l'organisation des jeux dans nos patronages, grand intérêt à connaître les méthodes scoutes et à s'en inspirer ». « Qu'attendent les catholiques pour s'occuper de scoutisme féminin ? Vous devriez alerter les dirigeants, leur demander de s'unir à nous dans une fédération commune » lui dira quelques mois plus tard R. Sainte-Claire Deville. Cependant, à l'Archiconfrérie des patronages, madame Duhamel s'interroge. Elle reçoit la visite de Marie Diemer qui veut refaire la France chrétienne. C'est une protestante qui chemine vers le catholicisme. Dans l'été 1922 un observateur est envoyé au camp international d'Argeronne en Normandie. L'hiver suivant Miss Marx fait un essai au patro de Saint-Hippolyte. D'autres expériences ont lieu au patro Montcalm (madame Hirsch), à Grenelle, à Saint-Honoré-d'Eylau, pour les apprenties des maisons de couture, à Louviers, Rouen, Lyon ...

C'est en juin 1923 qu'est créée la Fédération des guides de France que madame Duhamel préside. C'est elle qui voulut le bleu marine de l'uniforme. Son autorité ne fut pas superflue pour apaiser les inquiétudes. De bonnes fées, il est vrai, se penchent sur le nouveau berceau. On trouve au Comité protecteur, A. Butillard, madame Chenu de l'Action sociale de la femme, la comtesse Desvernays et la vicomtesse de Velars qui président les deux ligues, la comtesse de Fels, présidente de la Fédération d'éducation physique féminine, madame Achille Fould, présidente de l'Ecole des infirmières ... M. Th. Cheroutre situe la naissance des Guides à la rencontre de trois courants : l'influence internationale, le catholicisme social et l'orthodoxie catholique. On soulignera qu'il s'agit d'une initiative de laïques, non de prêtres. Avec madame Duhamel le chanoine Cornette n'a jamais été qu'un « aumônier-conseil ». On espère revigorer les patronages urbains et atteindre une élite qui avait tendance à déserter les Enfants de Marie. L'insistance sur la formation en vue du foyer ne surprend pas : « Si le scout est fait pour l'extérieur, la guide est faite pour l'intérieur » (Cornette 1923). Mais la formation des cheftaines - qui comprend des conférences sociales, des cours de Croix Rouge, donne cette ouverture qui rend compte du devenir multiforme des Guides.

En 1927 il existe quarante et une Compagnies dans seize villes. La même année sont créées les rondes de Jeannettes (7-12 ans) et, en 1930, les Guides aînées, réunies en feux. Le mouvement, qui compte alors 5 000 membres, va se développer rapidement : « La France vous attend, l'Eglise vous appelle, Dieu vous envoie. Vos chefs ont confiance en vous », A. Duhamel, *La Guide de France*, n° 1, octobre 1927. La composition sociale des unités dépend des lieux d'implantation. Exemplaire paraît le cas de Montpellier qui compte quatre compagnies en 1930 : la première pour les pensionnats, la deuxième pour les jeunes filles d'un patronage paroissial, la troisième pour les élèves de l'Ecole primaire supérieure, la quatrième pour les jeunes filles du lycée (M. Bourrin). La direction est assurée par des femmes issues des classes dirigeantes « dont la plupart sont des novatrices en matière sociale et qui connaissent les limites des œuvres » (A. Coutrot). Yvonne Arnaud a 27 ans et le brevet libre. Fille d'un inspecteur général d'assurance, elle exerce un bénévolat en faveur des Enfants de Marie, crée la croisade eucharistique, catéchise les forains, s'occupe de la protection de la jeune fille. Cette position sociale lui permet de lancer le guidisme à Montpellier (1927-1930) : « Les guides de la première heure se souviennent encore avec terreur de la vénérable supérieure de leur pensionnat menaçant de renvoyer celles qui allaient camper ». Les parents interviennent : « Ma mère nous regrettons pour nos enfants, mais il y a d'autres institutions en ville, or il n'y a qu'une compagnie de guides et je tiens à ce que ma fille fasse du scoutisme » (Jeanne de La Jonquière).

Selon Aline Coutrot, le guidisme eut la chance de naître avant la création de l'Action catholique en 1931 qui resserra la tutelle de la hiérarchie sur les œuvres et mouvements. Le second avantage propre à l'ensemble du scoutisme féminin fut de n'être pas mixte, « une grande chance pour la promotion de la femme » (A. Coutrot). Les mouvements féminins ne furent jamais la simple réplique des mouvements masculins. Pour A. Butte « La mixité pour les adolescents est une erreur idéologique qui neutralise tout. Il s'agit de former des femmes et des hommes, et non des êtres asexués. »

Vers la spécialisation, les premiers jocistes

L'adolescent de l'après-guerre est moins docile que ses devanciers. Les disciplines familiales se relâchent, la bicyclette démocratisée procure une liberté de mouvement qui renforce les tendances à l'autonomie. Dans les villes d'abord, comme R. Garric et ses camarades le constatent, les curiosités se développent. Une meilleure instruction rend la lecture plus abordable fut-ce celle des seuls journaux. La fréquentation du cinéma, la T.S.F., le développement du sport élargissent les horizons.

Le temps du patronage où l'on prie et où l'on joue serait-il dépassé ? Il faut tenir compte de l'âge et des conditions locales. Bien avant 1914, les « désertions » après la première communion étaient, dans beaucoup de régions, le cas le plus courant. La guerre emporte bien des patros qui ne reposaient que sur la bonne volonté d'un vicaire. Qu'on pense à l'hécatombe de l'encadrement ! Plus qu'auparavant, la « ronde des vicaires » va nuire à l'institution. Seules les œuvres importantes sont assurées de durer. De la rue de Trévise (U.C.J.G.) au B.L.E. (israélite), à Sainte-Mélanie (5°), Le Chantier (12°), Saint-Hippolyte (13°), Plaisance (14°), Le Bon Conseil (7°) ou Championnet (18°)... les grands patros parisiens ne risquent guère. « Laïcisés », les frères des Ecoles Chrétiennes, ceux de Saint Vincent de Paul, les timoniens, les salésiens tiennent, forts de leur cohésion et de leur expérience. De jeunes cadres des Y.M.C.A. viennent en renfort dans plusieurs Unions chrétiennes.

La première réponse à la crise du patronage est de diversifier les activités en son sein, en somme de « spécialiser ». A ceux qui sont portés à la réflexion, qui, « comme les apôtres » veulent « partir à la conquête des âmes » (P. Azéma, *Bull. de l'Œuvre des Frères*, Montpellier, mai 1906), le cercle d'étude est proposé. On a vu qu'E. Montier avait favorisé sa propagation au sein des patronages normands (N. J. Chaline). Un fois le Sillon condamné, la suite logique est l'affiliation à l'A.C.J.F. Mais le cercle d'étude ne saurait convenir à tous. Le théâtre, la musique restent d'excellents moyens pour recruter des jeunes gens. J. Deniel et M. Lagrée montrent l'adhésion enthousiaste du clergé paroissial breton à la lanterne de projection qui eut ses apôtres convaincus jusque dans la Haute-Povence. « Si le vénérable Michel Le Nobletz reparaissait ici, il serait projectionniste », *S. R. Quimper* 1911. C'était la version moderne des célèbres « tableaux de mission » employés ici lors de la réforme catholique. Bien avant 1914, l'A.C.J.F. milite en faveur du cinématographe. En 1925 Brest compte neuf cinémas paroissiaux. L'introduction du Pathé-Rural bénéficie du soutien attentif de l'Union des œuvres où, en 1928, le P. Bard succède au P. Anizan. *Le Patronage, La Vie au Patronage* contribuent à faire connaître les nouveautés techniques. L'Action populaire appuie : pour le P. Desbuquois « Les patronages ne sont plus seulement des organismes de préservation, mais avant tout des écoles de cadres » (1920). Préserver, c'est trouver le moyen d'assurer la « persévérance » au-delà de la première initiation religieuse. La répétition du même discours, entre 1880 et 1950, montre ce que sont et ne sont pas les patronages. Elle invite à fuir toute vision stéréotypée.

Dans l'avant-guerre les sections de gymnastique et de tir ont beaucoup recruté en milieu populaire urbain. Elles sont agréées comme sociétés de Préparation militaire. Le mouvement continue sur sa lancée, les trois-quarts des certificats de P.M. auraient été obtenus dans un patronage catholique. L'impulsion est venue de la Fédération gymnastique et sportive des patronages de France créée par le docteur Paul Michaux en 1898. Mais la spécialisation qui a le vent en poupe, à partir de 1919, c'est le sport, le football en particulier : trois équipes en 1901, seize en 1902 ... plus de mille en 1923. En 1914-1918 sur 110 000 mobilisés, la Fédération compte 25 000 morts. Pourtant le renouveau est extrêmement rapide :

	Unités régionales	Sociétés affiliées	Membres actifs
1914	40	1 700	150 000
1923	50	2 100	200 000

Nul doute que « l'âge d'or » des patronages, entre 1920 et 1930, ne doive beaucoup à l'engouement pour le sport. L'objectif des dirigeants de la Fédération — le juriste François Hebrard a succédé au docteur Michaux — est « par l'emploi rationnel de la gymnastique et des sports athlétiques de développer les forces physiques et morales de notre jeunesse ouvrière » (1923). Le recrutement populaire est aussi nettement affirmé que la prudence vis-à-vis de tout entraînement politique.

La première force de la Fédération, c'est le football. Il existe des équipes prestigieuses comme l'Etoile-de-deux-lacs ou le Patronage Olier. Des championnats régionaux sont organisés. Mais le basket-ball — la Sportive d'Ivry-Port est l'une des meilleures équipes de France — l'escrime, la natation sont des disciplines où excellent les athlètes de la F.G.S.P.F. Avec la pelote basque on saisit le lien établi par des clercs entre une chrétienté et ses formes de sociabilité ; la même remarque pouvant être ici faite pour la danse traditionnelle. En 1921 à Strasbourg 16 000 gymnastes se rassemblent durant trois jours dans une ville pavoisée et enthousiaste. La même année les Français sont à Maribor en Yougoslavie ; ils se mesurent l'année suivante à Brno aux Tchécoslovaques au pays des Sokols. Restant en prise avec la jeunesse populaire, les U.C.J.G. participent au mouvement sportif, défilent à Paris aux J.O. de 1924, et mettent en compétition leurs équipes de football, de basket et de volley qu'elles introduisent en 1918.

Ce ralliement aux sports ne se fait pas sans résistance. La tentation existe dans certaines Unions d'oublier quelque peu les deux autres côtés du célèbre triangle unioniste (corps, esprit, âme). Des directeurs de patronage condamnent « l'extériorisation des œuvres » et maintiennent que « rien ne vaut les quatre murs d'une œuvre ». En face on invoque saint Paul, le corps humain temple du Saint-Esprit, la surnature qui n'a pas pour but de détruire la nature. Le sport peut être le chevalier servant des activités spirituelles. Il est porteur d'énergie morale et moins inquiétant que des relations dissipantes. Onze jeunes conduits par un bon capitaine sont moins exposés qu'un jeune isolé. Comme pour le scoutisme, les adeptes du sport cherchent à faire prévaloir une vue optimiste de l'homme : il s'agit moins de préserver par la contrainte que de créer de fortes personnalités. De plus, le réalisme impose de prendre les jeunes tels qu'ils sont : « Qu'il ne soit jamais dit que les catholiques par une abstention née du moindre effort... se soient mis en marge de la vie » (J. Aubert, *L'éducation morale et les sports*, *S.R. Paris*, 6 novembre 1920). Beaucoup de champions ont ainsi fait leurs débuts sous les couleurs d'un patronage : la tradition est continue de Jean Bouin et Jules Ladou-mègue aux frères Hidalgo, en passant par les Emmanuel Gambardella et autres René Vignal. La fréquentation prolongée du patro a favorisé le maintien dans l'orbite religieuse et, sans aucun doute, le nombre des mariages à l'église ou au temple. A l'école du bénévolat il est non moins certain que des vocations religieuses ont pris naissance au sein des patronages. Serre-chaude ou vivier, ils purent être à la fois l'un et l'autre.

Une autre formule de renouveau commence à poindre : c'est le 8 décembre 1929 que le P. Courtois lance pour les jeunes garçons des patronages l'hebdomadaire *Coeurs Vaillants*, dont la vedette devient le dessinateur belge Hergé.

La tendance à la spécialisation, si elle restait interne au patronage n'était pas sans risque de déviations : poussé à outrance, le sport, par exemple, tend à l'élitisme, ce qui est à l'opposé de la vocation du patronage. Mais quand cette spécialisation s'est développée au dehors, elle a contribué à dévitaliser l'institution. Le premier concurrent a été le scoutisme, moins sans doute au niveau de la base que de l'encadrement. De grands lycéens, des étudiants sont devenus chefs de troupe ou routiers qui auraient donné des cadres aux patros. S'il y avait chez les catholiques, et au moins dans les villes, place pour beaucoup d'organisations, l'exemple protestant montre que les Unions chrétiennes ont souffert du départ des « intellectuels » — les Fédératifs —, et des fils de la bourgeoisie — les Eclaireurs —. Cet émiettement sera vite regretté (P. Poujol). Dans une perspective d'éducation religieuse on peut se demander si le scoutisme n'a pas réussi une meilleure synthèse avec les activités physiques ? On n'oubliera pas cependant que la troupe scoute se constitue à partir d'un milieu plus homogène, le recrutement ne s'adressant pas au « tout venant ».

Un bon exemple de la prolifération des organisations nouvelles se trouve dans la jeunesse juive. Le courant de rejudaïsation a donné naissance en 1911, à l'Association des jeunes juifs. Les consistoires apportent leur appui à différents patronages dont le B.L.E. En 1919 le Grand Rabbin Maurice Liber crée *Chema Israël* qui parvient à atteindre des juifs français. Mais ceux-ci restent sans prise sur les juifs étrangers : R. Sommer rapporte (en 1983) l'échec du Cercle israélite de Belleville « Je leur disais Dieu, ils me répondaient Marx ». En 1923 l'Union universelle de la jeunesse juive recrute elle aussi parmi les Français. Aimé Pallière, catholique converti, suggère d'y accepter des non-juifs comme sympathisants, « créer une sorte de Y.M.C.A. juive pour faire contrepoids à la propagande effrénée que cette association de jeunes chrétiens fait dans le monde entier ». En 1924 naît un Club de la jeunesse juive ; en 1926 une Jeunesse libérale israélite, et aussi à Strasbourg, Yechouroun où le sport est dominant, mais de stricte observance. En 1928 le sionisme révisionniste recrute à Paris et dans l'Est avec le Betar, ce qui écarte les juifs pieux. Vers 1930 Hachomer Hatzaïr — la Jeune Garde apparue en Galicie en 1913 — est implanté par des scouts tunisiens : les Chomerims s'orientent vers le socialisme et recrutent parmi les immigrés. Si l'on n'oublie pas l'Union des étudiants sionistes et les E.I.F., on mesure l'éventail qui s'offrait à des jeunes juifs dont les origines, il est vrai, étaient de plus en plus diverses (D. Delmaire).

Au sein des mouvements protestants, la Fédé étudiante joue un rôle d'avant-garde, bien qu'elle ne dépasse pas les deux mille membres, implantés dans les villes universitaires et quatre-vingts lycées. Le nouveau S.G., Pierre Maury, parvient à renouer des relations avec les étudiants allemands. Au christianisme subjectif et optimiste marqué par l'influence anglo-saxonne et fondé sur l'expérience religieuse individuelle et l'idée de la collaboration de l'homme à l'avènement du Royaume, se substitue un christianisme objectif, plus marqué par les influences germaniques, qui s'appuie sur l'autorité de la Bible, la toute-puissance de Dieu et dont le pessimisme sur l'action purement humaine remet en honneur le calvinisme et la théologie de la prédestination qu'enseigne le professeur Auguste Lecerf. La Fédé cependant veut rester en prise avec les grands débats d'idées de son temps et poser toutes les questions que se posent les étudiants. Les idées freudiennes conduisent à prendre des distances vis-à-vis des états d'enthousiasme subjectif : un style spectaculaire d'évangélisation est remis en cause. « La génération nouvelle — dit P. Maury en 1925 — n'entend être dupe ni de son simple cœur, ni de ses désirs ». L'influence de Gide conduit à un certain refus du moralisme : P. Burgelin et R. Jézéquel osent même affirmer que « l'immoralisme a été au début une réaction salutaire contre l'effroyable pharisaïsme dans lequel nous vivons ». Si les principaux débats portent sur la théologie et la morale, des étudiants s'intéressent aux questions sociales autour d'A. Philip ou de G. Lasserre. L'idée de l'objection de conscience se développe dans la même mouvance. Bref, la Fédé, accusée parfois de n'avoir pas les pieds sur terre, se trouve au carrefour des débats intellectuels et prépare une génération de dirigeants des Eglises et des communautés (R. Fabre).

En 1920 le Cercle Ozanam de Strasbourg proposa aux étudiants catholiques de former une association nationale. Celle-ci se constitua en 1922 regroupant trente cercles et groupes des Grandes Ecoles, avant de devenir la F.F.E.C., publiant l'*Etudiant catholique*. Des retraites fermées, des messes pascales à l'affluence très considérable, des congrès annuels traduisent une vitalité — 7 000 membres en 1929 — assez contrastée selon les lieux et les années. Les membres des groupes recherchent des camarades ou entretiennent une réflexion qui provoque des engagements par-delà des clivages politiques. J. F. Sirinelli vient de montrer qu'à l'Ecole normale les « talas », qui constituaient dans les années vingt le groupe statistiquement le plus important, formaient une nébuleuse peu politisée, une minorité penchant à droite (P. H. Simon) une autre à gauche (H. Guillemin). Méfiant vis-à-vis des engagements politiques ou sociaux, un jeune mathématicien, Marcel Légaut réunit des normaliens autour d'un approfondissement spirituel : à partir de 1927, leurs retraites d'été accueillent de jeunes instituteurs.

Sous la présidence de Charles Flory (1922-26), puis de François de Menthon (1926-29), l'A.C.J.F. met l'accent sur l'engagement civique de ses membres avec le slogan « civiques parce que sociaux ». Lorsqu'en 1924 le Cartel des gauches fait revivre l'anticléricalisme, c'est l'A.C.J.F. qui dans de nombreux diocèses mobilise des hommes avec le plus d'efficacité. Par la suite l'association prend ses distances vis-à-vis du courant nationaliste et conservateur. Elle soutient le rapprochement franco-allemand avec la participation de Flory au *Bulletin catholique international* (1925) et combat l'Action française. La politique « n'est pas l'unique nécessaire. Son invasion nous fait courrir trois risques : égarement pour chaque individu, division dans nos groupes, compromission pour le mouvement » (Georges Bidault, *Annales de la J.C.*, 25 mars 1926). Dans l'ouverture à une conscience internationale il faut souligner l'influence de *Pax Romana* qui débute à Friboug en 1921 et de l'association *Ad Lucem* fondée à Lille par Robert Prévost ; ainsi que l'audience de l'exilé Dom Sturzo.

On retrouve la postérité du Sillon dans l'action personnelle de Marc Sangnier avec les rencontres de Bierville, un domaine proche d'Etampes : en 1926, 6 000 jeunes venant de trente-trois pays s'y rassemblent sur le thème de la paix. Cette filiation du Sillon nous la retrouvons chez les Moissonneurs (1924) d'Henri Colas, apôtres par la chanson ; chez les

Compagnons de saint François : Joseph Folliet avait fréquenté Bierville. On la retrouve parmi les prêtres qui propageront la J.O.C., de même que parmi bien des dirigeants passés à l'A.C.J.F., comme Gay à Toulouse ou Boulet à Montpellier, présidents diocésains de l'association.

Fidèle à la notion de chrétienté comme pénétrée du rôle dévolu aux classes dirigeantes, l'A.C.J.F., sous ces influences, évolue peu à peu vers la démocratie chrétienne.

Jacqueline Roux apporte de précieux renseignements sur une Union diocésaine, la Jeunesse catholique de l'Ardèche (1903-1942). Forte de quatre-vingt-quatorze groupes et de 3 000 membres en 1914, elle perd 1 317 des siens durant la guerre et plus de vingt groupes disparaissent. Le renouveau est très sensible en 1924. Comme il y a trois fédérations, l'influence de l'aumônier, l'abbé Antoine de Casteljau, semble prévaloir. La piété est entretenue par des retraites fermées annuelles réunissant une moyenne de 300 participants. Des liens d'amitié durables y sont contractés entre jeunes de différents milieux. Les abbés Thellier de Poncheville et Bruno de Solages, le P. Valensin viennent donner les instructions. La communion mensuelle se généralise. L'étude est stimulée par le mensuel *La Gerbe*. Une quinzaine de sujets sont proposés chaque année, les cercles se tenant surtout en hiver. Un enseignement profes-sionnel agricole est dispensé. Chaque fédération tient son congrès annuel : R. Garric, Maurice de Solages, Robert Schuman, Francois de Menthon sont au nombre des orateurs invités. L'action se situe à deux niveaux. Celui des « services » : soldats, théâtres, chanson, sport. Celui du social, avec la création de caisses de crédit, de mutuelles incendies, bétail, de coopératives, en particulier des caves coopératives du Bas-Vivarais. La Jeunesse catholique fournit au département ses cadres pour une génération. Un tel succès explique les fortes réticences à la spécialisation.

« Si on essayait ? » suggère l'un des jeunes participants amenés par Georges Quiclet en voyant le manuel de la Jeunesse ouvrière chrétienne belge. A Clichy le nouveau vicaire de Saint-Vincent-de-Paul, Georges Guérin, réunit un petit groupe. Le premier tract jociste est tiré le 9 juillet 1926.

Le réveil religieux, stimulé par l'anticléricalisme renaissant, est d'au-tant plus marqué ici qu'un maire communiste vient d'être élu (5 356 voix sur 13 000 inscrits, il y a eu plus de 6 000 abstentions), et que la nouvelle mystique apparaît autrement plus redoutable que l'idéologie laïque qui a cependant préparé le terrain. Pourtant les deux paroisses de Clichy ne sont pas à l'abandon : on y compte huit prêtres pour 50 000 habitants, des communautés de religieuses, trois écoles, deux syndicats C.F.T.C., sept patronages. A Notre-Dame-Auxiliatrice il existe un cercle A.C.J.F. : là le Sillon ouvert par M. Fontaine fructifie, le zèle n'est pas sans résultat (P. Lhande). Le plus grand nombre des enfants est baptisé, 80 % des mariages sont bénis par un prêtre, les églises sont pleines pour les nombreuses messes du dimanche matin.

Mais ceci saurait-il satisfaire le jeune vicaire qui s'occupe des apprentis ? Il obtient certes des entrées à la Croisade eucharistique jusqu'à l'âge de 15 ans. Il développe la conférence de Saint-Vincent-de-Paul, mais ses conférences sociales n'intéressent guère les adolescents. La C.F.T.C. n'a que des adultes comme syndiqués. Sur 180 garçons qui ont fait leur première communion c'est une demi-douzaine qui fréquente plus ou moins régulièrement l'église à l'âge de partir au service militaire. Il faut tenter autre chose, passer de la protection de quelques uns à la conquête de la masse.

Georges Guérin a 35 ans. Sa vocation a été retardée par sept années passées au régiment. Lorrain d'origine, il a été ouvrier. Ancien des Frères il a fréquenté l'association Saint-Labre fondée en 1882 par le frère Exupérien (Adrien Mas) formant à la communion fréquente une élite pour les Œuvres de jeunesse des Frères, cadres issus du milieu. Ils sont 1 098 en 1911 dans les soixante et une œuvres de Paris et de la banlieue qui comptent 6 000 membres de 13 ans et plus. On se souvient qu'à partir d'un noyau de Saint-Labre, le frère Hiéron a donné naissance en 1887 au premier syndicat chrétien d'employés. Guérin, âgé alors de 18 ans, a été marqué par son directeur spirituel, le chanoine Fichaux. Il a fait la connaissance de futurs dirigeants de la C.F.T.C. Il milite un moment au Sillon. A l'hôpital militaire de Dijon l'abbé G. Brunhes, ouvert à la question sociale, lui a fait connaître le jésuite A. Danset, qu'il retrouve en 1920 à l'Action populaire et qui lui montrera les publications de la J.O.C. belge. Il lie aussi amitié avec le P. Jean Boulier qui l'encourage à créer la J.O.C. et l'assure de l'appui de l'A.P. (P. Droulers). Au séminaire d'Issy il approfondit les questions sociales dans le groupe d'entraide sacerdotale (G. Courtois) : dix-sept de ses condisciples participeront au lancement de la J.O.C. parisienne.

A Clichy, après la première réunion de propagande, le 1ᵉʳ octobre 1926, des militants se forment durant l'hiver, la première section naît en janvier 1927 précédant de peu celle de Moulins-Lille (abbé Ernoult et F. Bouxom) née grâce au contact proche avec les Belges. Encore fallait-il convaincre l'Eglise, vaincre les réticences de l'A.C.J.F. sans parler de la C.F.T.C.

La conquête était dans l'air « Il faut nous faire missionnaires demain sinon les synagogues seront vides », lit-on dans *Le Rayon* le 15 juin 1926. Les craintes qu'inspirent les progrès du communisme dans la jeunesse sont alors communes aux diverses communautés de croyants. C'est explicitement pour cette raison que G. Guérin tient « jalousement au caractère ouvrier de notre J.O.C. » (juin 1927). L'intérêt que porte au mouvement les Compagnons de Saint-François le hérisse : « Je ne comprend pas Folliet. C'est un type épatant, tout ce qu'on voudra mais pas jociste ». Mêler les rangs n'est pas pour lui la bonne démarche. Il faut, comme l'idée s'en était publiquement exprimée au congrès de l'A.C.J.F, en 1898, à Besançon, pratiquer « l'apostolat du semblable par le semblable ». Ce qui est admis pour les étudiants, il convient de l'appliquer aux classes populaires ; la révolution de la J.O.C. c'est de proposer comme pivots de la conquête des jeunes du milieu lui-même : « Entre eux, par eux, pour eux ».

Pour vaincre les hésitations, la tentation est de généraliser la déchristianisation ouvrière à partir d'enquêtes qui laisseraient facilement croire que les jeunes paysans demeuraient, eux, fidèles. On sait ce qu'il faut en penser. Ce qui est vrai, par contre, c'est que le travail en atelier, à l'usine, creuse un écart entre la pratique religieuse ouvrière et celle de la population environnante. Le P. Leurent se risque à avancer un chiffre, celui de 30 000 jeunes ouvriers affiliés soit à l'A.C.J.F. (les évaluations varient ici de 6 000 à 15 000 ... sans doute en raison de la distinction, difficile à faire entre ouvrier et artisan) soit surtout à la F.G.S.P.F., « une élite ... mais la masse plongée dans le matérialisme garde une attitude indifférente, souvent hostile ... le mal n'est pas spécifiquement français », *Le Messager du Cœur de Jésus*, août 1926. En 1929 G. Quiclet insiste, lui aussi, sur la rupture que provoque l'entrée au travail. Ce n'est certes pas nouveau, mais sans doute est-ce plus visible avec la lente mais continue reconquête des garçons de la bourgeoisie par rapport au XIXº siècle. La déchristianisation, c'est-à-dire la rupture avec les rites de passage, reste le fait d'une minorité, sauf cas isolés. Qui plus est les refus sont en recul presque partout par rapport aux années 1902-1908. Ce qui est vrai aussi, et ceci est très important, c'est que l'on devient plus exigeant sur le rôle du chrétien dans la cité : trop de catholiques, déclare François de Menthon au Congrès de l'A.C.J.F., à Rouen, en 1927 « laissent à nos adversaires le monopole des revendication ouvrières les plus légitimes ». Comment ne pas rappeler ici la dépendance accrue de bien des œuvres vis-à-vis des notables ? Aux conséquences financières de la Séparation s'ajoute en effet l'inflation monétaire. Comment ne pas évoquer, en ville surtout, ces cérémonies bâclées et les inégalités dont l'argent est l'origine à l'église ?

En janvier 1925, année de la naissance de la J.O.C. belge, l'A.C.J.F. a créé une Commission ouvrière centrale confiée au Belfortain Kammerlocher. Jean Mondange en fait partie, de même que Paul Bacon qui arrive du Béarn. Elle lance des Equipes ouvrières. De son côté la C.F.T.C., entre 1923 et 1927, met en place des Jeunesses syndicalistes chrétiennes. Les initiatives de Clichy suscitent des réserves. Il faudra quelques mois de négociations avant de parvenir à l'accord définitif du 21 septembre 1927, un pas ayant été fait de chaque côté : du côté A.C.J.F. pour admettre le caractère spécifique de la J.O.C. ; du côté de la J.O.C. pour reconnaître qu'elle ne pouvait exister contre l'A.C.J.F., dont l'implantation pouvait lui faciliter la tâche et dont la caution était indispensable dans la plupart des diocèses. Le chanoine Pierre Gerlier, alors directeur des œuvres de Paris, le chanoine Cardijn et Fernand Tonnet ont été des intermédiaires efficaces. Le 6 juillet le cardinal Luçon, successeur de Saint-Rémi, qui avait baptisé Clovis en 496, embrassa l'abbé Cardijn : ce fut « le baptême de Reims », la reconnaissance du mouvement par la hiérarchie. Quelques jours plus tard, l'abbé Guérin était détaché à la J.O.C.

En décembre paraissait *L'appel de la J.O.C.* écrit par P. Jean Boulier : les jocistes seraient « Fiers, purs, joyeux, et conquérants, ». Le rôle de ce jésuite est plus important que ne le laissait entrevoir la « légende dorée ». Pour autant cet homme « à l'habileté ... retorse » (E. Poulat et J. Dèbés) apparaît, à la différence de Guérin, sous un jour rien moins que favorable à la promotion du laïcat. « Manipulation » conviendrait mieux si l'on s'en tenait aux conseils concernant Jean Mondange qui va devenir le premier secrétaire général de la J.O.C. : « Si on le traite en petit garçon auquel on fait gentiment la leçon, tout ira bien. Plus vite vous le découragerez, mieux cela vaudra » (20 juillet). Tel n'était pas l'avis de Guérin : « Mondange très bien, d'autant plus précieux qu'il connaît l'A.C.J.F., il est jociste, il dit bien ce qu'il faut dire. Je ne suis pas le seul à le juger ainsi » (à Boulier 22 nov. 1927).

Pour entrer à la J.O.C. la pratique religieuse n'est pas exigée, il suffit d'accepter le programme, de payer la cotisation. Guérin compte sur le milieu pour faire d'un sympathisant un chrétien décidé. Mais quel engagement que de porter l'insigne dans l'atelier ! Le mouvement veut éveiller au sens des responsabilités, y compris civiques et réformer la société sans violence, ce qui n'est compris ni des socialistes ni des communistes. Ceux-ci dénoncent ces « jocrisses alliés du patronat ». La méthode du « voir, juger, agir » s'impose dans des réunion dont le schéma est le suivant : commentaire d'Evangile, enquête, révision d'influence.

En 1933 les 20 000 adhérents sont atteints. Outre Paris qui compte soixante-huit sections dès 1928, le Nord part en flèche : quarante sections dans la Fédération de Lille en 1931, vingt-cinq dans celle de Roubaix. Les abbés P. Six, Glorieux, Tiberghien aident la J.O.C. Un jeune employé, Fernand Bouxom, se révèle orateur « formidable ». En 1930 il est président national. En 1931 les jocistes soutiennent les grévistes de Roubaix-Tourcoing. Le recrutement puise largement dans les patros non sans mécomptes : à Fives-Saint-Sacrement en 1927 Charles Véret ne trouve que des « jocistes de nom », ne pensant qu'à s'amuser. Mais les mêmes patros fournissent aussi des dirigeants. Les témoignages rassemblés par L. N. Berthe montrent que « les gars qui en voulaient » surent lutter sur tous les fronts (*J.O.C. je te dois tout*, 1980).

Plus lente à réaliser dans l'Ouest, sinon à Nantes-Saint-Nazaire, l'implantation se fit bien dans l'Est, depuis les Ardennes « le coin le plus épatant pour marcher en ce moment » (Guérin 1928), à la Lorraine, l'Alsace, la Franche-Comté, à partir des patros ou de l'A.C.J.F., comme à Montbéliard où un jeune typographe entraîne les premiers volontaires : « Eh bien voilà, nous sommes douze ici, pas plus c... que les apôtres, nous devons bien être capables, nous aussi, de répandre la bonne nouvelle ! » (G. Béjot). Lyon eut bientôt une forte fédération. Dans la région stéphanoise, où la pratique est élevée, les groupes paroissiaux fournissent d'abord les militants et les anciens des Frères les dirigeants dont Marcel Montcel, second président national (J. Nizey). Le P. Emonet est actif à Marseille, mais dans le Midi c'est Toulouse qui est en pointe

12

étudier le problème de la jeunesse ouvrière et tous ses chefs ont dû faire cet aveu que, si on voulait ramener au socialisme la jeunesse ouvrière, il fallait imiter la J. O. C. Tous ses jeunes gens ne sont pas des chefs : en ce moment quelques milliers seulement sont de véritables entraîneurs, qui suivent très régulièrement des semaines d'études. Nous avons là devant nous un véritable état-major qui réellement peut représenter la jeunesse dans notre pays.

J'aurais voulu pouvoir vous donner des détails sur toutes les méthodes, les formes d'organisation. Je n'ai pu que vous donner une faible esquisse et vous faire sentir ce qui frappe le plus. Je crois que nous sommes, pour le retour de la classe ouvrière, dans un véritable temps d'avent. Messieurs, si nous le voulons j'ai la certitude de que le retour de la classe ouvrière à l'Église et à Notre-Seigneur n'est pas éloigné. Cette Noël, où Notre-Seigneur renaîtra dans la famille ouvrière, est proche. Préparons, il le faut, ce jour où la classe ouvrière verra de nouveau dans le Christ son Sauveur et mettra en Lui son admiration pour y puiser le courage dans les difficultés de la vie. La J. O. C. sera alors pour eux cette école de vie, cette grande organisation, ce service social qui répondra à toutes les nécessités, à tous les besoins de leur vie d'ici-bas, qui sera leur guide. C'est là l'idéal de relèvement individuel que l'Église prêche à travers le monde : Oui, oui, le retour de Notre-Seigneur sera hâté et nous pourrons chanter le jour de Noël :

"Je vous annonce une grande joie, le Christ est né dans la classe ouvrière."

Conférence donnée au Séminaire d'Issy
le 4 décembre 1929
par Monsieur l'abbé Cardyn
Fondateur de la Jeunesse Ouvrière catholique belge.
(J. O. C. B.)

avec huit sections dès 1928. Guérin y a un ami, l'abbé Gèze, et Mgr Saliège va soutenir la J.O.C. ; Jean Quercy, jeune employé de banque, est un bon dirigeant. En janvier 1931, Jean Mondange voit ici « le triomphe de l'œuvre commencée par A. de Mun, les syndicats chrétiens, les patronages ». J. Suzanne note toutefois que le rigorisme moral fut une cause de découragement pour beaucoup. A Limoges « la Rome du socialisme » il n'y a pas d'affiliation avant 1931.

La J.O.C.F. a été lancée à Clichy par Jeanne Aubert le 22 février 1928 avec de jeunes ouvrières ne fréquentant pas de patronages. Trois difficultés surgissent : l'opposition des parents, celle des Ligues — barré par les bérets blancs, le mouvement ne pénètre dans l'Aveyron qu'en 1940 — enfin le recrutement des aumôniers d'âge canonique. Bien que totalement indépendante (il n'y avait pas l'homologue de l'A.C.J.F.), la J.O.C.F. fut confiée à Guérin aidé par le P. Guichard, de l'Action populaire.

En 1930 les Jeunes de la ligue patriotique des Françaises sont au nombre de 190 000. Elles se divisent alors en trois branches : Jeunes rurales agricoles (65 000), Jeunes urbaines (95 000) et Enseignement libre (30 000), une spécialisation relative qui fit écran aux mouvements spécialisés.

Les groupes ruraux s'étaient fortement développés à l'A.C.J.F.. En 1920 50 % des ses membres étaient des paysans. L'association mit en place une Commission rurale (1924) qui contribua au nouvel essor des *Journées* et *Semaines rurales* comme à l'Enseignement agricole par correspondance. En 1924 en Meurthe-et-Moselle, l'abbé Jacques crée des groupes qui seront les premiers « jacistes », le mouvement naissant, de l'A.C.J.F., en 1929. La transition fut facilitée par la double nomination de Jacques Ferté, gros fermier du Soissonnais, comme président, et du P. Foreau comme aumônier national, l'un et l'autre issus de l'association. Les premiers dirigeants proviennent souvent des milieux de grande culture ou des vieilles familles, mais la Jeunesse agricole catholique eut aussi, parmi ses premiers dirigeants, de petits ou moyens exploitants. L'un de ses premiers objectifs est de « rendre sa fierté au paysan » et, par là même, de contribuer à freiner l'exode rural.

La J.E.C. naît de la convergence de trois courants. A Besançon, l'abbé Flory a principalement en vue la présence de catholiques dans l'enseignement public. A Lyon, autour du P. Valensin, des élèves de la khâgne du lycée du Parc sont avides de spiritualité et d'action. A Bordeaux, l'aumônier des étudiants, le P. Dieuzayde organise des camps à Barèges : c'est à l'un d'eux, en 1929, que Paul Vignaux — alors élève à l'Ecole normale supérieure — et ses camarades jettent les bases du mouvement. En novembre, un secrétariat général est constitué à Paris ; *Messages* s'adresse aux militants, *L'appel de la J.E.C.* sort en 1930. Originaires pour la plupart de familles chrétiennes, avec une forte représentation comtoise (Marc Schérer, Ph. Gaussot, M. Ferry ...), c'est-à-dire d'une chrétienté où l'enseignement libre compte assez peu, ces étudiants, dans l'intimité des messes dialoguées, font « une expérience quasi charismatique de la présence eucharistique » (P. Drujon). Mais dans ce milieu fort mouvant le rôle des aumôniers est considérable.

En 1925 à l'initiative de notables laïcs était née une Fédération des œuvres de mer. C'est sensiblement en réaction contre cette tutelle que deux clercs, G. Havard et le P. Lebret, provoquent la naissance à Saint-Malo, en 1930, de la Jeunesse maritime chrétienne qui s'intéresse surtout aux pêcheurs. Le P. Lebret, séduit par la méthode d'enquête de la J.O.C. visite longuement tous les ports. L'implantation du mouvement coïncide largement avec la pratique religieuse masculine.

	Pratique religieuse	Sections J.M.C. (1931)
Marins de l'Etat	5 à 10 %	
Marins du commerce	1 à 2 %	
Pêche Nord	55 %	1 (4 en 1933)
Normandie	30 %	2
Nord-Bretagne	60 %	22
Sud-Bretagne	35 %	14
Golfe de Gascogne	20 %	4
Méditerranée	5 %	3

Ainsi la spécialisation par milieu se met en place sur le modèle de la J.O.C. Le milieu n'est ni une notion purement socio-professionnelle ni la notion marxiste des classes. Il correspond davantage à une approche culturelle : culture ouvrière, paysanne, étudiante ... La méthode de l'enquête permet de mieux le découvrir et l'ambition est de le prendre en charge. La visée missionnaire est accentuée sauf dans le monde rural. Le Conseil fédéral de l'A.C.J.F., en janvier 1930, homologue la spécialisation, malgré l'opposition formelle de la grande majorité des Unions diocésaines. C'est pourquoi, en 1933, sur 140 000 membres on en compte 100 000 aux groupes indifférenciés, 20 000 à la J.O.C., 10 000 à la J.A.C., 4 000 à la J.E.C., 3 000 à la J.M.C ... Les élites dirigeantes ont souvent résisté, de là le rôle dévolu aux clercs : la démocratisation au péril du cléricalisme ? La question reste posée. Ici l'A.C.J.F. marchait bien, là le danger de l'émiettement sautait aux yeux. Même dans les milieux de la *Chronique sociale* à Lyon, il y eut beaucoup d'hésitation (A. Latreille).

Comme on objectait au P. Lalande qu'il serait « le fossoyeur de l'A.C.J.F. », il répondait : « Je réalise la pensée de Pie XI ». La réalité semble différente, l'Action catholique italienne étant bâtie sur un modèle unitaire. Aline Coutrot, qui a consulté les notes de Mgr Courbe, chargé par l'Assemblée des cardinaux et archevêques de préparer les statuts de l'Action catholique française (mai 1931), en réponse à la mission confiée par le pape au cardinal Verdier, montre que celle-ci ne porte pas la trace de la spécialisation, la J.O.C. mise à part. L'A.C., non seulement accepte les mouvements dans la variété de leurs méthodes, mais concerne toutes les œuvres existantes. Il fallait harmoniser les objectifs de défense religieuse avec les objectifs nouveaux de conquête apostolique, assurer à la hiérarchie la coopération organisée du laïcat. A. Dansette fait erreur lorsqu'il écrit que l'A.C. « a fini par comprendre, outre l'action spécialisée une A.C. générale ». C'est l'inverse qui est plus juste. La F.N.C. et les ligues furent immédiatement intégrées. A l'A.C.J.F. les dirigeants laïcs craignaient de perdre leur autonomie, celle qui permettait de s'engager en matière de choix contingents, de revenir sur ses pas : « Réfléchissez ! », leur dit Mgr Dubourg, évêque de Marseille, lors du banquet des Semaines sociales de 1930. Mais il y avait inconvénient à ne pas s'intégrer. Le doigté de Mgr Courbe facilita la transition. Les évêques suscitèrent la tenue de congrès diocésains réunissant l'ensemble des œuvres et mouvements afin que les facteurs d'unité soient soulignés. Les sentiers nouveaux étaient explorés, la jeunesse y avait pris une part déterminante, il restait à consolider l'édifice et, sans détruire ce qui existait, alimenter le recrutement des nouvelles organisations.

Conclusion

1925-1930 : Un tournant dans l'histoire religieuse de la France

Les années 1925-1930 sont marquées par des changements extrêmement importants pour l'histoire religieuse française. 1925 voit la
constitution de la Fédération nationale catholique et la stabilisation du
statut de l'Eglise. L'année 1926 est celle de la condamnation de l'Action
française par Rome. En 1927, Jacques Maritain affirme la « Primauté du
Spirituel » sur le politique, tandis que le père Lhande lance les émissions
catholiques à la radio et que le père Merklen est nommé à la direction
de la *Croix*. Commençant à se dégager de l'antisémitisme, les catholiques
tentent une nouvelle approche de la question juive. Surtout le Congrès
de Reims de l'Union des œuvres est marqué par le « baptême » de la
Jeunesse ouvrière chrétienne (J.O.C.) à travers le vibrant discours de
l'abbé Cardijn. Deux initiatives marquent l'année 1928 : les Dominicains
fondent la *Vie intellectuelle* et les pasteurs Durrleman et Boegner
commencent les émissions protestantes à Radio Paris. En 1929 interviennent le règlement de la question romaine par les Accords du Latran et
la diffusion de la sentence romaine approuvant la C.F.T.C. dans son
conflit avec le consortium textile de Roubaix-Tourcoing. Le lazariste
Verdier est nommé cardinal-archevêque de Paris tandis que le pasteur
Marc Boegner est élu Président de la fédération protestante de France.
L'émission « La voix d'Israël » est fondée. En 1930, le cardinal Gasparri
quitte la secrétairerie d'Etat, remplacé par le cardinal Pacelli. Tandis que
meurt le cardinal Charost, archevêque de Rennes, proche de l'extrême-
droite, Mgr Liénart, évêque « rouge » de Lille depuis 1928, devient cardinal
à 46 ans. Enfin en 1930-31, sous l'impulsion de Pie XI, l'Action catholique

est réorganisée. L'Eglise de France passe progressivement de la première à la deuxième Action catholique, de celle de Pie X à celle de Pie XI.

Certes l'œcuménisme qui avait pris quelque élan avec les conversations de Malines (1921-1926), les rencontres de Stockholm (1925) et de Lausanne (1927), est rejeté par l'encyclique *Mortalium animos* (1928), mais ce repli est peut-être le prix payé pour faciliter la réorganisation interne du catholicisme. Celle-ci s'opère pendant une période de relative détente internationale, celle des belles années de la Société des Nations, avant que la crise mondiale n'atteigne l'Europe. Le Saint-Siège encourage la politique de paix de Briand et améliore ses relations avec de nombreux Etats. Dans un monde provisoirement pacifié, les catholiques sont invités à abandonner une attitude trop crispée, trop défensive pour manifester un esprit de conquête spirituelle susceptible de transformer le monde en le rechristianisant. Rome a plusieurs fois sollicité les Français, mais quelle différence d'une extrémité à l'autre de cette histoire entre les zouaves pontificaux et les volontaires du pape ! Les premiers sont les héros d'un catholicisme contestataire en conflit avec les pouvoirs temporels, mais ils ont perdu la bataille, et l'absence de règlement de la question romaine pèse lourdement sur les options politico-religieuses des Français. Les seconds ne livrent pas de combats militaires, mais défilent paisiblement dans la cour Saint-Damase après le règlement de la question romaine : un autre catholicisme, à la recherche d'un apaisement des conflits avec les pouvoirs temporels, s'annonce.

L'évolution des catholiques français s'est produite sous deux influences : celle du magistère romain, celle du mouvement catholique. Si l'on met à part la condamnation du modernisme, qui déborde le cadre français et dont les séquelles sont complexes, Rome est intervenue trois fois pour infléchir les destinées politico-religieuses des Français : en 1892 avec le Ralliement, dont les consignes, atténuées un temps, n'ont jamais été levées ; en 1910, contre le Sillon ; en 1926 contre l'Action française. Les deux dernières condamnations ont fait progresser, non sans quelque dureté, l'éducation catholique des Français. Elles se complètent d'ailleurs : l'Eglise n'est pas une démocratie (1910) ; l'Eglise n'est pas non plus une organisation d'élite dominant des masses dangereuses qui doivent rester en tutelle (1926). Sa structure est originale, puisqu'elle allie monarchie, oligarchie et démocratie. Sa mission n'est pas celle de la société civile. Son mystère commence à être mieux compris, comme en témoignent les ouvrages neufs d'écclésiologie qui paraissent au cours des années trente. En 1892, comme en 1910 et en 1926, Rome insiste sur la séparation du temporel et du spirituel. Les deux condamnations de 1910 et de 1926 rejettent la confusion des domaines et le « Politique d'abord » qui engendrent le sectarisme. Or, celui-ci est, pour les gens d'Eglise, nuisible à leur mission, et, pour les jeunes, nuisible à leur formation.

D'autre part, le mouvement catholique occupe une place considérable pendant le premier tiers du XXᵉ siècle dans une Eglise de France qui cherche sa voie, après la Séparation, entre l'accommodement avec l'état laïc et l'affrontement. L'Assemblée des cardinaux et archevêques existe depuis 1919, mais ses options entre 1920 et 1926 ne sont pas exactement celles de Rome. Il faut donc chercher ailleurs l'explication du dynamisme des catholiques. L'immense réseau d'œuvres qu'ils ont construit dans le cadre des paroisses, mieux insérées qu'auparavant dans le tissu urbain des petites et même des grandes villes, est à la fois un ghetto et un vivier. Les Semaines sociales enrichissent et mettent à jour la réflexion sociale de l'Eglise dans la ligne des documents du Magistère. Les congrès de l'Union des œuvres, accueillants aux expériences et aux novations, jouent le rôle « d'Etats généraux de l'Eglise de France envisagée dans son aspect social » (cardinal Charost). Ainsi le congrès de 1930, consacré aux colonies de vacances, révèle l'avance prise par les chrétiens dans le domaine des loisirs de la jeunesse.

Encouragés par les évêques les plus actifs, et soutenus par des conseillers écclésiastiques avisés, les laïcs édifient pendant ce premier tiers du siècle une Action catholique qui connaît un essor considérable avec ses militants et ses militantes agissant dans des milieux variés : A.C.J.F. d'abord, qui offre le modèle et fournira des cadres à la renaissance catholique — Henri Bazire est au moins aussi important que Marc Sangnier ; puis ligues féminines à partir du début du siècle, et au cours des années vingt, organisations de jeunes filles, diocésaines ou nationales ; enfin, pour les hommes, la Fédération nationale catholique qui devient un groupe de pression influent. Toutes les classes sociales sont atteintes, mais principalement une fraction de la bourgeoisie et de l'aristocratie, les classes moyennes, les employés et une partie du monde rural ; le monde ouvrier, loin d'être absent, s'y trouve relativement sous-représenté. Pourtant la notoriété de quelques ouvriers et employés chrétiens, un Gaston Tessier, un Charlemagne Broutin, un Henri Meck, incite à poser autrement la question sociale, et, à travers divers conflits, les catholiques commencent à abandonner les facilités du paternalisme. Désireux de respecter les traditions des immigrés, les chrétiens s'efforcent de mieux accueillir les étrangers dans une France jacobine et assimilatrice qui supporte mal les différences.

Après les expulsions des congréganistes, les laïcs dirigent avec compétence et vigueur une presse catholique inventive et prospère : Paul Feron-Vrau, Jean Guiraud, Emmanuel Desgrées du Lou, François Veuillot, Francisque Gay sont des hommes qui comptent dans le journalisme ; pendant les années vingt, Gaëtan Bernoville, Maurice Vaussard, Henri Massis, Paul Archambault animent des revues à l'influence non négligeable. Enfin de grands penseurs et écrivains laïcs, les Maritain, Gilson, Blondel, Claudel, Mauriac, Bernanos font rayonner le message chrétien dans le monde intellectuel et, parmi eux, les romanciers atteignent un large public.

Plus ferventes que les hommes, les femmes sont aussi plus actives localement dans les paroisses et les œuvres. Elles se trouvent particuliè-rement sollicitées pendant et après la guerre, mais demeurent éloignées des urnes parce que les radicaux anticléricaux refusent d'en faire des citoyennes, ce qui représente « un reste de barbarie » (Mgr Baudrillart, 1929). Certaines d'entre elles, vraies continuatrices des mères supérieures du XIXᵉ siècle, animent de puissantes entreprises religieuses : telles mademoiselle M. Frossard, Secrétaire générale de la Ligue patriotique des Françaises pendant trente et un ans, et madame Albertine Duhamel, organisatrice d'une fédération des patronages de jeunes filles, puis créatrice du guidisme en France.

Le protestantisme français semble plus diversifié que jamais au cours des années vingt comme le suggèrent quelques noms de pasteurs influents : Noël Vesper, Freddy Durrleman, Louis Lafon, Marc Boegner, Wilfred Monod, Elie Gounelle. La diversité est grande également chez les luthériens d'Alsace confrontés à la crise autonomiste. Cependant l'ouverture des protestants sur le mouvement œcuménique favorise un ressourcement, et facilitera bientôt le rapprochement entre les Eglises réformées.

Le judaïsme français est travaillé par de nouveaux problèmes : afflux d'immigrants d'Europe orientale attachés à leurs traditions religieuses, alors que beaucoup de juifs français les ont abandonnées ; interrogations sur la renaissance hébraïque et sur une éventuelle rejudaïsation, mais inquiétude face au renouveau de l'antisémitisme ; sollicitations du mouvement sioniste qui construit un Foyer juif en Palestine.

La Franc-Maçonnerie, dont les effectifs augmentent sensiblement, prospère en apparence dans la France des années vingt. Ayant largement contribué à produire l'idéologie officielle du régime, très liée à l'exercice du pouvoir républicain, elle est affectée par l'usure de ce pouvoir qui va grandissant. Sans remonter jusqu'à la Séparation, l'anachronisme de plusieurs options anticléricales du Cartel en 1924, et les mauvais souvenirs qu'elles ont laissés nourrissent un esprit de revanche contre la Franc-Maçonnerie chez certains catholiques, qui se donnera libre cours après l'effondrement de la IIIᵉ République. Pourtant certains frères, comme Albert Lantoine, travaillent à une rénovation de l'Ordre à travers un retour aux sources de la maçonnerie.

Après l'affrontement de 1924-25, le débat politico-religieux se concentre dorénavant sur le problème de l'Ecole pour soixante ans au moins. Il porte alors sur le thème de l'Ecole unique, égalitaire, thème ambigu qui permet au Syndicat national des instituteurs de poursuivre son rêve de monopole scolaire laïque, et à Herriot, ministre de l'Instruction Publique, de prendre les mesures qui vont entraîner le doublement des effectifs dans l'enseignement secondaire. Cependant l'école laïque ne semble pas être l'instrument efficace d'une décatholicisation progressive de la France, comme Jules Ferry l'avait imaginée, à en juger par la courbe des enterrements civils qui fléchit au cours des années vingt. Les catholiques ne se replient pas sur l'enseignement privé, ils sont de plus en plus nombreux dans l'enseignement public. Le S.N.I. dénonce leurs organisations — « Davidées », Paroisse universitaire, bientôt J.E.C. —, et veille à ce que les subventions publiques ne fortifient pas le vaste secteur périscolaire investi par les œuvres chrétiennes, ce qui n'empêche pas le gouvernement de reconnaître comme association d'utilité publique les Scouts de France en 1927.

Les Français ne savent pas alors que « le compromis aussi peu cartésien que possible » (André Latreille) sur le statut de l'Eglise de France, intervenu en 1924-25, sera durable. La Ralliement reste inachevé : la tolérance des congrégations est précaire, en contradiction avec les lois existantes ; les tensions scolaires et para-scolaires persistent. Les contemporains saisissent mal l'importance de ce Ralliement, car il est mis en cause à la fois par le Cartel et par l'Action française. Ensuite la vigueur de la résistance de l'Action française après sa condamnation frappe les esprits, et la situation internationale demeure un sujet d'inquiétude et de division pour les chrétiens. Si, en 1930, le bilan positif de l'action civilisatrice de la France outre-mer semble faire l'unanimité lors du centenaire de l'Algérie et ne se trouve guère perturbé par la Semaine sociale de Marseille, où l'on s'interroge sur l'exercice du droit de colonisation, l'évacuation de la Rhénanie inquiète une large fraction de l'opinion chrétienne qui n'apprécie pas la politique de Briand jugée trop conciliante vis-à-vis d'une Allemagne qui entreprend clandestinement son réarmement.

En revanche, comme l'a remarqué René Rémond, le mouvement catholique accueille plus largement les transformations sociales nécessaires, préconisées souvent depuis longtemps par l'A.C.J.F., et portées en avant par les grandes institutions du catholicisme social. Ainsi la Fédération nationale catholique participe-t-elle à l'application des lois sur les Assurances sociales, et la J.O.C. naissante trouve-t-elle beaucoup de fées autour de son berceau. Cette insertion plus profonde dans la vie civique et sociale incite l'Eglise catholique à modifier progressivement certaines de ses perspectives, à passer d'une attitude globale de défense religieuse à une tentative de pénétration des milieux de vie pour mieux les christianiser.

En 1930, cinquante ans après l'instauration de la République laïque, les diverses confessions ont toutes établi des rapports corrects avec un Etat fort sécularisé qui avait prétendu les exclure de la vie publique. La Grande Guerre ayant révélé les limites de cette exclusion, si les lois laïques des années 1880 restent intangibles, elles n'empêchent pas les diverses confessions de participer plus largement à la vie nationale.

Orientation bibliographique

Un certain nombre de références précises figurent dans le texte, au moins succintement. Elles sont destinées aux spécialistes et n'ont pu toutes être mentionnées ici.

Pour la méthodologie voir le tome 1, p. 331-332. Plusieurs titres qui figurent dans la bibliographie du tome 1 n'ont pas été repris. Par contre un certain nombre d'ouvrages concernant la période 1800-1880, parus depuis l'élaboration de la précédente bibliographie sont indiqués.

1. *Archives*

A l'occasion de leurs thèses, les auteurs ont utilisé les Archives du Vatican jusqu'en 1903 et les Archives françaises des Cultes jusqu'en 1914. Les liasses des Archives nationales, F 19-5642 à 5658, concernant la police des cultes après la Séparation (1905-1914), fort peu exploitées jusqu'à présent, apportent des informations précieuses. Les Archives des Affaires étrangères au quai d'Orsay, importantes pour le rétablissement des relations diplomatiques entre la France et le Saint-Siège, ont été mises à contribution par Jean Vavasseur-Desperriers, dans sa thèse sur Jonnart dont on a tenu compte.

Les archives et les sources imprimées d'origine privée apportent beaucoup d'informations neuves sur le mouvement religieux. Ainsi les archives diocésaines ont été prospectées lors de la préparation des *Matériaux pour l'Histoire religieuse du peuple français*, t. 1 et 2 parus, 1982-86, Ed. du C.N.R.S., de l'E.H.E.S.S. et de la F.N.S.P. Les importantes archives des congrégations ont été explorées, notamment celles des Pères Assomptionnistes à Rome. Les archives de l'A.C.J.F., partiellement déposées à la Bibliothèque de documentation internationale contemporaine de Nanterre, celles des organisations diocésaines de jeunes filles étudiées par Jacqueline Roux, les publications de la L.P.D.F. et de la F.N.C. ont été exploitées. En plusieurs occasions, les témoignages oraux des anciens membres des organisations de jeunesse ont été recueillis. Enfin Danièle Delmaire, Remi Fabre et Jacques Prévotat ont largement utilisé les archives privées au cours de leurs recherches respectives sur le judaïsme, le protestantisme et l'Action française.

2. *Le contexte*

Nouvelle Histoire de la France contemporaine, Paris, Le Seuil.

MAYEUR J. M., *Les débuts de la Troisième République, 1871-1898*, t. 10.

REBERIOUX M., *La République radicale ? 1899-1914*, t. 11.

BERNARD P., *La fin d'un monde (1914-1929)*, t. 12.

DUBIEF H., *Le déclin de la Troisième République (1929-1938)*, t. 13.

CARON François, *La France des patriotes, 1851-1914*, Paris, Fayard, 1985.

LEQUIN Yves (sous la direction de), *Histoire des Français, XIXᵉ-XXᵉ siècles*, Paris, A. Colin, 3 vol., 1984-85.

WEBER Eugen, *La fin des Terroirs*, Paris, Flammarion, 1983.

ZELDIN Théodore, *Histoire des passions françaises*, rééd., Paris, Le Seuil, 1979-80, 5 vol.

ASSELIN J. C., *Histoire économique de la France du XVIIIᵉ siècle à nos jours*, Paris, Le Seuil, « Point-Histoire », 2 vol., 1985.

DAUMARD Adeline, *L'histoire sociale comparative et quantitative de l'époque contemporaine*, Institut d'histoire économique et sociale de l'Université de Paris I, *Recherches et travaux*, n° 14, déc. 1985, 1-52 (met l'accent sur l'originalité de l'histoire sociale française « telle que la pratiquent ceux qui refusent de partir d'un modèle unique posé a priori »).

BELLANGER Ch., GODECHOT J., GUIRAL P., TERROU F., *Histoire générale de la presse française*, t. 3, 1871-1940, Paris, P.U.F., 1972, 686 p, très importante contribution de P. Albert.

GUILLEN P., *La politique étrangère de la France, l'expansion (1881-1898)*, Paris, Imprimerie Nationale, 1984.

DUROSELLE J. B., *La France de la Belle époque, 1900-1914*, Paris, Imprimerie Nationale.

DUROSELLE J. B., *Histoire de la Grande Guerre*, Paris, Imprimerie Nationale, 1972.

MIQUEL P., *La Grande Guerre*, Paris, Fayard, 1983.

AUBERT R., KNOWLES M. D., ROGIER L. J., *Nouvelle Histoire de l'Eglise*, t. 5, *1848 à nos jours*, Paris, Le Seuil, 1975, 926 p, fort précieuse pour l'histoire comparée du catholicisme dans les divers pays.

2000 ans de christianisme, t. 8, 9, 10, Société d'Histoire Chrétienne, 1975.

GERBOD P., *L'Europe culturelle et religieuse de 1815 à nos jours*, Paris, P.U.F., 1977.

Entre 1972 et 1981, les Editions Privat ont publié cinq ouvrages généraux sur l'histoire religieuse française :
— *Histoire vécue du peuple chrétien*, sous la direction de DELUMEAU J., 1979, t. 2.
— *Histoire des Juifs en France*, sous la direction de BLUMENKRANZ B., 1972, 480 p.
— *Histoire des protestants en France*, 1977, 496 p.
— *Histoire des catholiques en France du XVe siècle à nos jours*, sous la direction de LEBRUN F., 1980, 330 p.
— *Histoire des Franc-maçons en France*, sous la direction de LIGOU D., 1891, 414 p.

BAUBEROT Jean, *Le retour des Huguenots*, Paris, Le Cerf – Labor et Fides, 1985 (La surreprésentation politique des protestants au début de la IIIe République à l'origine du « péril protestant » ; sur les deux seuils de laïcisation une analyse qui ouvre la voie sur une recherche, à faire, des rapports du protestantisme avec les autres communautés, analyse à laquelle notre présente entreprise entend contribuer).

DANSETTE Adrien, *Destin du catholicisme français, 1926-1956*, Paris, Flammarion, 1957 [nous nous sommes nourris de cette réflexion, comme de celle qui se dégageait des deux volumes de *l'Histoire religieuse de la France contemporaine, 1789-1930*, 1948-1951. Les perspectives étant étroitement centrées sur le seul catholicisme et sur l'histoire politico-religieuse, des interprétations nous semblent avoir été faussées pour des décennies].

ENCREVÉ André, *Les protestants en France de 1800 à nos jours, histoire d'une réintégration*, Paris, Stock, 1985 (on soulignera l'aspect neuf du chapitre 6, La vie religieuse).

LATREILLE André et REMOND René, *Histoire du catholicisme en France*, III, Paris, Spes, 1962.

SCHWARZFUCHS Simon, *Les juifs de France*, Paris, A. Michel, 1975.

L'Encyclopédie *Catholicisme, hier, aujourd'hui, demain*, Letouzey et Ané, depuis 1948, parvenue à la Lettre P., rend de grands services pour l'histoire récente du catholicisme.

3. *Religion et Politique*

a) *Sources imprimées*

Ayant beaucoup puisé dans les ouvrages documentés contemporains des événements et dans les volumes de souvenirs écrits par les protagonistes, signalons à titre d'exemples :

Affaire Dreyfus

La consultation des souvenirs de Péguy, *Notre Jeunesse*, et de ses amis permet de comprendre la pensée des dreyfusards dont certains devinrent les protagonistes du renouveau religieux dans le judaïsme :

BENDA J., *La jeunesse d'un clerc*, 1936.

BLUM L., *Souvenirs sur l'Affaire*, 1935.

ISAAC J., *Expériences de ma vie*, 1959.

SPIRE A., *Les juifs et la guerre*, 1917 ; *Quelques juifs et demi-juifs*, 1928, ouvrage précédé de *Quelques juifs*, 1913 ; *Souvenirs à bâtons rompus*, Paris, A. Michel, 1962.

SAINT-POLI (H. de, pseudonyme de l'abbé Brugerette), *L'Affaire Dreyfus et la mentalité catholique en France*, Paris, Stock, 1904, 222 p. (observations d'un catholique dreyfusard).

Autour de la Séparation

BRISSON H., *La Congrégation, opinions et discours*, 1871-1901, E. Cornely, 1902.

COMBES E., *Une campagne laïque* (1902-03), 1904 ; *Une deuxième campagne laïque, vers la Séparation*, 1905.

FRANCE A., *Le Parti Noir*, 1904 ; *L'Eglise et la République*, 1904, rééd. J. J. Pauvert, 1964.

BRIAND A., *La Séparation des Eglises et de l'Etat*, 2 vol., 1908-09.

REVEILLAUD E., *La Séparation des Eglises et de l'Etat*, Fischbacher, 1907 ;

La Séparation de l'Eglise et de l'Etat en France, Rome-Paris, 1905, Livre blanc du Saint-Siège.

La Grande Guerre

Mgr TISSIER, *La guerre en Champagne*, Tequi, 1916.

DELAY Paul, *Les catholiques au service de la France*, Paris, Bloud et Gay, 1916-17, 2 vol.

Mgr BAUDRILLART, *Une campagne française*, Paris, Bloud et Gay, 1917.

BARRES M., *Les diverses familles spirituelles de la France*, Emile Paul, 1917.

SIXTE-QUENIN, *Le cléricalisme et la guerre*, Imprimerie ouvrière, Villeneuve-Saint-George, 1917.

MAURRAS Ch., *Le pape, la guerre et la paix*, Nouvelle Librairie Nationale, 1917.

CANET Louis, « La politique de Benoit XV », *Revue de Paris*, 15 octobre et 1er novembre 1918.

DE MONZIE A., *Rome sans Canossa*, Paris, Albin Michel, 1918.

HOGARD R., *Livre d'Or, Le clergé du diocèse de Nancy pendant la guerre*, Nancy, Wagner, 1920.

L'Action française

MAURRAS Ch., *Le dilemme de Marc Sangnier*, Nouvelle Librairie Nationale, 1906.

TESTIS (M. BLONDEL), *La Semaine sociale de Bordeaux et le monophorisme*, Paris, Bloud et Cie, 1910.

LABERTHONNIERE, *Positivisme et catholicisme. A propos de l'Action française*, Paris, Bloud et Cie, 1911.

MAURRAS Ch., *La politique religieuse*, Nouvelle Librairie Nationale, 1922.

MAURRAS Ch., *L'Action française et la religion catholique*, Nouvelle Librairie Nationale, 1913.

L'Action française et le Vatican, Paris, Flammarion, 1927.

MARITAIN J., *Une opinion sur Charles Maurras et le devoir des catholiques*, Paris, Plon, 1926.

MARITAIN J., *Primauté du Spirituel*, Paris, Plon, 1927.

DONCOEUR P., BERNADOT V., LAJEUNIE E., LALLEMENT D., MAQUART F. X., MARITAIN J., *Pourquoi Rome a parlé*, Paris, Spes, 1927.

PUJO M., *Comment Rome est trompée*, Paris, Fayard, 1929.

DONCOEUR P. et collaborateurs, *Clairvoyance de Rome*, Paris, Spes, 1929.

FONTAINE Nicolas (CANET Louis), *Saint-Siège, Action française et catholiques intégraux*, Lib. Universitaire J. Gamber, 1928.

GAY Francisque, *Comment j'ai défendu le pape*, Ed. de la Vie Catholique, 1927.

GAY Francisque, *Non l'Action française n'a bien servi ni l'Eglise ni la France*, Ed. de la Vie catholique, 1928 (Conclusion de Maurice Blondel).

Un grand débat catholique et français, Témoignages sur l'Action française. Cahiers de la Nouvelle Journée, n° 10, Paris, Bloud et Gay, 1927.

REMOND P., *L'heure d'obéir, réponse aux difficultés d'Action française*, Ed. de la Vie catholique, 1928.

BOUYX G., *L'Eglise de l'Ordre I Le positivisme, l'alliance religieuse. Introduction à l'histoire du mouvement d'Action française*, Paris, Spes, 1929.

GWYNN D., *The « Action française » condemnation*, London, Burns Oates and Washbourne, 1928.

b) *Etudes*

AGULHON M., *Marianne au combat*, Paris, Flammarion, 1979.

ARNAL O. L., *Ambivalent alliance, The Catholic Church and the Action Française*, Pittsburgh, University of Pittsburgh Press, 1985.

BAECHLER C., *Le Parti catholique alsacien*, Publications de l'Université de Strasbourg, 1982.

BAUBEROT J., « L'antiprotestantisme politique à la fin du XIXe siècle », *Revue d'Histoire et de Philosophie religieuse*, 1972-2, 177-221.

BECKER J. J., *Les Français et la Grande Guerre*, Paris, Robert Laffont, 1980.

BEYLARD H., *Paul Feron-Vrau*, Paris, Le Centurion, 1961.

BREDIN J. D., *L'Affaire*, Paris, Julliard, 1983.

BYRNES R., *Antisemitism in Modern France*, Paris, t. 1 *The prologue to the Dreyfus Affair*, New-Brunswick, 1950.

CAPERAN L., *L'Anticléricalisme et l'Affaire Dreyfus*, Toulouse, 1948.

CAPERAN L., *Histoire contemporaine de la laïcité française*, t. 1 et 2, Rivière, 1956 et 1960, t. 3 Nouvelles Editions Latines, 1961 (le meilleur guide).

CARITE M., *Francisque Gay, le militant*, Paris, Editions Ouvrières, 1966.

CASTEL P., *Le P. Picard et le P. Bailly dans les luttes de presse (1875-1900)*, Rome, 1962 (un plaidoyer documenté).

DE CASTELNAU A., *Le combat religieux du général de Castelnau, la F.N.C.*, M. M., Nanterre, 1979.

CHEVALLIER P., *Histoire de la Franc-Maçonnerie française*, Paris, Fayard, 2 vol. 1974 et 1975.

CHEVALLIER P., *La Séparation de l'Eglise et de l'école ; Jules Ferry et Léon XIII*, Paris, Fayard, 1981.

COHN H., *Histoire d'un mythe : la « conspiration » juive et les Protocoles des Sages de Sion*, Paris, Gallimard, 1967.

COMTE-SPONVILLE A. *et alii*, *Tombeau de Victor Hugo*, Quintette, 1985.

CORNILLEAU R., *De Waldeck-Rousseau à Poincaré, Chronique d'une génération*, 1926.

COUTROT A. et DREYFUS F. G., *Les forces religieuses dans la société française*, Paris, A. Colin, 1965.

DENIS M., *L'Eglise et la République en Mayenne, 1896-1906*, Paris, Klincksieck, 1967.

DOMMANGET M., *Les idées politiques et sociales d'Auguste Blanqui*, M. Rivière, 1957.

ELBAZ A., *L'évolution d'Edmond Fleg à la suite de l'Affaire Dreyfus*, VIth World Congress of Jewish Studies, 1973, vol III.

ENCREVÉ André et RICHARD Michel, *Les protestants dans les débuts de la IIIe République (1871-1885)*, S.H.P.F., 1979 (nombreuses études y compris régionales).

Etudes Maurrassiennes, 5, Actes du cinquième Colloque Maurras, (Aix en Provence, avril 1976), *Non Possumus, La crise religieuse de l'Action française*, 2 vol, Centre Charles Maurras, Aix-en-Provence, 1986 (travaux rassemblés par Victor Nguyen).

FABRE R., « Un groupe d'étudiants protestants en 1914-18 », *Le Mouvement Social*, n° 122, janv-mars 1983, pp. 75-101.

DE FABREGUES J., *Charles Maurras et son Action française, un drame spirituel*, Paris, Perrin, 1966.

FONTANA J., *Attitudes et sentiments du clergé et des catholiques français devant et durant la guerre de 1914-1918*, Thèse Aix, Ed. Thèses Lille, 1973, (ouvrage très documenté, indispensable).

FOURCADE M., *La sociologie catholique, revue de vulgarisation de l'encyclique Rerum novarum (1898-1908)*, M. M. Montpellier, 1986.

FREIHERR von CAMPENHAUSEN A., *L'Eglise et l'Etat en France*, Paris, l'Epi, 1964.

GADILLE J., *La Pensée et l'action politique des évêques français au début de la IIIe République (1870-1883)*, Paris, Hachette, 2 vol., 1967.

GOYAU G., *L'Eglise libre dans l'Europe libre*, Paris, Perrin, 1920.

GOYAU G., *Le catholicisme doctrine d'action*, Tourcoing, J. Duvivier, 1922.

GOYAU G., *Catholicisme et politique*, Ed. Revue des Jeunes, 1922.

GOYAU G., *Dieu chez les Soviets*, Paris, Flammarion, 1929.

HYMAN P., *De Dreyfus à Vichy, l'évolution de la communauté juive en France, 1906-1939*, Paris, Fayard, 1985.

JEANNENEY J. N., *La faillite du Cartel*, 1924-26, Paris, Le Seuil, 1977.

KRIEGEL A., *Les Juifs et le monde moderne*, Paris, Le Seuil, 1977 (chap. 5 « Aux origines du sionisme »).

DE LA BRIERE Y., *Les luttes présentes de l'Eglise*, 6 vol, Paris, Beauchesne, 1909-24.

LACROIX P., *L'été 1914 à Lons le Saulnier, L'abbé Poulin et son journal*, Société d'Emulation du Jura, Dôle, 1978.

LA LAÏCITÉ (collectif), Institut d'études juridiques de Nice, Paris, 1960 (A. Latreille, l'Eglise catholique et la laïcité ; A. Bayet, Libre-pensée et laïcité ...).

LALOUETTE J., Les enterrements civils dans les premières décennies de la IIIe République, *Ethnologie française*, XIII, 1983-2, 111-128.

LARKIN M., *Church and State after the Dreyfus Affair. The Separation issue in France*, Londres, 1974.

LANDAU L., *De l'aversion à l'estime : juifs et catholiques en France de 1919 à 1939*, Paris, Le Centurion, 1980.

LERNER H., *« La Dépêche »*, *journal de la démocratie*, Publications de l'Université de Toulouse, 2 vol, 1978 (essentiel pour l'étude de l'anticléricalisme).

LESAGE G., *Aspect des rapports entre l'Eglise et l'Etat en France, à travers l'action de Mgr Julien, évêque d'Arras*, Maîtrise, Lille, 1970.

LEVEQUE P., « Libre-Pensée et socialisme, 1889-1939 », *Le Mouvement Social*, 1966, 57, 101-141.

LEVIGNE C., « Le mouvement sioniste en France des environs de 1880 à 1921 », *Le Monde Juif*, 88, 1977, 137-153.

LEVILLAIN P., *Albert de Mun, catholicisme français et catholicisme romain du Syllabus au Ralliement*, Rome, Ecole Française de Rome, 1983 [importante biographie qui éclaire l'histoire politique des catholiques].

LIGOU D., *Frédéric Desmons et la Franc-maçonnerie sous la IIIe République*, Gedalge, 1966 (la remarquable biographie d'un protestant politique).

MAC MANNERS J., *Church and State in France, 1870-1914*, Londres, 1972.

MARCHASSON Y., *La diplomatie romaine et la République française, à la recherche d'une conciliation, 1879-80*, thèse, Paris, 1974.

MARCHASSON Y., *Mgr Baudrillart et la propagande française à l'étranger pendant la Première Guerre mondiale*, dans *Humanisme et Foi chrétienne*, Paris, Beauchesne, 1976, pp. 71-90.

MARCHESE St., *Francia e Santa Sede* (1914-1924), Naples, 1969.

MARRUS M., *Les juifs de France à l'époque de l'affaire Dreyfus, de l'assimilation à l'épreuve*, Paris, Calmann-Lévy, 1972.

MAYEUR J. M., « Les Congrès nationaux de la démocratie chrétienne », *Revue d'histoire moderne et contemporaine*, juin-sept 1962, pp. 171-206.

MAYEUR J. M., *La Séparation de l'Eglise et de l'Etat*, Paris, Julliard, « Archives », 1966.

MAYEUR J. M., « Géographie de la résistance aux Inventaires », *Annales E.S.C.*, novembre-dec. 1968, 1259-1272.

MAYEUR J. M., *Un prêtre démocrate, L'abbé Lemire (1853-1928)*, Paris, Casterman, 1968 (à travers un homme une époque ou le renouveau de l'approche biographique en histoire).

MAYEUR J. M., Les catholiques français et la Première Guerre mondiale, *Francia*, 2-1974, Institut historique allemand de Paris, München 1975, pp. 377-397 (mise au point pénétrante assortie de notes nombreuses).

MAYEUR J. M., « Les catholiques dreyfusards », *Revue historique*, avril-juin 1979, pp. 337-361.

MAYEUR J. M., (sous la direction de), *Libre-Pensée et religion laïque en France*, Strasbourg, Cerdic, 1980.

MAYEUR J. M., *Des partis catholiques à la Démocratie chrétienne (XIXe-XXe siècle)*, Paris, A. Colin, 1980 (pour situer la France dans le contexte international).

MAYEUR J. M., *La vie politique en France sous la Troisième République 1870-1940*, Paris, Le Seuil, 1984 (pages très neuves sur l'A.L.P., la démocratie chrétienne, la jeune République, le P.D.P.).

MEJAN L. V., *La Séparation des Eglises et de l'Etat*, Paris, P.U.F. 1959 (nombreux documents inédits).

MELLOR Alec, *Histoire de l'anticléricalisme français*, Tours, 1966 (sommaire).

MIQUEL P., *La Paix de Versailles et l'opinion publique française*, Paris, Flammarion, 1972.

MOODY J. N., *The Church as enemys : anticlericalism in XIXth century literature*, Washington, D.C. 1968.

DE MONTCLOS X., *Le toast d'Alger*, 1966.

DE MONTCLOS X., *Lavigerie, le Saint-Siège et l'Eglise de l'avènement de Pie IX à l'événement de Léon XIII (1846-1878)*, Paris, De Boccard, 1965.

MONTUCLARD M., *Conscience religieuse et démocratie*, Paris, Le Seuil, 1965.

MUGNIER A., *Journal de l'abbé Mugnier 1879-1939*, Paris, Mercure de France, 1986.

ORY P. et SIRINELLI J. F., *Les Intellectuels en France de l'Affaire Dreyfus à nos jours*, Paris, A. Colin, 1986.

PAILLANT Cl., *Dossiers secrets de la France contemporaine*, tome I, *1914, Les illusions de la gloire ;* tome 2, *La victoire perdue 1920-29*, Paris, R. Laffont, 1979-80 (un journaliste bien informé puisant dans les archives privées et les recherches des universités).

PAUL H. W., *The Second Ralliement*, Washington, 1966.

PERNOT M., *Le Saint-Siège, l'Eglise catholique et la politique mondiale*, Paris, A. Colin, 1929.

PEZET E., *Chrétiens au service de la Cité, de Léon XIII au Sillon et au M.R.P.*, 1891-1965, Nouvelles Editions Latines, 1965.

PIERRARD P., *Juifs et catholiques français, de Drumont à Jules Isaac (1886-1945)*, Paris, Fayard, 1970.

POLIAKOV L., *Histoire de l'antisémitisme*, t IV, *L'Europe suicidaire 1870-1933*, Paris, Calmann-Lévy, 1977 (pour replacer le cas français dans un contexte général).

PRELOT M., « Les démocrates d'inspiration chrétienne entre les deux guerres », la *Vie Intellectuelle*, 1950, 532-559.

RAYMOND-LAURENT, *Le Parti démocrate populaire 1924-1944*, Le Mans, Imprimerie commerciale, 1965.

REMOND R., « L'évolution du journal *La Croix*, 1919-1939 », *Bulletin de la Société d'Histoire Moderne*, 57ᵉ année, n° 4, 1958.

REMOND R., *Les deux congrès ecclésiastiques de Reims et de Bourges*, Paris, Sirey, 1964.

REMOND R., *Les Droites en France*, Paris, Aubier, rééd. 1982.

REMOND R., *L'anticléricalisme en France de 1815 à nos jours*, réedit., Bruxelles, Ed. Complexe, 1985 (nombreux textes).

RENARD E., *Le cardinal Mathieu* (1839-1908), *La dernière crise de l'Eglise concordataire*, 1925.

RENOUVIN P., L'épiscopat français devant l'offre de paix du Saint-Siège (août 1917), *Mélanges Jacquemyns*, Bruxelles, 1966, pp. 551-563.

ROBERT Daniel, *Les protestants français et la guerre de 1914-1918*, Francia 1974. Band 2,415-430, München, 1975 (unique mise au point sur le sujet).

SCHRAMM Stuart, *Protestantism and Politics in France*, Alençon, 1954.

SEDGWICK A., *The Ralliement in French Politics*, Cambridge, Mass. 1965.

SORLIN P., *Waldeck-Rousseau*, Paris, A. Colin, 1966.

SORLIN P., *« La Croix » et les juifs, 1880-1899*, Paris, Grasset, 1967.

SULLIVAN A. T., *The dynamics of French resistance to Zionism in the 19th and early 20th centuries*, Middle East Forum, 45-1, 1969, 57-80.

SUTTON M., *Nationalism, Positivism and Catholicism, the Politics of Charles Maurras and French Catholics*, 1890-1914, Cambridge University Press, 1982 (la meilleure synthèse sur le sujet traité).

TERRENOIRE E., *Un combat d'avant garde, Francisque Gay et la Vie catholique*, Paris, Bloud et Gay, Le Cerf 1976.

THABAULT R., *1848-1914. L'ascension d'un peuple. Mon village, ses hommes, ses routes, son école*, Paris, Delagrave, 1945, rée. F.N.S.P. 1982 (une communauté rurale vue de l'intérieur, la religion du progrès, la religion de la République).

THOMAS L., *L'Action française devant l'Eglise de Pie X à Pie XII*, Nouvelles éditions latines, 1965 (point de vue maurrassien documenté).

VAISSE M., « Le Bulletin catholique international (1925-1933) », *Relations internationales*, 27, automne 1981, pp. 343-360.

VAUSSARD M., *Enquête sur le nationalisme*, Paris, Spes, 1924.

VAUSSARD M., *Histoire de la démocratie chrétienne*, Paris, le Seuil, 1956.

VAVASSEUR-DESPERRIERS J., *Charles Jonnart, Recherches sur une personnalité politique de la IIIᵉ République*, thèse, Lille, 1984.

VERDES-LEROUX J., *Scandale financier et antisémitisme catholiques, le krach de l'Union générale*, Paris, Le Centurion, 1969.

VIANCE G., *La Fédération nationale catholique*, 1930.

VIDAL H., *La Séparation des Eglises et de l'Etat à Madagascar (1861-1968)*, Bibliothèque Africaine et malgache, VI, Paris, 1970.

WEBER E., *L'Action française*, Paris, Stock, 1964.

WEBER E., *Satan franc-maçon*, Paris, Julliard, 1964 (Leo Taxil le mystificateur).

WEILL G., *Histoire de l'idée laïque en France au XIXe siècle*, 1929, réed. 1985 (les racines de l'idéologie).

WINOCK M., *Edouard Drumont et compagnie. Antisémistisme et fascisme en France*, Paris, Le Seuil, 1982.

4. *Religion et problèmes sociaux*

Sources imprimées sur l'Action catholique

Pour le XXe siècle, il faut se référer d'abord aux *Actes des Semaines Sociales*, édités chaque années à partir de 1904, et aux publications de *l'Action populaire*, depuis 1903. Ainsi le *Guide d'action religieuse* que celle-ci publie en 1908 est un répertoire de l'Action catholique. Sur le mouvement catholique, en dehors de l'ouvrage de DELAY Paul déjà cité, les livres de J. Rocafort, *Autour des directives de Pie X*, J. Victorion, 1912 et *Les résistances à la politique religieuse de Pie X*, Victorion Frères, 1920, sont partisans, mais remplis d'informations ; l'ouvrage du Père BESSIERES A., *Pour l'unité des forces catholiques, l'union catholique*, de Gigord, 1924, révèle l'état des unions diocésaines avant le Cartel. En 1925 Mgr Gibier propose un Code d'organisation diocésaine, issu de son expérience versaillaise dans *La France catholique organisée*, Téqui, 1925. Enfin le journaliste VEUILLOT François, *Sous le règne de l'Union : Histoire des congrès nationaux de l'Union des Œuvres, 1858-1939*, Union des Œuvres, 1948, résume année par année le déroulement et l'apport de chaque congrès.

Etudes

A.C.J.F., *Henry Bazire*, Bloud et Gay, 1922.

ANGLADE J., *La vie quotidienne des immigrés en France de 1919 à nos jours*, Paris, Hachette, 1976 (un excellent reportage où la chaleur humaine ne masque pas le vrai).

BARD C., *Jean-Emile Anizan*, Paris, Spes, 1946.

BARDAKDJIAN G., « Les Arméniens de Décines », *Bull. Centre Hist. éco. région lyonnaise*, 1973-1, 55-65.

BARRAL P., *Les Agrariens français de Méline à Pisani*, Paris, A. Colin, 1968.

BARTHELEMY-MADAULE M., *Marc Sangnier (1873-1900)*, Paris, Le Seuil, 1973.

BAUBEROT J., *Un Christianisme profane ? Royaume de Dieu, socialisme et modernité culturelle dans le périodique « chrétien-social » l'Avant Garde (1899-1911)*, Paris, P.U.F., 1978.

BENSIMON D., *Socio-démographie des juifs de France et d'Algérie, 1867-1907*, Paris, 1976.

BOEGNER Marc, *La vie et la pensée de Tommy Fallot*, 2 vol, 1914 et 1926.

BOISSARD Adéodat, La politique des migrations humaines, 24° *Semaine sociale*, 1932.

BONNET J. Ch., *Les pouvoirs publics français et l'immigration dans l'entre-deux guerres*, Lyon, 1976, (un guide sûr).

BONNET J. Ch., « La vie religieuse des catholiques polonais du bassin stéphanois dans l'entre-deux-guerres », *Bull. Centre hist. régionale Université Saint-Etienne*, 1977, 1.

BONNET Serge, *L'homme du fer. Mineurs de fer et ouvriers sidérurgistes lorrains, t. 1, 1899-1930*, Metz, 1975 (nombreux documents concernant les Italiens).

BOUDJIKANIAN A., Les Arméniens de la région Rhône-Alpes, Lyon, 1978 dans la *France catholique organisée*, Téqui, 1925.

BREMOND A., *Enquête d'un étudiant-ouvrier dans la banlieue parisienne*, Saint-Etienne, 1927.

CAVANNA, *Les Ritals*, Paris, Belfond, 1978.

CHOLVY G., Déracinement et vie religieuse : Italiens, Espagnols et Tsiganes dans le Midi de la France depuis 1830, *Recherches régionales Côte d'Azur* (Actes du colloque de Cargèse 1979), n° 1, 1982-1-20.

DEDEYAN G. (sous la direction de) *Histoire des Arméniens*, Toulouse, Privat, 1982.

DELPECH F., L'immigration juive polonaise en France, *Sur les Juifs*, P.U. de Lyon, 1983, 161-173.

DREYFUS Paul, *Emile Romanet, père des Allocations familiales*, Grenoble, 1965, (un précurseur fort oublié).

DROULERS P., *Politique sociale et christianisme, Le Père Desbuquois et l'Action populaire*, t. I, 1903-1918, Ed. Ouvrières, 1969 et II, 1919-1946, Ed. ouvrières et Presses de l'Université grégorienne, 1981 (fondamental).

DROULERS P., « L'Action populaire et les Semaines sociales de France, 1919-1939 », *Revue d'Histoire de l'Eglise de France*, 1981, pp. 227-252.

DUPRONT Alphonse, « Les immigrés et le catholicisme », *Annales de la Jeunesse catholique*, n° 64, 1926, 281-291 et n° 65, 387-402 (l'A.C.J.F. ne reste pas indifférente à ce problème).

DURRLEMAN Mathieu, *L'évolution du pasteur Freddy Durrleman*, M.M. Paris 1, 1984 (ancien socialiste chrétien, fondateur après 1918 du mouvement de droite La Cause).

FOLLIET J., *Notre ami Marius Gonin*, Lyon, Chronique sociale de France, 1967.

FROSSARD R., *Cinquante années d'apostolat dans le jeunesse parisienne. L'Association de Saint Labre (1882-1932)*, Paris, Spes, 1932.

GODFRIN J. et Ph., *Une centrale de la presse catholique, La Maison de la Bonne Presse et ses publications*, Paris, P.U.F., 1965.

GOUNELLE Elie, *La vie et l'œuvre de Louis Comte, pionnier de la moralité publique et fondateur de l'Œuvre des enfants à la montagne*, Paris, 1927.

GUERRAND R. M., RUPP M.A., *Brève histoire du service social en France, 1896-1976*, Toulouse, Privat, 1978.

GUITTON G., *Léon Harmel*, 1930.

GUITTON Jean, *L'abbé Thellier de Poncheville*, Paris, Fayard, 1956.

HATZFELD H., *Du Paupérisme à la Sécurité sociale, 1850-1940*, Paris, A. Colin, 1971.

JARLOT G., *L'enseignement social de Léon XIII, Pie X et Benoit XV, vu dans son ambiance historique*, Rome, 1964.

JOLY Henri, *Le mouvement social catholique. La vie catholique dans la France contemporaine*, Paris, Bloud et Gay, 1918.

JOUVE R. s.j., *La conquête d'une banlieue, Croix-Luizet (à Lyon)*, Paris, Bloud et Gay, 1931.

KACZMAREK Czeslaw (abbé), *L'émigration polonaise en France après la guerre*, Paris, Berger-Levrault, 1927.

KAHN, *Journal de guerre d'un juif patriote 1914-1918*, préfacé par son petit-fils J. F. Kahn, Simoen, 1978 (un juif complètement assimilé).

LANGLOIS C., *Le catholicisme au féminin. Les congrégations féminines à supérieure générale au XIXe siècle*, Paris, Le Cerf, 1984 (l'une des grandes thèses récentes qui contribuent le plus à remettre en cause les stéréotypes sur le XIXe siècle).

LAUNAY Michel, *L'Ame française*, Thèse 3e cycle, Paris.

LAUNAY Michel, *Le syndicalisme chrétien en France, 1885-1940*, Doctorat d'Etat, Paris 1, 1981, résumé dans *Le syndicalisme chrétien en France de 1885 à nos jours*, Paris, Desclée, 1984, 93 p.

LECRIVAIN Ph., « La "question familiale" dans l'histoire du catholicisme français », *Etudes*, oct. 1980, 373-388.

LECRIVAIN Ph., « Une traversée difficile », *Le fruit défendu. Les chrétiens et la sexualité*, Paris, Le Centurion, 1985.

LEDRE Ch., *Les émigrés russes en France*, Paris, Spes, 1930.

LEVY L., *Les Pollaks*, Ferenczi, 1925 (La répugnance des juifs français à l'égard de leurs coreligionnaires immigrés).

MAITRON J. *et alii*, *Dictionnaire biographique du mouvement ouvrier français*, 1964 sq.

MAUCO G., *Les étrangers en France*, Paris, A. Colin, 1932 (première étude universitaire. Ce géographe a tenu compte des aspects religieux).

MAYEUR Françoise et GADILLE Jacques, *Education et image de la femme chrétienne en France au début du XXe siècle*, Lyon, l'Hermès, 1980.

MAYEUR J. M., « Catholicisme intransigeant, catholicisme social, démocratie chrétienne », *Annales E.S.C.*, mars-avril 1972 (ces salubres distinctions trop rarement faites).

MAYEUR J. M., *Catholicisme social et démocratie chrétienne. Principes romains, expériences françaises*, Paris, Le Cerf, 1986.

MAZOUYER C., *Les réalisations des syndicats agricoles drômois d'Anatole de Fontgalland et de Hyacinthe de Gailhard-Bancel (1884-1914)*, M.M. Lyon 2, 1985.

MORET J., *Le père Lhande, pionnier du Christ dans la banlieue et à la radio*, Paris, Beauchesne, 1964.

MOSS B. H., *Aux origines du mouvement ouvrier français. Le socialisme des ouvriers de métier 1830-1914*, traduit de l'anglais, Besançon, 1985.

PERETZ H., « La création de l'enseignement secondaire libre de jeunes filles à Paris (1905-1920) », *Revue d'histoire moderne et contemporaine*, avril 1985, p. 237-275.

PERROT Michelle, *Les ouvriers en grève en France, 1871-1890*, Paris, 2 vol, 1974 (le monde ouvrier c'est essentiellement celui de la lutte des classes).

POLONAIS, *Les contacts religieux franco-polonais du Moyen Age à nos jours*, Colloque international du C.N.R.S.-G.R.E.C.O. n° 2, Lille (oct. 1981), Ed. du dialogue, 1985. cf études de DZWONKOSKI Roman, PONTY Janine et PANEK Bronislaw.

POULAT E., *Utopie ou anticipation ? Le journal d'un prêtre d'après-demain (1902-1903) de l'abbé Calippe*, Paris, Casterman, 1961.

POULAT E., *Catholicisme, démocratie et socialisme*, Paris, Casterman, 1977.

POULAT E., *Eglise et bourgeoisie. Introduction au devenir du catholicisme actuel*, Paris, Casterman, 1977 (permet d'éviter bien des clichés).

POSZWA L. (abbé), *L'émigration polonaise agricole en France*, Paris, 1930.

PROST A., *Les Anciens combattants et la société française, 1914-1939*, Paris, 3 vol., 1977.

REMOND R., *Les catholiques, le communisme et les crises (1924-1939)*, Paris, A. Colin, « kiosque », 1960.

ROLLET Henri, *L'Action sociale des catholiques en France (1871-1901)*, thèse Lettres, Paris 1947, travail prolongé jusqu'en 1914 et réédité en 2 vol., t. 1, Boivin, 1951, t. 2, Paris, Desclée de Brouwer, 1958 (marqué par la culpabilisation ambiante, l'A. parle « d'échec quasi total » (p. 686) à propos de l'Action sociale catholique ; mais l'information demeure utile).

ROLLET H., *Sur le chantier social, l'action des catholiques en France 1870-1940*, Lyon, 1955.

ROLLET H., *Andrée Butillard et le féminisme chrétien*, Paris, Spes, 1960.

ROLLET H., *Jean Viollet, homme de l'avenir*, Paris, Beauchesne, 1978.

SAHAGIAN J. O. (pasteur) *Le mouvement évangélique arménien*, Marseille, 1986.

SCHOR Ralph, *L'opinion française et les étrangers 1919-1939*, Publications de la Sorbonne, 1985 (cf « Les étrangers et l'Eglise catholique », p. 327-346).

TALMY R., *Histoire du mouvement familial en France* (1896-1939), Aubenas, 2 vol.

TALMY R., *L'Association catholique des patrons du Nord*, 1884-1895, Lille 1952.

TALMY R., *Le syndicalisme chrétien en France (1871-1930). Difficultés et controverses*, Paris, Bloud et Gay, 1966.

Mgr TISSIER, *La femme française, hier, aujourd'hui, demain*, Tequi, 1927 (l'évêque de Châlons suit attentivement les questions féminines durant cette période).

5. Religion, vie culturelle et vie spirituelle, les problèmes missionnaires

ALFARIC P., *De la foi à la raison*, Union rationaliste, 1959, (un sulpicien professeur à Albi, passé du modernisme au rationalisme en 1909, excellent témoignage sur la crise).

ALLIER Raoul, *La psychologie de la conversion chez les peuples non civilisés*, Paris, Payot, 1925.

ARNAULD D'AGNEL G., *L'art religieux moderne*, Grenoble, Arthaud, 1936, 2 vol., illustré.

ARNOLD O., *Le corps et l'âme. La vie des religieuses au XIXe siècle*, Paris, Le Seuil, 1984.

ARREAT L., *Le sentiment religieux en France*, Paris, Alcan, 1903.

BAUDRILLART A., *Vie de Mgr d'Hulst*, Paris, de Gigord, 1912-14, 2 vol.

BAUER J., *L'école rabbinique en France (1870-1930)*, Paris, 1930.

BESSEDE R., *La crise de la conscience catholique dans la littérature et la pensée française à la fin du XIXe siècle*, Paris, 1975.

BIANCONI A., *L'idéologie du S.N.I. de 1920 à 1939*, Presses I.E.P. Toulouse, 1984.

BLANC R., BLOCHER J., KRUGER E., *Histoire des Missions protestantes françaises*, Flavion, 1971.

BORDEAUX H., *La glorieuse misère des prêtres*, Paris, Bloud et Gay, 1923.

BOUGAUD (abbé), *Le grand péril de l'Eglise de France au XIXe siècle*, Poussiélgue, 1878 (on a fait une lecture au premier degré de ce témoignage provoqué par la diminution momentanée des ordinations sacerdotales, négligeant le transfert considérable qui s'opère en direction des congrégations. Entre 1870 et 1877, il y a environ 1 600 ordinations par an. Mais c'est l'époque où disparaissent les prêtres ordonnés à la fin de la Restauration et jusqu'en 1832 (2 000 ordinations par an). Il y a donc un déficit. En réalité cet effectif de 1 600 correspond aux besoins ; 1899-1903 : moyenne de 1665. Les dossiers du ministère des Cultes sont à lire avec un esprit critique. La tendance de *tous* les évêques est à réclamer des postes concordataires et à se plaindre du manque de prêtres [payés par l'Etat]).

BRILLANT M., *L'art chrétien en France au XXᵉ siècle*, Paris, Bloud et Gay, 1927.

BRUGERETTE J., *Le prêtre français et la société contemporaine*, Lethielleux, 3 vol, 1933-1938.

CALVET J., *La renaissance catholique*, 1927.

CASTELLAN Y., *Le spiritisme*, Paris, P.U.F., 1982.

CHAIGNE L., *Anthologie de la Renaissance catholique*, Paris, Alsatia, 1938, 2 vol, I les poètes, II les prosateurs (précieuses notices biographiques et bibliographiques).

DE CHALENDAR X., *Les prêtres au « Journal officiel »*, 1887-1907, 1968, 2 vol.

CHOURAQUI A., *L'Alliance Israélite Universelle et la renaissance juive contemporaine, 1860-1960*, Paris, P.U.F., 1965.

CORDONNIER C., *Le cardinal Amette*, Mortain, 1949, 2 vol.

COSTANTINI C., *La Réforme des missions au XXᵉ siècle*, Tournai, 1960.

DELACROIX S., *Histoire universelle des missions catholiques*, t. III et IV.

DELFOUR (abbé), *La religion des contemporains*, Société française de librairie, 1903.

DENIS M., *Nouvelles théories sur l'art moderne, sur l'art sacré, 1914-1921*, Paris, Rouart et Watelin, 1921.

DESROCHES H., *Dieux d'hommes, dictionnaire des messiannismes et millénarismes à l'ère chrétienne*, Paris, La-Haye, Mouton, 1969.

DUPLOYE Pie, *La religion de Péguy*, Klincksieck, 1965.

DUTRONCY, *L'abbé Desgranges, conférencier et député*, 1961.

EISENMANN J., « Zadoc Kahn, le pasteur et la communauté », *Les Nouveaux Cahiers*, 41, 1975, 20-40.

ELLENBERGER U., *Un siècle de mission au Lessouto, 1833-1933*, Société des Missions évangéliques, Paris, 1933.

FLEG E., *L'enfant prophète*, Paris, Gallimard, 1926.

FLEG E., *Pourquoi je suis juif*, Ed. de France, 1928.

FOI, *Transmettre la foi : XVIᵉ-XXᵉ siècles*, 1 *Pastorale et prédication en France*, 109ᵉ Congrès national des Sociétés savantes (Dijon 1984), C.T.H.S., Hist. mod. et contemp. t. 1, 1984.

FOLLIET J., *Le Père Rémilleux, curé de N. D. de Saint Alban* (1882-1944), Lyon, Chron. Soc. de France, 1962.

Mgr FONTENELLE, *Pie XI*, Paris, Spes, 1939.

FOUILLOUX E., *Les catholiques et l'unité chrétienne du XIXᵉ au XXᵉ siècle, itinéraires européens d'expression française*, Paris, Le Centurion, 1982.

FRASER E. M., *Le renouveau religieux d'après le roman français*, 1886-1914, Paris, Les Belles Lettres, 1934.

FREYSSINET-DOMINJON J., *Les manuels d'histoire de l'école libre (1882-1959)*, Paris, A. Colin, 1969.

GADILLE J., Histoire scientifique des missions et formation d'une nouvelle conscience missionnaire (1900-1960). *Les Réveils missionnaires en France du Moyen Age à nos jours*, Paris, Beauchesne, 1984, p. 363-384.

GADILLE J., L'ultramontanisme français au XIXᵉ siècle, *Mélanges Sylvain*, Montréal, Boréal Express, 1985.

GAUCHER G., *Thérèse Martin*, Paris, Le Cerf, 1982, (le meilleur ouvrage d'histoire sur Thérèse de Lisieux).

GONTARD M., *L'enseignement primaire en France de 1876 à 1914*, Toulouse, C.R.D.P., 1965.

GOYAU G., *Les prêtres des missions étrangères*, Paris, Grasset, 1932.

GOYAU G., *La congrégation du Saint-Esprit*, Paris, Grasset, 1937.

GOYAU G., *La congrégation de la mission des Lazaristes*, Paris, Grasset, 1938.

GOYAU G., *La femme dans les missions*, Paris, Flammarion, 1933.

GOYAU G., « L'effort catholique dans la France d'aujourd'hui », *Revue des Jeunes*, 1922.

GRIFFITHS R., *The Reactionnary revolution. The catholic revival in French literature 1870-1914*, New York, 1965.

GUITTON J., *Portrait de Monsieur Pouget*, Paris, Gallimard, 1941.

JARLOT J., *Pie XI*, Rome, 1973.

KNIAZEFF A., *L'Institut Saint Serge*, Paris, Beauchesne, 1974.

KÖREN H., *Les spiritains, trois siècles d'histoire religieuse missionnaire*, Paris, Beauchesne, 1985.

KSELMAN T. A., *Miracles and prophecies in nineteenth century France*, New Brunswick (New Jersey), Rutgers University Press, 1983.

DE LACGER R., *Mgr Mignot*, Paris, Bloud et Gay, 1934.

LADOUS R., « Païens, Missionnaires et nouveaux chrétiens dans les catéchismes français (1850-1950) », *Ricerche di storia sociale e religiosa*, Rome, 27, 1985, 75-98.

LADOUS R., *Monsieur Portal et les siens* (1855-1926), Paris, Le Cerf, 1985.

LAGRANGE M. J., *Le père Lagrange au service de la Bible, souvenirs personnels*, Paris, Le Cerf, 1967.

LAGREE M., Religion populaire et populisme religieux au XIXe siècle, *Histoire vécue du peuple chrétien*, t. II, Toulouse, Privat, 1979, 157-170.

LANFREY A., *Une congrégation enseignante : les frères maristes de 1850 à 1904*, Lyon, 1979.

LEENHARDT Maurice, *Gens de la Grande Terre*, 1937 (sur la Nouvelle-Calédonie).

LEVEN Narcisse, *Cinquante ans d'histoire : l'Alliance Israélite Universelle (1860-1910)*, Paris, 2 vol., 1912-1921.

DE LUBAC H., *Lettres de M. Etienne Gilson au père de Lubac*, Paris, Le Cerf, 1986 (Notes très éclairantes sur les débats intellectuels des années vingt).

LUIRARD M., *La France et ses morts, Les monuments commémoratifs dans la Loire*, Université de Saint-Etienne, 1977.

MARITAIN Raïssa, *Les grandes amitiés*, New-York, 1944, Paris, Desclée de Brouwer, 1963.

MAYEUR F., *L'Enseignement secondaire des jeunes filles sous la IIIe République*, F.N.S.P., 1977.

MAYEUR F., *L'éducation des filles au XIXe siècle*, Paris, Hachette, 1979.

Mgr MILLOT, *Mgr Gibier, précurseur de l'Action catholique*, Bonne Presse, 1939.

MINIER M., *L'épiscopat français du Ralliement à Vatican II*, C.E.D.A.M., Padoue, 1982.

MONDAIN G., *Un siècle de mission protestante à Madagascar*, Paris, 1920.

MONOD Wilfred, *Notre culte*, Paris, 1927.

DE MONTCLOS X., La vie spirituelle en France et l'élan missionnaire, *Les Réveils missionnaires en France du Moyen Age à nos jours*, Paris, Beauchesne, 1984, 321-337.

NORA P., *Les lieux de Mémoire*, T. I., *La République*, Paris, Gallimard, 1984.

OCHSE M., *Un art sacré pour notre temps*, Paris, Fayard, 1959.

Mgr OLICHON, *Les missions*, Paris, Bloud et Gay, 1935.

ORTHODOXES, Comité orthodoxe des amitiés dans le monde, colloque sur l'orthodoxie en France, Paris, 1983.

OZOUF M., *L'Ecole, l'Eglise, et la République, (1871-1914)*, Paris, A. Colin, « Kiosque », 1963.

PELTIER H., *Histoire du Carmel*, Paris, Le Seuil, 1958.

PERNOUD R., CLIN M. V., *Jeanne d'Arc*, Paris, Fayard, 1986 (Annexes sur le culte de l'héroïne).

PETIT J. G., *La jeunesse de Monchanin, 1895-1925*, Paris, Beauchesne, 1983.

PICHARD J., *L'art Sacré moderne*, Grenoble, Arthaud, 1953.

POULAT E., *Histoire, dogme et critique dans la crise moderniste*, Paris, 1979.

POULAT E., *L'Eglise, c'est un monde*, Paris, Le Cerf, 1986.

REBELLIAU A., *Le fait religieux dans la France contemporaine*, Union pour la vérité, 1922.

REGAMEY R., *L'art sacré au XXe siècle*, 1952.

Réveils missionnaires en France du Moyen Age à nos jours (les), Paris, Beauchesne, 1984, notamment P. Joseph Michel, *Géographie de l'élan missionnaire français*, et les débats.

REYMOND B., *Auguste Sabatier, le procès théologique de l'autorité*, Lausanne, 1976.

RIVIERE J., *Mgr Batiffol (1861-1929)*, Paris, Le Cerf, 1929.

ROGE J., *Le simple prêtre*, Paris, 1965.

SABATIER P., *L'orientation religieuse de la France actuelle*, Paris, A. Colin, 1911.

SCHOR R., *Mgr Paul Rémond*, Nice, Ed. Serre, 1984, 213 p.

SCHWOB R., *Moi Juif*, Paris, 1928.

SIEGFRIED A., *L'abbé Frémont*, Paris, 1932, 2 vol.

TERRASSE E., *L'ignorance religieuse au XXe siècle, faits, causes, conséquences, remède*, Lethielleux, 1912.

THIBAULT P., *Savoir et pouvoir, philosophie thomiste et politique cléricale au XIXe siècle*, Québec, Presses Universitaires Laval, 1972 (thèse qui fait du thomisme une idéologie qui accroît le pouvoir sacerdotal, mais qui minimise excessivement la diversité des lectures et des interprétations de cette philosophie).

VIGNERON P., *Histoire des crises du clergé français contemporain*, Téqui, 1976 (démonstration trop systématique, mais beaucoup d'informations sur la vie spirituelle du clergé).

WEILL G., « Le discours idéologique de l'Alliance Israélite Universelle », *Les Nouveaux Cahiers*, n° 52, 1978, 1-20.

WEILL J., *Zadoc Kahn, 1839-1905*, Paris, Alcan, 1912.

WILL R., *Le culte*, 2 vol, 1925-1929 (le renouveau liturgique avant la période barthienne).

ZANDER N., *The significance of the russian orthodox diaspora in orthodox churches*, Londres, Blackwell, 1978.

6. La jeunesse et ses organisations

Vue d'ensemble

CRUBELLIER M., *L'Enfance et la jeunesse dans la société française 1800-1950*, Paris, A. Colin, 1979.

CHOLVY G. (sous la direction de), *Mouvements de jeunesse chrétiens de juifs : sociabilité juvénile dans un cadre européen, 1799-1968*, Paris, Le Cerf, 1985 (16 communications concernent la France, introduction générale, bibliographie et directions de recherche, 13-65).

COUTROT A., « Les mouvements de jeunesse en France dans l'entre-deux-guerres, *Cahiers de l'Animation*, I.N.E.P., n° 32, 1981, 29-37.

Sources imprimées

AGATHON (MASSIS Henri et DE TARDE Guillaume), *Les jeunes gens d'aujourd'hui*, Paris, Plon, 1913.

BOULOGNE A. et FAYET-SCRIBE S., *Répertoire des publications en série des mouvements et associations*, t. 1, *Mouvements et associations de jeunesse ... laïques et catholiques, 1830-1939*, I.N.E.P., Marly-Le-Roi, 1982.

Patronages

TURMANN Max, *L'éducation populaire : les œuvres complémentaires de l'école en 1900*, Lecoffre, 1900 (par un sillonniste) ; du même, *Au sortir de l'école : les patronages*, Lecoffre, 1906.

LAGREE M., *Les origines de la F.G.S.P.F. (1898-1914)*, D.E.S., Paris X, 1969 (malheureusement non publié), utilisé, mais non cité, par DUBREUIL B., « La naissance du sport catholique », *Recherches*, 1043, avril 1980 ; HERRET R., *La Fédération sportive de France 1898-1948*, Paris, 1948.

CHOLVY G., « Patronages et œuvres de jeunesse dans la France contemporaine », *R.H.E.F.*, LXVIII, 1982, 235-265.

Une illustration régionale : CHALINE N .J., patronages et mouvements de jeunesse en Normandie, *Histoire religieuse de la Normandie*, C.L.D., 1980, 279-194.

La thèse d'Etat de ARNAUD Pierre, *Le sportman, l'écolier, le gymnaste. La mise en forme scolaire de la culture physique*, Lyon 2, 1986 situe le sujet dans un cadre d'ensemble.

Sillon

CARON Jeanne, *Le Sillon et la démocratie chrétienne*, Paris, Plon, 1966, ne laisse place qu'à des études locales comme celles de CLAVIE R., « Le Sillon de Toulouse 1904-1910 », *Annales du Midi*, 78, 1966 ; PLOTON J., « Le Sillon en Haute-Loire 1904-1910 », *Cahiers de la Haute-Loire*, 1974 ; RICHARD G., « Le Sillon Lorrain », *Annales de l'Est*, 1961.

A.C.J.F.

Œuvres maîtresse de MOLETTE Charles, *L'Association catholique de la jeunesse française (1886-1907)*, Paris, A. Colin, 1968 ; du même, l'A.C.J.F. et la politique (1907-1914) *Quaderni Internazionali di storia economica e sociale*, t. IX,

1978, 279-326. Il faudrait mieux connaître l'histoire ultérieure, première approche HILAIRE Y. M., « L'A.C.J.F., les étapes d'une histoire (1886-1956) », *Revue du Nord*, t. LXVI, 1984, 903-916 ; et faire l'histoire des Unions diocésaines : cf KENNEDY J. (Lille 1970), BRUNET-DEBAINE F. (Hérault 1980), PECH R. (Gard 1985), HORTHOLAN J. F. (Aveyron 1985) qui sont des Mémoires de maîtrise ou ROUX J., *La Jeunesse catholique du diocèse de Viviers 1903-1942*, *Religion et Société*, Mémoires d'Ardèche, Privas, 1985, 73-90.

Equipes sociales

GARRIC R., *Les Equipes sociales*, Paris, 1930 (voir également « Hommage à Robert Garric », *Revue de la Haute-Auvergne* 41-1968) ; DEFFONTAINES P., Le mouvement des Equipes sociales de Robert Garric, 1918-1939, *Mélanges A. Latreille*, Lyon, 1972, 225-232.

Jeunes filles catholiques

Des recherches sont en cours. Pages très suggestives de ROUX J., L'Union Jeanne d'Arc de Viviers 1924-1946, *Les organisations de jeunesse en Languedoc*, cit. *infra*, 353-363 ; BONNEFOUS Gabrielle, *Monographie de la jeunesse féminine catholique aveyronnaise*, Rodez, 1981 ; BRUNEAU H., *Portrait idéal de la jeune fille d'après la littérature militante catholique à l'usage de la jeunesse féminine en France entre-les-deux-guerres*, M. M. Montpellier, 1978. Sur le Noël, DUHA-MELET G., *Nouvelet (le P. Claude Allez A. A.) et le mouvement noëliste*, La Bonne Presse, 1937.

Jeunesse juive

DELMAIRE Danielle, « Les mouvements de jeunesse juifs en France, 1919-1939 », in CHOLVY G., *Mouvements de jeunesse*, cit. *supra*, 313-332 ; HYMAN P., « Challenge to assimilation : French Jewish Youth Movements between the wars », *The Jewish Journal of Sociology*, XVIII, 2, 1976 ; MICHEL A., *Naissance et croissance d'un mouvement de jeunesse juif : Les Eclaireurs Israélites de France 1923-1939*, in CHOLVY G., cit. *supra*, 333-348.

SOMMER R., *Mémoires d'un ancien Yite-Yingle*, Jérusalem, 1978 (déplore la déjudaïsation des juifs français. Grand animateur des mouvements de jeunesse dans l'entre-deux-guerres).

Jeunesse protestante

SHEDD, *History of the World's Alliance of Young Men's Christian Association*, Londres, SPCK, 1955. MERLIN R., *Histoire des 50 premières années des U.C.J.G.*,

Paris, 1903 ; POUJOL Pierre, *Les mouvements de jeunesse d'inspiration protestante, les U.C. avant la guerre de 14*, Toulon, 1927 (cahiers aimablement communiqués par M. Robert Poujol) ; Le scoutisme féminin en France 1915-1920 par la Commissaire Antoinette Butte (manuscrit A.P.) ; DE DIETRICH Suzanne, *Cinquante ans d'histoire. La Fédération universelle des associations chrétiennes d'étudiants (1895-1945)*, Paris, s.d. ; FABRE Rémi, *La Fédérations Française des Etudiants Chrétiens, 1898-1914*, thèse, Paris 1, 1985. FABRE Rémi, *La F.F.A.C.E. 1918-1939*, D.E.A., Paris 1, 1980. Souvenirs fédératifs d'Elisabeth Schmidt, *Quand Dieu appelle des femmes*, Paris, Le Cerf, 1978, et VANNIER Lucienne, *Sur le roc*, Paris, Marvelle Cité, 2e édit., 1976.

Etudes régionales :

LAGIER M., *Les mouvements de jeunesse protestante dans la Drôme durant l'entre-deux-guerres*, I.E.P. Grenoble, 1980 ; MANEN E., *Les U.C.J.C. et de J.F. en Languedoc de leur création à 1950*, M. M. Montpellier, 1980.

Etudiantes catholiques

GAUFFRE-GELY D., *A l'origine de la Fédération française des Associations d'étudiantes catholiques*, M. M. Montpellier, 1979.

Scoutisme

VAN EFFENTERRE H., *Histoire du scoutisme*, Paris, P.U.F., 1947 ; LENOIR C., *Le Scoutisme français*, Paris, Payot, 1937 (une excellente introduction aux différents mouvements du scoutisme) ; PEYRADE J., *Scouts et Guides de France*, Paris, Fayard, 1961 ; SEVIN P., *Le Scoutisme*, 1re éd. 1922 ; TISSERAND G., *Le Père Sevin*, Paris, Spes, 1965 ; KERGOMARD P. et FRANCOIS P., *Les Eclaireurs de France de 1911 à 1951*, Ed. des E.E.D.F., 1983 ; LANEYRIE P., *Les Scouts de France*, Paris, Le Cerf, 1985 ; COUTROT A., La naissance des Guides de France, Documents 45, Paris, 1978 ; CHEROUTRE M. Th., Les débuts du Guidisme en France (1923-1927) in CHOLVY G., cit. *supra*, 187-206.

POUJOUL Geneviève, *La dynamique des associations 1844-1905 : la genèse de l'A.C.J.F., de la Ligue de l'enseignement, des U.C.J.G.*, Paris, 1978.

Mouvements d'Action catholique spécialisée

Aucun travail de niveau universitaire qui porterait sur l'histoire de ces mouvements dans le cadre national, au demeurant difficile à faire (sources lacunaires, dispersées, parfois peu accessibles, prudence à observer vis-à-vis du témoignage oral ; entre le « triomphalisme » et le dénigrement, il faut chercher le vraisemblable). Sur la J.O.C. au premier essai de PIERRARD P., LAUNAY M., TREMPE R., *La J.O.C., Regards d'historiens*, Paris, Les Editions Ouvrières, 1984, on préfèrera DEBES J. et POULAT E., *L'appel de la J.O.C.* (1926-1928), Paris, Le Cerf, 1986, excellente contribution sur un point très précis, celui des origines.

Les recherches en cours de BONHOTAL Jean-Pascal, *La Jeunesse ouvrière chrétienne : trajectoire idéologique et politique d'un mouvement d'Action catholique*, D.E.A., Lyon 2, I.E.P., 1982, sont à suivre avec intérêt. Témoignage de BOUXOM F., *Des faubourgs de Lille au Palais Bourbon*, Ed. T.C., 1982, Etudes d'un cadre local (Elles peuvent être excellentes), COULIE A. (Lille-Arras, 1967), CASTET B. (Nancy, 1967), DILLINGER C. (Strasbourg, 1979), PERCONTE J. P. (Grenoble, 1977), DUCLERC Th. (Hérault, 1983), SUZANNE J. (Midi Toulousain, 1980), PEROUAS L. (Limoges, 1978), NIZEY J. (Saint-Etienne, 1985).

Sur la J.A.C., LE PRIEUR F. et HERVIEU B., « Les cinquante ans d'histoire de la J.A.C. et du M.R.J.C. », *Etudes*, nov. 1977, 521-539 (les options actuelles ont dicté l'étude rétrospective, mais pas de triomphalisme) ; D'HAENE M., *La J.A.C. a vingt-cinq ans*, J.A.C., 1954 ; BEYLARD H., *Jacques Ferté 1898-1967. La foi dans les actes*, Paris, Casterman, 1971 ; JOULIN E., *F. Bounnin 1907-1942*, Angers, 1949 (amorce cette étude des dirigeants laïcs qui manque si cruellement pour tous les mouvements) ; Etudes régionales : LACROIX P. (Jura, 1979-81, enracine dans l'A.C.J.F.) ; JOANNIN M. P. (Région Lyonnaise, Lyon 3, 1982) ; CHAPPAZ S. (Isère, 1980) ; SCHOPP C. (Alsace, 1983) ; CHAPUS A. (Gard, 1979), PRAT G. (Hérault, 1977) ; TALBOURDET G. (Cotes-du-Nord, 1982).

Sur la J.E.C., à ROUCOU C. *Les origines de la J.E.C. en France 1929-1936*, M. M. 1973, on préfèrera l'excellente biographie que BALL J. a consacré à *L'abbé Flory 1886-1949*, Besançon, 1978. Sur les débuts de la J.E.C.F., FAYET-SCRIBE S. et MARY B., La J.E.C.F. dans l'enseignement public 1930-1940, in CHOLVY G., *Mouvements de jeunesse*, cité *supra*, 207-222.

Sur la J.M.C., LAGREE M., Les origines bretonnes de la J.M.C. (1930-1940) in CHOLVY G., *Mouvements de jeunesse*, cit. *supra*, 247-261 (solide base de départ).

Plusieurs organisations dans un cadre régional :

CHOLVY G. *et alii*, *Les organisations de jeunesse en Languedoc*, 110e C.N.S.S. Montpellier, 1985, Hist. Mod. et cont. t. II, 343-459 (neuf communications).

7. *Etudes régionales*

La collection de l'*Histoire des diocèses de France* chez Beauchesne s'est enrichie de Nantes et de Genève-Annecy en 1985. La collection *Le passé présent* chez Privat, fort utile pour notre période, inaugurée en 1978 par *La Provence de 1900 à nos jours*, comprend encore *la Normandie, l'Alsace, la Lorraine, le Nord-Pas-de-Calais, le Languedoc*. Parmi les sources imprimées, les monographies des diocèses de France parues entre 1905 et 1907 dans la *Revue catholique des Eglises* concernent les diocèses de Cahors, Nancy, Saint-Flour, Montpellier, Angoulême et Moulins.

a) *L'Ouest*

On consultera, pour la Bretagne, la bibliographie critique de LAUNAY Marcel, « L'histoire religieuse de la Bretagne à l'époque contemporaine », *Mémoires de la Société d'Histoire et d'Archéologie de Bretagne*, F 1986, pp. 291-297.

BOIS P., *Paysans de l'Ouest*, thèse, Le Mans, 1960.

CHALINE J. P., *Les bourgeois de Rouen. Une élite urbaine au XIXe siècle*, Paris, 1982.

CHALINE N. J., *Des catholiques normands sous la IIIe République*, Horvath, 1985 (un découpage original du temps 1880-1940 qui permet d'enregistrer les signes d'une renaissance).

CLOITRE M. T., « Les années 1898-1914 vues par l'Echo paroissial de Brest », *Cahiers de Bretagne Occidentale*, 3, 1981, pp. 71-147.

DELOURME P. (Abbé Trochu) *Trente cinq années de politique religieuse, ou l'histoire de l'« Ouest-Eclair »*, Paris, Fustier, 1936.

DENIS M., *Les royalistes de la Mayenne et le monde moderne (XIXe-XXe siècles)*, Paris, Klincksieck, 1977.

FAUGERAS M., « La condamnation de l'Action française par l'Eglise catholique au pays nantais », *Enquêtes et documents* V, Nantes, 1980, pp. 101-167 et X, Nantes 1985, pp. 179-216.

HELIAS P. J., *Le Cheval d'orgueil*, Mémoires d'un breton du pays bigouden, Paris, Plon, 1975.

LAUNAY M., Presse diocésaine et conscience missionnaire, le « Petit messager des missions » (1880-1962) *Enquêtes et documents* VI, Nantes, 1981, pp. 155-169.

MICHEL J., *L'activité missionnaire de la Bretagne de 1800 à 1940*, thèse dactyl. 3 vol, Rennes, 1946.

SIEFGRIED A., *Tableau politique de la France de l'Ouest sous la IIIe République*, Paris, A. Colin, 1913, réed. 1964.

WYLIE L., *Chanzeaux, village d'Anjou*, Paris, Gallimard, 1970.

b) *Le Nord et l'Est*

On se reportera aux ouvrages indiqués dans le tome I qui restent valables pour cette période notamment aux thèses d'HILAIRE, de HUOT-PLEUROUX et de

ROTH, et pour le Nord-Pas-de-Calais, à *L'Histoire du Nord-Pas-de-Calais de 1900 à nos jours*, (sous la direction d'HILAIRE Y. M.), Toulouse, Privat, 1982 qui donne une bibliographie sur l'histoire religieuse pp. 536-537.

BELLART Gh., *Mgr. Julien (1856-1930), inventaire d'archives*, Lille, UL3, 1980.

BONNET S., *Sociologie politique et religieuse de la Lorraine*, F.N.S.P., Paris, A. Colin, 1972, 514 p.

BOUCHEZ B., *Le culte marial dans les diocèses de Lille, Cambrai et Arras, 1850-1914*, Thèse 3ᵉ cycle, 1984.

CAUDRON A., Un vivier de militants chrétiens, La Faculté libre de Droit de Lille 1895-1914, *Ensemble*, mars 1981, pp. 3-11.

DELMAIRE D. et J. M., Rapport entre autorité civile et autorité religieuse dans les communautés juives du Nord au XIXᵉ siècle, *Mélanges M. H. Prévost*, Paris, P.U.F., 1982, 319-329.

DELMAIRE D., *L'antisémitisme de La Croix du Nord à l'époque de l'affaire Dreyfus, 1898-1899*, thèse de 3ᵉ cycle, Lille III, 1980.

DELMAIRE D., L'insertion religieuse des juifs polonais dans le Nord et le Pas-de-Calais entre les deux guerres, in *Les contacts religieux franco-polonais*, cit supra, 605-613.

DEMARD J. Ch., *Traditions et mystères d'un terroir comtois au XIXᵉ siècle, les Vosges méridionales*, Langres, 1981 (chap. III la religion populaire, l'A. évite la tentation de l'immémorial).

DREYFUS F. G., *La vie politique en Alsace*, 1918-1936, Paris, 1969.

DROULERS P., « La déchristianisation ouvrière en France dans le Nord à la fin du XIXᵉ et au début du XXᵉ siècle », *Mis. Historiae Ecc.* III, Louvain, 1970, 329-339.

FAVROT B., *Le gouvernement allemand et le clergé lorrain de 1890 à 1914*, Thèse, Metz, 1980.

GAVOILLE J., *L'école publique dans le département du Doubs, 1870-1914*, Thèse de 3ᵉ cycle, Besançon, 1980.

HIRTZ C., *L'Est républicain*, 1899-1914, Grenoble, P.U.G., 1983.

HOGARD R., *Quarante-cinq ans d'épiscopat, Mgr Turinaz, évêque de Nancy et de Toul*, 1838-1918, Nancy, 1938.

HUBSCHER R., *L'agriculture et la société rurale dans le Pas-de-Calais du milieu du XIXᵉ siècle à 1914*, Arras, 1979, 2 vol.

LAGNY M., *Culte et images de Jeanne d'Arc en Lorraine*, 1870-1921, thèse de 3ᵉ cycle, Nancy, 1973 (une œuvre pionnière, trop isolée encore).

Chanoine LEDEUR E., « Cent vingt ans de vie catholique dans le diocèse de Besançon (1834-1954) », *Soc. d'Emul. du Doubs*, 1965, 37-93 (complète les deux thèses de P. Huot-Pleuroux).

MENAGER B., *La laïcisation des écoles communales dans le Nord (1879-1899)*, Lille, 1971.

MULLER Claude, *Le diocèse de Strasbourg au XIXe siècle (1802-1914)*, thèse d'Etat, Strasbourg, 1986 (très riche information).

ROUSSEAU R., *L'épiscopat de Mgr Delamaire à Cambrai, orientation pastorale et action sociale (1906-1913)*, thèse 3e cycle, Lille, 1979 (l'un des évêques de la première Action catholique).

VANDENBUSSCHE R., Libre-Pensée et libres-penseurs dans le département du Nord sous la IIIe République paru dans J. M. Mayeur, *Libre Pensée*... Cerdic, Strasbourg, 1980.

VITOUX M. Cl., *Paupérisme et assistance à Mulhouse au XIXe siècle*, Strasbourg, 1985 (le patronage est avant tout un soutien moral).

c) *Paris, le Bassin parisien et le Centre*

BRUNET J. P., *Saint-Denis la ville rouge. Socialisme et communisme en banlieue ouvrière (1890-1939)*, Paris, Hachette, 1980.

DANIEL Yvan, *La religion est perdue à Paris*, Cana, 1978 (un témoignage de l'inquiétude pastorale sous le Second Empire).

DUPEUX G., *Aspects de l'histoire sociale et politique du Loir-et-Cher 1848-1914*, 1962 (avant que les historiens n'aient cherché à porter un regard sociologique ou ethnologique sur la religion).

JACQUEMET Gérard, *Belleville au XIXe siècle*, Paris, 1984 (l'enquête est élargie à tout le monde populaire).

KAHN L., *Histoire des écoles communales et consistoriales israélites de Paris*, Paris, 1884.

KAHN L., *Les professions manuelles et les institutions de patronage*, 1885.

KAHN L., *Le Comité de bienfaisance iraélite*, 1886.

KAHN L., *Les sociétés de secours mutuels philanthropiques et de prévoyance*, 1887.

LEVEQUE P., « La "déchristianisation" en Maconnais à l'époque contemporaine ; quelques problèmes », *Mémoires de la Soc. Hist. droit et instit. anciens pays bourguignons*, 1980, 293-313.

MARTIN O., *Les catholiques sociaux dans le Loir-et-Cher. De l'Œuvre des cercles ouvriers au parti démocratique*, 1875-1926, Blois, 1984.

NOIROT A. J., *Le département de l'Yonne comme diocèse*, Aillant-sur-Tholon, 1979-81, 4 vol.

PATAUT J., *Sociologie électorale de la Nièvre au XXe siècle (1902-1951)*, Paris, Cujas, 1951.

THUILLIER Guy, *L'imaginaire quotidien au XIXe siècle*, Economica, 1985, IV, La prière, pp. 31-59 (très neuf, notamment sur la vie religieuse en Nivernais).

d) *Le Massif central et ses marges*

CAZALS R., *Le mouvement ouvrier à Mazamet (1903-1914)*, Toulouse, 1974 (une chrétienté face à l'industrialisation, loin des schémas ordinaires).

NASTORG C., « Aspects de la pratique religieuse dans le diocèse de Cahors de 1910 à 1914 », *Bull. Soc. Et. Lot.*, n° 79, 1978, 60-92.

PEROUAS L., *Refus d'une religion. Religion d'un refus en Limousin rural 1880-1940*, E.H.E.S.S., 1985 (son mérite, celui d'enlever au terme déchristianisation sa charge péjorative).

PERIE J. M., *La vie religieuse dans le diocèse de Rodez de 1801 à 1870*, thèse d'Etat, Montpellier, 1986.

PERRIER A., « Une manifestation populaire de religiosité en Limousin : ostentions septennales », *Bull. soc. Ar. et hist. Limoges*, 1974, 119-156 (complète L. Pérouas).

RIVET A., « Des ministres laïques au XIXe siècle ? Les Béates de la Haute-Loire », *R.H.E.F.*, LXIV, 1978, 27-38 (un cas original de survivance tenance des « pauvres filles »).

RIVET A., *La vie politique dans le département de la Haute-Loire de 1815 à 1974*, le Puy, 1979 (va bien au-delà du politique).

e) *Le Sud-Ouest et le Sud-Est*

BARRAL P., *Le département de l'Isère sous la Troisième République*, Paris, A. Colin, 1962.

BIANCO René, *Le mouvement anarchiste à Marseille et dans les Bouches-du-Rhône 1880-1914*, thèse du 3e cycle, Aix, 1977.

BOUTRY P., *Prêtres et paroisses au pays du curé d'Ars*, Paris, Le Cerf, 1986 (la thèse : à des comportements collectifs unanimes, au début du XIXe siècle, succéderaient des choix individuels : la religion deviendrait une opinion vers 1880, la question reste ouverte).

CHANSOU J. (Mgr), *Une Eglise change de siècle. Histoire du diocèse de Toulouse sous l'épiscopat de Mgr Germain 1899-1929*, Toulouse, Privat, 1975.

CHAZAL J. Cl., *Contribution des registres de baptême à l'histoire religieuse de Béziers à l'époque contemporaine*, M. M. Montpellier, 1966.

FAUX F., *Le clergé du diocèse de Pamiers sous la IIIe République*, D.E.A., Paris 4, 1982 (L'A. a découvert une enquête diocésaine très précieuse de 1912).

LAPERRIERE G., *La Séparation à Lyon (1904-1908)*, Etude d'opinion publique, Lyon, 1973.

LEQUIN Y., *Les ouvriers de la région lyonnaise (1848-1914)*, Lyon, 1977, 2 vol (l'ouvrier est intégré dans la collectivité régionale).

POMMAREDE P., *La Séparation de l'Eglise et de l'Etat en Périgord*, Périgueux, Fanlac, 1976.

LUPOVICI C., *La Séparation des Eglises et de l'Etat dans le Gard*, D.E.S. Montpellier, 1969.

MESLIAND C., *Contribution à l'étude de l'anticléricalisme à Pertuis* (Vaucluse) *de 1871 à 1913*, A.S.R., X, 1960, 49-62.

PONSON C., *Les catholiques lyonnais et la Chronique sociale*, Lyon, P.U. Lyon, 1979.

RINAUDO Y., *Les Vendanges de la République. Les paysans du Var à la fin du XIXe siècle*, Lyon, P.U., 1983.

SEMPERE H., *Propagande et action catholique, la semaine religieuse de Toulouse*, Privat, Toulouse, 1973.

DE VAUCELLES L., *Le Nouvelliste de Lyon et la défense religieuse, 1879-1889*, Paris, 1971.

Index des matières

Les pages en italique indiquent les développements.

Index des noms cités

Table des illustrations et documents

Table des matières

Tome III 1930-1988

(à paraître courant 1988)

Le renouveau religieux, étudié dans le tome II, s'affermit au cours des années trente avec le développement de l'Action catholique spécialisée, et chez les protestants l'influence de Karl Barth. La guerre, la défaite, la persécution antisémite, la collaboration et la Résistance mettent à l'épreuve chrétiens et juifs, et le génocide fait mourir 80 000 fils d'Israël. Sous la IVe République, les croyants participent activement à la reconstruction de la France : intellectuels, ingénieurs, hommes politiques, maires ruraux issus de la J.A.C., militants ouvriers formés par la J.O.C. Le renouveau biblique, patristique, liturgique prépare le Concile de Vatican II.

Pourtant après le Concile et les événements de 1968, les Eglises chrétiennes traversent « leur plus grave crise depuis la Révolution française » : effondrement du recrutement ecclésiastique, forte diminution de la pratique religieuse, déclin des mouvements d'Action catholique, croyances perturbées. En revanche, les migrations entraînent une présence accrue du judaïsme, de l'Islam et des sectes.

On tentera d'éclairer une évolution religieuse complexe et de noter les signes d'un renouveau, car l'Esprit souffle où il veut.

Toutefois, l'un des intérêts majeurs de ce troisième et dernier tome réside dans le choix même des repères historiques, sur une période à laquelle l'histoire contemporaine n'avait pas encore consacré d'étude d'ensemble. De sorte qu'au regard de l'historiographie, les auteurs se voient contraints d'innover en proposant une « grille » d'analyse qui, si son propos reste de favoriser une réflexion critique, ne manquera pas de faire date. Les travaux antérieurs, quelles que soient leur direction et leur méthode, devront sur ce point se situer par rapport à l'*Histoire religieuse de la France contemporaine*.

L'éditeur

Les personnes qui souhaitent être averties personnellement de la parution du tome III (et bénéficier des conditions spéciales de lancement consenties par l'éditeur) peuvent, sans engagement, s'inscrire chez leur libraire ou directement auprès de l'éditeur : Editions Privat, 14, rue des Arts, 31068 Toulouse cedex.

Cet ouvrage a été achevé d'imprimer
sur les presses de Paragraphic à Toulouse
La photocomposition a été également réalisée par Paragraphic
pour le compte des Editions Privat,
14, rue des Arts – 31068 Toulouse Cedex

Dépôt légal : novembre 1986